O tempo do liberalismo oligárquico

Jorge Ferreira e *Lucilia de Almeida Neves Delgado*
(organizadores)

O tempo do liberalismo oligárquico

Da Proclamação da República à Revolução de 1930

Primeira República (1889-1930)

Coleção O Brasil Republicano

Volume 1

13ª edição revista

Rio de Janeiro
2024

Copyright © Jorge Ferreira e Lucilia de Almeida Neves Delgado, 2018

Capa: Ronaldo Alves
Foto de capa: Sean Sexton/Hulton Archive/Getty Images

CIP-BRASIL. CATALOGAÇÃO NA PUBLICAÇÃO
SINDICATO NACIONAL DOS EDITORES DE LIVROS, RJ

T28   O tempo do liberalismo oligárquico: da Proclamação da República
13. ed. à Revolução de 1930 – Primeira República (1889-1930)/organização
Jorge Ferreira, Lucilia de Almeida Neves Delgado. – 13. ed. –
Rio de Janeiro: Civilização Brasileira, 2024.
434 p. (O Brasil Republicano; 1)

Inclui bibliografia
ISBN 978-85-200-1357-1

1. Brasil – História – República Velha, 1889-1930. 2. Brasil –
História – Revolução, 1930. 3. Brasil – Política e governo 1889-1930.
I. Ferreira, Jorge. II. Delgado, Lucilia de Almeida Neves. III. Série.

CDD: 981.05
18-51799   CDU: 94(81)"1889/1930"

Vanessa Mafra Xavier Salgado – Bibliotecária – CRB-7/6644

EDITORA AFILIADA

Todos os direitos reservados. Proibida a reprodução, armazenamento ou transmissão de partes deste livro, através de quaisquer meios, sem prévia autorização por escrito.

Texto revisado segundo o Acordo Ortográfico da Língua Portuguesa de 1990.

Direitos desta edição adquiridos pela
EDITORA CIVILIZAÇÃO BRASILEIRA
Um selo da
EDITORA RECORD LTDA.
Rua Argentina, 171, 3º andar – Rio de Janeiro, RJ – 20921-380 –
Tel.: (21) 2585-2000.

Seja um leitor preferencial Record.
Cadastre-se no site www.record.com.be e receba informações
sobre nossos lançamentos e nossas promoções.

Atendimento e venda direta ao leitor:
sac@record.com.br

Impresso no Brasil
2024

Sumário

Apresentação 7
Jorge Ferreira e Lucilia de Almeida Neves Delgado

1. Os cenários da República. O Brasil na virada do século
   XIX para o século XX 11
   Profa. Dra. Margarida de Souza Neves (PUC-Rio)

2. A consolidação da República: rebeliões de ordem
   e progresso 43
   Prof. Dr. Elio Chaves Flores (UFPB)

3. O processo político na Primeira República e o liberalismo
   oligárquico 81
   Profa. Dra. Maria Efigênia Lage de Resende (UFMG)

4. Religião e política no alvorecer da República:
   os movimentos de Juazeiro, Canudos e Contestado 111
   Profa. Dra. Jacqueline Hermann (UFRJ)

5. Formação da classe operária e projetos de identidade coletiva 153
   Prof. Dr. Cláudio H. M. Batalha (Unicamp)

6. Primeira República: economia cafeeira, urbanização e
   industrialização 183
   Prof. Dr. José Miguel Arias Neto (UEL)

7. Reforma urbana e Revolta da Vacina na cidade do
   Rio de Janeiro 215
   Prof. Dr. Jaime Larry Benchimol (Fiocruz)

8. Política externa na Primeira República: entre
   continuidades e mudanças   273
   Prof. Dr. Francisco Doratioto (UnB)

9. Tenentismo e crises políticas na Primeira República   297
   Prof. Dr. Mário Cléber Martins Lanna Júnior (PUC-Minas)

10. O modernismo e a questão nacional   337
    Dra. Monica Pimenta Velloso (FCRB)

11. A crise dos anos 1920 e a Revolução de 1930   373
    *Profa. Dra. Marieta de Moraes Ferreira
    (UFRJ/CPDOC-FGV) e Profa. Dra. Surama Conde
    Sá Pinto (UFRRJ)*

Bibliografia geral   403
Filmografia   419
Os autores   425
Plano geral da coleção   427

Apresentação

Em novembro de 2003, no Rio de Janeiro e em Belo Horizonte, ocorreu o lançamento da coleção O Brasil Republicano, em quatro volumes. Na *Apresentação* da primeira edição, fizemos algumas considerações que, passados tantos anos, reescrevemos:

> Análises e interpretações relativas à História do Brasil Republicano têm, na maior parte das vezes, destacado uma questão recorrente: a de que a construção e consolidação da cidadania e da democracia são, simultaneamente, dilema e desafio que perpassam o cotidiano nacional brasileiro.
>
> Dilema, pois a herança do passado colonial/patrimonial tem persistido, sob diferentes formas e graus, ao longo da trajetória republicana, reproduzindo manifestações de práticas autoritárias, tanto na esfera privada quanto na pública.
>
> Desafio, pois a construção da democracia no Brasil tem encontrado inúmeros focos de resistência que se manifestam em diferentes formas de comportamento político autoritário, destacando-se os períodos ditatoriais, tanto o do Estado Novo quanto o do regime militar. Persistem também formas antigas, mas ainda usuais, de mandonismo local e de patrimonialismo. Essas práticas, em especial a do patrimonialismo, teimam em se reproduzir em escalas ampliadas, contaminando a esfera pública nos planos municipal, estadual e federal. Expressam-se em diferentes maneiras de apropriação do público pelo privado e, embora pudessem ser consideradas ultrapassadas, demonstram, no alvorecer desse novo milênio, uma vitalidade incontestável que contamina as instituições republicanas brasileiras.
>
> Na verdade, a democracia e a plena realização da cidadania no Brasil apresentam-se como um dilema histórico ainda a ser decifrado e um desafio a ser enfrentado.

Analisar e entender, em diferentes ângulos, esse processo é tarefa que requer o estudo de diversas temáticas que, inter-relacionadas, possibilitem melhor compreensão das esferas micro e macro da História. Mas tal tarefa, por sua envergadura, não pode deixar de contar com a contribuição de um elenco plural de historiadores e de profissionais de outras áreas das Ciências Humanas. Esse é um dos maiores e melhores motivos para atualização, reedição e ampliação da coleção O Brasil Republicano.

Durante a preparação dos originais da primeira edição, fomos ambiciosos. Afirmávamos que nosso objetivo era atingir todos os brasileiros curiosos pela própria história. Passados tantos anos, não sabemos se alcançamos essa meta. Também dissemos que queríamos que os livros colaborassem com um público muitas vezes esquecido: alunos e professores de nível médio. Acreditamos que nosso objetivo foi alcançado em parte, sobretudo no caso dos professores de nível médio. Igualmente nos referimos a alunos de graduação em Ciências Humanas, em particular na área de História, grande parte deles com dificuldades para adquirir livros que resultam de pesquisas originais. Nesse aspecto, nossas expectativas tiveram grande sucesso. Os quatro volumes da coleção foram adotados por professores universitários de História, e diversos capítulos da coleção serviram como recurso didático, sendo discutidos em salas de aula. O Brasil Republicano, dessa maneira, tornou-se material didático de nível superior adotado nos cursos de graduação em História.

No entanto, a pesquisa historiográfica sobre o período republicano tem avançado muito nos últimos tempos. O país tem mais de 50 cursos de pós-graduação e cerca de 250 de graduação em História. Nesse sentido, pensamos em atualizar a coleção, convidando os autores a revisarem seus capítulos, pois entendemos que na produção do conhecimento histórico e historiográfico é fundamental considerar dois tempos específicos: o referente ao desenrolar dos acontecimentos e processos e o relativo à produção de interpretações e narrativas sobre a construção do movimento da História. Desde os idos de 2003, quando a coleção veio a público, a História sobre a República brasileira ganhou novas e relevantes contribuições que não podem e não devem ser desconsideradas. O acesso a novas fontes impressas, iconográficas e audiovisuais – vide como exemplo os relatórios da Comissão da Verdade – tem contribuído para rico processo de escrita e reescrita da História, que conta também com o suporte de novas abordagens teóricas e conceituais.

APRESENTAÇÃO

Para que a atualização da coleção ficasse mais abrangente, considerando, inclusive, a crescente aceitação de pesquisas e estudos sobre o tempo presente, decidimos publicar o quinto volume que trata da Nova República (1985-2016). Tarefa audaciosa e, sobretudo, trabalhosa, mas que contou com o apoio da editora Civilização Brasileira.

A nova edição da coleção, portanto, sofreu mudanças. Uma delas foi a revisão e atualização dos capítulos. A maioria dos autores interferiu no seu próprio texto, revisando e/ou inserindo nele a produção historiográfica mais recente. Outra alteração resultou de nossa avaliação de que temas relevantes estavam ausentes da coleção. Assim, em todos os volumes foram incluídos capítulos sobre política externa brasileira. Foram também acrescidos capítulos sobre o segundo governo Vargas, o governo Jânio Quadros, a anistia política de 1979, entre outros temas. A bibliografia foi atualizada, privilegiando livros. A filmografia também foi atualizada, constituída por filmes exclusivamente de conteúdo histórico ou que se tornaram clássicos na história do cinema do país.

Mantivemos a mesma orientação anterior: convidar os autores considerando-se os critérios de pluralidade, especialidade e reconhecimento acadêmico. Reiteramos, assim, que aqui estão reunidos historiadores, sociólogos, cientistas políticos, economistas e profissionais da área de comunicação social e literatura de diversas universidades e instituições de pesquisa brasileiras, distribuídas por diferentes estados da federação. Sob o prisma da história política, social, cultural e econômica, os autores sugerem hipóteses interpretativas que visam a contribuir com o esforço reflexivo sobre as peculiaridades da história do Brasil República

A obra é constituída por cinco volumes. Dois deles tiveram seus títulos alterados, obedecendo às mudanças dos próprios livros. O primeiro volume, *O tempo do liberalismo oligárquico – da Proclamação da República à Revolução de 1930*, aborda o processo político, a exclusão social e econômica, bem como os movimentos sociais e culturais na Primeira República. O segundo volume, *O tempo do nacional-estatismo – do início da década de 1930 ao apogeu do Estado Novo*, enfatiza a construção da cidadania social no país, além de análises relativas à dinâmica política e econômica em um Estado ao mesmo tempo modernizador e autoritário. O terceiro volume, *O tempo da experiência democrática – da democratização de*

1945 ao golpe civil-militar de 1964, volta-se para a vida política da época, privilegiando atores sociais que, de maneira crescente, se engajaram em lutas por reformas econômicas e sociais, como também os grupos políticos e sociais contrariados com os avanços dos movimentos reivindicatórios.

O quarto volume, *O tempo do regime autoritário – ditadura militar e redemocratização*, dedica-se ao processo de exclusão política, econômica e social sob a égide da ditadura inaugurada em 1964, mas também à luta pela redemocratização do país.

Por fim, no novo e quinto volume da coleção, *O tempo da Nova República – da transição democrática à crise política de 2016*, historiadores, sociólogos, cientistas políticos, economistas, comunicólogos e literatos discutem os processos políticos, econômicos, sociais e culturais do período iniciado em 1985 até o esgotamento da Nova República com o golpe de Estado de 2016.

Dessa forma, almejamos estar contribuindo para maior divulgação do conhecimento histórico sobre a República no Brasil.

Finalmente, agradecemos a todos os colaboradores da obra, tanto os da primeira edição quanto os da atual, o empenho e dedicação com que redigiram e/ou revisaram e atualizaram seus textos. É preciso, igualmente, agradecer aos diretores da Civilização Brasileira, em particular à editora executiva Andréia Amaral, cujos apoio e incentivo nunca nos faltaram no difícil projeto de atualização dos quatro volumes da coleção e na produção do quinto. Agradecemos ao conjunto de funcionários da Civilização Brasileira o carinho e dedicação no trato com os autores e suas obras. Nossos agradecimentos mais uma vez são dedicados aos alunos de graduação em História da Universidade Federal Fluminense (UFF) pelo trabalho com as fichas técnicas dos filmes. Por fim, um agradecimento especial aos jovens alunos de graduação em História do país. A eles, finalidade maior de nossa profissão, dedicamos a obra.

Jorge Ferreira* e
Lucilia de Almeida Neves Delgado**

---

* Professor Titular do programa de pós-graduação em História Social da Universidade Federal Fluminense e Professor Visitante do programa de pós-graduação em História da Universidade Federal de Juiz de Fora.
** Professora Titular aposentada de História da PUC-Minas, professora aposentada de História e Ciência Política da UFMG e professora do programa de pós-graduação em Direitos Humanos da UnB.

1. Os cenários da República. O Brasil na virada do século XIX para o século XX

*Margarida de Souza Neves**

Vertigem e aceleração do tempo. Esta seria, sem dúvida, a sensação mais forte experimentada pelos homens e mulheres que viviam ou circulavam pelas ruas do Rio de Janeiro na virada do século XIX para o século XX. Ainda que de forma menos contundente, o mesmo sentimento estaria presente nas principais cidades brasileiras, que, tal como a cidade-capital,[1] cresciam como nunca, tornavam complexas suas funções e recebiam levas de imigrantes europeus que atravessavam o Atlântico em busca do sonho de fazer a América. Tudo parecia mudar em ritmo alucinante. A política e a vida cotidiana; as ideias e as práticas sociais; a vida dentro das casas e o que se via nas ruas. Como nas subidas, descidas, voltas e reviravoltas de uma montanha-russa estonteante, na feliz imagem utilizada por Nicolau Sevcenko (2001, pp. 11-22), o progresso, tudo parecia arrebatar em sua corrida desenfreada.

Marasmo. E um tempo que parecia transcorrer tão lentamente que sua marcha inexorável mal era percebida. Assim, nas fazendas, nas vilas do interior e nos sertões do país, essa mesma virada do século seria percebida. Ali, nada parecia romper uma rotina secular, firmemente alicerçada no privilégio, no arbítrio, na lógica do favor, na *inviolabilidade da vontade senhorial*[2] dos coronéis e nas rígidas hierarquias assentadas sobre a propriedade, a violência e o medo. Tudo parecia ser sempre igual, e o tempo,

---

* Professora Associada do departamento de História da PUC-Rio.

ao menos aparentemente, ainda seguia o ritmo da natureza. Como nas memórias de infância de Graciliano Ramos, a vida transcorria lentamente e sem outras alterações que não aquelas que distinguiam a estação das chuvas daquela da estiagem:

> Mergulhei numa comprida manhã de inverno. O açude apojado, a roça verde, amarela e vermelha, os caminhos estreitos mudados em riachos, ficaram-me na alma. Depois veio a seca. Árvores pelaram-se, bichos morreram, o sol cresceu, bebeu as águas, e ventos mornos espalharam na terra queimada uma poeira cinzenta. Olhando-me por dentro, percebo com desgosto a segunda paisagem. Devastação, calcinação. Nesta vida lenta sinto-me coagido entre duas situações contraditórias – uma longa noite, um dia imenso e enervante, favorável à modorra (Ramos, 1978, p. 20).

Na República Velha, uma lógica paradoxal diferencia e ao mesmo tempo relaciona organicamente esses dois cenários – o da capital federal e o do interior –, à primeira vista opostos pelo vértice, o cenário do progresso montado na cidade que, após o 15 de novembro, assume foros de capital federal e o cenário do interior do país, onde a República recém-implantada, aparentemente, muda apenas, no cotidiano, os selos que estampilham as cartas que o correio de quando em vez faz chegar, a bandeira nacional hasteada nas festas, as notas e moedas que pouco circulam e algumas das datas pátrias festejadas com fanfarra e bandeirolas. Aprofundar na relação entre esses dois cenários, sem deixar de perceber as diferenças entre a *modorra* da vida no interior e a *vida vertiginosa*[3] do Rio de Janeiro, é premissa fundamental para o entendimento da história do primeiro período republicano no Brasil.

Como poucos, entre aqueles que viveram o tempo conturbado do fim do Estado imperial e do início da República, Euclides da Cunha experimentou na própria vida e trouxe para a sua obra o paradoxo entre os dois cenários da República e os impasses do sonho republicano.

Nascido em uma fazenda em Santa Rita do Rio Negro, interior da então província fluminense, peregrinou desde muito pequeno pelo Brasil afora em razão da morte precoce de sua mãe e, já adulto, ao sabor dos deveres de ofício que assume como militar, como engenheiro ou como jornalista.

Ainda menino, é levado, da Fazenda Saudade em que nascera, para a cidade serrana de Teresópolis; dali a São Fidélis, para a fazenda de um tio, coronel da Guarda Nacional. Depois, muda-se para Salvador, na Bahia, onde vive entre os 11 e os 12 anos em companhia dos avós paternos. Transfere-se então para o Rio de Janeiro em 1879, onde, mais tarde, ingressa na Escola Militar, sem, no entanto, concluí-la em função de um famoso episódio ocorrido no mês de novembro de 1888, em que ostenta suas convicções republicanas diante de Tomás Coelho, ministro da Guerra do governo imperial. Já adulto, continuará o périplo pelo Brasil: São Paulo, novamente o Rio de Janeiro, interior de Minas Gerais, e outra vez São Paulo, quando retoma a colaboração com a imprensa no periódico O *Estado de S. Paulo*, que o enviará como repórter à cena do mais desconcertante confronto a que fez frente a República em seus primeiros anos: aquele que resultou do enfrentamento, no interior da Bahia, entre o Exército nacional e os sertanejos que buscavam nas pregações de Antônio Conselheiro a esperança que o Estado republicano – tal como a monarquia – insistia em negar-lhes no plano dos mais elementares direitos de cidadania. Depois da expedição à aldeia sagrada de Canudos, para o escritor uma verdadeira epifania em que o Brasil se revelou por inteiro, Euclides seguiria ainda a peregrinação que não cessava de levá-lo e de trazê-lo do cenário do progresso montado no Rio de Janeiro para os grotões mais remotos do país; das vilas pacatas para as capitais dos estados; da rotina das fazendas e plantações para a exuberância indomável da selva amazônica. Depois de testemunhar a tragédia de Canudos e antes de sua morte violenta em 1907, aos 43 anos de idade, Euclides viajaria ainda por todo o interior de São Paulo como engenheiro de obras públicas; conheceria a tranquilidade da vida em Guaratinguetá e Lorena; viveria no Guarujá enquanto trabalhava em Santos; percorreria boa parte da Amazônia, chegaria às nascentes do rio Purus e regressaria à vida agitada da capital federal já travestida em Paris tropical pela reforma Pereira Passos.

Por ter testemunhado o fim trágico daquilo que ele próprio qualificou de *A nossa Vendeia* (Cunha, 1966, v. 1, p. 575), Euclides pode escrever *Os sertões*, um dos mais lúcidos e dramáticos *Retratos do Brasil*[4] do início do século passado. Nesse livro, engastada no meio de uma rebuscada descrição da caatinga e do homem sertanejo escrita conforme os cânones positivistas em que fora formado, aparece uma rara síntese que condensa o contraste entre os ideais de progresso e civilização que pautam os sonhos de seu tempo e a dura realidade do Brasil. Destilada no incessante ir e vir, na experiência da vida familiar entre os coronéis das fazendas fluminenses e da Bahia, no Exército, no jornal e no trabalho como engenheiro e funcionário do governo pelo Brasil afora, esse trecho daquela que é uma das obras maiores da literatura brasileira oferece uma cartografia simbólica dos dois cenários republicanos:

> Estamos condenados à civilização.
> Ou progredimos ou desaparecemos.
> A afirmativa é segura. [...]
> Vivendo quatrocentos anos no litoral vastíssimo, em que palejam reflexos de vida civilizada, tivemos de improviso, como herança inesperada, a República. Ascendemos de chofre, arrebatados no caudal dos ideais modernos, deixando na penumbra secular em que jazem no âmago do país um terço da nossa gente. Iludidos por uma civilização de empréstimo, respingando, em faina cega de copistas, tudo o que de melhor existe nos códigos orgânicos de outras nações, tornamos, revolucionariamente, fugindo ao transigir mais ligeiro com as exigências da nossa própria nacionalidade, mais fundo o contraste entre o nosso modo de viver e o daqueles rudes patrícios mais estrangeiros nessa terra que os imigrantes da Europa. Porque não no-los separa um mar, separam-no-los três séculos (Cunha, 1966, v. 2, pp. 141 e 231).

Na esteira dessas palavras, o que se pretende aqui é, em primeiro lugar, refletir sobre a República, regime político que Euclides da Cunha afirmava ser, no caso brasileiro, uma *herança inesperada*, bem como sobre as relações entre a nova institucionalidade implantada em 1889 e os sonhos de *progresso* e *civilização*, sem esquecer que, para o autor de Os sertões, o primeiro termo está associado a uma *condenação* inexorável e o segundo constitui-se em um ideal *de empréstimo*. É também, em segundo lugar, aprofundar nessa curiosa geometria euclidiana que mede em séculos a distância entre *o âmago do país* e o *litoral vastíssimo*, representações espaciais dos dois cenários da República da perspectiva do autor. É ainda – e sobretudo – pensar como, apesar das transformações de toda ordem que caracterizam aquela virada de século, permanece intransponível o fosso que exclui da arena política formal os *rudes patrícios* e como se mantêm intocadas as hierarquias que subordinam aos interesses e ao mando dos que imprimem direção à República aqueles que Euclides, num cálculo talvez otimista, estima serem *um terço da nossa gente*.

O caudal dos ideais modernos

Ao associar discursivamente o momento do advento da República no Brasil às ideias de *improviso*, de *arrebatamento*, de *ascensão*, de *velocidade* e de *inesperado*, Euclides da Cunha reúne e resume um sentimento fortemente presente entre os seus contemporâneos, em especial entre aqueles 522.651 homens e mulheres que o censo de 1890 contabilizava como a população da cidade do Rio de Janeiro.

De fato, era sob o signo de uma certa pirotecnia de súbitas mudanças que o tempo vivido era percebido na cidade que, na sexta-feira, dia 15 de novembro de 1889, amanhecera como corte imperial para anoitecer capital republicana. *Arrebatado no caudal dos ideais modernos*, o Rio de Janeiro, no fim do século XIX e início do século XX, era palco de não poucas transformações na esfera pública e na vida privada. De olhos postos no outro lado do Atlântico, o Brasil, metonimizado em sua capital, procurava imitar, *em faina cega de copistas* e *fugindo ao transigir mais ligeiro com as exigências da nossa própria nacionalidade*, nas palavras de Euclides, os modos de viver, os valores, as instituições, os códigos e as modas daquelas que então eram vistas como as nações progressistas e civilizadas.

Esses *ideais modernos*, condensados no que então era visto como a associação indissolúvel entre os conceitos de *progresso* e de *civilização*, redesenhavam o quadro internacional, acenavam com a possibilidade de um otimismo sem limites em função das conquistas da ciência e da técnica, impunham uma determinada concepção de tempo e de história, e ocultavam aos olhos da maioria o reverso de um panorama apresentado, quase sempre, como uma espécie de parusia terrena na qual as conquistas da técnica e do engenho humano transformariam a barbárie das guerras no reinado da emulação entre os países mais aptos, destinados a anunciar, por todo o orbe, a boa-nova da redenção do atraso.

São muitas as novidades do tempo.

Novos protagonistas assumem um papel importante no cenário internacional e, ao lado da Inglaterra, que havia sido até então a potência hegemônica inconteste, senhora do império onde o sol jamais se punha, e que subordinara a seus interesses boa parte dos jovens países da América Latina – entre eles o Brasil –, outros países passam a desempenhar um papel imperialista de destaque. A França, até o período napoleônico potência eminentemente continental, que ocupara a Argélia desde 1830, alarga seus domínios africanos depois de 1878 na bacia mediterrânea, na Mauritânia, na África Ocidental, no Gabão, na ilha de Madagascar; ocupa, no Pacífico, o Taiti, as ilhas Marquesas e a Nova Caledônia, e passa a dividir com os britânicos territórios significativos no Oriente: Cochinchina, Camboja, Anam, Tonquim e Laos, ocupados entre 1862 e 1893, vão constituir a Indochina Francesa. A Alemanha, unificada em 1870, apossa-se na África de Camarões, do Togo e de vastos territórios da África sul-ocidental e oriental, além de parte significativa da Nova Guiné e das ilhas do Pacífico a partir de 1878. Simultaneamente, a Itália também unificada no mesmo período que a Alemanha, ocupa a Líbia, a Eritreia e parte da Somália no território africano. A Bélgica planta, em 1908, no coração da África o Congo Belga, enquanto Portugal e Espanha, há muito presentes na África, aumentam seus domínios. A Holanda mantém os territórios em Sumatra, Java, Bornéu, ilhas Célebes e Nova Guiné. No Extremo Oriente, o Japão rompe o insulamento e ocupa territórios na Coreia e na China. A Rússia expande-se pelos Bálcãs, pelo Turquestão, pela Pérsia, pela Mongólia Exterior e pela China. Nas Américas, os Estados Unidos, considerados como um modelo de país jovem e empreendedor, entram na corrida imperialista e estabelecem bases militares ou ocupam, entre 1867 e 1915, o Alasca, o Havaí, Guam, Cuba, Haiti, Porto Rico, ilhas Virgens, Nicarágua, Panamá, parte do território mexicano, algumas ilhas no Pacífico e, em 1898, substituem os espanhóis nas Filipinas. O mapa político do mundo passa a ser outro, e o Brasil nele continua inscrito como país dependente e periférico, mas não mais exclusivamente na área de influência inglesa. Outros investimentos e interesses internacionais aqui aportam, notadamente os norte-americanos.

Novas engrenagens internacionais transformam a economia mundial, as grandes potências hegemônicas descobrem, nas áreas periféricas – inclusive no Brasil –, um mercado lucrativo para aplicações financeiras e passam a investir fortemente ali, onde a mão de obra é barata, os direitos sociais estão longe de serem conquistados e a matéria-prima é farta e disponível. O capitalismo financeiro complementa as conquistas dos países industrializados e os trustes e cartéis darão novas formas às políticas monopolistas.

Por toda parte, novos agentes e novas práticas sociais transformam as cidades. Empresários e operários redesenham os polos da conflitividade social, e se os primeiros ostentam riqueza nos salões e nas festas suntuosas, os segundos encontram nas greves e nos sindicatos a forma de reivindicar seus direitos. Cresce o número das fortunas feitas da noite para o dia, e Balzac, escritor francês que traz para a literatura as transformações que, então, afetavam tantas vidas, sustenta com argúcia que, por trás de uma grande fortuna, há sempre um crime inconfessável (Balzac, 1965, p. 139). Simétrica e oposta, cresce também a pobreza nas cidades; já em 1859 Charles Dickens e em 1862 Victor Hugo a transporão para a literatura em *Um conto de duas cidades* e em *Os miseráveis*. Os pobres – cada vez mais numerosos nas cidades – se amontoam em casas de cômodos, pardieiros, pensões, águas-furtadas e tugúrios nos bairros miseráveis e nas periferias. A multidão, outra das novidades do tempo, ocupa as ruas e, paradoxalmente, faz crescer a sensação de isolamento e solidão ao instaurar o anonimato. Para contê-la, os urbanistas reformam as cidades. Para diverti-la, os mesmos maquinismos, que nas fábricas estão associados à dura rotina do trabalho, são utilizados nos grandes parques de diversões. Para amenizar a distância que a separa da natureza são construídos os grandes parques urbanos, como o Central Park, em Nova York, ou o Bois de Boulogne, em Paris.[5] Para educá-la, curá-la, disciplina-lá e civilizá-la, mobilizam-se os intelectuais e o poder público. Também no Brasil, em especial no Rio de Janeiro, esse mesmo fenômeno pode ser observado e é captado pela literatura. Machado de Assis, em 1904, faz do contraste entre o morro do Castelo e os palacetes da rua São Clemente um dos temas de *Esaú e Jacó*, e, talvez como nenhum outro escritor de seu tempo, Lima Barreto traz para seus romances, contos e crônicas o universo dos pobres e dos subúrbios que se ocultava nos desvãos da capital da ordem e do progresso.

Novas conquistas da ciência e da técnica e novas invenções revolucionam os hábitos e o cotidiano. Na medicina são extraordinários os avanços. Por

O TEMPO DO LIBERALISMO OLIGÁRQUICO

um lado, os segredos da saúde do corpo vão sendo desvendados a partir da identificação do bacilo da febre tifoide por Eberth em 1880, do bacilo da tuberculose por Koch em 1882, do bacilo da difteria por Klebs em 1883, do bacilo da peste bubônica por Yersin em 1894, da descoberta do rádio por Pierre e Marie Curie em 1894 e dos grupos sanguíneos por Landsteiner em 1900. Por outro, os mistérios do inconsciente começam a ser revelados desde que, no ano de 1900, Sigmund Freud escreve *A interpretação dos sonhos*. No Brasil, os higienistas, tendo à frente Oswaldo Cruz, terão um papel importante na ciência e na modernização da capital, e alguns cientistas, como Carlos Chagas, que em 1909 isola o *Trypanosoma cruzi*, se destacarão no mundo científico internacional.

É novo também o ritmo da vida e, com a associação da ciência à técnica, as distâncias parecem encurtar-se. Em terra, amplia-se a poderosa rede de ferrovias que corta os cinco continentes e, em 1890, um trem, o Empire State Express, atinge uma velocidade de mais de 100 km por hora. Um novo veículo ganha as ruas de todas as cidades desde que Daimler e Benz constroem um automóvel movido a gasolina em 1885 e Henry Ford começa a fabricar em série seus modelos T em 1908. Nos mares, desde 1873, a máquina Normand, de expansão tripla, torna os navios transatlânticos mais velozes, e o submarino lançado por Laboeuf em 1899 traz para a realidade o que antes era possível apenas na ficção de Júlio Verne, que já fizera o capitão Nemo singrar as profundezas do mar nas páginas de *Vinte mil léguas submarinas*. O telefone, o rádio, o telégrafo e a linotipo, inventada por Mergenthaler em 1884, revolucionam as possibilidades de comunicação. E os balões, os dirigíveis, os zepelins e outras engenhocas voadoras tornam cada vez mais tangível o mito de Ícaro e o sonho de Leonardo da Vinci, que se tornará realidade graças a um brasileiro franzino, Alberto Santos Dumont, que cruza os céus de Paris em 1906 a bordo do primeiro avião, o 14-Bis, ainda que muitos afirmem que a proeza de voar a bordo de um aparelho mais pesado que o ar pertenceu aos irmãos Wright.

Também o espaço privado se transforma com mil novidades desde que Siemens inventa um forno elétrico em 1870, surge a baquelite – a primeira matéria plástica – em 1872, Edison acende a primeira lâmpada incandescente no vácuo em 1876 e o primeiro fogão elétrico começa a ser vendido em 1893. O progresso técnico invade as casas, transforma os ritos, os costumes e os horários da rotina doméstica. Quando, em 1905, Einstein propõe a teoria da relatividade, revolucionando a física moderna, a química cotidiana da cozinha da maioria das casas já havia sido transformada pela descoberta de um norte-americano de nome Normann que, em 1903, patenteara o processo de hidrogenação para a fabricação da margarina. Entre nós, alguns desses artefatos começam a modificar os hábitos dos casarões da rua São Clemente e da avenida Paulista.[6]

Uma nova concepção de tempo e de história acompanha as múltiplas mudanças que, aproximadamente entre 1870 e a Primeira Grande Guerra de 1914, se multiplicam em todos os âmbitos. O Ocidente vive um desses períodos em que a história parece acelerar-se, e não é apenas a experiência do tempo vivido que reflete e provoca essa sensação: a própria percepção mais abstrata do tempo e a concepção de história que é seu corolário estarão pautadas pela primazia da noção de evolução e por uma representação linear, em constante aceleração, do tempo histórico, que certamente ganha uma nova coloração, ainda que possa ser percebida desde o século XVIII e da construção da razão instrumental moderna, posto que, nas palavras de Reinhart Koselleck, nosso conceito moderno de história é fruto da reflexão das Luzes sobre a complexidade crescente da "história em si, na qual as condições da experiência parecem afastar-se, cada vez mais, da própria experiência" (Koselleck, 1990, p. 12).

Uniforme, rigidamente controlado, cada vez mais veloz e pautado pela eficiência, o tempo é visto como um *continuum* entre dois polos que especificam seu ponto de partida e seu *telos*, situado no polo que assinala a sempre renovada conquista do *progresso* e da *civilização*, marcado com um sinal de positividade e oposto ao polo do *atraso* e da *barbárie*, negativado. Nesse tempo retilíneo e direcionado mover-se-iam todas as nações, que se viam e eram vistas como modernas na medida em que se situassem no limiar das mais recentes conquistas da época, consideradas como manifestações inequívocas da primazia de seu engenho e arte.

Cabe lembrar que o evolucionismo social de Spencer precede o darwinismo, que parece aplicar em sua teoria da seleção natural das espécies os princípios que norteiam a concepção de história como uma incessante corrida pelos trilhos do progresso, e que permitiria aos países que se viam como os mais aptos arvorar-se uma missão civilizadora em relação àqueles países ou mesmo continentes vistos como mais atrasados, cujo destino seria emular os que se apresentavam como a vanguarda do Ocidente.

O problema dessa concepção evolucionista e linear da história reside em tratar diferenças como se fossem desigualdades. Com efeito, ainda que os países periféricos – entre eles o Brasil – incorporassem o discurso das nações hegemônicas e entendessem que bastaria imprimir uma maior velocidade a suas conquistas para *entrar no rol das nações civilizadas e progressistas* – para utilizar uma formulação recorrente na época – e mesmo para chegar a alcançar um lugar de proeminência na corrida pelo progresso, superando assim uma desigualdade facilmente sanável pela aplicação das inteligências e a mobilização das vontades, a diferença essencial que os separava de países como a França e a Inglaterra, a Alemanha e os Estados Unidos, a Bélgica ou a Itália não cessava de aprofundar-se, uma vez que da manutenção de seu lugar periférico, subordinado e ainda colonial, dependia a reprodução exponencial da riqueza, da hegemonia e do lugar ocupado pelos chamados países civilizados e progressistas no concerto das nações.

A ideologia do progresso, no entanto, impedia a percepção dessa diferença fundamental e de algumas das decorrências menos edificantes do espírito do tempo, tais como o etnocentrismo, o desrespeito aos valores das diversas culturas, a injusta distribuição da riqueza entre os Estados e no interior deles, a prepotência, a violência e a exploração. Desde a metade do século XIX, essa ideologia, síntese dos *ideais modernos* em cujo *caudal* Euclides da Cunha via o Brasil *arrebatado*, transformara-se em algo muito próximo a uma religião leiga.

Como toda religião, para além de realizar seu sentido etimológico – *re ligare* –, ao congregar os que partilhavam a mesma fé em torno de um credo comum, aquela que se consolida a partir da crença inabalável na marcha do progresso da humanidade como decorrência lógica e necessária das conquistas técnicas e científicas saberá encontrar seus ritos, sua liturgia e suas celebrações: as Exposições Internacionais,[7] realizadas periodicamente, cumprirão com eficácia essa função. Não sem razão, Walter Benjamin, arguto observador de seu tempo, as considerará como *lugares de peregrinação à mercadoria-fetiche* (Benjamin, 1982, p. 64).

Desde 1851, quando a Inglaterra vitoriana inaugura a primeira das Exposições Universais, *o caudal dos ideais modernos* virá desaguar nessas festas do progresso e da civilização, vistas pelos organizadores como *arenas pacíficas* (Neves, 1988). Milhares de visitantes de todas as latitudes geográficas e sociais aprenderão, ao visitá-las, lições indeléveis que resumirão as convicções daquele tempo, associarão indissoluvelmente os conceitos de *progresso* e *civilização* e assimilarão uma determinada visão da história. Cabe assinalar que muitos dos marcos que monumentalizam esses ideais modernos são originariamente vinculados às Exposições. É o caso do Palácio de Cristal, projetado por John Paxton para a Exposição londrina de 1851; da Estátua da Liberdade, presente da França aos Estados Unidos no centenário de sua emancipação política e que, antes de cruzar o Atlântico e aportar diante da ilha de Manhattan, esteve exposta em Paris na Exposição de 1878, e também da torre Eiffel, em seu tempo a mais alta e ousada construção erguida pela mão do homem, e que presidiu à grandiosa Exposição Universal com que a França comemorou o terceiro centenário da Revolução Francesa.

No Brasil, timidamente, as novidades do tempo estarão presentes desde a década de 1860. Antes mesmo de abolir a escravidão, que se tornara um obstáculo real para o progresso material e desmentia a reputação de progressista perseguida pelo Império e pelo segundo imperador, aqui chegaram alguns lampejos suntuários das conquistas modernas. A fotografia, o telefone, o telégrafo e o fonógrafo causaram espanto e maravilha. A rede de estradas de ferro estendeu-se, unindo aos portos de escoamento para o mercado externo as grandes fazendas do oeste paulista, onde o trabalho livre ganhava espaço e os proprietários pretendiam ser empresários modernos. Desde 1862 o Brasil participava das Exposições Internacionais[8] realizadas na Europa e nos Estados Unidos, ainda que a imagem que os visitantes dessas grandes mostras que, por acaso, se fixassem no que o Estado imperial enviava para representar o país não pudesse deixar de estar associada à sua extraordinária riqueza natural e ao exotismo: pedras e madeiras preciosas, peles de animais selvagens, produtos agrícolas e arte plumária abarrotavam o espaço destinado ao Império do Brasil nas primeiras Exposições Internacionais que contaram com a presença do país.

No mesmo ano em que os holofotes da Exposição Universal de 1889 fizeram resplandecer em Paris a torre de 300 metros de altura construída por Gustave Eiffel, um golpe militar, a princípio destinado apenas a provocar a derrocada do gabinete Ouro Preto, terminou por derrubar a monarquia, expulsar o velho imperador e sua família e instaurar a República. *Revolucionariamente*, como dirá Euclides da Cunha, engenheiro militar para quem a conotação de *revolta, sublevação* e *convulsão social* que nos habituamos a associar ao termo *revolução* certamente estaria associada àquela de seu sentido primitivo, oriundo dos campos intelectuais da física, da astronomia, da geometria e da mecânica, e que aparecem em primeiro lugar no *Dicionário prático illustrado* de Jayme Séguier, um dos mais usados em sua época e que assim define os principais sentidos da palavra *revolução*:

> **Revolução**, s.f. (lat. revolutio). Phys. Movimento de um móvel que percorre uma curva fechada. Astron. Marcha circular dos corpos celestes no espaço; período de tempo que elles empregam em recorrer a sua órbita: a revolução da terra em torno do sol. Geom. Movimento suposto de um plano em volta de um dos seus lados, para gerar um sólido. Mechán. Giro completo de uma roda. Fig. Levantamento ou insurreição política de grande importância e gravidade, tendente a modificar, a transformar a constituição de um Estado, as suas instituições etc.: a revolução francesa (Séguier, s.d., p. 1001).

Sem dúvida o golpe militar do 15 de novembro de 1889 modificaria a Constituição do Estado brasileiro e suas instituições. Mas, tal como na acepção astronômica da palavra, a República, *revolucionariamente* instaurada, terminaria por ser mais uma das transformações sem mudanças substantivas da história brasileira. Concluído o movimento circular no plano político, a sociedade voltaria ao ponto de partida sem grandes convulsões. Sob novas formas, os antigos e os novos *Donos do Poder*[9] manteriam firmes as rédeas do mando. Ou, na clássica formulação que Machado de Assis põe na boca do Conselheiro Aires sobre os acontecimentos do 15 de novembro, mais uma vez os brasileiros constatariam que "nada se mudaria; o Regime sim, era possível, mas também se muda de roupa sem mudar de pele. O comércio é preciso. Os bancos são indispensáveis. No sábado, ou quando muito na segunda-feira, tudo voltaria ao que era na véspera, menos a Constituição" (Machado de Assis, 1971, p. 1031).

Uma República de improviso?

A proclamação da República no dia 15 de novembro de 1889 é, sem dúvida, um dos acontecimentos significativos de nossa história. Feriado nacional festejado anualmente como uma das datas cívicas mais importantes, o 15 de novembro se inscreve nos livros escolares e no imaginário coletivo como um acontecimento fundador do que somos, como um *lugar de memória*[10] para todos os brasileiros e como um marco significativo de nossa história. Por isso mesmo, presta-se, como poucos, a uma reflexão mais consistente sobre o acontecimento e seu significado para a história.

É Pierre Nora, historiador francês, quem nos lembra que se, por um lado, as novas correntes da história aprenderam a relativizar os acontecimentos do universo da política e a dar importância a novos temas, tais como as mentalidades coletivas, a novos objetos de estudo como, por exemplo, a festa, o riso, os hábitos de leitura ou a vida familiar e a novas perspectivas de análise propostas pela história cultural, por outro é preciso não esquecer que há acontecimentos que condensam e permitem uma melhor compreensão do processo histórico em que se inserem. Assim como a ponta de um *iceberg*, esses acontecimentos revelam o que se esconde sob o mar do cotidiano, deixam perceber aspectos fundamentais da lógica que imprime direção à história de uma coletividade e que pode ser responsável por inflexões significativas nessa mesma história. Nas palavras de Nora, "é necessário auscultar o acontecimento porque é ele que une, como num feixe, todos os significados sociais de que se rodeia" (Nora, 1978, p. 61).

Nessa linha de raciocínio, o acontecimento da proclamação da República merece uma atenção particular.

Visto do plano do ocorrido naquele 15 de novembro, sem dúvida a República brasileira parece feita *de improviso*, do jeito que sugere Euclides. A proclamação da República aparenta ser a resultante imediata de um golpe militar, e o marechal Deodoro da Fonseca, ao assumir as rédeas do movimento que resultou na implantação do novo regime, pode ser visto como o fundador a contragosto da República brasileira, como lembra Joseph Love ao escrever que "no 15 de novembro de 1889, os conspiradores republicanos que se agruparam em torno do marechal Deodoro da Fonseca o convenceram a proclamar a República" (Love, 2000, p. 127).

A hipótese de que a República brasileira foi, em sua origem, obra dos militares, resultado do descontentamento de setores do Exército e fruto das questões militares que se arrastavam desde o fim da Guerra do Paraguai, encontra respaldo nas versões contemporâneas ao fato e na historiografia. Entre as análises recentes, os trabalhos de Celso Castro (1995, 2000) sustentam o argumento do protagonismo do Exército no advento da República. E o mais conhecido dos testemunhos escritos sobre aquele 15 de novembro, a carta de Aristides Lobo, em que o futuro ministro do Interior do primeiro governo republicano afirma ter o povo assistido ao desenrolar dos fatos daquele dia "bestializado, atônito, surpreso, sem conhecer o que significava", reconhece, no calor da hora, que "por ora, a cor do governo é puramente militar e deverá ser assim. O fato foi deles, deles só, porque a colaboração do elemento civil foi quase nula" (Citado em Carone, 1969, p. 289).

A iconografia dos primeiros anos republicanos também sublinha o papel do Exército, tanto se tomarmos como referência a imprensa ilustrada de então, em que desponta a pena inspirada de Angelo Agostini, quanto se pensarmos nos registros mais solenes dos pintores da época. O quadro de Henrique Bernardelli em que Deodoro, montado em um cavalo branco e com ar triunfal, ocupa todo o primeiro plano da tela, deixando na sombra um grupo fardado e alguns poucos civis que dão vivas à República, é exemplar nesse sentido e já foi objeto da análise de José Murilo de Carvalho (1990). Angela Maria de Castro Gomes (Gomes, Pandolfi e Alberti, 2002, pp. 12-30) mostra ser esse também o sentido da tela de Benedito Calixto pintada em 1893 e que continua pondo no centro dos acontecimentos Deodoro e o Exército, se bem que alargue o plano pintado, mostrando todo o campo da Aclamação, a tropa formada, canhões assestados, oficiais a cavalo em meio aos quais está o major Frederico Sólon de Sampaio Ribeiro com sua espada desembainhada, e alguns civis, entre os quais é possível reconhecer republicanos históricos, como Quintino Bocaiuva. Ainda que com mais personagens em cena, Deodoro e o Exército continuam, na tela de Benedito Calixto, a desempenhar o papel principal no advento republicano.

Visto da perspectiva do tempo cronológico que antecede o 15 de novembro propriamente dito, outra luz ilumina o ocorrido e é fácil perceber que a República brasileira não foi apenas obra do golpe militar que fez cair a monarquia.

OS CENÁRIOS DA REPÚBLICA

Se bem que seja possível encontrar referências mais remotas, é a partir de 1870 que se oficializa o republicanismo brasileiro, com a publicação do *Manifesto Republicano* no primeiro número do jornal *A República*. Coerente com o princípio descentralizador do federalismo, que se constituía na grande bandeira política dos republicanos de todos os matizes e na principal proposta do Manifesto de 1870,[11] o movimento republicano organizou-se desde então em partidos políticos provinciais; divulgou seus ideais em jornais da corte e das províncias; multiplicou a existência de clubes republicanos por todo o país; chegou a eleger dois representantes para a Câmara dos Deputados; organizou Congressos Republicanos, como os de 1887 e 1888; abrigou tendências diferenciadas entre as quais os chamados *republicanos históricos* – os signatários do Manifesto de 1870 –, os positivistas, os moderados, os liberais e tantos outros; cooptou descontentes com os rumos do Estado imperial – os ironicamente chamados *republicanos de 14 de maio*, fazendeiros e proprietários de escravos que abandonam o barco da monarquia após a abolição de 13 de maio de 1888, ou Rui Barbosa, que em voto em separado no Congresso do Partido Liberal de maio de 1889 anuncia sua adesão ao ideal republicano, uma vez que a monarquia recusava a bandeira federalista; publicou obras de grande aceitação pelo público leitor, como *A República federal* de J. F. de Assis Brasil ou o famoso *Catecismo republicano*, de autoria de Alberto Sales, que teve uma tiragem de 10 mil exemplares – excepcional para a época – para distribuição gratuita e, tal como o livro de Assis Brasil, foi patrocinado pelo Partido Republicano Paulista.

Do ponto de vista da política, era explosiva a combinação entre a perda de apoio político da monarquia por parte de setores influentes, como os cafeicultores do vale do Paraíba – grande parte deles com interesses escravistas – e do oeste paulista – que consideravam insuficientes os esforços de modernização do Império; os descontentamentos militares; a inabilidade da política imperial para lidar com os interesses corporativos da Igreja Católica; a saúde periclitante do monarca que punha de manifesto a chamada questão dinástica, pois a ausência de um herdeiro homem levaria ao trono a Princesa Isabel, não precisamente popular entre os fazendeiros escravistas e casada com o Conde d'Eu, que conseguira angariar antipatias generalizadas; o êxito da proposta federalista que os partidos monárquicos recusavam a despeito dos esforços de Tavares Bastos e de Joaquim Nabuco;[12] e também da propaganda dos partidários da República, entre os quais o barulhento Silva Jardim, que constrangia a representação diplomática francesa ao promover festas republicanas nas ruas do Rio de Janeiro no dia 14 de julho e que, quando o Império patrocinou uma viagem do Conde d'Eu pelo litoral brasileiro para promover o futuro da monarquia, embarcou no mesmo navio, que, a cada porto, atracava ao som de duas fanfarras, uma servindo de pano de fundo aos grupos monarquistas e outra entoando hinos republicanos.

Estava portanto minado o terreno da monarquia brasileira, cuja razão de ser era a garantia e a reprodução da ordem escravista, e bem pavimentado o caminho republicano quando o golpe militar fez ruir o Estado imperial em novembro de 1889. Disso davam-se conta não apenas os brasileiros atentos à vida política, mas também os representantes diplomáticos sediados no Rio de Janeiro.

Entre os primeiros, poucos testemunhos são tão eloquentes quanto o do historiador João Ribeiro, que, em janeiro de 1889, mapeia os setores descontentes com a monarquia e profetiza a proclamação no primeiro número da *Revista Sul-Americana*, periódico literário publicado no Rio de Janeiro pelo Centro Bibliographico Vulgarizador entre janeiro e dezembro do ano em que foi proclamada a República.

> Há um fermento revolucionário por toda parte: a república triunfa e apenas deve-se registrar a existência de um único partido monárquico, o dos que esperam lugubremente a certidão de óbito de Sua Majestade. [...]
>
> Não há espírito, por mais obtuso, que não veja, ao menos dentro de poucos anos, a ruína total da instituição monárquica no Brasil. [...]
>
> A força republicana atual é uma caudal [sic] soberana que resulta de várias convergências: da antiga e tradicional ideia republicana; da autonomia da lavoura, já não precisando da proteção imperial; dos desesperos das classes em crise econômica; do ódio contra a imoralidade dos governos; da miséria das províncias; do abolicionismo que trabalhou pela liberdade e não ficou monárquico... O republicanismo espera apenas a reação armada e esta já deploravelmente se manifestou mascarada, ainda que iniludível. [...]
>
> Seja como for, a república vencerá (Citado em Hansen, 2000, pp. 24-25).

Entre os observadores estrangeiros, dois relatórios diplomáticos se destacam. Em junho de 1888, o representante diplomático da Espanha escreve a seu governo aludindo a uma agitação republicana generalizada, e associa a enfermidade do imperador ao descontentamento dos ex-proprietários de escravos, aos interesses paulistas e ao que chama de *separatismo das províncias do sul do império*:

> Cumpre-me participar a V. Excia. que, desde o momento em que se teve conhecimento da melhora de S. M. o Imperador do Brasil, a excitação política que se notava em várias províncias do Império, particularmente nas de São Paulo e Minas, acalmou-se bastante.
>
> As manifestações de caráter republicano que tiveram lugar durante os dias em que a enfermidade de S. M. fazia esperar, a qualquer momento, um desenlace fatal preocuparam sobremaneira a atenção pública, pois, em São Paulo, o assim chamado Congresso Republicano ocupou-se [...] de questões de grande transcendência.
>
> As tendências separatistas que desde há muito tempo vêm-se manifestando nas províncias do sul do Império começam a encontrar certo eco nas demais províncias, sobretudo desde a emancipação dos escravos, quando os donos das fazendas ou engenhos, prejudicados em seus interesses, começam a aderir às ideias republicanas.[13]

O representante do Reino Unido, por sua vez, escreverá em dezembro desse mesmo ano, em carta confidencial de nove páginas ao Ministério das Relações Exteriores (Foreign Office):

> Em meu despacho confidencial nº 72, de 12 de agosto, tive a honra de dirigir a atenção de Vossa Senhoria para a existência de certas tendências republicanas neste Império. Ainda que a ação dos republicanos tenha decrescido por algum tempo após o retorno do Imperador, tal como assinalei em meu despacho nº 94, de 16 de setembro último, voltou a tornar-se ultimamente extremamente ativa, e a propaganda contra a continuidade das instituições monárquicas no Brasil é feita abertamente e sem contestação aqui e em outras cidades do Império.
>
> [...] O exército e a marinha, fui informado, tornam-se republicanos, e a Escola Militar do Rio de Janeiro, onde estão aproximadamente quatrocen-

tos cadetes, também está, conforme ouvi, imbuída das mesmas opiniões. Por volta do fim do mês passado, *O Paiz*, um importante jornal da cidade, trazia um artigo conclamando as tropas à adesão ao Partido Republicano, e o mesmo jornal alardeia, todos os dias, as manifestações republicanas que se realizam por todo o país.

[...] O Imperador tem a saúde enfraquecida [...]; a Princesa Imperial não é, infelizmente, popular junto a uma classe numerosa e influente, prejudicada em seus negócios privados com a abolição da escravidão; o executivo é fraco; o exército não inspira confiança, e todas essas circunstâncias apontam para a possibilidade de uma revolução num futuro não distante.[14]

Previsível para brasileiros e não brasileiros, a República, se bem que talvez *inesperada* para alguns e proclamada *de chofre*, como assevera Euclides, talvez não tenha sido feita tão *de improviso* assim, como parece indicar o próprio gesto rebelde do autor quando jovem cadete da Escola Militar em 1888. No entanto, quando o fato do golpe militar republicano torna-se acontecimento histórico na versão que o ex-cadete e então jornalista e intelectual respeitado Euclides da Cunha publica em 1902, e tal como propõe Pierre Nora ao teorizar sobre o acontecimento e a história, passa a *enfeixar todos os significados sociais que rodeiam* seu ponto de vista e as circunstâncias da escrita, muito especialmente o massacre dos *rudes patrícios* que testemunhara em Canudos. Por isso, sendo outro seu foco de observação em 1902, a República parecia-lhe feita *de improviso*.

Se à perspectiva do período que antecede à Proclamação, e no qual o eco republicano se multiplicara, acrescentarmos aquela dos anos que sucedem ao 15 de novembro, adensando assim o tempo histórico, será possível inferir que, além de não propriamente *de improviso*, a nova institucionalidade republicana instaurada em 1889 revestiu-se de uma lógica histórica possivelmente pouco evidente para as tropas que, reunidas no campo da Aclamação e atentas ao comando de Deodoro da Fonseca, precipitaram o golpe de morte da monarquia.

Essa perspectiva de futuro também não seria previsível para os que, naquela sexta-feira, 15 de novembro de 1889, ouviram pelas ruas da cidade, leram nas fachadas dos prédios em que se alojavam os principais jornais ou escutaram da boca de José do Patrocínio na Câmara Municipal a notícia de que estava deposta a monarquia e proclamada a República. Também o imperador e sua família, retirados da paz do verão petropolitano por um telegrama do visconde de Ouro Preto, chefe do último gabinete monárquico, mantidos sob custódia militar no Paço Imperial e embarcados, na madrugada do dia 17, no *Alagoas* para o exílio europeu, não poderiam imaginar o que se seguiria àqueles dias, para eles tão conturbados.

Nas províncias, os telegramas com as notícias do que se passara no Rio de Janeiro certamente surpreenderam a muitos, mas não houve reação digna de notícias na imprensa e, imediatamente, foram formados governos provisórios. Também nelas não era possível prever o que sucederia no futuro imediato da República recém-implantada.

Talvez apenas o povo das ruas da capital, que a tudo assistira *bestializado*, no dizer de Aristides Lobo, assim como o povo pobre do interior, das vilas e capitais provinciais, intuísse que toda aquela agitação nada mudaria em suas vidas. Muitos se benzeriam, mais de um bateria com a mão na boca, e, recorrendo à sabedoria dos refrãos e provérbios repetidos de geração em geração, diriam que essa tal de República não mudaria nada para quem *não tem eira nem beira* e anda pela vida *sem ofício nem benefício*. *Em tempo de Murici... cada qual cuide de si!* Em todo caso, a submissão de séculos levaria alguns a pensar que *quem à boa árvore se achega, boa sombra o cobre*, para continuar buscando o favor e a proteção dos poderosos de sempre, muitos deles convertidos em ardorosos republicanos depois daquela sexta-feira quente de novembro.

Em novembro de 1889, a República foi apenas proclamada. Só anos mais tarde, no governo de Campos Sales (1898-1902), o irmão do autor do *Catecismo republicano*, de 1885, e que se tornaria o grande arquiteto e o executor da obra de engenharia política que faria funcionar, azeitadas, as engrenagens da chamada República Velha, serenaria a turbulência da primeira hora republicana no Brasil. Só então o terreno movediço e ainda indefinido da República brasileira se assentaria para que as bases de um equilíbrio político complexo, frágil, mas eficiente até a década de 1930, fossem lançadas. Como nunca antes, as rédeas do poder do Estado, sem a mediação da coroa metropolitana ou da coroa imperial, estariam direta e exclusivamente nas mãos dos que – sem grandes sutilezas e com boa dose de arbítrio – efetivamente imprimiam direção à sociedade brasileira.

Como num feixe, para novamente recorrer à imagem proposta por Pierre Nora, *os significados sociais de que se rodeia* o acontecimento da proclamação da República no Brasil se reúnem e o *improviso* de 1889 encontra sua completude na *invenção republicana* (Lessa, 1999 e 2001, pp. 11-58) de Campos Sales e dos governos que o seguiram. Aos que viveram o sucedido entre 1870 e a primeira década do século XX, no entanto, só os fatos eram acessíveis. O *acontecimento*, com toda sua carga de significados e com a possibilidade de abrir-se a um sem-número de possíveis versões, quase nunca pertence à história vivida. Ele é, sobretudo, o território da história feita pelos historiadores.

A capital e os estados

Entre 15 de novembro de 1889 e 15 de novembro de 1898, quando Manuel Ferraz de Campos Sales assume a Presidência, a República brasileira enfrentou anos tumultuados.

Antes que o novo regime político se consolidasse, a República viveu um período de instabilidade, de não poucas tensões, de indefinição de rumos e de ausência de um desenho político nítido para a nova ordem instaurada. Para Renato Lessa, "os primeiros anos republicanos se caracterizaram mais pelo vazio representado pela supressão dos mecanismos institucionais próprios do Império do que pela invenção de novas formas de organização política. O veto imposto ao regime monárquico não implicou a invenção de uma nova ordem" (Lessa, 2001, p. 17).

A composição do ministério do governo provisório, presidido por Deodoro, demonstra a necessidade de abrigar, no mais alto escalão do primeiro governo da República, representantes de tendências muito diferenciadas e das mais variadas latitudes republicanas. Compunham esse primeiro ministério, na pasta da Justiça, o paulista Campos Sales, o mesmo que mais tarde, como presidente eleito, assentaria as bases da República Velha e que, nas primeiras horas do novo regime, fora chamado para garantir o apoio dos cafeicultores paulistas; à frente do Ministério da Fazenda estava o baiano Rui Barbosa, que poucos meses antes abandonara o Partido Liberal por considerar a defesa do federalismo mais importante que a fidelidade à monarquia. Também estavam presentes dois republicanos históricos, signatários do Manifesto de 1870, o moderado Quintino Bocaiuva, na pasta das Relações Exteriores, e, no Ministério do Interior, Aristides da Silveira Lobo, o jornalista paraibano e republicano da ala radical que afirmara, em 15 de novembro, ter o povo a tudo assistido *bestializado*. A pasta da Guerra coubera ao positivista Benjamin Constant Botelho de Magalhães, enquanto Eduardo Wandenkolk presidia a pasta da Marinha, uma força militar mais elitista que o Exército. Por fim, na pasta da Agricultura, Demétrio Ribeiro, um representante do Rio Grande do Sul, província que sempre se apresentara com características muito próprias no cenário político brasileiro.

Estavam portanto presentes nesse primeiro ministério representantes de interesses nem sempre convergentes das províncias mais poderosas; republicanos históricos e outros de adesão muito recente à causa republicana; federalistas e centralistas; moderados e radicais; liberais e positivistas, e não seria fácil ao marechal habituado à disciplina da caserna presidir aquele governo e atravessar as tensões provocadas pelo primeiro plano econômico do país, decidido por Rui Barbosa e decretado sem consulta a seus colegas de ministério, episódio que provocou enorme turbulência política e financeira e ficou conhecido pelo nome de *Encilhamento*.

Somente em junho de 1890 foram convocadas eleições para a Assembleia Constituinte e, em 24 de fevereiro de 1891, a nova Constituição, de forte inspiração na carta constitucional norte-americana, e cujas marcas principais eram a adoção do federalismo, a acentuação do presidencialismo, o estabelecimento de três poderes – o Executivo, o Legislativo e o Judiciário – para o governo da República, a separação entre a Igreja e o Estado e a definição do critério da alfabetização como elemento de qualificação dos que teriam direito a voto. No dia seguinte ao da promulgação da primeira Constituição republicana, foi realizada a eleição presidencial, indireta, votando os membros da Assembleia Constituinte. Contabilizaram-se 234 eleitores, e os resultados do pleito demonstram a tensão e a instabilidade desses primeiros tempos republicanos.

Defrontavam-se duas candidaturas, a primeira, da situação, formada pelo marechal Deodoro da Fonseca e pelo almirante Eduardo Wandenkolk e a segunda composta por Prudente de Morais, paulista que havia presidido a Constituinte, e por Floriano Peixoto, militar de geração e formação distintas daquelas de Deodoro. Os resultados foram eloquentes: para a Presidência, é eleito Deodoro com 129 votos, contra 97 dados a Prudente de Morais. Para vice-presidente, no entanto – os dois cargos, nessa eleição, não estavam vinculados –, Floriano recebeu 153 votos, enquanto Wandenkolk teve apenas 57.

Em novembro desse mesmo ano as tensões políticas tornaram-se insustentáveis. Deodoro decreta a dissolução do Congresso, mas, diante da pressão de grupos militares e civis, de uma greve de ferroviários que explode no Rio de Janeiro, do aumento da tensão no Rio Grande do Sul com a deposição de Júlio de Castilhos e, por fim, da revolta de Custódio de Melo, que assesta os canhões dos navios da armada ancorados na baía de Guanabara contra a capital da República, sem ter como lidar com uma situação que se aproximava perigosamente da guerra civil, em 23 de novembro, o proclamador da República transformado, depois de um breve governo constitucional, em ditador passa o governo às mãos de Floriano Peixoto, o vice-presidente eleito pela Assembleia Constituinte.

Floriano passaria à história como o *Marechal de Ferro*, por ter enfrentado com êxito, entre 23 de novembro de 1890 e 15 de novembro de 1894, período em que presidiu a República, movimentos armados de expressão como a Revolução Federalista no Sul do país e a Revolta da Armada; ter procedido à derrubada de quase todos os governadores de estado, substituindo-os por outros, fiéis a seu governo; ter buscado apoio político nas oligarquias estaduais, na jovem oficialidade e na capital federal, onde aplicou medidas como o combate à especulação dos aluguéis das casas populares e a baixa dos preços de alguns produtos, como a carne, que lhe granjearam forte apoio popular.

Com a eleição de Prudente de Morais, o primeiro civil a presidir a República, São Paulo, então a principal oligarquia do país, ascende ao poder, e o Partido Republicano Paulista consolida-se como a principal força política do Brasil. Mas ainda era instável o panorama republicano. Prudente teve de fazer frente a dois gravíssimos problemas: no plano internacional, a queda dos preços do café, que dominava a pauta de exportações brasileiras, ameaçando assim as bases econômicas da República. Internamente, para além dos malabarismos políticos necessários às composições regionais desequilibradas pela consolidação dos paulistas no poder, Prudente enfrentou uma ameaça insuspeitada: a de ver o brioso Exército nacional desbaratado e vencido pelos homens de Canudos, os *rudes patrícios* que Euclides da Cunha vira lutar como bravos e morrer como fortes na aldeia sagrada de Canudos.

Durante esse primeiro momento republicano, ainda instável e turbulento, governo e intelectuais ligados ao novo regime não descuraram na difícil busca da construção de referências simbólicas para a República brasileira. Tanto quanto o controle das cisões e oposições políticas, era importante inscrever a República nos corações e nas mentes dos brasileiros, e o processo de construção de um imaginário republicano, como já foi demonstrado,[15] mostrou-se tão complexo quanto aquele da formulação da engenharia política necessária à estabilidade do regime implantado em 1889.

Essa última, como já foi sugerido aqui, foi obra de Campos Sales.

O político campineiro conhecia bem, desde que compusera o gabinete do primeiro governo republicano, os meandros dos difíceis equilíbrios regionais, das suscetibilidades oligárquicas e o que, de seu ponto de vista, representava o perigo potencial das multidões na rua.

Ao assumir a Presidência da República, Campos Sales fez coincidir o desenho republicano com os interesses dos setores oligárquicos que o haviam conduzido ao Catete. As questões financeiras foram encaminhadas pela via do endividamento externo negociado através do *funding loan*; do ponto de vista econômico, o desemprego, a estagnação econômica e a alta dos preços foram a tônica das diretrizes impressas pelo ministro da Fazenda Joaquim Murtinho; as greves que se multiplicaram no Rio de Janeiro e em São Paulo como resposta à crise foram objeto de forte repressão, e a República brasileira encontrou seu fundamento na consolidação de uma lógica fortemente excludente e hierarquizadora.

Ao escrever suas memórias políticas, Campos Sales formula assim a síntese da arquitetura política que, a partir de seu governo, presidiu à primeira República brasileira:

> Nessa, como em todas as lutas, procurei fortalecer-me com o apoio dos Estados, porque – não cessarei de repeti-lo – é lá que reside a verdadeira força política. [...] Em que pese os centralistas, o verdadeiro público que forma a opinião e imprime direção ao sentimento nacional é o que está nos Estados. É de lá que se governa a República por cima das multidões que tumultuam, agitadas, nas ruas da Capital da União (Sales, 1983, p. 127).

É clara a equação política formulada em seu governo: ela supõe, em primeiro lugar, a clara prioridade atribuída a um dos cenários da República, o dos estados da federação, em que dominam e se digladiam as oligarquias regionais, onde predomina a relação pessoal e a política do favor, nos quais se perpetuam as práticas coronelísticas. Um cenário, se nos lembrarmos do trecho das memórias infantis de Graciliano Ramos, em que o tempo parecia não ter passado e no qual a República proclamada em 1889 não mudara grande coisa. Mas a formulação de Campos Sales é de uma limpidez cristalina: para ele, *é dos estados que se governa a República*. Não termina por aí no entanto sua fórmula política. Na contraface do primado atribuído ao cenário dos estados como lugar da direção política da República e alicerce da ordem, Campos Sales também explicita com nitidez o corolário desse primeiro termo de sua equação de governo: *por cima das multidões que tumultuam, agitadas, nas ruas da Capital da União*. O cenário da capital federal, que o governante enxerga sob o signo da desordem, deveria, por via de consequência, ser despolitizado.

Traçados assim os princípios da política a ser implementada, com a clara hierarquização entre os dois cenários da República, um a *Capital da União*, a ser politicamente esvaziado, e outro os *Estados*, a ser tomado como o *locus*, por excelência, do exercício do poder, restava pôr em movimento o maquinismo político.

Para tanto, Campos Sales e, a partir dele, os presidentes que se sucederão até 1930 buscarão no federalismo, inscrito no ideário republicano brasileiro como princípio cardeal desde o Manifesto de 1870, a mola mestra que fará funcionar a República brasileira, permitindo, por um lado, um grau de autonomia consagrado institucionalmente para as oligarquias regionais e suas lutas intestinas e, por outro, uma base para a política de contraprestação de favores políticos que os porá em consonância com o governo federal.

O sutil equilíbrio entre municípios, estados da federação e governo federal pode então armar-se com a forte politização de uma instância – *os estados* – que, durante todo o século XIX, quando ainda eram chamados de *províncias*, tivera uma função, sobretudo, de mediação administrativa. Agora, com base no peculiar federalismo da primeira República brasileira, era possível fazer funcionar a chamada *política dos governadores,* que garantia ao governo federal o apoio necessário – traduzido acima de tudo no fornecimento de uma base eleitoral –, enquanto este oferecia em troca as verbas necessárias para a manutenção do prestígio da situação nos estados e municípios e, para casos de necessidade, o mecanismo da Comissão de Verificação de Poderes, encarregada de corroborar os resultados eleitorais. Nas raras ocasiões em que as eleições escapavam das rédeas da situação, a Comissão simplesmente impedia a titulação dos eleitos.

Na base do sistema estava a figura do coronel, dono da vontade dos eleitores e senhor dos currais eleitorais, cujo poder pessoal substituía e representava o Estado, distribuindo como favor e benesses, a seu bel-prazer, o que seria de direito dos cidadãos. Nesse quadro, as eleições eram um ritual vazio, a participação eleitoral era mínima (Carvalho, 2002, p. 40) e a fraude a norma eleitoral.

O coronelismo costurava assim, pela base, o sistema político da primeira República. E se nos municípios os coronéis teciam as malhas iniciais dessa rede de compromissos, ela tornava-se mais complexa e mais firme ao passar pelos arranjos entre as oligarquias regionais nos estados e chegar até a definição de quem presidiria o governo federal. Para arrematá-la pelo alto, Campos Sales maneja com destreza o princípio do federalismo e a prática da política dos governadores.

O desenho que resulta dessa tessitura complexa e firme mostrará a clara hierarquia das oligarquias regionais. Não por outra razão o Palácio do Catete hospedará, até 1930, uma sucessão de paulistas e mineiros, com algum fluminense como a exceção para confirmar a regra: essas são as duas oligarquias mais poderosas da época, a primeira fundando seu poder na riqueza dos cafezais e da incipiente indústria cafeeira paulista, e a segunda encontrando seu prestígio no maior contingente eleitoral do país.

Como num gigantesco móbile político, as oligarquias estaduais se equilibravam no eixo federativo, oscilavam ao sabor dos ventos dos arranjos políticos e deixavam de manifesto a hierarquia existente entre os estados da federação. Num plano mais elevado, São Paulo e Minas. Logo abaixo, o Rio de Janeiro com o Distrito Federal, seguido, quase no mesmo plano, ainda que por distintas razões, da Bahia e do Rio Grande do Sul. Depois o bloco das principais oligarquias nordestinas. Um pouco mais abaixo, os estados do Norte, o Paraná e Santa Catarina. Depois ainda o Mato Grosso e Goiás. E no plano da menor ponderação política, estados como o

Sergipe e Piauí. Ao poder federal competia, despolitizada a capital federal e mantidas sob rédea curta as multidões das cidades,[16] governar os ventos políticos para que não se embaraçassem os tênues fios que uniam os diferentes interesses políticos e não se rompesse o frágil, complexo e – a seu modo – eficiente equilíbrio sobre o qual repousava a República. Esse era o segredo da *ordem*, que, cada vez mais, era apresentada como pre-condição do *progresso*, subordinando assim ao primeiro o segundo dos dois termos da divisa positivista que a República brasileira bordara em pé de igualdade, em letras de ouro, no centro da bandeira nacional.

Com o governo Rodrigues Alves, o desenho político traçado encontra seu complemento necessário. Despolitizada, a capital federal será higienizada por Oswaldo Cruz e reformada pelas picaretas comandadas por engenheiros como Paulo de Frontin e Francisco Bicalho.

Na avenida Central, *boulevard* retilíneo traçado sobre o emaranhado de ruelas ainda coloniais e ladeado por fachadas ecléticas, o Rio de Janeiro viveria o sonho de ser uma Paris tropical (Needell, 1993), tão bem condensado por João do Rio: "De súbito, da noite para o dia, compreendeu-se que era preciso ser tal qual Buenos Aires, que é o esforço despedaçante de ser Paris" (João do Rio, 1919, p. 215). E do porto deslocado do velho cais Pharoux para a praça Mauá, iluminado e modernizado, a cidade continuaria a exportar as riquezas do país, cumprindo assim o destino mercantil, que, desde os tempos coloniais, era o seu.

De que forma a suntuária e caríssima reforma urbana do Rio de Janeiro orquestrada pelo prefeito Pereira Passos se justifica, uma vez que, como foi visto, a capital havia sido esvaziada de seu potencial político?

Para desvendar esse aparente paradoxo é preciso lembrar o papel simbólico que o Rio assume como cidade-capital: reformada, iluminada, saneada e modernizada, a capital permitia aos estrangeiros que nela aportavam, aos que circulavam pelas calçadas da grande avenida vestidos pelo último figurino parisiense e aos líderes da República acreditar que o Brasil – nela metonimizado – havia finalmente ingressado na era do *progresso* e da *civilização*. Para o país como um todo, *os estados* – para utilizar a fórmula de Campos Sales –, a capital modernizada antecipava um futuro que imaginavam que um dia seria o seu.

Opostos pelo vértice na aparência, os dois cenários inscrevem-se no mesmo círculo da lógica da primeira República e demonstram ser complementares. No primeiro – aquele conformado pelos *estados* – a República consolida os alicerces políticos que permitem a privatização da *res publica* e imprime direção ao governo. No segundo – *a capital federal* despolitizada – a República constrói um cenário de sonho, projeta um futuro imaginado e legitima, assim, o presente.

Num e noutro cenário, a velha ordem excludente e hierarquizadora manterá, sob novas formas, a permanência de práticas sociais, estrutura econômica, lógicas políticas e visões de mundo. Num e noutro cenário, para dizer o mesmo nos termos propostos por Euclides da Cunha, *iludidos por uma civilização de empréstimo, tivemos de improviso, como herança inesperada, a República*. Nela, na *capital*, como nos *estados*, a nova ordem institucional não impede que se torne *mais fundo o contraste entre* aqueles que o autor de Os sertões qualifica de *copistas*, empenhados em construir uma República à imagem e semelhança de seus interesses, e *o modo de viver [...] daqueles rudes patrícios mais estrangeiros nessa terra que os imigrantes da Europa*.

Notas

1. Para o conceito de cidade-capital aplicado à cidade do Rio de Janeiro da virada do século, ver Neves (1991, pp. 53 a 65).
2. Para o conceito de inviolabilidade da vontade senhorial, ver Chalhoub (1990).
3. *Vida vertiginosa* é o título de uma série de crônicas de João do Rio (Paulo Barreto) publicada em livro no ano de 1911.
4. *Retrato do Brasil* é o título de um livro de Paulo Prado, publicado em 1928. Muitos foram os intelectuais brasileiros que, pela via ensaística ou pela ficção, dedicaram-se nesse período a formular, na letra, interpretações do Brasil. Sobre esse tema, ver, por exemplo, os textos de Alberto da Costa e Silva (2000), e os três volumes de *Intérpretes do Brasil*, coordenados por Santiago (2000).
5. Ver, a respeito das formas de divertir e educar a multidão, o livro de Kasson (1978).
6. A respeito das novidades do tempo e de seu impacto na vida e na história brasileiras, é importante a leitura do texto de Nicolau Sevcenko intitulado "O prelúdio republicano, astúcias da ordem e ilusões do progresso", que abre

o terceiro volume da *História da vida privada no Brasil* (1998). Ver também Neves; Heizer (1998).
7. A bibliografia brasileira sobre as Exposições Internacionais é já numerosa e significativa. Para um balanço dessa produção, ver o capítulo "A 'machina' e o indígena. O Império do Brasil e a Exposição Internacional de 1862". In Heizer; Videira (orgs.) (2001).
8. Ver, a esse respeito, Neves (1986).
9. Alusão à obra clássica de Raimundo Faoro.
10. Para uma compreensão do conceito de *lugares de memória*, ver o texto de Pierre Nora que introduz a coleção de oito volumes sobre o tema publicada pela editora Gallimard. Traduzido para o português, o artigo de Nora foi publicado pela revista *Projeto História*, do Programa de Pós-Graduação em História da PUC de São Paulo.
11. A íntegra do *Manifesto Republicano* de 1870, um longuíssimo texto de acusação à monarquia pelos males do Brasil, que silencia sobre o problema da escravidão e apresenta como conteúdo político quase exclusivo a proposta federativa, pode ser encontrado em Pessoa (1973, pp. 38-62).
12. Tavares Bastos formula com clareza uma proposta de federalismo monárquico em sua obra *A província*, publicada em 1870, e Nabuco apresenta ao Parlamento dois projetos de federalização do Império brasileiro, um em 1881 e outro em 1885, mas desde 1870 o ideal federalista esteve associado às ideias republicanas no Brasil.
13. Carta manuscrita, originalmente em espanhol, do representante diplomático da Espanha, Luis del Castillo Trigueros, ao ministro de Estado do Exterior do governo espanhol. Rio de Janeiro, 17/6/1888. Archivo del Ministerio de Asuntos Exteriores de España.
14. Carta manuscrita, originalmente em inglês, do representante diplomático da Inglaterra, Hugh Wyndham, ao ministro de Estado do Exterior do governo inglês. Rio de Janeiro, 19/12/1888. Foreign Office Records, Inglaterra.
15. Ver, a respeito do processo de construção do imaginário republicano, o conhecido livro de José Murilo de Carvalho (1990), mas também alguns trabalhos acadêmicos relevantes (Ferreira Neto, 1889, e Siqueira, 1995) e artigos em periódicos especializados (Oliveira, 1989).
16. Sobre esse tema, há uma extensa bibliografia. Entre os mais recentemente publicados ou reeditados, ver Chalhoub (2001), Cunha (2001) e Pereira (2002).

Bibliografia

Assis, Machado de. 1971. *Esaú e Jacó*. In *Obra completa*, v. 1. Rio de Janeiro: Aguilar.
Balzac, Honoré de. 1965. *L'Auberge Rouge*. In *La Comédie Humaine*, v. 7. Paris: Éditions du Seuil.
Benjamin, Walter. 1982. *Paris, Capitale du XIXème Siècle*. In *Gesammelte Schriften*. Frankfurt: Suhrkamp Verlag.
Carone, Edgard. 1969. *A primeira República (1889-1930)*: texto e contexto. São Paulo: Difusão Europeia do Livro.
Carvalho, José Murilo de. 1987. *Os bestializados*: o Rio de Janeiro e a República que não foi. São Paulo: Companhia das Letras.
_____. 1990. *A formação das almas*: o imaginário da República no Brasil. São Paulo: Companhia das Letras.
_____. 1998. *Pontos e bordados*: Escritos de História e Política. Belo Horizonte: UFMG.
_____. 2002. *Cidadania no Brasil*: O longo caminho. Rio de Janeiro: Civilização Brasileira.
Carvalho, Maria Alice Resende de (org.). 2001. *República no Catete*. Rio de Janeiro: Museu da República.
_____. 1995. *Os militares e a República*: um estudo sobre cultura e ação política. Rio de Janeiro: Zahar.
Castro, Celso. 2000. *A proclamação da República*. Rio de Janeiro: Zahar.
Chalhoub, Sidney. 1990. *Visões da liberdade*: uma história das últimas décadas da escravidão na corte. Campinas: Companhia das Letras.
_____. 2001. *Trabalho, lar e botequim*: o cotidiano dos trabalhadores do Rio de Janeiro na *Belle Époque*. Campinas: Unicamp.
Cunha, Euclides da. 1966. *Artigos, fragmentos e notas*. In *Obras completas*, v. 2. Rio de Janeiro: Aguilar.
_____. 1966. *Os sertões*. In *Obras completas*, v. 2. Rio de Janeiro: Aguilar.
Cunha, Maria Clementina Pereira da. 2001. *Ecos da folia*: uma história social do carnaval carioca entre 1880 e 1920. São Paulo: Companhia das Letras.
Dickens, Charles. 1982. *Um conto de duas cidades*. Rio de Janeiro: Nova Fronteira.
Faoro, Raymundo. 1976. *Os donos do poder*: formação do patronato político brasileiro. Porto Alegre: Editora Globo, 2 v.

Ferreira Neto, Edgar Leite. 1989. *A memória da ordem*: comemorações cívicas no Rio de Janeiro – 1888-1895. Dissertação de mestrado – Departamento de História–UFF, Niterói.

Gomes, Angela de Castro; Pandolfi, Dulce Chaves; Alberti, Verena (orgs.). 2002. *A República no Brasil*. Rio de Janeiro: Nova Fronteira/FGV.

Hansen, Patrícia. 2000. *Feições e fisionomia*: a história do Brasil de João Ribeiro. Rio de Janeiro: Access.

Heizer, Alda; Videira, Antonio Augusto Passos (orgs.). 2001. *Ciência, civilização e império nos trópicos*. Rio de Janeiro: Access

João do Rio (Paulo Barreto). 1911. *Vida vertiginosa*. Rio de Janeiro/Paris: Garnier.

_____.1909. "O velho mercado". In *Cinematographo*. Paris: Chardon.

Kasson, John F. 1978. *Amusing a million*: Coney Island at the Turn of the Century. Nova York: Hill & Wang.

Koselleck, Reinhart. 1990. *Le Futur Passé*: contribution à la sémantique des temps historiques. Paris: Éditions de l'École des Hautes Études en Sciences Sociales.

Le Goff, Jacques *et al*. 1978. *A nova história*. Lisboa: Edições 70.

Lessa, Renato. 1999. *A invenção republicana*: Campos Sales, as bases e a decadência da primeira República. Rio de Janeiro: Topbooks.

_____.2001. "A invenção da República no Brasil: da aventura à rotina". In Carvalho, Maria Alice Resende de (org.). *República no Catete*. Rio de Janeiro: Museu da República.

Love, Joseph L. 2000. "A República brasileira: federalismo e regionalismo (1889-1937)". In Mota, Carlos Guilherme (org.). *A experiência brasileira*: a grande transação. São Paulo: Senac.

Needell, Jeffrey D. 1993. *Belle Époque tropical*. São Paulo: Companhia das Letras.

Neves, Margarida de Souza. 1986. *As vitrines do progresso*: O Brasil nas Exposições Internacionais. Rio de Janeiro: CNPq/PUC-Rio – Departamento de História.

_____. de 1988. "As arenas pacíficas". In *Revista Gávea*, n. 5, Rio de Janeiro: PUC-Rio/Departamento de História.

_____.1991. "Brasil, acertai vossos ponteiros". In *Brasil, acertai vossos ponteiros*. Rio de Janeiro: MAST.

Neves, Margarida de Souza; Heizer, Alda. 1998. *A ordem é o progresso*: o Brasil entre 1870 e 1910. São Paulo: Atual.

Nora, Pierre. 1978. "O acontecimento e o historiador do presente". In Le Goff, Jacques *et al*. *A nova história*. Lisboa: Edições 70.

_____ . dez. 1993. "Entre memória e história: a problemática dos lugares". *Revista Projeto História*, n. 10, *História & Cultura*. São Paulo: PUC-SP – Programa de Pós-Graduação em História.

Oliveira, Lúcia Lippi de. 1989. "As festas que a República manda guardar". In *Estudos históricos*, n. 4. Rio de Janeiro: FGV/CPDOC.

Pereira, Leonardo Affonso de Miranda. 2002. *As barricadas da saúde*. São Paulo: Fundação Perseu Abramo.

Pessoa, Reynaldo Carneiro. 1973. *A ideia republicana no Brasil através dos documentos*. São Paulo: Alfa-Ômega.

Prado, Paulo. 1997. *Retrato do Brasil*: ensaio sobre a tristeza brasileira. São Paulo: Companhia das Letras.

Ramos, Graciliano. 1978. *Infância*. Rio de Janeiro: Record.

Sales, Manoel Ferraz de Campos. 1983. *Da propaganda à presidência*. Brasília: UnB.

Santiago, Silviano (org.). 2000. *Intérpretes do Brasil*. Rio de Janeiro: Nova Aguilar, 3 v.

Séguier, Jayme. S.d. *Diccionário prático illustrado*. Rio de Janeiro: Administração do Jornal do Comércio.

Sevcenko, Nicolau (org.). 1998. "República: da *Belle Époque* à era do rádio". In Novais, Fernando A. (org.). *História da vida privada no Brasil*, v. 3. São Paulo: Companhia das Letras.

_____ . 2001. *A corrida para o século XXI*: no *loop* da montanha-russa. São Paulo: Companhia das Letras.

Silva, Alberto da Costa e. 2000. "Quem fomos nós no século XX: as grandes interpretações do Brasil." In Mota, Carlos Guilherme (org.). *A experiência brasileira*: a grande transação. São Paulo: Senac.

Siqueira, Carla Vieira de. 1995. *A imprensa comemora a República*: o 15 de novembro nos jornais cariocas – 1890-1922. Rio de Janeiro: PUC-Rio/Departamento de História.

2. A consolidação da República: rebeliões de ordem e progresso

*Elio Chaves Flores**

> "Esta singular revolução, que todos hoje aplaudem, não pode ter como consequência imediata a conservação daquilo que ela derrubou."
>
> Júlio de Castilhos, Porto Alegre, 27/11/1889

> "A História tem também seus absurdos; talvez tenhamos que lhe fornecer mais um. Confesso-vos que a coisa será interessante e – porque não levar ao extremo a confissão? – asseguro-vos que intensa curiosidade dá-me alguma vontade de que o absurdo se realize. Tenho saudades daquela minoria altiva anterior ao 15 de novembro... há tanto republicano hoje..."
>
> Euclides da Cunha, São Paulo, 6/11/1895

A cultura política da coisa pública

No romance *Esaú e Jacó*, publicado em 1904, Machado de Assis conta a história dos gêmeos Pedro e Paulo apaixonados pela mesma mulher, a bela Flora, que a ambos corresponde e não teve tempo para realizar a sua escolha. Talvez jamais quisesse se definir, mas isso seria uma questão privada que nem mesmo o seu criador ousou tornar pública. Pedro e Paulo eram iguais

---

* Professor Associado do departamento de História da Universidade Federal da Paraíba.

em tudo, e apenas uma coisa os fazia brigar, a política. Pedro tornou-se monarquista e chegou a comprar um retrato de Luís XVI, o símbolo da realeza perfeita. Paulo, ao contrário, fez-se apologista da República e tinha profunda admiração por Robespierre, o inventor da liberdade jacobina. Na primeira noite depois dos eventos de 15 de novembro de 1889 ocorridos no Rio de Janeiro, Paulo entrou no quarto e, encontrando Pedro debaixo dos lençóis, também se preparou para o sono. Mas ninguém dormia e ambos vagavam a mente no que havia ocorrido.

>   Como diabo é que eles fizeram isso, sem que ninguém desse pela cousa? refletia Paulo. Podia ser mais turbulento. Conspiração houve, decerto, mas uma barricada não faria mal. Seja como for, venceu-se a campanha. O que é preciso é não deixar esfriar o ferro, batê-lo sempre, e renová-lo. Deodoro é uma bela figura. Dizem que a entrada do marechal no quartel, e a saída, puxando os batalhões, foram esplêndidas. Talvez fáceis demais; é que o regímen estava podre e caiu por si...

Pedro ia pensando o contrário e execrava tudo que se fizera contra a Monarquia: "Um crime e um disparate, além de ingratidão; o imperador devia ter pegado os principais cabeças e mandá-los executar." Com tais rabugices, o republicano Paulo e o monarquista Pedro adormeceram. E, assim, o narrador termina o capítulo: "Durante o sono cessou a revolução e a contrarrevolução, não houve monarquia nem república, D. Pedro II nem Marechal Deodoro, nada que cheirasse a política. Um e outro sonharam com a bela enseada de Botafogo, um céu claro, uma tarde clara e uma só pessoa: Flora" (Machado de Assis, 1997, pp. 140-141).

Deve-se ressaltar, tanto para os que leram a boa prosa machadiana quanto para os que ainda não tiveram esse prazer, que o romance citado pode ser visto pelo historiador como um "testemunho histórico" (Chalhoub e Pereira, 1998, pp. 7-13). Procurarei analisar neste capítulo não somente o processo histórico que se desenrolou na difícil conjuntura política entre 1889 e 1895, mas também a crítica dos republicanos às tradições monárquicas e à forma como foi se sedimentando a invenção de uma tradição republicana. Para ficar mais evidente, mencionarei o conceito de "cultura política" como um elemento para se entender a história do início da República. A cultura política diz respeito às tendências mais ou menos difusas dos indivíduos para com a coisa pública, tais como a indiferença, o cinismo, a descrença, ou as sensibilidades mais propositivas como a adesão, a tolerância e a confiança nas forças políticas. Talvez mais expressivas para a consolidação da República sejam a obrigação de aceitar as decisões da maioria, a exclusão ou o recurso de formas violentas de ação e, por último, mas não menos importante, as simbologias políticas como a bandeira, a espada, a farda militar e a linguagem discursiva, como as palavras de ordem e os manifestos (Bobbio, 1995, pp. 306-308).

Assim, as contundentes críticas dos monarquistas e as lutas por repartições e poder por parte dos segmentos republicanos parecem ter incidido nas determinações governamentais. Joaquim Nabuco, um dos grandes críticos da República, em carta aberta ao *Jornal do Commercio*, de Pernambuco, explicava em setembro de 1890 as suas razões para continuar monarquista. A opinião de Nabuco incomodava os fundadores da República como uma propaganda pela restauração, isto é, o retorno à Monarquia derrubada. O político pernambucano dizia em seu libelo:

> De fato a República, moralmente falando, só tem perdido terreno desde 15 de novembro. Não se verificou somente que o país não estava preparado para ela, mas também, o que é talvez pior, que ela não estava preparada para o governo. Diz-se que ela não tinha homens, é um perfeito engano; ela tinha a seu serviço, além de uma brilhante mocidade para secundá-los, dez vezes mais homens de alto mérito do que era preciso para organizar-se democraticamente em todo o país. O que ela não tinha era princípios (Nabuco, 1999, p. 62).

Note-se que Nabuco não discordava de muitos republicanos, ele também era adepto da ordem e do progresso e não via mesmo sentido democrático na chamada participação popular. Ao contrário, ele desdenhosamente qualificaria de adesismo sem importância o povo na política. É isso que deve chamar a atenção ao se lerem os documentos e as opiniões da época, as limitações contingentes da visão de cidadania. Nabuco seria exemplar disso:

> Dá-se como sinal de madureza da República a sua fácil aceitação. Julgo conhecer as correntes da opinião, as tendências do sentimento popular, para afirmar que o povo se mantém completamente alheio à chamada adesão. Não é em seu seio que se passa esse fenômeno de maré política, aliás sem importância. [...] Nas revoluções para onde vão alguns vão todos. [...] A República nos países latinos da América é um governo no qual é essencial desistir da liberdade para obter a ordem (Nabuco, pp. 67-68).

Tratava-se, portanto, de uma conjuntura histórica em que o grau de tolerância política se esgotava na medida em que propaganda, opiniões e atos atingiam princípios e pessoas.

Todavia deve-se destacar que se ia inventando uma espécie de cultura política da coisa pública, em oposição às intimidades governamentais da monarquia decaída. Acusavam os monarquistas de sebastianistas, isto é, restauradores; louvavam o Exército como o bastião da ordem e da honestidade públicas; defendia-se que a elegibilidade seria o boletim do povo, regulando e resolvendo a conduta governamental. Lopes Trovão seria um desses republicanos que, em seus pronunciamentos, buscava moldar uma ideia de República compatível com a brasilidade. Em fevereiro de 1891, no discurso que proferiu no Congresso, ele procura historiar o pensamento republicano e as "revoluções antimonárquicas". Para ele, "a República campeava vitoriosa na consciência nacional" desde pelo menos o século XVIII. Tais discursos, questionáveis perante o processo histórico, não deixavam de interpretá-lo como ironias da história em que os próprios protagonistas se sentiam pesadamente justiçados pelos acontecimentos. De modo que a República redimiria o passado, e caberia a ela também julgar a Monarquia numa clara demonstração de apropriação discursiva da história. Ao monarca derrubado, apenas uma frase resumiria o seu mundo político: "— Reinei cinquenta anos, e consumi-os em carregar maus governos" (Trovão, 1993, p. 61).

A importância dada a esses modelos explicativos indica que a cultura política vai brotando dos próprios fatos e se enraizando neles, uma vez que não há história e política separadas das palavras, sejam elas ditas ou escritas. Com efeito, as forças políticas operam num determinado contexto em que as tendências tornam-se difusas e se mesclam à indiferença dos excluídos, ao cinismo dos intelectuais, à rigidez das posições governistas, ao dogmatismo das doutrinas quando não predominam a confiança nos novos homens, a adesão à linguagem da ordem e às simbologias políticas (Bobbio, 1995, p. 308). Lembre-se dos gritos, entre a tropa, no Parlamento e nas ruas, de "Viva a República!" e de "Salve o Exército!"; da imediata sagração de Tiradentes como o mártir da República e o Cristo da pátria brasileira; e, não menos importante, da bandeira positivista reiteradamente interpretada como a nacionalidade rediviva, estimulando a crença ufanista sintetizada no dístico da Ordem e Progresso (Chaui, 2000, pp. 31-45; Carvalho, 1990, pp. 55-73).[1]

Com efeito, num primeiro momento, os propagandistas e os que participaram da proclamação da República estavam convictos de que o mal do Brasil era mesmo a Monarquia. Mas o oposto da República não seria a Monarquia, dado que as formas de governo expressam apenas algo aparente da cultura política. Machado de Assis percebeu isso em magistral crônica publicada no jornal *Gazeta de Notícias*, do Rio de Janeiro, em 22 de agosto de 1889, portanto, no ocaso da Monarquia, ao satirizar o fato de que um deputado de Minas Gerais teria sido indicado por três partidos, o liberal, o conservador e o republicano. Suas teses eram estas: "jamais consentiria que nenhuma das duas formas de governo se sacrificasse por mim; eu é que era por ambas" e "considerava tão necessária uma como outra, não dependendo tudo senão dos termos; assim podíamos ter na monarquia a república coroada, enquanto a república podia ser a liberdade no trono" (Machado de Assis, 1990, pp. 208-209). De fato, muitas tradições e costumes dos 67 anos de regime monárquico (1822-1889) não seriam tão facilmente removidos com a proclamação da República, daí o apelo às armas, aos militares e às violentas disputas políticas entre os anos de 1889 e 1895.

O princípio da espada e da carabina

Nas semanas seguintes aos fatos da proclamação do novo regime surgiriam muitas manifestações que procuravam entender as questões políticas e econômicas que o Brasil atravessava. Em São Paulo, em editorial no jornal *Correio Paulistano*, Antônio Prado questionava os seus conterrâneos nos seguintes termos: "Deve ou não este governo ser obedecido? Deve ou não ser apoiado?" Em tom pragmático o autor considerava forçoso aceitar "o atual estado de cousas como ele se constituiu" com o objetivo de "manter a ordem e a tranquilidade pública". Ele também acreditava que a História haveria de resolver os acontecimentos "na imparcialidade do seu juízo", numa clara sensibilidade idealista de que o espírito do tempo resolve-se por si mesmo. Mas a percepção de Antônio Prado sobre o que acontecera no Rio de Janeiro seria bastante razoável: "O movimento militar de 15 de novembro transformou-se em uma verdadeira revolução política, desde que conseguiu a deposição do governo legalmente constituído, substituindo-o por um governo provisório, apoiado pelo exército e pela armada, e mais ou menos aclamado pela população" (Campos Porto, 1990, p. 270). De certa forma, esse testemunho se contrapõe à clássica observação de Aristides Lobo, de que "o povo assistiu àquilo bestializado, atônito, surpreso, sem conhecer o que significava" e que muitos "acreditavam sinceramente estar vendo uma parada". Aristides Lobo era republicano e encontrava-se no Rio de Janeiro quando enviou a pequena carta sobre os acontecimentos para o jornal paulista *Diário Popular*, que a publicaria em 18 de novembro. As palavras dele talvez sejam as mais citadas sobre o 15 de novembro nos livros de história, e a íntegra da missiva tem sido muito reproduzida em várias antologias de documentos sobre os testemunhos da proclamação da República (Carone, 1969, pp. 288-289; Silva, 1972, pp. 87-88).[2] Não resta dúvida de que havia muito mais coisa no alvorecer da República do que simplesmente um povo bestializado (Carvalho, 1997, pp. 140-160).

Aqueles que estavam situados na camada da população letrada e que possuíam interesses políticos mais imediatos, como cargos administrativos, vantagens econômicas ou mesmo por acreditar nas mudanças, manifestavam-se pela imprensa. Exemplo disso seria o manifesto ao "governo da República e ao povo" no qual o senhor Joaquim José de Carvalho tecia contundentes críticas aos atos do governo provisório, que informou manter as pensões e ordenados dos conselheiros do Estado e dos senadores do Império. Admitia-se que o programa das novas autoridades deveria ser de ordem e liberdade, mas com exceção da forma monárquica e do que lhe era inerente. Indignado com o que considerava a manutenção dos favores, das propinas e das largas generosidades com os antigos governantes, o missivista perguntava: "Onde estamos? O que se passa ao redor de nós? [...] Avança-se ou recua-se? [...] Impõe-se ou mendiga-se? [...] Dá-se a lei ou pactuam-se condições? [...]" (Campos Porto, 1990, pp. 153-156).

Com efeito, o governo provisório durou 15 meses, e suas preocupações imediatas se deram em torno das questões federativas, especialmente com a manutenção da ordem pública. Em setembro de 1890, foram realizadas eleições para o Congresso, que teria a incumbência de elaborar e aprovar a primeira Constituição republicana e eleger o mandatário da nação, daí por diante denominado de presidente da República. No primeiro aniversário do regime, a Assembleia Constituinte tomou posse para iniciar os trabalhos, que se desenrolaram até o mês de fevereiro de 1891. Sua composição refletia, de certa forma, os grupos e ideias correntes em torno da organização do Estado e da governança republicana. Havia os históricos, assim denominados por defenderem a República desde os tempos da propaganda e do Manifesto de 1870; os adesistas, que passaram a ser desdenhados como republicanos de "undécima hora" ou de "16 de novembro"; e, não menos expressivos de uma transição, havia muitos monarquistas que retornavam ao Poder Legislativo com poderes especiais de constituintes republicanos. Alguns números são significativos dos segmentos sociais mais atuantes: 128 eram bacharéis, muitos dos quais filhos e representantes da classe senhorial e proprietária de terras; 55 eram militares, oriundos dos centros urbanos e dos setores médios da população; 38 eram monarquistas convictos que haviam exercido cargos na Monarquia decaída (Basbaum, 1981, pp. 20-21). Depois de três meses de elaborada, a Constituição foi promulgada em 24 de fevereiro de 1891, contendo a prerrogativa do *habeas corpus* "sempre que o indivíduo sofrer ou se achar em iminente perigo de sofrer violência ou coação por ilegalidade ou abuso de poder". Tratava-se de um instrumento jurídico inexistente no período monárquico e de vital importância para a construção da cidadania. Mas também continha a cláusula pétrea que significava a proibição de qualquer tentativa de retorno à Monarquia. Consta no título das Disposições Gerais: "Não poderão ser admitidos como objeto de deliberação, no Congresso, projetos tendentes a abolir a forma republicano-federativa" (*Constituições do Brasil*, 1963, pp. 134-139). A cláusula de pedra se tornaria um poderoso álibi para acusar qualquer opinião contrária aos governantes de restauradora e sebastianista, expressões de significação pejorativa para o ideário monarquista.[3]

A última grande realização dos constituintes foi elegerem o presidente e o vice-presidente da República. Duas chapas foram compostas, com dois representantes do Exército, um da Marinha e um civil: Deodoro da Fonseca, que tinha como vice Eduardo Wandenkolk, e Prudente de Moraes, que tinha como vice Floriano Peixoto. Adotou-se o sistema de votos separados, ou seja, duas eleições, uma para presidente e outra para vice, sendo o mais votado o velho marechal, Deodoro da Fonseca, com 129 votos, e o outro marechal mais novo, Floriano Peixoto, com 153 votos. Dois militares de chapas opositoras iriam marcar o que se convencionou chamar de "a República da espada". Evidentemente que a versão dos vencidos, os monarquistas e os civilistas liberais, daria uma conotação nada positiva acerca da participação dos militares nos primeiros anos da República. Mas quando a ordem e a segurança pública estavam em perigo, leia-se a defesa da propriedade e dos privilégios das classes dominantes, muitos insuspeitos democratas batiam às portas dos quartéis invocando os militares "como salvadores do momento que transformam a espada em talismã" (Viotti da Costa, 1999, p. 403).

O deodorismo constitucional duraria pouco, de fevereiro a novembro de 1891. As constantes desavenças entre a autoridade militar do Executivo e as posturas civilistas da maioria dos congressistas evoluíram para o impasse político e a perda de legitimidade da governança. De modo que, no decorrer dos oito meses de regime constitucional, o marechal se sobrepôs ao presidente, com frequentes discussões e deposições de ministros e apelos para medidas administrativas não condizentes com a República imaginada pouco tempo antes. A República estava mesmo sendo conduzida como prognosticara Machado de Assis: a liberdade existente era ainda a do trono, e o presidencialismo estava se tornando imperial. A crise derradeira se daria quando o presidente chama para o ministério um antigo fiel servidor da Monarquia, o barão de Lucena. Os republicanos históricos indignaram-se, os republicanos paulistas, que haviam perdido a eleição com Prudente de Morais, presidente do Congresso, não achavam um militar adequado para governar os civis. A própria imprensa se via constantemente ameaçada em sua liberdade de divulgar fatos e notícias sobre as autoridades e os atos do governo. Apenas alguns grupos isolados, entre civis e militares, ainda davam sustentação ao governo quando, no início de novembro, ocorreu a dissolução do Congresso e a decretação do estado de sítio.[4]

Declarar em estado de sítio um ou mais pontos do território nacional era uma atribuição do Congresso em caso de "agressão estrangeira ou comoção interna". O Poder Executivo Federal só poderia fazer isso em caso de o Congresso não se encontrar reunido. Por isso que a dissolução do Poder Legislativo veio correlata ao golpe de Estado, dado que, numa República, a violação de um dos poderes implica necessariamente uma ditadura. O ato de Deodoro violou, portanto, os dispositivos da Constituição, especialmente o capítulo IV, que trata das atribuições do Congresso, artigo 34 e artigo 80, das Disposições Gerais. Os setores organizados da população resistiram aos atos de força, e não restou alternativa senão a renúncia do presidente, que descumpria as leis constitucionais. Veja a discrepância da justificativa entre o ato do Executivo e as determinações da lei. Em manifesto divulgado pela imprensa, do "presidente aos brasileiros", enfatiza-se o perigo monarquista, a destruição das instituições, a expansão das conspirações e das sedições no Exército e na Armada (Marinha), mas se prometia governar com paz, ordem e garantias constitucionais.[5] A reação imediata das facções políticas não deu mais de vinte dias de sobrevida política ao marechal Deodoro da Fonseca, marcando assim, no dia 23 de novembro de 1891, um fim melancólico para o deodorismo e para a imagem do proclamador.

Duas imagens deodoristas ficaram gravadas na cultura política da proclamação da República. A panegírica e oficial seria expressa no famoso quadro a óleo pintado por Henrique Bernardelli, em que o marechal surge numa postura equestre que, segundo Carvalho, seria o estilo da "clássica exaltação do herói militar", momento em que o proclamador se torna o "grande homem vitorioso, fazedor da história" (Carvalho, 1990, pp. 38--40).[6] A mencionada tela seria largamente reproduzida nos livros de história numa espécie de nossa gênese bonapartista.

Outra imagem do deodorismo oscilaria entre o cômico e o patético. Eduardo Prado, cafeicultor e atuante intelectual monarquista do fim do século XIX, estava em Paris quando estourou a República e lá ficou num exílio voluntário por mais algum tempo. Em meados de fevereiro de 1890, publicaria na *Revista de Portugal*, editada por Eça de Queiroz, um ácido artigo que deu por título "Os heróis de 15 de novembro". A cáustica ironia do autor prognosticava um heroísmo patético na República, visto que não "serão os cidadãos que se deixaram privar de um governo livre que, por verem a liberdade suprimida, hão de sair à rua para reclamar justiça ou reivindicar direitos". Para ele, aqueles tempos não comportariam "másculas virtudes nem espartanismos perigosos, na república do Sr. Deodoro, república que não é também ateniense nem pela cultura nem pela agitação patriótica; e, Pisistrato das Alagoas, o Sr. Deodoro não colecionará versos de Homero nem mesmo os maus sonetos e as quadrinhas chochas com que os bacharéis pretendentes e os alferes (tão fracos na disciplina métrica como na militar) lhe exaltam os sublimados méritos" (Magalhães Júnior, 1967, pp. 156-158). Entretanto, Eduardo Prado foi desmentido pelo cearense Antônio Sales, que escreveria um soneto sobre a construção de um monumento a Deodoro. Denominou-o ironicamente de "O Cromwell de Bronze", e expressa o desespero da República por heróis fundadores:

> O Deodoro vai ter um monumento,
> O valente soldado intemerato,
> Que na memória deste povo ingrato
> Ia caindo no esquecimento.
> (...)
> Mas oh! se a estátua um dia se animasse
> Talvez deixando o pedestal gritasse:
> Isto não presta! Vou fazer de novo!

Com efeito, o soneto satiriza a participação histórica de Deodoro na República e sugere que o próprio marechal não estaria satisfeito com a sua obra, a ponto de destruí-la e fazê-la novamente. Não por acaso o livro dos versos satíricos de Antônio Sales seria denominado *Fora do sério* (Magalhães Júnior, pp. 213-214).[7] Pode-se dizer que a tradição da República da espada, entre o cômico e o patético, também se cristalizava para as gerações seguintes aos acontecimentos dos anos iniciais da República. Era uma imagem galhofeira que, sob certos aspectos, ia se contrapondo à versão oficial cuja história "se mantinha no nível da crônica e do testemunho" (Viotti da Costa, 1999, p. 416).

A legalidade da República, "austera e ríspida"

A substituição de Deodoro por Floriano Peixoto apenas aumentaria a crise institucional e o radicalismo dos grupos envolvidos que se tornaria intenso até os contornos da guerra civil. Uma das primeiras medidas foi nomear novos presidentes dos estados, diminuindo a influência deodorista nos meios políticos e nas máquinas estaduais. Logo no início de 1892, no dia 19 de janeiro, a oposição florianista toma as fortalezas de Laje e Santa Cruz. A rebelião é abafada e a prisão de seu líder, sargento Silvino de Macedo, revelaria uma conspiração que chegava a políticos e jornalistas influentes. Diante dos fatos, três dias depois, o Congresso se manifestaria em relação às sedições que se mesclavam aos boatos diários de que a República estava em perigo. As comissões de Justiça, Legislação e Constituição do Senado, em reunião conjunta, emitem parecer, assinado por Campos Sales, admitindo a conspiração para derrubar o governo. No mesmo dia 21 de janeiro, os presidentes do Senado, Campos Sales, e da Câmara dos Deputados, Serzedelo Correia, apresentaram indicação para a suspensão dos trabalhos parlamentares. A transcrição do documento torna-se importante para demonstrar que não existe ditadura de um homem só, ela tem cúmplices, adeptos e indiferentes:

> considerando a necessidade urgente e indeclinável de assegurar a todas as classes conservadoras da nossa sociedade a confiança e o respeito da lei; [...] considerando ainda que no período que atravessamos necessita o governo ser enérgico e pronto na ação, evitando distúrbios, prevenindo a anarquia e reprimindo as ambições irrequietas dos que vivem da exploração e da desordem; resolve por dar terminado o trabalho da presente sessão extraordinária, esperando do governo, em quem amplamente confia, e que se acha forte pelo apoio de toda a nação, o emprego de todos os meios, mesmo os mais enérgicos, que as circunstâncias aconselham, a fim de manter a ordem,

punir severamente os que tentarem ou vierem tentar perturbar a paz e a tranquilidade pública, restabelecer o regime verdadeiramente federativo, conspurcado pelo ato de 3 de novembro, e consolidar a república (Miranda, 1963, p. 189).

Parece claro que os parlamentares acabam de conceder plenos poderes ao Executivo para combater as revoltas e "consolidar" o regime republicano. Floriano Peixoto não hesitaria em usar esses poderes excepcionais para enfrentar as oposições armadas que se alastravam no Distrito Federal e em várias unidades federativas.

O mês de abril seria ainda mais quente no termômetro da política. No dia 6, 13 generais, nove oficiais superiores do Exército e quatro da Armada, enviam carta, datada de 31 de março, na qual pediam eleições presidenciais. Eles reclamavam da substituição dos administradores dos estados, da morte de inúmeros cidadãos e do "estado de desorganização geral do País". No mesmo dia, os signatários foram demitidos dos cargos comissionados, reformados nas carreiras, passando para a reserva, isto é, militares aposentados e, portanto, sem tropa para comandar. Em manifesto à nação, datado do dia 7 de abril, o Executivo afirmava "deixar, por um momento, o caminho da tolerância benévola, que tem sido a norma" (Monteiro, 1986, p. 55). No dia 9 de abril surge, na imprensa oposicionista do Rio de Janeiro, a convocação para manifestação de homenagem a Deodoro a se realizar no dia seguinte. O evento implicava, mesmo que seus organizadores negassem, uma atitude pública antiflorianista, e assim foi entendida pelo governo, que a dissolveu como sedição contra a República. Floriano Peixoto decreta o estado de sítio no Distrito Federal por 72 horas, tempo suficiente para a detenção dos envolvidos e suspeitos, definindo-se suas penas nos presídios militares ou desterro no interior amazônico.[8]

Machado de Assis, no romance já citado, faria coincidir a morte de Flora com esses acontecimentos republicanos, a moça a quem os dois gêmeos, Pedro e Paulo, devotavam paixões tão profundas. Não sabendo a quem melhor amar e amando os dois, Flora foi abatida por uma moléstia e ardeu em febre dias e noites. A musa definhava na mesma medida em que ascendia o florianismo; "não bastam esperanças, a realidade é sempre urgente", pensava Flora no leito de morte. E assim morreu serenamente, pois a expressão do rosto, quando lhe fecharam os olhos, "era menos de defunta que de escultura". Mesmo no sono perpétuo, a moça não era como a República, que um podia defender e outro atacar, e, em meio aos boatos de manifestações ao marechal Deodoro e outros tantos contra o marechal Floriano, os dois irmãos presenciariam o óbito da duplamente amada Flora. O enterro se daria no dia da suspensão das liberdades individuais e republicanas. Assim, as doenças da coisa pública, a República, e as dores privadas dos familiares de Flora são narradas pelo romancista no minúsculo capítulo 107:

> Não há novidade nos enterros. Aquele teve a circunstância de percorrer as ruas em estado de sítio. Bem pensado, a morte não é outra cousa que a cessação da liberdade de viver, cessação perpétua, ao passo que o decreto daquele dia valeu só por 72 horas. Ao cabo de 72 horas, todas as liberdades seriam restauradas, menos a de reviver. Quem morreu, morreu. Era o caso de Flora, mas que crime teria cometido aquela moça, além do de viver, e porventura o de amar, não se sabe a quem, mas amar? Perdoai estas perguntas obscuras, que se não ajustam, antes se contrariam (Machado de Assis, 1997, pp. 211-212).

Na melancolia das circunstâncias, Paulo, o ardoroso republicano, passou a fazer oposição ao florianismo, ao passo que Pedro, outrora monarquista, acabou aceitando o regime. O romancista ainda foi capaz de colocar na boca do conselheiro Aires uma notável ironia sobre a conjuntura do florianismo. Ao aconselhar Natividade, a mãe dos gêmeos, sobre a vida que se lhes esperava sem Flora, Aires seria categórico: "Conte com as circunstâncias, que também são fadas. Conte mais com o imprevisto. O imprevisto é uma espécie de deus avulso ao qual é preciso dar algumas ações de graças; pode ter voto decisivo na assembleia dos acontecimentos" (Machado de Assis, p. 223). Com efeito, a ficção seria tão realista quanto a história, porque, mais do que a República da espada, melhor seria dizer mesmo que se tratava da República do imprevisto, afinal ela fora proclamada de forma provisória.

No dia 18 de abril, Rui Barbosa entra com mandado de restauração de liberdade, o constitucional *habeas corpus*, em nome de 46 pessoas detidas nos dias 10 e 12. O Supremo Tribunal Federal leva nove dias para decidir e, no dia 27, nega o recurso impetrado. Cria-se, nas cúpulas políticas, especialmente as liberais, a ideia de que a prisão de "homens de bem", seja o que quer que façam, representava arrepiar a lei. Prisão legal somente para negros, capoeiras, vagabundos, e aí não se discutiriam nem o processo nem a execução. O Supremo Tribunal Federal considerou, portanto, legais os atos do Executivo apontando para a sedição dos envolvidos. Correu a história de que Floriano Peixoto, numa interpretação jacobina dos fatos, teria comentado, enquanto aguardava a decisão do Judiciário: "Não sei amanhã quem dará *habeas corpus* aos ministros do Supremo" (Basbaum, 1981, p. 27; Lustosa, 1989, p. 160). Enquanto isso, a imprensa do Rio de Janeiro discutia as eleições para uma vaga no Senado, tendo sido eleito Aristides Lobo, a notória testemunha do dia 15 de novembro de 1889. A *Gazeta de Notícias*, após informar que, dos 25.026 eleitores da capital federal, somente 3.112 compareceram às urnas, tenta associar as duas situações, a elevada abstenção e as detenções: "Por mais que sejam os esforços dispensados para se provar que estamos atravessando uma época normal, e que pelo fato de estar promulgada uma constituição estamos rigorosamente no regime constitucional, os fatos estão bradando bem alto que ainda não passamos do período revolucionário." A conclusão não deixa de ser uma preciosidade do senso comum liberal: "Urna e espadas não são feitas para andar juntas."[9] Na mesma ocasião, Machado de Assis escreveria sua primeira crônica para o jornal e também comentaria as eleições. Depois de afirmar que a "descrença é fenômeno alheio à vontade do eleitor; a abstenção é propósito", ele testemunha, não sem uma profunda ironia sobre a política:

> O que sei é que fui à minha seção para votar, mas achei a porta fechada e a urna na rua, com os livros e ofícios. Outra casa os acolheu de compassiva; mas os mesários não tinham sido avisados e os eleitores eram cinco. Discutimos a questão de saber o que nasceu primeiro, se a galinha, se o ovo. Era o problema, a charada, a adivinhação da segunda-feira. Dividiram-se as opiniões: uns foram pelo ovo, outros pela galinha; o próprio galo teve um voto. Os candidatos é que não tiveram nem um, porque os mesários não vieram e bateram dez horas (Machado de Assis, 1996, pp. 45-47).

Entretanto a alta abstenção, no pleito eleitoral do Distrito Federal, pode explicar um elemento que pouco aparece na historiografia sobre o período florianista: o apoio recebido por Floriano das camadas populares, em função da alta acelerada do custo de vida. De fato, o florianismo passou a simbolizar, para os estratos sociais médios e baixos, a luta contra os monopólios, a especulação e os altos lucros. Os latifundiários e os grandes comerciantes atacadistas, que controlavam a economia do país desde o Império, desconfiavam do jacobinismo florianista, que, de certa forma, não hesitava em levar adiante a República à revelia dos grupos parlamentares tradicionais, conservadores e liberais. Parecia não haver contradição entre "a força das armas e o discurso legalista", isto é, entre "a defesa da ordem e da autoridade presidencial" (Carone, 1972, pp. 177-181; Monteiro, 1986, pp. 58-59). As aspirações democrático-populares da República ainda não estavam desvanecidas; ao contrário, os batalhões patrióticos e a militarização da política nos setores populares conduziam a uma temerosa imprevisibilidade revolucionária, situação essa historicamente abominável para "as classes conservadoras", para se ater ao jargão sociológico do século XIX.[10]

No mês de maio, o Congresso reabre e o Executivo envia mensagem aos parlamentares relatando as medidas tomadas ante os acontecimentos do recesso congressual. No mês de junho, a Comissão de Constituição do Congresso julga constitucional a permanência de Floriano Peixoto na Presidência. Crescem os antagonismos entre florianistas e antiflorianistas, e as acusações de tiranos e restauradores polarizam desentendimentos. Mesmo a aprovação da anistia no dia 15 de julho para os condenados de abril não chega a acalmar os grupos em disputa.[11] O mês de agosto também não seria dos mais esperançosos: no dia 23, a morte de Deodoro da Fonseca não consegue dar trégua aos descontentes; e, no dia 27, boatos diziam que o ministro da Fazenda, Rodrigues Alves, pedira demissão por discordâncias com o presidente, assumindo em seu lugar o político Serzedelo Correia. Os parlamentares discutiam se Deodoro tinha sido fundador da República, a imprensa também divergia, e a batalha simbólica pela fundação do regime acirraria ainda mais os ânimos, já alterados por espaços políticos e repartições públicas. Os discursos no Congresso queriam Deodoro, mas a Constituição de 1891 já havia definido como fundador Benjamin Constant. E, mais uma vez, lá está o velho Machado a glosar os políticos e o poder:

"Para um triste escriba de coisas miúdas, nada há pior que topar com o cadáver de um homem célebre. Não pode julgá-lo por lhe faltar investidura, há de trocar de estilo, sair do comum da vida e da semana. Não bastam as qualidades pessoais do morto, a bravura e o patriotismo, virtudes nem defeitos, grandes erros nem ações lustrosas. Tudo isso pede estilo solene e grave." Numa passagem em que constrói uma visão de historicidade, afirma que, quando muito, podia apelar para a história: "Mas a História é pessoa entrada em anos, gorda, pachorrenta, meditativa, tarda em recolher os documentos, mais tarda ainda em os ler e decifrar. Assim, pode ser que, entre 1930 e 1940, tendo cotejado a Constituição de 91 com os discursos de 92, e os artigos de jornais com os artigos de jornais, decida o ponto controverso, ou adote a ideia de dois fundadores, senão três" (Machado de Assis, 1996, pp. 110-111).[12] Com efeito, estudo histórico recente falaria de "Proclamações da República", cabendo a Deodoro a república militar, a Benjamin Constant a república sociocrática e a Quintino Bocaiuva a república liberal. Tratava-se, segundo o autor, de uma luta simbólica pelo panteão republicano que se misturou nas lutas políticas e sociais na medida em que a própria história se desenrolava em torno dos alicerces fundacionais do regime (Carvalho, 1990, pp. 35-54).

Entre junho e setembro, as sedições explodem no Brasil meridional onde federalistas, adeptos do senador imperial Silveira Martins, e republicanos radicais, sob a liderança de Júlio de Castilhos, assassinam-se mutuamente num prelúdio de guerra civil. O governo estadual, momentaneamente nas mãos dos federalistas, seria transferido para o interior, enquanto, na capital, Porto Alegre, os republicanos castilhistas ensejam uma reação violenta, acusando-os de restauradores.[13] Daí por diante, o castilhismo sulista se tornaria um dos grandes aliados políticos dos atos e da governabilidade do governo florianista. Como diria Lima Barreto, na sua contumaz crítica ao florianismo, as esperanças eram secretas e gerais, mas não se deixava de colocar na revolta a realização de risonhos anelos: "O governo, precisando de simpatias e homens, tinha que nomear, espalhar, prodigalizar, inventar, criar e distribuir empregos, ordenados, promoções, gratificações" (Barreto, 1998, p. 122).

A CONSOLIDAÇÃO DA REPÚBLICA

A Revolta da Armada

No início de 1893, a situação no Brasil meridional evolui para a guerra civil, com a invasão do Rio Grande do Sul pelas tropas federalistas que se haviam exilado no Uruguai. No Distrito Federal, a oposição dentro do próprio Executivo se torna pública. A situação de crise política se acentua com a demissão do almirante Custódio José de Melo do cargo de ministro da Marinha. A razão alegada pelo governo foram "os custos excessivos da guerra no sul". O almirante responde com um manifesto publicado na imprensa no qual acusa o governo de apoiar com armas federais a administração castilhista e seus atos de violência contra os opositores. Ao mesmo tempo, enfatiza que a sedição federalista não teria "intuito restaurador". A crise na Armada, tradicional reduto monarquista que evoluiu para uma ferrenha oposição florianista, teria mais um episódio em maio. Por ampla maioria de votos, foi eleito para presidente do Clube Naval o almirante Eduardo Wandenkolk, um opositor do florianismo e que fora um dos presos políticos na ocasião do manifesto dos 13 generais no mês de abril de 1892. O almirante, que se encontrava em Buenos Aires, desloca-se para o Rio Grande do Sul, no comando do navio mercante *Júpiter*, para tomar o porto de Rio Grande, guardado por tropas governistas. A aventura, realizada na primeira quinzena de julho, torna-se um grande fracasso, e o almirante foi conduzido como sedicioso para a fortaleza de Santa Cruz.

Entretanto, ainda no primeiro semestre de 1893, os discursos oposicionistas ganharam ampla repercussão na imprensa do Rio de Janeiro. No mês de maio, Rui Barbosa comprou o *Jornal do Brasil*, fundado por monarquistas em 9 de abril de 1891. Com nova administração, o jornal atualizou o título de *Brazil* para *Brasil*, eliminando-se o arcaísmo gramatical. A força do editorial de 21 de maio de 1893, que marcaria a posição dos escritos seguintes, define-se pela crítica liberal ao florianismo: "Agora só a República é praticável e não há escolha, senão entre a República degenerada pela ditadura e a República regenerada pela Constituição" (Silva, 1988, pp. 45-46). Em meio à agitação política e ideológica, os assuntos mais intensos giravam em torno dos militares na política e da reforma constitucional, que permitiria a reeleição de Floriano Peixoto. Eram duas teses defendidas pelas forças florianistas e duramente atacadas pelos opositores. Distante do governo a que servira, Rui Barbosa publicaria, no dia 24 de maio, artigo com o título de "Jacobinos e republicanos", em que define ironicamente a política florianista de "cogumelo jacobino". Bem ao estilo do liberalismo monárquico, Rui Barbosa invoca os setores tradicionais para parar o carro do jacobinismo: "Não, não convém deixar que a enxurrada engrosse. É necessário chamar a postos os interesses conservadores, e considerar no abismo, que separa demagogos de democratas, e jacobinos de republicanos" (Barbosa, 1956, p. 27).

Como jurista, Rui Barbosa enfrentaria o florianismo no dia 31 de agosto, ao impetrar *habeas corpus*, liberdade do corpo, em favor do almirante Eduardo Wandenkolk, ainda preso por sedição na fortaleza de Santa Cruz. O *Jornal do Brasil*, além da dar ampla repercussão ao caso, publicaria na íntegra os argumentos constitucionais do documento, sugerindo quebra da legalidade pelos atos florianistas. Os clubes jacobinos, que se espalhavam pelo país a partir da capital da República, passaram a pressionar o Executivo por medidas mais radicais contra o que acusavam de ser sentimentos restauradores e sebastianistas (Janotti, 1986; Queiroz, 1985).[14] Uma semana depois, no dia 6 de setembro, eclode a Revolta da Armada, liderada pelo almirante Custódio José de Melo. Acusado de ser o mentor civil da sedição e de pactuar com os revoltosos, Rui Barbosa entra na lista dos inimigos da República. Foram cinco meses, entre maio e setembro de 1893, em que o velho liberalismo perderia a primeira batalha para o jacobinismo florianista. Entretanto o velho liberalismo deitava raízes no trono e nos desafortunados com a República da espada. No calor da hora, em abril de 1893, Euclides da Cunha, que se identificava como "republicano feito nas asperezas da propaganda", escrevendo a um amigo de São Paulo, profetizava: "Vamos atravessar longos e sombrios dias de anarquia sem nome, até que o espírito nacional duramente provado faça com que a nossa Pátria volte para a comunhão dos povos como o filho pródigo – educada pelas desgraças..." (Cunha, 1997, p. 46). O Congresso aprova moção de solidariedade ao Executivo, pede energia e patriotismo das autoridades republicanas para manter "a ordem constitucional". O Senado autoriza o presidente a decretar o estado de sítio que foi anunciado no dia 10 de setembro, extensivo ao Distrito Federal e à cidade de Niterói, pelo prazo de dez dias. O ato previa que, "se a alteração da ordem pública exigir", a medida poderia ser tomada "a qualquer ponto do território da República".[15] No dia 13 de setembro ocorreria o primeiro bombardeio da cidade do Rio de Janeiro. Rui Barbosa embarca para o exílio em Buenos Aires. As garantias individuais e a liberdade de imprensa são suspensas. Reorganiza-se o Conselho Supremo Militar e de Justiça para julgar os revoltosos e guardar a ordem pública, sob o comando do próprio presidente da República e composto por dez militares da ativa e da reserva. As brumas de setembro cerraram a baía de Guanabara: navios de guerra e mercantes estrangeiros se achavam nas suas águas, entre eles americanos, ingleses, franceses, portugueses, alemães e italianos, e matéria na imprensa insinua que o Rio de Janeiro era uma cidade sem defesa, cabendo aos navios estrangeiros protegerem os seus cidadãos.

O mês de setembro termina com sucessivos bombardeios ao Rio de Janeiro e a Niterói. A guerra de bombas e boatos pendia para os revoltosos, até que, em outubro, Floriano Peixoto inventaria uma estratégia inusitada: decretou o estado de intervenção na capital da República, transformando-a em "cidade aberta", não podendo atacar, defender e ser atacada. Com isso, Floriano Peixoto imobilizava os revoltosos na maré das águas, enquanto solicitava navios novos aos Estados Unidos para pôr um fim à rebelião (Costa, 1979, pp. 41-48; Basbaum, 1981, p. 29).[16]

Os últimos três meses de 1893 oscilariam entre a revolta, a legalidade e o direito constitucional. Os depoimentos da época são ricos nessas considerações. O jornalista Ferreira de Araújo, dono da *Gazeta de Notícias*, escrevia no seu jornal que nem a literatura podia salvar a imprensa, porque a revolta e a resistência faziam todos se voltarem para "a política e para o bombardeio". Depois de afirmar jocosamente que até o Pão de Açúcar havia aderido à revolta, o cronista queixava-se de que, fora desses assuntos, não havia atenção, nem ouvintes nem leitores: "Só uma coisa interessa ao público, ao público masculino e ao público feminino, ao público que trabalha e ao público que se dá ao trabalho de consentir que se lhe queira bem: a revolta. [...] o bombardeio de ontem, o tiroteio de hoje, a batalha decisiva de amanhã."[17] Mais grave e taciturna seria a observação de Euclides da Cunha, que, em carta a um amigo, falava de "uma trágica monotonia de praça de guerra, cheia de notas vivas de clarins e estouros de metralha" (Cunha, 1997, p. 50). A radicalização desse processo, crescente em opiniões, fatos e versões, seria ironizada por Machado de Assis, numa de suas crônicas, como "essa mistura de discurso e carabina".[18]

No mês de dezembro, a população do Rio de Janeiro toma conhecimento do manifesto do almirante Saldanha da Gama que foi afixado em vários pontos da cidade. A imprensa também divulga o documento, e os jornais favoráveis ao governo destacam amplamente o seu teor monarquista. As incisivas relações entre a revolta e os partidários monárquicos alardeadas pelos governistas levaram o almirante a tornar público outro manifesto, no dia 20 de dezembro, no qual se dizia defensor de "uma República civil". O diplomata Oliveira Lima publicaria na França, em 1896, o artigo "Sete anos de República no Brasil (1889-1896)", em que deduz o seguinte sobre os acontecimentos: "Na Europa e no próprio Brasil, acreditou-se de maneira geral que a Marinha pensava em restabelecer a monarquia, e a participação do almirante Saldanha da Gama não contribuiu para modificar essa suspeita, o que contribuiu muito para a derrota da revolução. [...] O que havia de real, na Revolta da Esquadra, é que ela denunciava um conflito de classes, uma luta pela supremacia entre o Exército, mais democrático, mais radical, e a Marinha, mais selecionada, mais conservadora, mas mesmo assim dividida em facções inimigas, em grupos pessoais" (Lima, 1990, p. 39). A tese de Oliveira Lima adentraria o século XX.

Nos três primeiros meses de 1894, a situação dos revoltosos na baía de Guanabara torna-se cada vez mais desgastada. O governo intensifica o discurso legalista, empurrando os revoltosos para o campo da ilegalidade e da sedição. Impedidos de desembarcar e de atracar nos portos, começam a faltar munição e água potável nos navios da esquadra. A situação fica insustentável no fim de março, com baixas por fome e doenças. Assim, a revolta, que era da Armada e "senhora da baía", como diria Joaquim Nabuco, perdeu a consistência contestatória e teria sido sufocada, não pelo entusiasmo republicano, mas pelo auxílio ao governo de uma "jurisdição militar estrangeira" (Nabuco, 1932, p. 149). Ao criticar essa interpretação de Nabuco, o diplomata Oliveira Lima lembra que ele fingiu "esquecer o entusiasmo republicano de bom quilate" que apoiava o florianismo e se encontrava nos batalhões patrióticos, na juventude das escolas, academias militares e "na fidelidade inquebrantável do Exército", ao passo que os revoltosos não tiveram "a coragem de hastear a bandeira imperial e sem um outro emblema sério a estender" (Lima, 1990, p. 43). Na verdade, os revoltosos abandonaram a capital da República e se juntaram a outro movimento armado que marcaria a história do Brasil meridional, a revolução federalista. Marinheiros de última viagem, eles seriam trucidados pelas tropas castilhistas e governistas nas pradarias do Rio Grande do Sul.

A Revolução Federalista

O federalismo implantado com a Constituição de 1891 deliberou aos estados as questões da segurança pública, e cada qual organizou o seu aparelho repressivo. No Rio Grande do Sul, a organização do estado em bases republicanas ganharia foros de crise a partir da promulgação da constituição estadual de 14 de julho de 1891.[19] A crise agrava-se com a renúncia de Deodoro da Fonseca do governo central e o imediato abandono de Júlio de Castilhos do governo do estado em 12 de novembro de 1891. Seguiu-se o curto governo da chamada dissidência republicana liderada por Barros Cassal, que seria derrubada com o retorno triunfante dos castilhistas em meados do ano seguinte, em 17 de junho de 1892. Foi o próprio Júlio de Castilhos que, pelo jornal *A Federação*, batizaria esse curto tempo de governo através do conceito depreciativo de "governicho", e assim gravado na historiografia regional. O governicho equivale para Castilhos à mediocridade política, ao caos administrativo e à anarquia das instituições.[20]

Na verdade, o governicho foi uma sucessão de renúncias e posses: em 12 de novembro de 1891, Júlio de Castilhos abandona o governo; assume um triunvirato composto por Manuel Luís da Rocha Osório, Assis Brasil e Barros Cassal; estes, a 17 de novembro, passam o governo ao general Domingos Alves Barreto Leite, que renuncia a 3 de março de 1892, assumindo novamente em seu lugar Barros Cassal; em 8 de junho, após a renúncia de Cassal, assume o governo o visconde de Pelotas, que transfere o governo da capital, Porto Alegre, para a fronteira do estado com o Uruguai, a cidade de Bagé, então um reduto de fazendeiros anticastilhistas, passando-o para o general Silva Tavares em 17 de junho; nesse mesmo dia, Júlio de Castilhos reassume o poder em Porto Alegre, com o apoio de militares e populares republicanos, transferindo o cargo para Vitorino Monteiro (Lima, 1916, pp. 106-109).

Com efeito, se o primeiro semestre do ano de 1892 foi marcado pela instabilidade governamental, o segundo semestre do mesmo ano seria radicalizado por perseguições políticas. A violência, notória e grassante diante dos funcionários públicos, com demissões e perseguições, e entre os grupos beligerantes, ganharia foros de tragédia social, quando atinge certos chefes políticos locais. No fim de outubro de 1892, o coronel castilhista Evaristo do Amaral foi trucidado por um grupo federalista, chefiado por um delegado de polícia que fora demitido do cargo em Cruz Alta, cidade do planalto gaúcho. A atrocidade seria minuciosamente relatada por um amigo da vítima no jornal republicano: "O matador Filandro abriu o ventre do coronel Evaristo, tirou-lhe os intestinos todo vivo ainda, e depois o degolou, separou a cabeça do tronco e, laçado por uma perna, atiraram-no num banhadinho." Pelo mesmo jornal, um missivista do castilhismo lançava o anátema contra os opositores: "Horror! maldição! vingança, republicanos [...] maldição sobre o Partido Federal."[21] Os republicanos apreendem ainda cartas do coronel Facundo Tavares a chefes federalistas do interior do estado, as quais explicitam a estratégia da ação rebelde: "Convém não deixar respirar o inimigo. As primeiras forças reunidas já devem estorvar a reunião do inimigo e perseguir os chefes, obrigando-os a fugir, se não puderem pegá-los. São elementos de guerra. V. S. sabe disso muito bem e estou certo que porá em prática" (Escobar, 1983, p. 71). Imediatamente, as forças governistas antecipam-se na ordem, e começa a caçada aos chefes federalistas que ainda não tinham procurado o exílio nos países platinos. Facundo Tavares resiste à prisão, é baleado e tem dois de seus filhos assassinados em sua casa, na capital, Porto Alegre. Frederico Haensel, ex-deputado liberal na Província, é ferido em sua residência, vindo a falecer dias depois. Os assassinatos chegam a mais de duas centenas. Os federalistas contam 134 vítimas do seu lado com atos de degola nas cidades de Cacequi, Pelotas, Bagé, Passo Fundo, Canguçu e Rosário do Sul. Os republicanos também arrolam listas de pessoas assassinadas e degoladas em várias cidades do interior e as publicam nos seus jornais (Teixeira, 1893, p. 230 ss.; Moura, 1892, p. 68 ss.).

Não se deve descartar a hipótese de que, quando a violência chega aos chefes e lideranças proeminentes, ela já se tem tornado comum para os pobres e desafortunados submetidos à capangagem e à lei da espada (Flores, 1996, p. 114). No início de novembro de 1892, um militar acostumado às campanhas sulinas denuncia ao presidente da República, Floriano Peixoto, a total ausência de garantias constitucionais para a população, enfatizando o quadro de guerra civil: "V. Exa. não faz ideia dos horrores que se tem praticado; os assassinatos são em número muito elevado, pois, já por toda parte, se degolam homens, mulheres e crianças, como se fossem cordeiros; o saque está por demais desenvolvido, assim é que não há qualquer garantia, quer individual, quer material." Relatórios do governo estadual propugnam a defesa intransigente da República e da conservação da ordem: "O governo está cercado de todos os elementos de vida e vitória; é sustentado decisivamente pelas gloriosas tropas federais, pelas abnegadas forças estaduais, zelosos mantenedores da ordem pública; pelas forças civis do partido, pronto e em armas, em toda parte, e pelo apoio magnânimo da opinião pública, que sempre estima e abençoa os governos conservadores como o nosso."[22] Nos primeiros três meses do ano de 1893, a situação somente agravaria a radicalização: em janeiro, Júlio de Castilhos toma posse na presidência do estado, prometendo salvar a República dos federalistas, e, em fevereiro e março, ocorre a mobilização militar, ocasião em que grupos rebeldes armados, organizados nas fronteiras do Uruguai e da Argentina, invadem o estado para o enfrentamento com as tropas legalistas.

Os principais líderes militares da revolta são João Nunes da Silva Tavares (Joca Tavares) e Gumercindo Saraiva, antigos próceres políticos da Monarquia e vinculados ao Partido Liberal. A expressão civil dos revolucionários é Silveira Martins, a liderança dos liberais no estado e que teve destacada atuação nos últimos anos da Monarquia como senador imperial. As forças invasoras contam aproximadamente com 3 mil homens, com contingentes dos países da região platina, especialmente os recrutados no Uruguai, identificados como "maragatos", alcunha dada aos revoltosos pelos castilhistas e que depois seria sinônimo de revolucionário. Com armamento comprado por Silveira Martins em Montevidéu, organizou-se o Exército Libertador sob o comando do general Luís Alves Salgado, oficial do Exército republicano que aderira aos revoltosos. A partir daí, as forças rebeldes não cessavam de aumentar. Do lado governista, o senador Pinheiro Machado se licencia do Senado para organizar na região das Missões uma divisão militar de reforço às tropas federais. Formou-se a chamada Divisão Norte, com cinco brigadas e uma divisão de artilharia. As tropas castilhistas, pelo armamento e pelo uniforme similar ao do Exército, passaram a ser designadas pelos revoltosos de "pica-paus", numa alusão pejorativa tanto quanto a feita ao termo maragato.

No mês de maio ocorreria uma das maiores batalhas da guerra civil, às margens do arroio Inhanduí, nas proximidades da cidade de Alegrete, na região da Campanha, onde cerca de 6 mil federalistas se bateram contra mais de 4.500 legalistas. A batalha durou mais de sete horas, e a Divisão do Norte conseguiu que as forças federalistas se retirassem da área, numa derrota moral. Depois disso, os chefes federalistas, entre os quais o general Salgado, Joca Tavares, Gumercindo Saraiva, seu irmão Aparício Saraiva, Prestes Guimarães, Vasco Alves e Juca Tigre, optaram por emigrar novamente para as fronteiras dos países vizinhos. Apenas a tropa de Gumercindo Saraiva, num total de 1.100 homens, sustentaria a guerra civil na temporada de inverno, até o mês de setembro, enquanto os outros aguardariam recursos e cavalhada para enfrentar os governistas. Em agosto do mesmo ano, os contingentes federalistas retornam do Uruguai e impõem algumas derrotas às forças castilhistas na região da Campanha. No mês de setembro, os revoltosos, ao transporem a fronteira nas proximidades de Santana do Livramento, recebem a notícia sobre a Revolta da Armada e, eufóricos com os acontecimentos na capital da República, acham que podem avançar pelos estados sulinos e, em São Paulo, aglutinar os contingentes antiflorianistas e se apossar do Rio de Janeiro. Com efeito, até o fim de 1893, o avanço das tropas federalistas foi impressionante: em outubro, passam pelo planalto e serra rio-grandenses; em novembro, atravessam o rio Pelotas, penetram em Santa Catarina e juntam-se aos revoltosos da Armada, que haviam tomado Desterro e instituído a cidade como capital de uma república provisória até a deposição do florianismo; no mês seguinte, avançam sobre o Paraná e instalam outro governo provisório na capital, Curitiba. O objetivo passou a ser São Paulo, e chegaram mesmo à divisa deste na cidade de Castro, ainda em território paranaense. O presidente de São Paulo, Bernardino de Campos, começou a preparar a defesa com corpos provisórios e batalhões patrióticos para auxiliar as forças federais e legais.

Os revoltosos que permaneceram no Rio Grande do Sul também impuseram pesadas baixas às tropas governistas depois da segunda invasão.

Em fim de outubro e começo de novembro de 1893, grupos rebeldes dominavam uma parte da Campanha gaúcha e alguns municípios serranos. No fim de novembro, as tropas rebeldes comandadas por João Nunes da Silva Tavares impuseram séria derrota aos castilhistas no combate do Rio Negro, nas proximidades da cidade de Bagé, na fronteira meridional do estado. Em seguida, iniciou o sítio da cidade de Bagé, tradicional reduto do gasparismo, onde as forças legais do coronel Carlos Teles resistiriam até o início de janeiro de 1894, quando receberam reforço militar. No combate do Rio Negro, um grande contingente de prisioneiros foi sumariamente degolado próximo a uma lagoa. Em carta datada de 29 de novembro de 1893, o comandante dos rebeldes e fazendeiro da região, João Nunes da Silva Tavares, comunica a Gaspar Silveira Martins a vitória e as degolas: "Do inimigo ficaram no campo 200 mortos, mais ou menos, contando os que, em grande número, foram no mato exalar o último suspiro. [...] Foi realmente uma esplêndida batalha sul-americana" (Escobar, 1983, p. 179). O quadro foi tão aterrador que oficiais governistas, que chegaram atrasados ao local em auxílio dos derrotados, narraram que encontraram cadáveres insepultos e mutilados por toda parte nos matos próximos à lagoa. Um deles disse que os corpos "estavam, todos, com a garganta cortada, o que quer dizer que foram degolados depois de mortos" (Sampaio, 1920, p. 38). Ao buscar comunicação com os oficiais legalistas que operavam na região, Júlio de Castilhos classificou de exageradas as informações recebidas, acreditando que os rebeldes não podiam ter tanta munição e tantos homens para uma vitória tão esmagadora. Até o fim de dezembro, as informações às demais tropas legalistas foram sonegadas. As consequências das notícias das degolas perante as massas combatentes pareciam ser temidas pelos oficiais. Tanto poderia ser um estímulo ao heroísmo inútil para fugir das garras do adversário quanto um alarma de consequências generalizadas para a deserção. Além do mais, a degola impunha comiseração e medo nas tropas adversárias, bem como admiração e postos de comando para os praticantes no interior dos grupos acaudilhados (Flores, 1996, pp. 124-125). A imprensa oficial somente denunciaria os atos de degolamento nos primeiros dias de janeiro de 1894, chamando os federalistas de "degoladores do Rio Negro".[23]

Nos últimos meses de 1893 e os três primeiros de 1894, o florianismo esteve na iminência de sucumbir, e o castilhismo enfrentou sérios riscos de derrocada militar no conflito regional. Entretanto, o enlace dos dois movimentos, a Revolta da Armada e a Revolução Federalista, tinha apenas um fator comum, a hostilidade ao legalismo florianista. Logo surgiram desavenças entre o exército federalista, o governo provisório de Desterro e as lideranças civis e militares antiflorianistas. Silveira Martins, exilado em Montevidéu, passou a exigir a autoridade do governo provisório; Rui Barbosa, que estava na Argentina, reclamou do chefe do governo provisório, capitão Frederico Guilherme de Lorena, quantia em dinheiro que se achava na alfândega de Santa Catarina; os republicanos dissidentes Barros Cassal, Demétrio Ribeiro e o ministro da Guerra do governo provisório, tenente Aníbal Cardoso, não toleravam o líder federalista Silveira Martins e também se opuseram ao pronunciamento, feito no Rio de Janeiro, de Saldanha da Gama, que aderira à Revolta da Armada (Franco, 1988, pp. 146-147; Carneiro, 1989, pp. 90-91). Além disso, a resistência florianista no Rio de Janeiro e a aglutinação das forças federais e estaduais nos estados sulinos em torno da salvação da República fariam, a partir de março de 1894, o fluxo das batalhas pender para o lado do legalismo, defendido com mão de ferro por Floriano Peixoto e Júlio de Castilhos. Um dos momentos simbólicos da resistência dos legalistas ocorreu no cerco da Lapa, episódio que marcaria a República no Paraná. Em meados de janeiro de 1894, tropas legalistas, lideradas pelo coronel Gomes Carneiro, foram atacadas pelos federalistas e se entrincheiraram na cidade, resistindo ao cerco e à fuzilaria por quase um mês. Sem receberem auxílio, batidos pela fome e o avanço dos revoltosos, os legalistas que não foram trucidados se renderam no dia 11 de fevereiro, numa Lapa arrasada e ensanguentada. A imprensa oficial denunciaria inúmeros atos de degolas dos que se renderam e pesquisas de autores paranaenses confirmaram versões de "republicanos degolados" e de uma "gloriosa derrota" (Carneiro, 1982; Lacerda, 1985; Jobim, 1952).

Os eventos da Lapa fizeram recrudescer o jacobinismo florianista e o radicalismo legalista dos castilhistas no Rio Grande do Sul. A ofensiva governista avança nos estados sulinos depois do heroísmo singular nos muros e ruínas da Lapa: em abril a cidade de Desterro é retomada, em maio os revoltosos abandonam Curitiba e, assim, os estados do Paraná e Santa Catarina vão caindo em poder das tropas legalistas. Os federalistas são perseguidos, combatidos e se dispersam em deslocamentos nem sempre eficazes. Contingentes de revoltosos, liderados por Juca Tigre, abandonam a luta e se exilam na Argentina, numa fuga desesperada para escapar da morte e da faca no pescoço. Os revoltosos liderados por Gumercindo Saraiva conseguem retornar ao Rio Grande do Sul, mas são perseguidos pelos legalistas, que os enfrentam e matam o seu líder no início de agosto. A reação governista não se dá sem uma feroz repressão aos revoltosos. Na fortaleza da ilha de Anhatomirim, próxima a Desterro, mais de 180 federalistas são fuzilados por ordem do coronel Moreira César, que não poupa nem mesmo as autoridades que haviam declarado a cidade de Desterro capital da "República provisória". A guerra simbólica daria continuidade às façanhas das armas: a cidade recuperada teve o nome mudado e se passou a chamar Florianópolis, numa referência ao salvamento da República por Floriano Peixoto. Não seria diferente na capital do Paraná, com inúmeros fuzilamentos de civis que teriam colaborado com os revoltosos. Pessoas da elite local, entre as quais o barão de Serro Azul, José Scheleder, Balbino de Mendonça, Matos Guedes, José Ferreira e Presciliano Correia, foram conduzidas num trem de carga e, na altura do quilômetro 65 da estrada de ferro que sai de Curitiba e atravessa a Serra do Mar com destino a Paranaguá, foram fuziladas pelos legalistas. (Carneiro, 1989, pp. 97-101).

No Rio Grande do Sul, o castilhismo não esquecera as degolas do Rio Negro, e o avanço das tropas federais encetava novos preparativos para a luta. No mês de abril de 1894, portanto, na fase de refluxo das vitórias federalistas, as forças legalistas deram combate aos revoltosos na região das Missões, nas proximidades da cidade de Palmeira. Os legalistas, comandados pelo general Firmino de Paula, surpreenderam o piquete revolucionário de Ubaldino Machado e, garantindo a vida de um soldado que indicara o acampamento federalista, venceu a batalha, fazendo mais de 300 prisioneiros no local denominado Capão do Boi Preto. Os republicanos promoveram então uma sessão de degolas "das proporções da empreendida no Rio Negro". Em comunicação ao presidente do estado, Firmino de Paula menciona os danos materiais e humanos perpetrados contra os rebeldes. A sutileza do telegrama não deixa de mostrar a euforia pela vitória: "Bati Ubaldino acampado Boi Preto. Completa derrota; morrendo 370 maragatos. Muitos prisioneiros." Depoimento de oficial rebelde menciona na guerra civil e na batalha em foco a "ausência de sentimentos nobres", e descreve a cena dantesca de uma epopeia de horrores: "Caíram prisioneiros duzentos e tantos revolucionários, os quais, exceção de uns 50 dos mais moços, foram todos degolados em lotes de 10 a 20, de distância em distância, e deixados aos montões, insepultos, à beira do caminho." As narrativas dessas degolas, em tom de testemunhos para a história, se sucedem com versões de maragatos e castilhistas, numa luta simbólica pela apropriação de um heroísmo singular, de feitos e de bravatas (Escobar, 1983; Guimarães, 1987; Dourado, 1987; Villalba, 1897).[24]

Nesse sentido, a violência seria também discursiva, em que a fala não se descola da prática e se torna mesmo sua evocação legitimadora. Júlio de Castilhos, por exemplo, inabalável no comando das forças governistas que se batiam contra os revolucionários, recomendava aos combatentes uma luta total. Dois de seus telegramas ficaram famosos e seriam amplamente citados pelas pesquisas historiográficas. A linguagem, apesar do compreensível laconismo em função do meio de comunicação usado, exprime a vontade de um desejo realizável. Para a localidade de Camaquã, redigiu, no imperativo: "não poupe adversários, castigue nas pessoas e bens"; e, para Cacimbinhas, sugeria que para "adversários não se poupa nem se dá quartel". A imprensa oficial, ao divulgar a morte de Gumercindo Saraiva, o principal comandante militar dos maragatos, ocorrida nos combates do Corovi entre os dias 7 e 12 de novembro de 1894, anunciava "o aniquilamento eterno do hediondo facínora". Na edição seguinte, em editorial com o título sintomático de "O Fim", o jornal governista execrava o morto – "Miserável: pesada como os Andes te seja a terra que o teu cadáver maldito profanou. Caiam sobre essa cova todas as penas concentradas das mãos que sacrificaste, das virgens que violaste, besta-fera do Sul, carrasco do Rio Grande [...] Maldita seja para sempre a memória do bandido."[25] Os triunfos governistas no decorrer de 1894 estimulavam a aniquilação completa dos adversários e avaliavam a revolução como extinta. Em mensagem à Assembleia do estado, o presidente Júlio de Castilhos afirmava que a memória do líder maragato deveria ser abominada, pois sintetizava "tudo quanto houve de repulsivo e oprobrioso na extinta revolução" (*Annaes*, 1894, p. 6; Flores, 1996, pp. 160-165).

As guerrilhas prosseguiram até meados de 1895, em diversos pontos do estado, especialmente na fronteira sudoeste, nos limites com o Uruguai e a Argentina, e em alguns pontos da serra gaúcha. O epílogo do processo revolucionário se daria com a entrada nas operações de guerrilha do almirante Saldanha da Gama, que se desloca de Buenos Aires para a fronteira meridional. No fim de abril, o almirante Saldanha da Gama, liderando um contingente de 700 revoltosos, entre os quais aproximadamente 100 jovens marinheiros, que não sabiam nem cavalgar, começam a dar combate às milícias federais e castilhistas. O combate derradeiro se daria no fim de junho, no campo dos Osórios, nas proximidades de Santana do Livramento, na campanha gaúcha, com a completa destruição das forças rebeldes.[26] O próprio Saldanha da Gama, avesso às armas e à destreza dos cavalarianos, já que era oficial da Armada, sucumbiu aos lanceiros castilhistas na planície gaúcha. A imprensa federalista denunciou que mais de 50 corpos "estavam degolados e muitos desses degolamentos foram feitos pela nuca". Depoimentos narrados insistiam em dizer que os cavalarianos castilhistas tinham cruelmente degolado os prisioneiros e "deixado mortos no solo, em todas as posições, despojados de suas roupas" (Villar, 1951, p. 91; Abranches, 1955, p. 236; Cintra, 1934, p. 64). O coronel João Francisco, alcunhado de Hiena do Cati, comandante das forças castilhistas na região, descreve o combate, numa imagem de massacre: "Os nossos lanceiros, perseguindo a cavalaria inimiga, entraram trincheiras adentro. Cortaram as hostes inimigas pelo meio. Toda a nossa linha – esquerda e direita – penetrou no campo inimigo e o acutilou à vontade" (Caggiani, 1988, pp. 46-47). O epílogo da Revolução Federalista coincide com a morte, ocorrida em 29 de junho de 1895, de Floriano Peixoto, que havia deixado o poder no fim do ano anterior com a sucessão presidencial. Persistiam o jacobinismo florianista e os adeptos de uma república radical, com cidadãos em armas e soldados como cidadãos em defesa da República.[27] No Sul, o castilhismo venceu os maragatos, e a constituição estadual, ponto de controvérsia ideológica e política, permaneceu irretocavelmente positivista. Estudos recentes falam que o castilhismo foi a "modelagem mental do positivismo no Brasil" e que a ortodoxia positivista seria "um bolchevismo de classe média". Um historiador gaúcho, com excessivo olhar liberal, chegou a afirmar que Júlio de Castilhos teria sido "o homem que inventou a ditadura no Brasil".[28] As hostilidades cessaram em 1895, mas a luta pela memória e a história da guerra e da violência se intensificaram nas gerações seguintes.

Com efeito, a prática da degola, que marcou profundamente a história da Revolução Federalista, extrapolaria a sua própria cronologia, chegando ao arraial de Canudos, no sertão baiano. Com a pacificação regional empreendida no segundo semestre de 1895, no governo de Campos Sales, alguns contingentes de republicanos castilhistas foram deslocados para dar combate aos revoltosos sertanejos, liderados por Antônio Conselheiro. As cenas de "guerra à gaúcha" assombraram Euclides da Cunha, que, ao narrar os acontecimentos, denunciou que a eliminação dos prisioneiros naquelas circunstâncias era "o estrebuchar dos vencidos". Em Canudos, era uma "república civil" que eliminava, irremediavelmente, pobres, ex-escravizados, camponeses sem terra, gente crente nos mistérios da necessidade, vistos pela civilização litorânea como o arcaísmo monstruoso da nacionalidade. De modo que o espectro das guerras meridionais – não fazer prisioneiros e não dar quartel – assolava o país inteiro: "Os soldados impunham invariavelmente à vítima um viva à República, que era poucas vezes satisfeito. Era o prólogo invariável de uma cena cruel. Agarravam-na pelos cabelos, dobrando-lhe a cabeça, esgargalando-lhe o pescoço; e, francamente exposta a garganta, degolavam-na" (Cunha, 1952, p. 497).

Consolidava-se, assim, sob o signo da violência, uma república oligárquica com cidadania exclusiva para os grandes proprietários, os barões do café e os coronéis. Lima Barreto, na singular crônica "Feiras e Mafuás", publicada na *Gazeta de Notícias*, no dia 28 de julho de 1921, definiu a conjuntura que acabamos de narrar: "A república chegou austera e ríspida. Ela vinha armada com a Política Positiva, de Comte, e com os seus complementos: um sabre e uma carabina" (Barreto, 2016, p. 170).

Notas

1. O decreto do governo provisório que definiu a bandeira oficial da República, de inconfundível estética positivista, foi assinado no dia 19 de novembro de 1889. A oficialização do culto cívico a Tiradentes começou a partir de 1890, quando o governo declarou o 21 de abril feriado republicano juntamente com o dia da Proclamação. O hino da Proclamação da República, com o refrão caro à cidadania brasileira, "Liberdade, Liberdade! Abre as asas sobre nós!", foi oficializado em 20 de janeiro de 1890.

A CONSOLIDAÇÃO DA REPÚBLICA

2. A parte inicial da carta, a meu ver, parece ser mais elucidativa do que a frase aludida: "O que se fez é um degrau, talvez nem tanto, para o advento da grande era. Em todo caso, o que está feito pode ser muito, se os homens que vão tomar a responsabilidade do poder tiverem juízo, patriotismo e sincero amor à Liberdade. Como trabalho de saneamento, a obra é edificante" Carone (1969, p. 289); Silva (1972, p. 87).
3. O tema do monarquismo na República tem sido pouco pesquisado pelos historiadores. Entretanto, as ações políticas e as atividades jornalísticas dos monarquistas foram amplas e constantes até pelo menos 1913. Uma síntese sobre o problema consta em Carone (1972, pp. 373-386). O único estudo de fôlego sobre a questão monárquica na República permanece sendo a pesquisa de Janotti (1986).
4. Documentos e manifestos sobre a crise de novembro de 1891 constam em Carone (1969, pp. 17-24). Uma narrativa bem-humorada dos acontecimentos do estado de sítio à posse de Floriano Peixoto, com os títulos de "Derrubada", "Colheita de tempestade" e "Nova derrubada, novos descontentamentos", consta em Graciliano Ramos (1976, pp. 141-144). Sobre o "restabelecimento da legalidade", ver Lima (1990, pp. 36-38).
5. *Jornal do Brasil*, 5/11/1891.
6. A tela de Henrique Bernardelli foi denominada *A Proclamação da República* e constitui acervo da Academia Militar das Agulhas Negras, no Rio de Janeiro. Reproduzida em Carvalho (1990, p. 97). O símbolo da ação militar, a espada, não consta da imagem, embora alguns testemunhos confirmem que o marechal portava o artefato no dia 15 de novembro.
7. Em 1890, Anfriso Fialho escreveu um livro sobre a história da fundação da República e compara Deodoro ao militar inglês do século XVII Cromwell, que se tornaria uma expressão histórica do republicanismo inglês. Consultei a edição recente, Fialho (1983, pp. 85-91). Uma síntese historiográfica do cômico e do patético em relação a Deodoro consta em Lustosa (1989, pp. 143-156).
8. Cerca de 50 pessoas foram punidas, entre as quais alguns nomes ilustres: o deputado baiano J. J. Seabra, o tenente-coronel Mena Barreto, os jornalistas Pardal Mallet e José do Patrocínio, o poeta Olavo Bilac. Os presos foram para as fortalezas de Laje, Villegaignon e Santa Cruz, na baía de Guanabara, e os desterrados foram mandados para a região amazônica. Monteiro (1986, pp. 56-57); documentos em Miranda (1963, pp. 189-195).
9. *Gazeta de Notícias*, 22/4/1892.

10. Há três trabalhos de consulta obrigatória sobre as classes sociais na Primeira República, nos quais consta análise detalhada sobre a identificação das classes médias e populares sobre os governos militares de Deodoro e Floriano. Ver Carone (1972, pp. 147-246); Pinheiro (1985, pp. 9-37); Saes (1985, pp. 267-337).
11. Votada no dia 15 de julho, a anistia só iria ser promulgada no dia 6 de agosto.
12. O artigo 8° da Constituição de 1891, nas Disposições Transitórias, diz o seguinte: "O governo federal adquirirá para a nação a casa em que faleceu o Doutor Benjamin Constant Botelho de Magalhães e nela mandará colocar uma lápide em homenagem à memória do grande patriota, o fundador da República." *Constituições do Brasil* (1963, p. 142).
13. Tratarei desse processo mais adiante, no tópico "Revolução Federalista". Entretanto, antecipo que os estudos do brasilianista Joseph Love se tornaram clássicos sobre a participação do Rio Grande do Sul como fator de instabilidade na história da Primeira República. Ver Love (1975 e 1985, pp. 99-122).
14. Janotti afirma que o comportamento dos monarquistas recupera para a história do Brasil "a visão dos destituídos do poder". Queiroz admite que "a retórica jacobina é nitidamente castrense". Os trabalhos de Janotti e de Queiroz são, a meu ver, complementares e imprescindíveis para compreender as violentas batalhas reais e simbólicas entre monarquistas e republicanos jacobinos.
15. *Jornal do Brasil*, 11/9/1893.
16. Outra versão sugere que os representantes das frotas estrangeiras juntamente com a pressão diplomática ameaçaram empregar a força, caso não cessasse o bombardeio da cidade. Havia interesses econômicos, tanto de ingleses quanto de americanos, na proteção de bens e investimentos. As versões variam em Nabuco (1932 e 1990); Abranches (1955); Mello (1938); Castro (1982); Costa (1979).
17. *Gazeta de Notícias*, 22/10/1893.
18. *Idem*, 26/11/1893. A sátira de Lima Barreto sugere que a revolta, com o tempo, passou a ser um divertimento na cidade: "No cais do Pharoux, os pequenos garotos, vendedores de jornais, engraxates, quitandeiros ficavam atrás das portadas, dos urinários, das árvores, a ver, a esperar a queda das balas; e quando acontecia cair uma, corriam todos em bolo, a apanhá-la como se fosse uma moeda ou guloseima." Lima Barreto (1998, p. 145).
19. As desavenças com os liberais começavam com a filosofia política da constituição castilhista, que se baseava na prioridade do social sobre o individual. Os liberais alegavam que a Constituição de 14 de julho legalizava uma "ditadura republicana". A filosofia positivista está implícita no texto, e um de seus

capítulos intitula-se "Garantias Gerais de Ordem e Progresso do Estado". Ver Franco (1988, pp. 96-104); Malfatti (1988, pp. 93-107).
20. *A Federação*, 13, 14 e 15/11/1891. A queda de Castilhos deveu-se ao apoio, ainda que sutil, ao golpe de Deodoro da Fonseca, que fechou o Congresso e estabeleceu o estado de sítio. O próprio Floriano Peixoto, antes de aliar-se a Castilhos, reconheceria que os fatos nacionais foram "precedidos do levantamento do heroico Estado do Rio Grande do sul". O "Manifesto do Marechal Floriano à Nação", de 23/11/1891, consta em Carone (1976, p. 23).
21. *A Federação*, 26/11/1892.
22. Telegrama do general João Teles ao marechal Floriano Peixoto, enviado de Bagé, RS, em 2/11/1892, e boletim-relatório do governo do Estado do Rio Grande do Sul, de novembro de 1892, transcritos em Villalba (1897, pp. 69-73).
23. *A Federação*, 5/1/1894.
24. Nos pequenos municípios e nas zonas rurais do Rio Grande do Sul, onde ocorreram combates e perseguições, a tradição oral sobre a revolução é rica em narrativas sobre as degolas, conhecidas pela expressão regionalista "gravata colorada". O tema também consta na literatura de Machado (1942); Waine (1955).
25. *A Federação*, 16 e 17/8/1894.
26. A revolução teve cinco fases: 1) de novembro de 1891 a janeiro de 1893, marcada por golpes, renúncias e assassinatos; 2) de fevereiro a maio de 1893, com a invasão e derrota dos revoltosos em Inhanduí; 3) de maio a novembro de 1893, período das grandes vitórias federalistas com a liderança de Gumercindo Saraiva; 4) de novembro de 1893 a agosto de 1894, quando os revoltosos sulistas se juntam em interesses com a Revolta da Armada, e acontecem a reação florianista e a morte de Gumercindo Saraiva; 5) de outubro de 1894 a junho de 1895, quando ocorre a última invasão dos revoltosos, a vitória definitiva do castilhismo e a morte de Saldanha da Gama. Em julho, dá-se início à pacificação, com a anistia aos rebeldes em setembro de 1895. Lima (1916); Reverbel (1985); Flores (1995 e 1996).
27. A reforma do ensino militar, começada com o decreto de 19 de abril de 1890, proposta por Benjamin Constant, considerava o soldado como o "cidadão armado", guardião das instituições republicanas e "jamais um instrumento servil e maleável por uma obediência passiva e inconsciente que rebaixa o caráter, aniquila o estímulo e abate o moral". O documento está transcrito em Carone (1969, pp. 249-250).

28. Ver os instigantes artigos de Bosi (1994, pp. 273-307); Carvalho (1998, pp. 189-201). A versão do homem inventor de uma "ditadura perfeita" consta em Freitas (1999). Menciono ainda os seguintes autores que estudaram o castilhismo e sua prática positivista: Pinto (1986); Boeira (1980); Vélez-Rodríguez (1980).

Bibliografia

Abranches, Dunshee de. 1955. *A Revolta da Armada e a Revolução Rio-Grandense*. Rio de Janeiro: s/e.
Annaes da Assembleia dos Representantes do Estado do Rio Grande do Sul (1892-1895). 1896. Porto Alegre: Oficinas Tipográficas d'A Federação.
Assis, Machado de. 1997. *Esaú e Jacó*. In *Obras completas*. São Paulo: Globo.
_____. 1996. *A Semana*: crônicas (1892-1893). Edição, introdução e notas de John Gledson. São Paulo: Hucitec.
Barbosa, Rui. 1956. *Campanhas jornalísticas*: República. Rio de Janeiro: Casa de Rui Barbosa.
Barreto, Lima. 1998. *Triste fim de Policarpo Quaresma*. São Paulo: Ática.
_____. 2016. *A crônica militante* (Seleção de Claudia de Arruda Campos; Enid Yatsuda Frederico; Walnice Nogueira Galvão; Zenir Campos Reis). São Paulo: Expressão Popular.
Basbaum, Leôncio. 1976. *História sincera da República*: de 1889 a 1930. São Paulo: Alfa-Ômega.
Bilac, Olavo. 1996. *Vossa Insolência*. Crônicas. Organização de Antonio Dimas. São Paulo: Companhia das Letras.
Bobbio, Norberto. 1995. *Dicionário de política*. Brasília: UnB. 2 v.
Boeira, Nelson. 1980. "O Rio Grande de Augusto Comte". In Dacanal, J. H.; Gonzaga, S. (orgs.). *RS – Cultura e ideologia*. Porto Alegre: Mercado Aberto.
Caggiani, Ivo. 1988. *João Francisco – A Hiena do Cati*. Porto Alegre: Martins.
Campos Porto, Manoel Ernesto. 1990. *Apontamentos para a história da República*. São Paulo: Brasiliense.
Carone, Edgard. 1969. *A primeira República*: texto e contexto (1889-1930). São Paulo: Difel.
_____. 1972. *A República Velha*: instituições e classes sociais. São Paulo: Difel.
Carneiro, Glauco. 1989. *História das revoluções brasileiras*. Rio de Janeiro: Record.
Carneiro, David. 1982. *O Paraná e a Revolução Federalista*. Curitiba: Secretaria de Cultura e Esporte.

Carvalho, José Murilo de. 1977. "As Forças Armadas na primeira República". In Fausto, Boris (org.). *O Brasil republicano*, v. 1: Estrutura de poder e economia (1889-1930). São Paulo: Difel. (Coleção História Geral da Civilização Brasileira, t. III).

_____.1990. *A formação das almas*: o imaginário da República no Brasil. São Paulo: Companhia das Letras.

_____.1997. *Os bestializados*: o Rio de Janeiro e a República que não foi. São Paulo: Companhia das Letras.

_____.1998. *Pontos e bordados*: escritos de história e política. Belo Horizonte: UFMG.

_____.2001. *Cidadania no Brasil*: o longo caminho. Rio de Janeiro: Civilização Brasileira.

Castro, Sertório de. 1982. *A República que a revolução destruiu*. Brasília: UnB.

Chalhoub, Sidney; Pereira, Leonardo Affonso de M. 1998. *A história contada*: capítulos de história social da literatura no Brasil. Rio de Janeiro: Nova Fronteira.

Chaui, Marilena. 2000 *Brasil*: mito fundador e sociedade autoritária. São Paulo: Fundação Perseu Abramo.

Cintra, Assis. 1934. *Floriano, carneiro de batalhão*. (Crônica do primeiro governo provisório.) Rio de Janeiro: Andersen.

Costa, Sergio Corrêa da. 1979. *A diplomacia do marechal*: intervenção estrangeira na Revolta da Armada. Rio de Janeiro: Tempo Brasileiro.

Constituições do Brasil. 1963. Organização e revisão de Fernando H. Mendes de Almeida. São Paulo: Saraiva.

Cunha, Euclides da. 1952. *Os sertões*. Rio de Janeiro: Francisco Alves.

_____.1997. *Correspondência*. Organização e introdução de Walnice Nogueira Galvão e Oswaldo Galotti. São Paulo: Edusp.

Dourado, Ângelo. 1977. *Voluntários do martírio*: narrativa da revolução de 1893. Edição fac-símile de 1896. Porto Alegre: Martins Livreiro.

Escobar, Wenceslau. 1983. *Apontamentos para a história da Revolução Rio--Grandense de 1893*. Brasília: UnB.

Fialho, Anfriso. 1983. *História da fundação da República*. Brasília: UnB.

Flores, Elio Chaves. 1996. *No tempo das degolas*: revoluções imperfeitas. Porto Alegre: Martins.

_____.1995. *Juca Tigre e o caudilhismo maragato*: poder, tempo e memória. Porto Alegre: Martins.

Franco, Sérgio da Costa. 1988. *Júlio de Castilhos e sua época*. Porto Alegre: UFRGS.

_____ . 1962. "O sentido histórico da Revolução Federalista". In *Fundamentos da cultura rio-grandense*. Porto Alegre: FF/UFRGS.

Guimarães, A. F. Prestes. 1987. *A Revolução Federalista em cima da serra*. Porto Alegre: Martins.

Jobim, Rubens Mário. 1952. *Vento leste nos campos gerais*: a defesa da Lapa. Rio de Janeiro: Biblioteca do Exército.

Jornal do Brasil. 1989. *O álbum dos presidentes*: a história vista pelo *JB*. Rio de Janeiro.

Lacerda, Francisco Brito de. 1985. *Cerco da Lapa*: do começo ao fim. Curitiba: SECE.

Leal, Victor Nunes. 1976. *Coronelismo, enxada e voto*: o município e o regime representativo no Brasil. São Paulo: Alfa-Ômega.

Lima, Afonso Guerreiro. 1916. *Chronologia da história do Rio Grande do Sul*. Porto Alegre: s/e.

Lima, Oliveira. 1990. *Sete anos de República no Brasil (1889-1896)*. 1ª ed. francesa de 1896. In Campos Porto, Manoel Ernesto. *Apontamentos para a história da República*. São Paulo: Brasiliense.

Janotti, Maria de Lourdes M. 1986. *Os subversivos da República*. São Paulo: Brasiliense.

Love, Joseph. 1975. *O regionalismo gaúcho e as origens da Revolução de 1930*. São Paulo: Perspectiva.

_____ . 1985. "O Rio Grande do Sul como fator de instabilidade política na República Velha". In Fausto, Boris (dir.). O Brasil republicano, v. 1: Estrutura de poder e economia (1889-1930). São Paulo: Difel (Coleção História Geral da Civilização Brasileira, t. III).

Lustosa, Isabel. 1989. *História de presidentes*: a República no Catete. Rio de Janeiro, Petrópolis: Fundação Casa de Rui Barbosa/Vozes.

Machado, Dyonélio. 1942. *O louco do Cati*. Porto Alegre: Globo.

Magalhães Júnior, Raimundo. 1957. *Deodoro*: a espada contra o Império. São Paulo: Nacional. 2 v.

_____ . 1967. *Antologia de humorismo e sátira*. Rio de Janeiro: Bloch.

Malfatti, Selvino Antonio. 1988. *Chimangos e maragatos no governo de Borges de Medeiros*. Porto Alegre: Pallotti.

Mello, Custódio José de. 1938. *O governo provisório e a Revolução de 1893*. São Paulo: Companhia Editora Nacional. 2 v.

Miranda, Salm de. 1963. *Floriano*. Rio de Janeiro: Biblioteca do Exército.

Monteiro, Hamilton M. 1986. *Brasil República*. São Paulo: Ática.
Moura, Euclides B. 1892. *O vandalismo no Rio Grande do Sul*. Pelotas: Livraria Universal.
Nabuco, Joaquim. 1932. *A intervenção estrangeira durante a Revolta da Armada de 1893*. Rio de Janeiro: Freitas Bastos.
_____. 1999. *A abolição e a República*. Organização e apresentação de Manuel Correia de Andrade. Recife: UFPE.
_____. 1990. *Nabuco e a República*. Organização e introdução de Leonardo Dantas da Silva. Recife: Massangana.
Peixoto, Silvio. 1939. *Floriano*: memórias e documentos. Rio de Janeiro: MEC.
Pinheiro, Paulo Sérgio. 1985. "Classes médias urbanas: formação, natureza, intervenção na vida política". In Fausto, Boris (org.). O Brasil Republicano, v. 1: Estrutura de poder e economia (1889-1930). São Paulo: Difel (Coleção História da Civilização Brasileira, t. III.).
Pinto, Celi Regina J. 1986. *Positivismo*: um projeto político alternativo (RS: 1889-1930). Porto Alegre: L&PM.
Queiroz, Suely Robles Reis de. 1985. *Os radicais da República*. (Jacobinismo: ideologia e ação – 1893/1897). Tese de livre-docência em História – FFLCH/USP, São Paulo.
Ramos, Graciliano. 1976. "Pequena história da República". In *Alexandre e outros heróis*. Rio de Janeiro/São Paulo: Record/Martins.
Renault, Delso. 1987. *A vida brasileira no final do século XIX*: visão sociocultural e política de 1890 a 1901. Rio de janeiro: José Olympio.
Reverbel, Carlos. 1985 *Maragatos e pica-paus*: guerra civil e degola no Rio Grande. Porto Alegre: L&PM.
Saes, Décio. 1985. *A formação do Estado burguês no Brasil*: (1888-1891). Rio de janeiro: Paz e Terra.
Sampaio, João César. 1920. *O coronel Sampaio e os apontamentos do Dr. Wenceslau Escobar sobre a revolução rio-grandense de 1893*. Porto Alegre: Globo.
Silva, Eduardo. 1988. *As queixas do povo*. Rio de Janeiro: Paz e Terra.
Silva, Hélio. 1972. *1889, a República não esperou o amanhecer*. Rio de Janeiro: Civilização Brasileira.
Souza, João Francisco P. 1934. *Noventa e três*. Rio de Janeiro: Typ. Jornal do Commercio.
_____. 1923. *Psycologia dos acontecimentos políticos sul-rio-grandenses*. São Paulo: Monteiro Lobato.

Teixeira, Múcio. 1893. *A revolução do Rio Grande do Sul*: suas causas e seus efeitos. Porto Alegre: Typ. Jornal do Commercio.

Trovão, Lopes. 1993. "Viva a República!" In Ribeiro, Darcy (org.). *Formas e sistemas de governo*. Petrópolis: Vozes.

Vélez-Rodríguez, Ricardo. 1980. *Castilhismo*: uma filosofia da República. Porto Alegre: EST-UCS.

Villalba, Epaminondas. 1897. *A revolução federalista no Rio Grande do Sul*: documentos e comentários. Rio de Janeiro: Laemmert.

Villar, Frederico. 1951. *As revoluções que eu vi*. Rio de janeiro: Biblioteca do Exército.

Viotti da Costa, Emília. 1999. *Da Monarquia à República*: momentos decisivos. São Paulo: Unesp.

Waine, Pedro. 1955. *Lagoa da música*. Porto Alegre: Globo.

3. O processo político na Primeira República e o liberalismo oligárquico

*Maria Efigênia Lage de Resende**

É da coexistência de uma Constituição liberal com práticas políticas oligárquicas que deriva a expressão *liberalismo oligárquico*, com que se caracteriza o processo político da República no período compreendido entre 1889 e 1930. Ambígua e contraditória, a expressão revela que o advento da República, cujo pressuposto teórico é o de um governo destinado a servir à coisa pública ou ao interesse coletivo, teve significado extremamente limitado no processo histórico de construção da democracia e de expansão da cidadania no Brasil.

A denominação de República oligárquica, frequentemente atribuída aos primeiros 40 anos da República, denuncia um sistema baseado na dominação de uma minoria e na exclusão de uma maioria do processo de participação política. Coronelismo, oligarquia e política dos governadores fazem parte do vocabulário político necessário ao entendimento do período republicano em análise.

Para o desenvolvimento do tema, este texto está dividido em três partes: *A Constituição de 1891: estadualização e negação da cidadania*; *Militarismo, federalismo e instabilidade política*; e *Política dos governadores e funcionamento do sistema político*.

A primeira parte – *A Constituição de 1891: estadualização e negação da cidadania* – é dedicada a esclarecer as bases teóricas da Constituição

---

* Professora Titular de História do Brasil do departamento de História da Universidade Federal de Minas Gerais.

republicana de 1891, elegendo como questões básicas o federalismo e o individualismo. Nela tem-se como referência obrigatória o mapa do movimento das ideias liberais no decorrer do século XIX. Nessa abordagem destacam-se as adaptações que as elites políticas brasileiras fazem do liberalismo nos contextos da independência e da proclamação da República.

No desenvolvimento do tema federalismo, o objetivo é examinar as bases do sistema político predominante na fase de implantação da República. Para isso, é necessário identificar os elementos que dão sustentação à formação e afirmação do poder dos coronéis nos municípios e dos oligarcas na política estadual e nacional.

Na segunda parte – *Militarismo, federalismo e instabilidade política* – traça-se um quadro geral das marchas e contramarchas do processo político em nível nacional, marcado pela irrupção contínua de movimentos armados. A revoltas, rebeliões e motins, episódios pontuais ou de menor duração, acrescem-se dois movimentos que, pela duração e motivação, abalaram os primeiros anos da história política da República. São eles: a Revolução Federalista (1893-1895), que, partindo do Rio Grande do Sul, levou a luta aos estados de Santa Catarina e Paraná, e a Revolta de Canudos (novembro de 1896/junho de 1897), que resultou em um massacre inominável da população do arraial de Canudos, localizado no sertão da Bahia.

Na terceira parte – *Política dos governadores e funcionamento do sistema político* – aborda-se o arranjo político idealizado pelo presidente Campos Sales, como forma de viabilizar o apoio necessário ao desenvolvimento de suas ações de governo.

Pode-se dizer que nesse arranjo os coronéis ocupam o centro da cena política. São os coronéis, chefes políticos locais, a base e a origem de uma complexa rede de relações que, a partir do município, estrutura as relações de poder que vão desde o coronel até o presidente da República, envolvendo compromissos recíprocos (Carvalho, 1998, p. 131).

Na análise da política dos governadores inclui-se, também, a dinâmica do jogo de interação entre o poder do Estado nacional e os interesses oligárquicos coincidentes ou conflitantes. Tem-se como princípio norteador o fato de que o balanço das eleições presidenciais, no período que se examina, quase sempre favorável aos interesses e/ou acordos entre Minas e São Paulo, esconde difíceis negociações entre as respectivas oligarquias, muitas vezes ampliadas pela participação de outras oligarquias estaduais. A impossibilidade de acordo abre espaço a inúmeros conflitos e, finalmente, a confronto aberto, de que resulta a ruptura do sistema oligárquico verificada com o movimento político ao qual, historicamente, se tem atribuído o nome de Revolução de 1930.

A Constituição de 1891: estadualização e negação da cidadania

A proclamação da República, em 15 de novembro de 1889, ocorre na continuidade de um processo de esgarçamento da legitimidade do governo imperial, cujo marco inicial tem sido datado do Manifesto republicano de 1870. A abolição da escravidão, em 13 de maio de 1888, põe fim a um processo lento e difícil, que faz ruir a base social do regime imperial. Esses dois acontecimentos – abolição e proclamação da República – constituem marcos jurídico-institucionais que estão na base das questões políticas e sociais a serem enfrentadas pela Assembleia Constituinte na tarefa de elaboração da primeira Constituição da República.

O modelo da Constituição republicana de 1891 é a Constituição dos Estados Unidos da América. Com ele, enquadra-se o Brasil na tradição liberal norte-americana de organização federativa e do individualismo político e econômico.

Mais que o individualismo, é o federalismo a grande inovação da Constituição de 1891. Isso porque a inspiração liberal do individualismo político e econômico, ascendente nas primeiras décadas do século XIX e no auge ao findar do século, já deixara sua marca na Constituição de 1824. Nesse aspecto, a Constituição dos Estados Unidos funcionará menos como uma inovação e mais como reforço para justificar e consolidar o individualismo que se reafirma na primeira Constituição da República.

O federalismo, implantado em substituição ao centralismo do Império, confere aos estados uma enorme soma de poder, que se distribui entre o estado e os municípios. Sobre esse princípio edifica-se a força política dos coronéis no nível municipal e das oligarquias nos níveis estadual e federal. A centralidade conferida aos direitos individuais, deixando de lado a preocupação com o bem público, ou seja, a virtude pública ou cívica que está no cerne da ideia de República, funciona como barreira no processo de construção da cidadania no Brasil.

O federalismo, tal como se configura na Constituição de 1891, deixa aos estados, recém-criados, uma larga margem de autonomia. Pela Constituição, eles detêm a propriedade das minas e das terras devolutas situadas em seus respectivos territórios e podem realizar entre si ajustes e convenções, sem caráter político. Podem legislar, também, sobre qualquer assunto que não lhes for negado, expressa ou implicitamente, pelos princípios constitucionais da União (art. 63). Esse dispositivo permite aos estados, por exemplo, cobrar impostos interestaduais, decretar impostos de exportação, contrair empréstimos no exterior, elaborar sistema eleitoral e judiciário próprios, organizar força militar etc.

Uma comparação entre os presidentes de província no Império e os governantes dos estados ajuda a entender a profunda mudança que se processa na substituição do Império Unitário pela República Federativa.

Os presidentes das províncias são políticos de confiança dos ministérios do Império, passíveis de remoção a qualquer tempo. Eles devem trabalhar para manter bem articulados os interesses do Império com os interesses dos grupos de poder privado locais, cuidando ao mesmo tempo para evitar que algum deles se sinta preterido em função do outro. Cabia ao presidente de província indicar os ocupantes da mais alta patente da Guarda Nacional, instituição que agrega os interesses entre o centro e a periferia.

A Guarda Nacional, instituição imperial, fundada na Regência, funciona como uma espécie de força paramilitar de elite. O posto supremo, o de coronel, é atribuído aos homens de grande fortuna e, melhor ainda, se são ilustrados, os oficiais provêm de famílias abastadas e os soldados de estratos sociais mais baixos. No entanto, mesmo esses últimos devem comprovar um padrão de renda mínimo. Cabe aos coronéis da Guarda cuidar do aparelhamento do corpo paramilitar sob suas ordens, fazer o recrutamento e convocá-lo, quando necessário.

No papel de representantes do imperador, esses presidentes ocupam o cargo por muito pouco tempo. São mudados rotineiramente de uma província para outra – seja porque cumprem logo sua principal missão, seja porque demonstram parcialidade em favor de alguma facção de poder local. São, também, muitas vezes removidos para o Rio de Janeiro para ocuparem posições-chave na administração central ou para se ocupar de funções menores por serem considerados incompetentes (Graham, 1997, p. 87). Além de serem rigorosamente controlados nas funções de intermediários entre o poder central e os grupos de poder privado locais, os presidentes de província nunca permanecem em uma província tempo necessário para enraizarem-se politicamente.

O federalismo rompe com o sistema de relação direta entre os detentores do poder local e o centro de poder nacional prevalecente no Brasil Império. Na República, governadores ou presidentes, conforme denominado na respectiva constituição de cada estado, são eleitos e detêm uma enorme soma de poder que lhes advém do próprio texto constitucional. Eles dirigem e controlam a política do estado a partir de poderosas máquinas partidárias estaduais. Nesse processo, os coronéis, nos municípios, serão peças-chave.

Se o poder do estado é grande, também o é o poder dos municípios. Neles dominam de forma incontestes os coronéis, assim designados por associação com o mais alto titular da Guarda Nacional, instituição, de origem imperial, já decadente a partir da década de 1870. São eles grandes proprietários de terras que assumem a chefia da política municipal.

Para entender o poder dos coronéis é preciso atenção ao princípio da Constituição Federal de 1891, que atribui aos estados a organização dos municípios, desde que garantida aos mesmos autonomia no que se refere aos seus interesses peculiares (art. 68). Essa decisão, ambígua, resulta da pressão de uma corrente municipalista que na constituinte federal de 1891 concentra na liberdade do município a polêmica do federalismo (Carvalho, 1937, p. 126). Com variantes, a doutrina do municipalismo, baseada no princípio "*o município está para o estado assim como o estado está para a União*", impõe-se na maioria dos estados (Resende, 1982, p. 115). Em Minas Gerais, a descentralização, levada às últimas consequências, transforma o município numa federação de distritos.

No âmbito municipal verifica-se o surgimento de um poder privado local, redefinido em função do federalismo; trata-se do coronelismo. Fenômeno novo na política brasileira, o coronelismo não se confunde com as práticas históricas – lutas de família e o mandonismo local – de exercício do poder privado no Brasil. Essas são práticas tradicionais, melhor dizendo, atemporais, que atravessam a história do Brasil colonial e imperial.

O TEMPO DO LIBERALISMO OLIGÁRQUICO

O coronelismo demarca uma mudança qualitativa na tradicional dominação do poder privado. Embora também uma forma de exercício de poder privado, ele não é uma prática. O coronelismo tem uma identidade específica, constitui um sistema político e é um fenômeno datado.

Inaugurado com a República, ele sobrevive até a Revolução de 1930, quando o centralismo de Vargas impõe-se pela nomeação de homens de sua confiança para interventores nos estados. A esses, por sua vez, cabe a nomeação dos responsáveis pelas prefeituras de cada município. A liquidação final do coronelismo virá com a ultracentralização imposta por Getúlio Vargas, com o Estado Novo, em 1937.

Os estudos sobre coronelismo têm sua matriz na obra clássica de Victor Nunes Leal, *Coronelismo, enxada e voto*, publicada pela primeira vez em 1949. Para Leal, o coronelismo é um fenômeno que só pode ser entendido a partir da marca histórica do antigo e exorbitante poder privado; da estrutura agrária latifundiária que fornece a base de sustentação para as diferentes formas de manifestação do poder privado; da superposição de formas de sistema representativo a uma estrutura econômica e social, basicamente rural, que permite o controle de uma vasta população em posição de dependência direta do latifúndio; e de um sistema de compromissos, uma troca de proveitos, entre um poder público fortalecido e um poder privado já em fase de enfraquecimento.

O poder do coronel se impõe, a maioria das vezes, por meio de confronto com poderosos rivais. Vencida a luta, ele assume a chefia da política municipal, o que, no entanto, a maior parte das vezes, não é inconteste. O mais comum é a existência, quase permanente, de um clima de tensão representada por outro potentado local à espera de uma oportunidade para desalojá-lo da liderança municipal.

Ocupada a liderança no seu município, o coronel, de quem todos dependem, tem sua base de poder local estruturada a partir de alianças com "pequenos coronéis", geralmente líderes nos distritos que compõem o município, com as "personalidades" locais – médicos, advogados, padres, funcionários públicos, comerciantes e farmacêuticos, entre outros –, além de uma guarda pessoal, formada por capangas e cabras. Em caso de necessidade, ele não hesita em organizar milícias privadas temporárias, mobilizadas em situações de confronto armado com coronéis rivais e mesmo contra governantes de seus estados. Parte do sistema, a capangagem e o cangaço desempenham um enorme papel nas lutas políticas municipais.

O coronel exerce uma ampla jurisdição sobre seus dependentes: ele arbitra rixas e desavenças; reúne nas mãos funções policiais, impondo-se muitas vezes pela pura ascendência social, ou com auxílio de empregados ou capangas e jagunços e manipula a polícia e a justiça (Leal, 1975, p. 23).

Instituída a liderança no município, muitos coronéis passam a deter posições hegemônicas regionais, a disputar cargos nos legislativos estadual e federal, bem como ocupar na área executiva funções burocráticas rendosas. Na sua ausência, um membro de sua confiança assume a posição de lugar-tenente, tornando-se um verdadeiro chefe local, tributário do chefe maior que se ausentou (Leal, 1975, pp. 22-23).

Os coronéis que alcançam a hegemonia nos seus estados passam a integrar as oligarquias estaduais. A essas oligarquias, formadas, em grande parte por coronéis, é comum a presença de bacharéis – médicos, advogados, engenheiros –, muitos deles já inseridos no meio urbano através do exercício profissional. O poder das oligarquias estaduais estrutura-se com base nos partidos estaduais – máquinas políticas poderosas – e no uso da força militar, sempre que necessário.

A geografia das oligarquias dominantes é muito relevante para se entender a dinâmica do sistema. Há estados em que a disputa pelo poder está mais institucionalizada. Neles, o partido estadual funciona como uma estrutura de agregação dos interesses, fato que torna a violência menor. Estão nesse caso Minas Gerais e São Paulo. Em Minas Gerais, o Partido Republicano Mineiro congrega os interesses de grupos familiares dominantes nas diversas regiões do estado marcadas, pelas suas origens históricas, por atividades econômicas diferenciadas. Em São Paulo, o Partido Republicano Paulista congrega os interesses dos cafeicultores, representantes da economia dominante e praticamente, à época, exclusiva do estado.

Nos estados dominados por oligarquia constituída de uma única família ou naqueles em que ocorrem lutas armadas entre facções oligárquicas pela hegemonia no estado, a violência é maior. Citam-se no primeiro caso Goiás, Mato Grosso, Amazonas, entre outros, e no segundo caso Paraná, Santa Catarina, Bahia e Piauí, por exemplo. O caso do Rio Grande do Sul é extremo. Fortemente influenciado pelo positivismo, o Rio Grande do Sul vive à sua moda a ditadura republicana prescrita pelos positivistas. Lá, Borges de Medeiros mantém o poder até 1924, fazendo-se reeleger, continuamente, pela máquina do Partido Republicano Rio-grandense.

Uma série infindável de conflitos e confrontos, muitos deles violentos, ocorre nos estados, desde os primeiros momentos de vida republicana. Nos municípios travam-se lutas entre facções rivais, visando a obter o controle da política local e, via de regra, posicionar-se na condição de aliado da oligarquia que detém o poder no estado, seja ela uma pessoa, uma família ou um grupo de famílias, entrelaçadas por casamentos, alianças políticas, interesses econômicos ou controle de funções públicas. No nível do estado, a disputa entre facções oligárquicas é quase uma constante.

Se o federalismo possibilita a emergência de oligarcas e coronéis poderosos em seus respectivos âmbitos de atuação, a preponderância dos interesses individuais impede que os temas da nação e da cidadania adquiram posição de centralidade na agenda política dos constituintes.

Fundados em modelos teóricos externos, os constituintes de 1891 centralizam suas preocupações na organização do poder e na definição das instâncias de decisão, deixando de lado os problemas sociais e de participação política tornados candentes pela abolição da escravidão.

A transplantação de princípios da Constituição dos Estados Unidos para a Constituição republicana de 1891 é feita sem que se leve em consideração a realidade social e econômica do país, marcada pela alta concentração da propriedade, pelo imenso poder dos proprietários de terras e pela enorme desigualdade entre a população, hierarquizada pela pobreza, pelo estigma da escravidão e pela cor da pele. Esquecem-se os constituintes de 1891 que a Constituição americana surge para regular uma sociedade igualitária formada pelos colonos em um país que desconhece completamente a difícil situação da miséria popular (Arendt, 1990, p. 125). Acresce-se, ainda, o fato de que nos EUA uma cláusula constitucional isola os escravos do restante da população. Jefferson cogita, inclusive, da possibilidade de repatriá-los para a África (Morse, 1988, p. 75).

No Brasil, os liberais da independência, identificando a causa nacional à causa liberal, associam a liberdade à independência nacional e ao governo constitucional. Do ponto de vista da participação política, mantêm-se atados a um liberalismo de representação limitada e restritiva. Ou seja, adotam um liberalismo essencialmente conservador.

Para Morse, o cenário brasileiro, no momento da independência, não favorece a expansão das ideias de participação política, considerando-se a heterogeneidade de tipos sociais na composição da população – brancos, negros, indígenas, mestiços, senhores, escravos, civilizados, bárbaros, libertos; a distribuição ocupacional da população, em que quatro em cada cinco pessoas são escravos, trabalhadores rurais dependentes, agricultores e pastores que vivem da economia de subsistência e alguns ocupantes de outras funções, nas poucas brechas abertas ao trabalho livre; e, finalmente, uma cultura política marcada pelo tradicionalismo ibérico, em que prevalece a noção de que o bem comum não é, necessariamente, um assunto para a opinião da maioria (Morse, 1988, p. 74).

Das restrições impostas, no Império, ao exercício da cidadania surge a ambígua denominação de "democracia censitária", selecionando-se os eleitores pela renda e posse de propriedade. Assim, prevalece o conceito de homem livre, detentor do direito de participação política, que vigorava na *polis* grega. Nela, homem livre é somente aquele que tem a condição de proprietário e, portanto, renda assegurada pelo trabalho de outros.

Merquior, citando Kant, esclarece essa forma de pensar defendida pelos chamados liberais conservadores. Para Kant, o empregado doméstico, o balconista, o trabalhador ou mesmo o barbeiro não são membros do Estado. Para ele, essas pessoas subsistem da venda de seu trabalho e, assim, não contando com uma base de propriedade, não são independentes o bastante para o exercício dos direitos políticos, não se qualificando, portanto, para serem cidadãos (Merquior, 1991, p. 149).

Arendt chama a atenção para a permanência da íntima conexão entre propriedade e liberdade que prevalece, ainda, nos séculos XVII, XVIII e mesmo no XIX. Até aí, as funções das leis, afirma, não são prioritariamente garantir direitos, mas sim proteger a propriedade; era a propriedade, e não a lei propriamente dita, que assegurava a liberdade. E, conclui, é apenas onde surgem pessoas que são livres, sem que possuam propriedade, é que as leis se tornam necessárias para proteger diretamente os indivíduos e sua liberdade individual (Arendt, 1990, p. 145).

A decomposição da ordem senhorial-escravocrata que se institui ao longo do processo de abolição gradual tem implicações profundas na visão das elites sobre a população livre, entendida aqui como aquela parte da população que consegue preencher os requisitos mínimos para se classificar como eleitores. Para as elites, essa "massa de votantes" não passa de uma turbamulta ignorante e dependente. Dessa perspectiva, o espectro dos ex-libertos votando torna-se para elas um presságio de caos social (Graham, 1997, pp. 249-263).

Pela lei eleitoral de 1881, o Império estreita as exigências sobre a qualificação da propriedade e exige dos eleitores a obrigatoriedade de saber ler e escrever. Essas exigências, além de excluir grande parte dos eleitores qualificados, tornam praticamente impossível a incorporação dos libertos à cidadania. Por essa nova lei, o eleitorado é reduzido de 10% para 1% da população (Carvalho, 1998, p. 92). Em todo o Brasil, pouco mais de 150 mil eleitores conseguem qualificar-se pela nova lei, contra mais de um milhão de eleitores registrados em 1870 (Graham, 1997, p. 262).

No período de pouco mais de um ano, situado entre a abolição da escravidão e a proclamação da República, o Império permanece voltado para a polêmica em torno das exigências dos antigos proprietários de escravos de serem indenizados pelo Estado.

Para os libertos nada muda, mesmo depois da Lei Áurea (1888). No entanto, propostas de reforma agrária e de educação para os ex-escravos existiram no decorrer da sucessão de leis abolicionistas, pelo menos desde a década de 1870. Ignoradas pelo Império, essas propostas assim permanecem pelos constituintes de 1891.

Com o advento da República, as imagens negativas que as elites têm da população livre no período imperial continuam ainda muito arraigadas. Na Constituição de 1891 prevalece o compartilhamento de valores que negam a igualdade entre os homens. Terrível herança de uma sociedade escravocrata, que ainda hoje marca, de forma profunda, a sociedade brasileira.

No que se refere aos direitos de cidadania, a Constituição de 1891 atém-se, basicamente, aos direitos individuais (art. 72). Trata, assim, de direitos relativos à liberdade de culto e de expressão de pensamento, de segurança individual, de igualdade perante a lei, e do direito de propriedade em sua plenitude.

Quanto aos direitos políticos, a Constituição inclui a liberdade de associação e reunião e o direito de voto. No caso do direito de voto, considerado o mais importante dos direitos políticos, retira-se a exigência de propriedade, mas mantém-se a exclusão dos analfabetos. Também as mulheres estão ausentes, pois ainda prevalece a representação de que a mulher pertence ao domínio do privado, presa às atividades de reprodução da espécie, sendo, portanto, inapta para a política – atividade que se processa nos domínios do espaço público. No que se refere aos direitos sociais, esses passam ao largo da Constituição de 1891.

Garante-se, na Constituição, os direitos individuais, à maneira defendida por Benjamin Constant (1767-1830), político e escritor francês, em texto famoso, escrito em 1826, *Da liberdade dos antigos, comparada à liberdade dos modernos*. Apoiando a ideia de que os antigos – gregos e romanos – não possuíam qualquer noção de direitos individuais, Constant considera que a ideia de liberdade dos antigos compreendia somente a partilha ativa e constante do poder coletivo, pois tinham de assegurar sua própria existência ao preço da guerra. Com ela compravam, cotidianamente, segurança e independência. O objetivo dos modernos, esclarece, é a segurança dos privilégios privados. Assim, para os modernos a liberdade é feita das garantias concedidas pelas instituições a esses privilégios (1985, p. 15). Desse ponto de vista, consagra-se a preponderância dos interesses privados sobre o interesse coletivo.

Esquecem-se, no entanto, os constituintes de 1891, que, embora Constant considere a liberdade individual a verdadeira liberdade moderna, ele reconhece que é a liberdade política a garantia indispensável da primeira. Para ele, o perigo da liberdade moderna está em que os homens, absorvidos pelos interesses particulares, renunciem ao direito de participar do poder político. Nessa argumentação, que visa a justificar a importância do sistema representativo para a garantia dos interesses privados, Constant conclui pela necessidade de conciliar as duas espécies de liberdade, tanto para conter os excessos de autoridade dos governos quanto para o aperfeiçoamento de um povo. Assim, ele conclui pela necessidade de um Estado em promover a formação e o aperfeiçoamento de seus cidadãos.

A obra do legislador não é completa quando apenas tornou o povo tranquilo. Mesmo quando esse povo está contente, ainda resta muita coisa a fazer. É preciso que as instituições terminem a educação moral dos cidadãos. Respeitando seus direitos individuais, protegendo sua independência, não perturbando suas ocupações, devem, no entanto, consagrar a influência deles sobre a coisa pública, chamá-los a participar do exercício do poder, através de decisões e de votos, garantir-lhes o direito de controle e vigilância pela manifestação de suas opiniões e, preparando-os desse modo, pela prática, para essas funções elevadas, dar-lhes ao mesmo tempo o desejo e a faculdade de executá-las (Constant, 1985, p. 25).

Sem retirar Constant de seu contexto, em que propriedade e liberdade ainda são coincidentes, suas reflexões nos ajudam a perceber que a Constituição de 1891 deixou no limbo toda e qualquer ação visando à construção do processo de participação dos cidadãos no exercício do poder.

Assim, embora a Constituição de 1891 amplie juridicamente a participação política pelo voto e pelo direito de associação e reunião, a realidade que se impõe é uma verdadeira negação da ideia de participação política. A violência contida em um enorme aparato repressivo manifesta-se pela desqualificação e preconceito contra negros e imigrantes; pelo viés de uma "certa ciência" que relaciona tipos sociais a criminosos em potencial; pelo aparato de violência e repressão a quaisquer tipos de manifestações sociais; por uma visão atávica de que a questão social é caso de polícia; pelo falseamento das eleições; e pela criminalização da capoeira, entre outras manifestações pontuais e representativas de um olhar preconceituoso sobre a população do país. Dessa forma, verifica-se que, ao instituir o regime representativo democrático, as leis da República abrem juridicamente a participação no processo político, ao mesmo tempo que cerceiam, na prática, seu funcionamento.

Não faltam, também, entre intelectuais e/ou membros das elites políticas aqueles que contestam a República marcada pela busca de posições rendosas nos escalões administrativos do Estado, privilégios e concessões. A que se acresce o gosto pelo luxo e a exibição de padrões de vida importados, com a marca da *Belle Époque*, desconhecendo os cortiços urbanos e a pobreza ingente da população rural. Lima Barreto, no seu ultraidealismo, sonha com uma república perfeita, representada no ufanismo visionário do personagem central do seu mais famoso romance, publicado em 1919, *Triste fim de Policarpo Quaresma* (Riedel, 1898, pp. 57-58).

Em *A bancarrota do regime federativo no Brasil* (1912), Sílvio Romero, analisado por Maria Aparecida Rezende Mota, evidencia seu desencanto com a classe política e sua desesperança em presenciar qualquer mobilização popular que abalasse o poderio crescente das oligarquias. Contraditório, Romero, que dissera em 1894, em *Doutrina contra doutrina,* que os militares deviam afastar-se da política ativa, clama em 1912 para que o Exército encontre um "general resoluto" (*sic*) para aglutinar as oposições oprimidas pelas 21 oligarquias do país (2000, pp. 104-105).

Nas obras de modernização do Rio de Janeiro, o prefeito Pereira Passos manda demolir 590 prédios, a maioria cortiços habitados por trabalhadores. O objetivo é a construção de dois amplos bulevares, sob influência dos *boulevards* de Paris, visando a dar à cidade uma imagem europeizada. Comentando o fato, registra Skidmore: "Houvesse ou não a intenção, a elite política estava tornando o centro do Rio numa zona livre da 'ralé', fato que impressionaria os estrangeiros e manteria as 'classes perigosas' a distância" (1988, p. 111).

Fazendo uma análise do eleitorado da cidade do Rio de Janeiro, em tese, provavelmente, o eleitorado mais alfabetizado do país, José Murilo de Carvalho informa que nas primeiras eleições presidenciais da República (1894) votaram somente 7% do eleitorado potencial, o que equivalia a 1,3% da população (1987, p. 85). Considerando-se que o direito de voto é o mais importante dos direitos políticos, não é difícil concluir que a República significou pouco em termos de ampliação da participação da população. Essa situação permanece, basicamente, imutável no período que se examina. Antes de 1930, o número de votantes em relação ao total potencial de eleitores jamais ultrapassou a casa dos 3,5%.

Concluindo o estudo já referido sobre a participação política na cidade do Rio de Janeiro, cujo título *Os bestializados* é emblemático de uma certa visão da elite sobre o povo do Rio de Janeiro, José Murilo de Carvalho observa: "Nossa República, passado o momento inicial de esperança de expansão democrática, consolidou-se sobre um mínimo de participação eleitoral, sobre a exclusão do envolvimento popular no governo. Consolidou-se sobre a vitória da ideologia liberal pré-democrática, darwinista, reforçadora do poder oligárquico" (1987, p. 161).

Da combinação entre um federalismo, que se traduz em estadualização pelo inconteste domínio de oligarquias, e um individualismo, que se traduz em um liberalismo podado em seus germes democráticos, emerge uma república preocupada com a manutenção da ordem, mesmo a cassetada, descrente da soberania popular e ciosa da missão das elites – o de condutoras dos destinos da nação.

No entanto, mesmo cerceados, os setores populares urbanos exercem pressão sobre o sistema oligárquico. Já nas décadas de 1910 e 1920 o movimento operário, particularmente o anarcossindicalismo, e as reivindicações de outras categorias profissionais ocupam a cena política. Confrontos entre manifestantes e polícia são uma constante. Com divergências no que se refere à ampliação de direitos políticos, geralmente deixada de lado por operários com alguma tendência anarquista, a luta por direitos sociais, particularmente referentes à regulamentação do trabalho e pela garantia efetiva dos direitos civis, está na pauta das reivindicações dos trabalhadores urbanos. Nessa mobilização são marcos importantes a organização do Partido Comunista Brasileiro (1922) e a campanha pelo voto secreto. Entre os movimentos sociais da época, ressalte-se, no meio rural, o movimento de Canudos, ocorrido nos anos de 1896 e 1897.

Militarismo, federalismo e instabilidade política

Embora a ideologia militar de participação ativa na vida pública, após a atuação na Guerra do Paraguai, tenha funcionado como o elemento catalisador da deposição do imperador, o que de fato se efetiva em 15 de novembro de 1889 é a culminância de um processo antimonárquico que vinha da década anterior. Esse processo envolve segmentos poderosos da sociedade – cafeicultores, ex-proprietários de escravos, abolicionistas, Igreja e militares positivistas, partidários de uma ditadura militar –, além dos partidários da República. No momento da proclamação da República, o Exército e o Partido Republicano Paulista (PRP) constituem, basicamente, as forças políticas mais organizadas no país.

No Exército predomina um forte espírito corporativo. Considerando-se marginalizados na ordem imperial – soldos baixos, pouca participação na política –, os militares assumem, a partir da Guerra do Paraguai (1864-1870), uma consciência crítica de sua importância como instituição no interior da sociedade. Nesse processo definem-se como superiores à Guarda Nacional – milícias locais, instituídas no Império sob o comando de proprietários de terras – e elaboram uma espécie da "fusão mística entre a corporação e a pátria" (Cardoso, 1975, p. 28).

Ao mesmo tempo, a partir de 1870, verifica-se a difusão do positivismo nas escolas militares, particularmente por influência de um professor – Benjamin Constant. O positivismo dota os militares de uma aguda crítica política e da concepção de uma missão cívica – a de expurgar os males do país por meio da implantação de uma república positivista. O projeto positivista de república pressupõe uma ditadura militar, apoiada na ideia da ordem como caminho para o progresso. Lema que acabou por tornar-se o da bandeira da República. Embora nem toda a oficialidade seja republicana e positivista, os militares em seu conjunto confrontam-se com as elites políticas civis e, particularmente, com o projeto liberal de república. É sempre importante lembrar que o positivismo não se restringe aos militares. As faculdades de direito são, como as escolas militares, focos de difusão das ideias positivistas.

O PRP, dotado de uma organização bastante sólida, congrega os interesses dos cafeicultores. A burguesia agrária do café está particularmente empenhada em libertar-se do peso das amarras do Império Unitário e em assumir o controle de decisões políticas, econômicas e financeiras convenientes para o desenvolvimento da cafeicultura. Seu projeto político, inscrito já no Manifesto republicano de 1870, é o de uma República representativa, organizada sob a forma federativa pela reunião de estados. Esses últimos ligados, unicamente, pelo vínculo da nacionalidade e da solidariedade dos grandes interesses de representação e de defesa exterior.

A deposição do ministério do visconde de Ouro Preto pelo marechal Deodoro da Fonseca funciona como catalisador das forças de oposição ao Império, tornando irreversível a derrubada da Monarquia. No dia 15 de novembro, na sequência, militares e civis, comprometidos com as ideias republicanas, articulam-se, rapidamente, para a instalação de um governo provisório. Em poucas horas, declara-se, formalmente, proclamada a República como a nova forma de governo do Brasil. O primeiro ministério, já organizado desde 11 de novembro, assume o poder sob a chefia de Deodoro. Sua composição reflete as duas forças políticas organizadas da época – o Exército e o PRP.

O 15 de novembro, aparentemente um acontecimento pacífico, é a ponta de um *iceberg* cuja emergência faz aflorar uma multiplicidade de posições e interesses conflitantes. A situação é, ainda, mais complexa, pela passagem da liderança do movimento, de forma imprevista, às mãos de um militar, conservador e amigo do imperador, mais interessado na queda de Ouro Preto do que na queda do Império.

O primeiro ministério da República lança os fundamentos do novo ordenamento político em meio a crises e divergências profundas, ameaças de demissão, decisões unilaterais e arbitrárias, embora alguns ministros tentem impor a ideia de responsabilidade coletiva ou solidária, o que tornaria todos os ministros coparticipantes do poder no governo provisório.

No seu primeiro pronunciamento, em 15 de novembro, o governo provisório declara o comprometimento com o respeito aos direitos individuais e políticos e às garantias individuais, dissolve a Câmara dos Deputados, abole o Conselho de Estado e a vitaliciedade do Senado. Vários decretos tratam da separação da Igreja do Estado, assunto que une liberais e positivistas e provoca a rebeldia do clero católico. Com a separação da Igreja do Estado instituem-se o registro de nascimento, o casamento civil e a secularização dos cemitérios.

Nos primeiros dias da República, confrontam-se positivistas e liberais quanto à forma de governo a ser adotada. Os primeiros solicitam a Deodoro a transformação do governo provisório em uma ditadura militar, enquanto os políticos do PRP, com políticos mineiros e, ainda, Rui Barbosa, pressionam para formalizar a convocação de uma Constituinte. O decreto de qualificação dos eleitores, datado de 19 de novembro de 1889, abre o processo eleitoral para a Constituinte, demarcando a vitória do projeto liberal de república sobre o projeto positivista de ditadura militar. Os positivistas, porém, permanecem atuantes e deixam suas marcas na Constituição republicana de 1891.

A preocupação com a possibilidade de desmembramento territorial leva ao decreto da grande naturalização, que prevê a concessão automática da naturalidade brasileira, a todo estrangeiro que não se manifeste em contrário, no prazo de seis meses. Benjamin Constant, ministro da Guerra, decreta o aumento dos vencimentos dos militares e a reforma do ensino militar.

Rui Barbosa, ministro da Fazenda, decreta uma reforma financeira, atribuindo aos bancos o direito de emissão de papel-moeda, visando à expansão do crédito para estimular o desenvolvimento econômico do país através da criação de empresas. A reforma, marcada pela criação de numerosas sociedades anônimas e intensa especulação com ações, fica conhecida como encilhamento, por alusão ao encilhamento de cavalos antes da corrida. Um intenso movimento na Bolsa gera a ilusão de negócios fabulosos. A bolha estoura quando se percebe que a maioria das empresas é fictícia e que os papéis acionários não têm nenhum valor. Na sequência, ocorrem falências em massa e uma inflação galopante. No médio e longo prazos, o encilhamento conduz a uma progressiva desestabilização da vida econômica e financeira da República na sua primeira década de existência.

As dificuldades iniciais de organização da República evidenciam-se nas lutas entre facções oligárquicas que se desenvolvem nos estados em torno do controle do poder no plano estadual. Pelo decreto nº 1, de 15/11/1889, podem os estados recém-criados proclamar o próprio governo. Entretanto, não o fazendo, cabe ao governo federal a nomeação de governadores delegados do governo provisório. Fica reservado, ainda, ao governo provisório, o direito de intervenção quando os governos locais não conseguirem manter a ordem pública. Mesmo após a promulgação da Constituição de 1891, enquanto não se elaboram as constituições estaduais, a União continua com o direito de intervenção.

A formação dos governos estaduais, marcada pelas disputas entre as facções oligárquicas, é complexa. Essa questão torna-se, possivelmente, o primeiro grande indicativo das dificuldades de relações entre o poder federal e os centros de poder estaduais na República.

Com pouca habilidade, ou muito autoritarismo, Deodoro realiza nomeações de governadores provisórios incompatíveis com interesses das facções oligárquicas que disputam a hegemonia nos estados. Nesse caso, os nomeados, alguns antigos monarquistas, entre eles os chamados "indenistas" – conservadores que depois da abolição transferiram-se para as fileiras dos partidos republicanos –, provocam reações entre os que se consideram republicanos históricos. Ou seja, aqueles que vinham do Manifesto de 1870 ou que nasceram politicamente nas fileiras dos partidos republicanos criados em algumas províncias.

A eleição de Deodoro da Fonseca para presidente da República, pelos constituintes de 1891, com número menor de votos que Floriano Peixoto, eleito vice-presidente, demarca a crescente animosidade dos elementos civis contra sua forma de governar. A transformação do Congresso Constituinte em Congresso Ordinário torna-se, para Deodoro, um grande complicador. Isso porque permanecem no exercício do poder legislativo deputados e senadores, em muitos casos em posições políticas opostas às facções oligárquicas que, em seus respectivos estados, haviam alcançado o poder após divergências e lutas internas.

Dificuldades nas relações com o Congresso levam Deodoro a decretar o seu fechamento, em 3 de novembro de 1891. No dia seguinte, lança um manifesto – *O presidente da República aos brasileiros* –, apresentando as justificativas para o ato. No mesmo dia, outro manifesto, esse dos congressistas – *À Nação brasileira* –, é divulgado em repúdio à ação de Deodoro.

Os governadores dos estados, à exceção do governador do Pará, Lauro Sodré, apoiam a ação de Deodoro. Em São Paulo, Campos Sales, em protesto contra o governador Américo Brasiliense, que manifesta apoio a Deodoro, publica, no *Correio Paulistano*, manifesto de repúdio à dissolução do Congresso (9/9/1891). Em outros estados registram-se, também, oposições a governadores que apoiaram Deodoro. No Rio de Janeiro, a Marinha e a maior parte do Exército lideram movimento armado contra o presidente da República. A conspiração de civis e militares provoca a renúncia de Deodoro, que passa o poder ao vice-presidente Floriano Peixoto.

Floriano, ao mesmo tempo que normaliza o funcionamento do Congresso, coloca em andamento um processo de deposição dos governadores de estados que apoiaram Deodoro, seja apoiando deposições por interferência de florianistas, seja, até mesmo, realizando intervenção militar federal sob alegação de garantia da ordem pública. A partir de janeiro de 1892, depois do recesso parlamentar, sob qualquer pretexto, as tropas federais passam a tomar parte nas deposições estaduais, provocando a degringolada geral das oligarquias no poder nos estados. Alguns governadores renunciam, cientes de que qualquer resistência seria inútil.

Em São Paulo, uma cisão no PRP obriga o governador Américo Brasiliense a renunciar ao cargo. No Rio Grande do Sul, Júlio de Castilhos é também destituído. Em Minas Gerais, a contemporização com a permanência do governador Cesário Alvim, que apoiara Deodoro, torna-se incontornável. A cidade de Campanha, em protesto, assume uma atitude separatista, declarando-se capital de um novo estado – Minas do Sul. O governador Cesário Alvim, certo de que a intervenção federal em Minas Gerais era uma questão de tempo, e que a medida encontraria reação, antecipa-se ao ato federal e apresenta sua renúncia (Resende, 1982, p. 81).

Floriano enfrenta, ao assumir o poder, reação de radicais deodoristas, chamados jacobinos – por associação com o grupo radical da Revolução Francesa –, e manifestações de oposição de civis e militares, visando ao retorno de Deodoro. Sofre, também, oposição da imprensa e de parlamentares que questionam a legalidade constitucional de sua permanência no poder em cumprimento do restante do mandato de Deodoro e defendem a realização de eleições.

Floriano, com suas posições antiliberais, torna-se símbolo do republicanismo mais radical. Seus partidários, também chamados jacobinos, como os partidários de Deodoro, são defensores de um projeto político antiliberal e militarizante. Robles, ao traçar um perfil de Floriano, observa sua inclinação para um chefe salvador, que afasta os adversários pela energia e rapidez na tomada de decisões (1986, p. 270).

Em fevereiro de 1892, tem início, no Rio Grande do Sul, a Revolução Federalista, guerra civil, entre republicanos e federalistas (ex-liberais e ex-conservadores), resultante da radicalização das lutas pelo poder no estado. Seu início é marcado pela insurgência dos federalistas, ou maragatos, contra a retomada do poder no estado por Júlio de Castilhos. Nela ocupam lugar fundamental os coronéis, apoiados pelas suas milícias privadas. O movimento, que se prolonga até agosto de 1895, abrange a ocupação de Santa Catarina e do Paraná e assume contornos separatistas. Em setembro de 1893, o contra-almirante Custódio José de Melo, pretenso candidato à sucessão presidencial, inicia a Revolta da Armada, buscando aliança com os federalistas em represália ao apoio de Floriano Peixoto aos republicanos do sul.

A Revolução Federalista e a Revolta da Armada, movimentos de alguma forma vinculados a ex-monarquistas que se consideram excluídos do poder pelos republicanos, enfrentam forte resistência de Floriano Peixoto. Nesse empenho, ele conta com suporte militar e financeiro do governo de São Paulo, com o apoio da bancada paulista no Congresso e com o Exército coeso. Mesmo na divergência, São Paulo mantém a estratégia política de apoiar Floriano. Entre outros grupos – políticos, sociais e militares – cresce, progressivamente, a aprovação de Floriano. Ao término de seu governo, a imagem construída a partir de sua atuação contra as ameaças de um retorno à Monarquia e de desmembramento territorial do país é a de consolidador da República.

Conversações sobre uma ditadura militar com Floriano Peixoto não impedem os paulistas de precipitarem o processo sucessório. Em abril de 1893, por iniciativa da bancada paulista no Congresso, funda-se, com apoio de bancadas de outros estados, o Partido Republicano Federal (PRF), liderado pelo paulista Francisco Glicério, com âmbito de atuação limitado ao Congresso Nacional.

O partido recém-fundado indica o paulista Prudente de Morais como candidato à sucessão de Floriano Peixoto. Em meio a uma franca hostilidade de Floriano a Prudente de Morais, realizam-se as eleições presidenciais em março de 1894. Candidato único, Prudente de Morais recebe 290.883 votos e seu vice, Manuel Vitorino, 266.000 votos. Em 15 de novembro de 1894, o poder passa às mãos dos civis. Prudente de Morais é empossado no palácio do conde de Arcos e recebido no Palácio do Itamaraty, sede do governo, sem a presença de Floriano Peixoto.

O poder do chefe do PRF, Francisco Glicério, no Congresso torna-se incontestável. Ele decorre de sua posição de articulador de membros das bancadas estaduais no Congresso para obter apoio a Prudente de Morais no enfrentamento das lutas internas e das dificuldades financeiras que se avolumam. Nessa posição, seu poder iguala-se, praticamente, ao do presidente.

Desde os primeiros meses do governo de Prudente de Morais, a Revolução Federalista no Sul dá sinais de esgotamento. Prudente de Morais mostra-se favorável a um acordo de paz. As negociações ocupam alguns meses e têm a oposição da ala jacobina do PRF, liderada por Francisco Glicério. Essa ala, representativa de um jacobinismo florianista, defende a rendição incondicional dos rebeldes, por considerar a paz um acinte à política desenvolvida por Floriano Peixoto. Vence a política de pacificação de

Prudente de Morais e o acordo de paz é firmado em 23 de agosto de 1895, com apoio da maioria do Senado. Campos Sales, através de um trabalho hábil de articulação política, tem papel de destaque na vitória de Prudente de Morais (Carone, 1971, p. 144).

No Congresso acentua-se a dissidência com a ala jacobina, pró-floriano, no interior do PRF. Na Escola Militar da Praia Vermelha oficiais chegam a propor um golpe e o retorno de Floriano ao poder. Em 1886 tem início, no interior da Bahia, a Revolta de Canudos (novembro de 1896/junho de 1897), movimento interpretado como ligado à restauração monárquica, portanto, antirrepublicano e antijacobino.

Afastado do poder por graves questões de saúde, Prudente de Morais é substituído pelo vice Manuel Vitorino. Esse, com a intenção de permanecer no poder, começa a desenvolver uma política própria, fato que desagrada ao PRF, cioso do seu poder no Congresso e já fragilizado pela cisão verificada em torno da assinatura do acordo de paz que pôs fim à Revolução Federalista.

Prudente reassume o poder em 4 de março. Três dias depois, noticia-se no Rio de Janeiro a terceira derrota das tropas federais ante os revoltosos de Canudos. Instaura-se uma grande crise envolvendo o PRF e, novamente, a Escola Militar da Praia Vermelha. No desenrolar da crise acentua-se a cisão do PRF. O partido, que já é um aglomerado de tendências, divide-se em duas facções principais: os gliceristas, chamados *republicanos*, e os prudentistas, chamados *concentrados*. A Revolta da Escola Militar encerra-se com uma tentativa de assassinato do presidente.

A situação se estabiliza com o apoio dos *concentrados* – ala dissidente do PRF que detém a maioria no Congresso – a Prudente de Morais. O objetivo é garantir o princípio de autoridade presidencial, permanentemente ameaçada pela atuação personalista de Glicério (Carone, 1971, pp. 157-163; Cavalcanti, 1975, p. 185).

Política dos governadores e funcionamento do sistema político

Uma relativa estabilidade permite que chegue ao fim o governo de Prudente de Morais e que se faça, sem maiores dificuldades, a eleição de seu sucessor. O escolhido é Manuel Ferraz de Campos Sales, republicano histórico, membro do PRP, ministro de Deodoro, presidente de São Paulo e político experimentado, capaz de conciliar posições firmes em questões importantes, agir com equilíbrio e manter uma imagem de neutralidade. Campos Sales garante, na verdade, em meio ao tumultuado processo republicano, a presença de São Paulo nas decisões mais importantes da política da República. Desde sua implantação, consegue, sem atropelos, equacionar, de forma estratégica, as relações entre civis e militares.

O quadro nacional em que Campos Sales assume a Presidência da República (15/11/1898) é de crise política, econômica e financeira.

Depois dos nove anos de vida republicana, Campos Sales tem clareza da ausência de uma base objetiva capaz de dar sustentação a um presidente para implementação das políticas governamentais. Para isso contribuem a fragilidade do Partido Republicano Federal, cindido em alas que se opõem de forma radical; um Congresso fracionado em bancadas estaduais; as bancadas estaduais divididas em correntes que oscilam segundo questões e estratégias de momento; um sistema partidário já basicamente estadualizado; o militarismo manifesto nas posições das Forças Armadas, que se pretendem depositárias do poder; as lutas de facções oligárquicas pelo poder nos estados; e a anarquia, tropelias e correrias de bandos armados no interior dos estados sob as ordens dos poderosos coronéis.

Do ponto de vista econômico-financeiro, o país encontra-se em processo de depressão econômica, enfrenta uma inflação galopante, tem uma dívida externa elevada e convive com uma vertiginosa queda dos preços do café no exterior.

A esse quadro acresce-se a agitação das classes populares urbanas, ampliadas por um incipiente mas crescente aumento das atividades industriais, pressionadas por preços altos e carestia, resultantes de uma inflação em permanente ascensão. A pobreza, visível nas classes trabalhadoras e nos desempregados que transitam nas cidades, geralmente desenraizados do campo, provoca o medo de transgressões criminosas ou de mobilizações políticas organizadas. Essa população, vista como um perigo urbano a ser controlado, torna-se objeto de práticas de violência social e institucional, tanto preventivas quanto repressivas (Frúgoli Jr., 1995; Cancelli, 2002).

Uma síntese do quadro de relações entre municípios e estados, no período compreendido entre 1889 e 1898, quando Campos Sales assume a Presidência, aponta para uma série infindável de conflitos e confrontos, muitos deles violentos, nos estados, desde os primeiros momentos de vida republicana. Nos municípios travam-se lutas entre facções rivais, visando a obter o controle da política local e, via de regra, posicionar-se na condição de aliado da oligarquia que detém o poder no estado, seja ela uma pessoa, uma família ou um grupo de famílias, entrelaçadas por casamentos, alianças políticas, interesses econômicos ou controle de funções públicas. Em nível de estado, a disputa entre facções oligárquicas é quase uma constante.

Nos municípios o controle dos coronéis sobre os votos permite a eleição de candidatos com prestígio local, fora das chapas propostas pelos partidos estaduais, representantes dos interesses das oligarquias no poder. A fraude é a tônica das eleições na República oligárquica. São muitos os subterfúgios de falseamento das eleições. Para ganhá-las, os coronéis providenciam, muitas vezes, para que os trabalhadores aprendam a assinar o nome. Assim, nas eleições, à vista dos capangas de seus patrões, eles podem assinar, melhor dizendo, desenhar o nome no livro de ata da votação. Esse voto aberto, portanto facilmente controlado, é o chamado "voto de cabresto". Muitas vezes, nem eleições há. Um preposto do coronel preenche o livro de ata em que votam vivos e mortos – são as eleições a bico de pena. As lutas constantes entre coronéis rivais no município propiciam, muitas vezes, uma dualidade de eleições, gerando atas falsas, duplicatas de câmaras municipais e de assembleias legislativas. Esses fatos são uma constante na República dos coronéis e das oligarquias.

É a partir do quadro político, econômico e social da República que, em 1898, Campos Sales começa a dar forma ao arranjo político a que denominará de "política dos estados" e que ficará conhecido como "política dos governadores".

Na mensagem de posse, Campos Sales reafirma dois princípios que lhe parecem fundamentais para a estabilidade da República. O primeiro deles, de natureza política, refere-se à necessidade de estabelecer princípios que harmonizem o poder executivo e o poder legislativo, independentemente da interferência de formações partidárias. O segundo refere-se à urgência de dar prioridade absoluta às questões de natureza econômica e financeira, estando a questão financeira em primeiro plano. Para Campos Sales, a estabilização monetária e financeira está condicionada à estabilização política. Essas são as razões básicas imediatas para a formulação da política dos governadores.

Costa Porto assim justifica o arranjo político de Campos Sales, a chamada política dos governadores:

> O paulista tem um plano: sanear as finanças, saneá-las drasticamente e, como prevê dificuldades, quer começar pela normalização da vida política a fim de encontrar apoio e ficar livre para agir. Sua posição é precária: não tem o Exército para prestigiá-lo, não tem as "brigadas" [Força Pública Estadual], não tem nem mesmo o calor do civilismo e da pacificação de Prudente, não pode nomear e demitir presidentes, nem afastar governadores, e precisa do Congresso, a fim de não passar por sobressaltos e crises, em que se viram envolvidos os presidentes que o antecederam. Faltando-lhe, e que tanto ajudara os predecessores, qualquer mística – a ilegalidade, o florianismo jacobinista, o espírito de pacificação –, forçoso lhe era recorrer a outras forças [...] (Porto, 1951, pp. 164-165).

Campos Sales vai, aos poucos, articulando o "arranjo político" que denomina "política dos estados". Seu objetivo é o estabelecimento de relações de compromisso entre o executivo federal e os executivos estaduais, de modo a possibilitar a formação de um legislativo coeso no plano federal, visando a dar sustentação às políticas a serem implementadas em seu governo.

Declarações de Campos Sales sugerindo que não se imiscuiria em questões de política estadual nem se interessava pelas divergências entre *concentrados* e *republicanos* no Congresso, associadas a uma certa trégua nas disputas oligárquicas nos estados, permitem-lhe obter o apoio legislativo necessário aos seus primeiros atos de governo. Entretanto, as agitações em torno das eleições para a renovação da Câmara dos Deputados e do terço no Senado, a se realizarem em fins de 1900, fazem prever um cenário tumultuado pelo jogo de interesses, apontando para a possibilidade do surgimento de duplicatas da Câmara.

Campos Sales começa, oficialmente, a articular sua política dos governadores com base nos três grandes colégios eleitorais do país e que detêm 81 cadeiras na Câmara dos Deputados – Minas Gerais, com 37 deputados, e São Paulo e Bahia, cada um deles com 22 cadeiras.

Tabela 3.1
REPRESENTAÇÃO FEDERAL
Hierarquização segundo o número de representantes

Estados	Deputados
Minas Gerais	37
São Paulo	22
Bahia	22
Rio de Janeiro	17
Pernambuco	17
Rio Grande do Sul	16
Distrito Federal	10
Ceará	10
Maranhão	7
Alagoas	6
Paraná	5

AM, ES, GO, MS, PA, PB, PI, RN, SE e SC possuem, cada um deles, quatro deputados.
Fonte: Ministério da Agricultura, Indústria e Comércio.
Annuário Estatístico do Brasil; 1908-1912.

Em março de 1899, com menos de cinco meses de governo, Campos Sales vai a Minas Gerais buscar o apoio do governador Silviano Brandão ao seu programa de governo. O objetivo é obter apoio das representações estaduais no legislativo federal para a execução de uma rígida política financeira destinada ao pagamento de uma vultosa dívida externa e à recuperação do equilíbrio das finanças do país. Dessa visita resulta um acordo Campos Sales-Silviano Brandão, consubstanciado em afirmação solene do presidente de Minas, de apoio incondicional ao programa do presidente Campos Sales.

No cenário da política mineira o momento é estratégico. Trabalha-se em busca da unidade política a partir das lideranças regionais. A grande questão são as eleições municipais, que resultam na eleição de candidatos que representam mais os interesses locais e regionais, ficando de fora os candidatos da oligarquia no poder. De 1894 a 1896 foram sendo introduzidas mudanças nas franquias municipais e no sistema eleitoral que permitiram aos coronéis, muitos deles apoiados em lideranças regionais, permanecerem absolutamente incontroláveis pelo centro de poder estadual.

A (re)fundação do Partido Republicano Mineiro (PRM) ocorre em dezembro de 1897, após um longo processo de crises e dissidências entre as elites políticas. A partir de articulações da facção oligárquica liderada por Silviano Brandão completa-se o processo de unificação da política de Minas. O PRM, através da Comissão Executiva do partido – espécie de colegiado de coronéis detentores da hegemonia nas diversas regiões do estado –, reúne essas facções, institucionalizando a diversidade de interesses representativa da estrutura diversificada da economia do estado. A partir daí torna-se possível uma certa coordenação dos coronéis, e, portanto, dos resultados eleitorais, visando a unificar a representação de Minas no legislativo estadual e federal. O comportamento coeso e unificado da bancada mineira na República oligárquica lhe valeu as denominações irônicas, e mesmo bem-humoradas, de carneirada e boiada.

Os objetivos do presidente Silviano Brandão são pragmáticos. Aprofunda-se o processo de depressão econômica e torna-se indispensável romper o relativo isolamento de Minas em relação à política nacional nos primeiros anos da República. É preciso garantir políticas favoráveis aos interesses econômicos do estado e, para isso, ocupar postos estratégicos no plano da política nacional – principalmente nas comissões do legislativo e na administração federal. Esse é o momento inaugural de um discurso político que se tornará recorrente na política mineira: o de que Minas Gerais tem um papel a desempenhar na federação, que lhe é reservado pelo tamanho de seu colégio eleitoral e pela sua representação política.

Os entendimentos com a Bahia, que também é objeto de uma consulta prévia por Campos Sales, não são tão conclusivos como em Minas Gerais. A turbulência dos coronéis e as lutas entre facções oligárquicas mantêm a Bahia em uma situação de permanente instabilidade política. Na Bahia os coronéis enfrentam os governadores até no terreno militar. O Rio Grande do Sul, liderado nacionalmente por Pinheiro Machado, um hábil articulador dos interesses de várias oligarquias estaduais com menor representação na Câmara Federal, passa à frente da Bahia, constituindo-se como a terceira força na articulação da política dos governadores (Love, 1982, pp. 254-256).

Nesse esquema há que se destacar, também, a atuação das oligarquias de Pernambuco e do Rio de Janeiro.

O compromisso recíproco entre Campos Sales e os governadores pressupõe que ele não interfira em assuntos de política estadual e que os governadores providenciem, em seus estados, resultados eleitorais que permitam a composição de um legislativo federal compatibilizado com as políticas de governo do presidente.

Para viabilizar esse acordo é preciso que os governantes, nos respectivos estados, consigam articular-se com os coronéis nos municípios para que saiam vitoriosas as chapas eleitorais organizadas pelo respectivo partido republicano estadual. Torna-se, portanto, indispensável uma articulação positiva entre governadores e coronéis. São esses últimos a peça-chave na organização das eleições e na "garantia" de resultados favoráveis à situação dominante no seu estado.

Para entender a relação que se estabelece entre governadores e coronéis é necessário saber que no coronelismo não basta ganhar a liderança, é preciso também mantê-la. E isso não se obtém exclusivamente com o uso da força. Há que atender às necessidades e interesses do município. Victor Nunes Leal traça um perfil dos coronéis na relação com os interesses e as necessidades de sua localidade:

> É ao seu interesse e à sua insistência [do coronel] que se devem os principais melhoramentos dos lugares. A escola, a estrada, o correio, o telégrafo, a ferrovia, a igreja, o posto de saúde, o hospital, o clube, o *football*, a linha de tiro, a luz elétrica, a rede de esgotos, a água encanada, tudo exige o seu esforço, às vezes um penoso esforço que chega ao heroísmo. É com essas realizações de utilidade pública, algumas das quais dependem só do seu empenho e prestígio político, enquanto outras podem requerer contribuições pessoais suas e dos amigos, é com elas que, em grande parte, o chefe municipal constrói ou conserva sua posição de liderança (1975, p. 37).

Estar em sintonia com a oligarquia no poder garante aos coronéis não só introduzir em seus municípios os benefícios que se consideram símbolos de progresso, como também carta branca para nomear e remover funcionários estaduais, do delegado de polícia até a professora primária. Além do poder sobre os dependentes, os coronéis contam também com as forças militares do governo estadual, se necessário, para se garantir contra os rivais. Mas o governador não é refém do coronel. Se as coisas não saem como esperado pelo governador, ele pode transferir seu apoio para a facção rival existente no município.

Recursos legais e extralegais, uso da força militar, se necessário, e estratégias diversas formam uma complexa rede, visando a viabilizar a articulação coronéis/governadores/presidente para a concretização da política dos governadores. Embora essa política consolide o domínio das oligarquias e o poder dos coronéis nos municípios, isso não significa que as lutas coronelísticas tenham terminado, nem que as disputas entre facções oligárquicas nos estados tenham sido encerradas, muito menos que se tenha implantado uma situação de hegemonia indiscutível de Minas e São Paulo, e menos ainda que as demais oligarquias estaduais fiquem alijadas do poder.

Cada sucessão presidencial exige negociações complexas nas quais também os estados de menor representação desempenham importante papel. A complexidade das alianças é fartamente comprovada pelo exame dos acontecimentos em cada uma das sucessões presidenciais. Isso é plenamente observado nas eleições de 1910, que resultam na vitória do marechal Hermes da Fonseca, imposto por Pinheiro Machado. Fato semelhante ocorre em 1918, quando o presidente eleito, o paulista Rodrigues Alves, falece antes da posse. A solução será Epitácio Pessoa, em face da impossibilidade de entendimento entre Minas e São Paulo.

A denominada "política do café com leite", vista como aliança estável e símbolo do predomínio exclusivo de Minas e São Paulo, sobre a qual já se debruçaram vários autores, está no centro da discussão do livro *O teatro das oligarquias,* uma revisão da política do café com leite, de Cláudia Viscardi. Revisitando o tema, a autora questiona o caráter hegemônico, permanente e isento de conflitos, da difícil aliança entre Minas e São Paulo, discutindo seus limites políticos e econômicos (2001, pp. 283-315). A partir daí ela contesta a tese tradicional de que a política dos governadores trouxe estabilidade à República, apoiada no domínio inconteste de Minas e São Paulo.

Para Viscardi, a República, após a implantação da política dos governadores, teve a sua estabilidade garantida pela instabilidade das alianças entre os estados mais importantes da federação, impedindo que a hegemonia de uns fosse perpetuada e que a exclusão de outros fosse definitiva (2001, p. 22).

Num balanço final, é importante constatar que a política dos governadores consolida de imediato o domínio das oligarquias estaduais e a força dos coronéis nos municípios. Liquida, também, qualquer possibilidade de virem a surgir partidos nacionais, bem como de uma oposição no plano legal. Embora a política dos governadores coloque o coronel no centro da arena política, isso não significa que o poder do Estado seja fraco. Na realidade, o processo que se desenvolve denota o fortalecimento do poder do Estado nacional. Registre-se, por exemplo, que, ao executar políticas intervencionistas em favor da cafeicultura, o poder público estabelece para si um papel estratégico – o poder de intervir na economia. Por outro lado, registre-se, também, que cabe ao poder público atender às reivindicações de estados não cafeicultores, evitando o exclusivismo dos interesses do café, condição necessária para equilibrar as forças políticas nacionais. A interação entre o poder público e os interesses privados traz ganhos para a União porque torna visível o Estado nacional como poder territorializado e centralizado (Reis, 1991, p. 67).

Coronéis e oligarcas marcam o sistema político predominante na República até 1930. Embora denominado pelos autores ora como sistema político oligárquico, ora como sistema político coronelístico, configurações que revelam uma certa discrepância interpretativa, o mais importante é constatar que o sistema político prevalecente na República oligárquica inviabiliza avanços significativos no processo de construção da cidadania no período compreendido entre 1889 e 1930.

Bibliografia

Arendt, Hannah. 1990. *Da revolução*. São Paulo: Ática.
Cancelli, Elizabeth. 2002. *A cultura do crime e da lei*. Brasília: UnB.
Carone, Edgard. 1971. *A República Velha*: evolução política. São Paulo: Difusão Europeia do Livro.
Carvalho, José Murilo de. 1998. *Pontos e bordados*: escritos de história e política. Belo Horizonte: UFMG.
_____. 1987. *Os bestializados*: o Rio de Janeiro e a república que não foi. São Paulo: Companhia das Letras.

Carvalho, Orlando. 1987. *O município mineiro em face das constituições*. Belo Horizonte: Amigos do Livro.

Constant, Benjamin. 1985. "Da liberdade dos antigos comparada à dos modernos". *Filosofia Política*, v. 2.

Franco, Celina do Amaral Peixoto Moreira; Oliveira, Lúcia Lippi; Hime, Maria Aparecida Alves. 1970. "O contexto político da Revolução de Trinta". *Dados*, v. 7.

Frúgoli Júnior, Heitor. 1995. *São Paulo*: espaços públicos e interação social. São Paulo: Marco Zero.

Graham, Richard. 1997. *Clientelismo e política no Brasil do século XIX*. Rio de Janeiro: UFRJ.

Leal, Victor Nunes. 1975. *Coronelismo, enxada e voto*. São Paulo: Alfa-Ômega.

Love, Joseph. 1982. *A locomotiva*: São Paulo na federação brasileira (1889-1937). Rio de Janeiro: Paz e Terra.

Martins Filho, Amílcar Vianna. 1982. *A economia política do café com leite (1900-1930)*. Belo Horizonte: UFMG/Proed.

Merquior, José Guilherme. 1991. *O liberalismo*: antigo e moderno. Rio de Janeiro: Nova Fronteira.

Morse, Richard. 1998. *O espelho de próspero*: cultura e ideias na América. São Paulo: Companhia das Letras.

Porto, Costa. 1951. *Pinheiro Machado e seu tempo*: uma tentativa de interpretação. Rio de Janeiro: José Olympio.

Queiroz, Suely Robles Reis. 1986. *Os radicais da República*. São Paulo: Brasiliense.

Reis, Maria Elisa P. 1991. "Poder privado e construção do Estado sob a Primeira República." In Boschi, Renato R. (org.). *Corporativismo e desigualdade*: a construção do espaço público no Brasil. Rio de Janeiro: Rio Fundo/Iuperj.

Resende, Maria Efigênia Lage de. 1982. *Formação da estrutura de dominação em Minas Gerais*: o novo PRM (1889-1906). Belo Horizonte: UFMG.

Riedel, Dirce Côrtes. 1889. "A mal-amada de Lima Barreto". *Revista do Brasil*. Rio de Janeiro, ano 4, n. 8.

Skidmore, Thomas E. 1988. *Uma história do Brasil*. Rio de Janeiro: Paz e Terra.

Viscardi, Cláudia Maria Ribeiro. 2001. *O teatro das oligarquias*: uma revisão da "política do café com leite". Belo Horizonte: C/Arte.

Wirth, John D. 1982. *O fiel da balança*: Minas Gerais na Federação Brasileira (1889-1937). Rio de Janeiro: Paz e Terra.

4. Religião e política no alvorecer da República: os movimentos de Juazeiro, Canudos e Contestado
*Jacqueline Hermann**

O capítulo é um esforço de síntese das histórias dos movimentos religiosos populares que se desenvolveram em torno da figura do Padre Cícero, de Antônio Conselheiro e dos monges João e José Maria. A proposta é discutir as principais correntes interpretativas que esses movimentos conheceram, tendo como cenário a transição do quadro político-institucional que marcou o início da história republicana brasileira. Antes de analisar os três casos, porém, algumas observações sobre a situação da Igreja nesse contexto e uma breve discussão sobre os principais trabalhos que, como este, procuraram examinar em conjunto essas manifestações políticas da religiosidade popular.

A Igreja depois da República

O fim do padroado e do regalismo[1] imposto pela proclamação da República foi recebido com um duplo e contraditório sentimento pelos representantes da Igreja Católica no Brasil: alívio e apreensão. Alívio porque os novos tempos permitiam uma liberdade de ação ante o poder temporal há muito reclamada por uma parte das lideranças eclesiais;[2] e apreensão porque o projeto da nova Constituição, tornado público pelo governo provisório em

---
* Professora Associada do Instituto de História da Universidade Federal do Rio de Janeiro.

22 de junho de 1890, apresentava propostas evidentes de limitação da esfera de ação da Igreja e de religiosos: reconhecimento e obrigatoriedade do casamento civil, laicização do ensino público, secularização dos cemitérios, proibição de subvenções oficiais a qualquer culto religioso, impedimento para abertura de novas comunidades religiosas, especialmente da Companhia de Jesus, inelegibilidade para o Congresso de clérigos e religiosos de qualquer confissão.

O episcopado já havia declarado seu desacordo pela Pastoral Coletiva, de 19 de março de 1890, após a publicação do decreto 119-A, no qual o governo provisório abolira o padroado. Com a divulgação do projeto constitucional, novos protestos foram feitos contra os artigos considerados ofensivos aos direitos da Igreja. Através de uma Reclamação, de autoria de D. Antônio Macedo Costa, recém-nomeado arcebispo da Bahia e primaz do Brasil, considerava que, à luz de uma teoria teológico-política, o Estado não poderia progredir sem a proteção da religião, e terminava prometendo lutar pelos interesses da Igreja. Em 6 de novembro o episcopado publica um novo protesto, sob a forma de um memorial dirigido à Assembleia Constituinte e, em 12 de janeiro de 1891, às vésperas da votação final da primeira Constituição republicana do Brasil, D. Macedo pessoalmente volta a apelar para que os membros da Assembleia eliminem "as cláusulas ofensivas da liberdade da Igreja Católica" (Moura; Almeida, 1985, p. 327).

Todo esse esforço de manutenção do poder e da autonomia institucional da Igreja, aqui expresso na conduta de D. Macedo da Costa, integrava ainda um processo internacional de reação da Santa Sé ao avanço de correntes ideológicas e políticas heterodoxas nas quais se incluía, sem distinção, toda sorte de ideias que questionassem princípios defendidos pela Igreja Romana, considerados "erros modernos",[3] tais como o liberalismo, o socialismo, o comunismo, o cientificismo, o positivismo, a maçonaria e o protestantismo. Essa reação caracterizou o que ficou conhecido como o esforço de "romanização" da Igreja, movimento reformador da prática católica surgido na segunda metade do século XIX, liderado pelos papas Pio IX (1846-1878) e Leão XIII (1878-1903), que procurou retomar as determinações do Concílio de Trento (1545-1563), reforçar a estrutura hierárquica da Igreja, revigorar o trabalho missionário, moralizar o clero e diminuir o poder das irmandades leigas.

Assim, o movimento liderado por D. Macedo deu início a um processo de construção institucional da organização eclesiástica no Brasil nas primeiras décadas republicanas, para o que a vitória obtida na Constituição aprovada em 24 de fevereiro de 1891 foi fundamental. Os bens da Igreja foram poupados e as ordens e congregações admitidas sem reservas. Além disso, as autoridades eclesiásticas adaptaram-se aos novos limites políticos impostos pela República, chegando mesmo a alargar sua esfera institucional no período de 1889 a 1930: no ano da instauração do novo regime o Brasil constituía apenas uma província eclesiástica, com uma arquidiocese e 11 dioceses; em 1930 eram 16 arquidioceses, 50 dioceses e 20 prelazias ou prefeituras apostólicas; o contingente de padres aumentou com o estímulo ao estabelecimento de religiosos e religiosas estrangeiros no país.

Esse quadro de tensão e negociação que moldou as relações entre Igreja e Estado no alvorecer da República, contribuindo para o seu fortalecimento institucional e patrimonial (Micelli, 1988; Oliveira, 1985), responde, no entanto, por apenas uma das dimensões da relação entre religião e política no início da história republicana. Pois se a Igreja soube contornar as limitações políticas impostas pela nova ordem, não foi capaz, entretanto, de controlar as reações populares diante dos questionamentos e da perda de poder das autoridades religiosas. Vários movimentos e organizações populares de defesa da Igreja e de seus princípios surgiram nesse contexto e deram forma àqueles que ficaram conhecidos como os mais expressivos e importantes "movimentos messiânicos": Juazeiro, Canudos e Contestado. Esses movimentos, ou essas distintas formas de manifestação das religiosidades populares, serão aqui discutidos tanto no que se assemelham como no que se distinguem; mas antes de analisá-los separadamente, algumas palavras sobre as várias maneiras de abordar o tema dos messianismos brasileiros.

Os movimentos messiânicos brasileiros

Os chamados "movimentos messiânicos brasileiros" foram, durante bastante tempo, objeto de análise da sociologia e da antropologia e só recentemente têm merecido atenção sistemática dos historiadores. Não se trata aqui de desqualificar qualquer dessas disciplinas, mas tão somente de apontar as especificidades dessas abordagens e, ao mesmo tempo, discutir como as novas possibilidades abertas pela historiografia puderam se valer desses campos de conhecimento para firmar o próprio território de análise das religiões e das religiosidades.

Como objeto de análise, pode-se dizer que "os movimentos messiânicos brasileiros" começaram a ser estudados na década de 1960. É de 1963 a primeira edição do clássico de Maria Isaura Pereira de Queiroz, *O messianismo no Brasil e no mundo*, esforço notável de sistematização de um amplo quadro comparativo das mais diversas formas de manifestação messiânica, divididas entre "movimentos messiânicos primitivos", "movimentos messiânicos na civilização ocidental" e, no caso do Brasil, "movimentos messiânicos primitivos" e "movimentos messiânicos rústicos". Herdeira da sociologia de Max Weber, que valorizou a construção de "tipos ideais" e do "líder carismático", Queiroz procura equilibrar aspectos religiosos e sociológicos para configurar a sua tipologia, e faz, segundo Roger Bastide, "um livro de sociologia bem documentado (...) que não deixará de marcar época na história da sociologia das religiões".[4] Queiroz procura reunir todos os movimentos messiânicos num quadro único, "seja qual for a sociedade a que pertençam", tendo em vista a sua variabilidade e a possibilidade de compará-los e separá-los por classes, gêneros ou espécies de movimento (Queiroz, 1976, p. 42).

Os três exemplos a serem analisados foram considerados no conjunto dos "movimentos messiânicos rústicos", denominação que seguiu a orientação de Antonio Candido (1964, pp. 7-8), segundo a qual a população rústica vivia de acordo com a "cultura rústica": "universo das culturas tradicionais do homem do campo", que por sua vez "resultaram do ajustamento do colonizador ao novo mundo, seja por transferência e modificação dos traços da cultura original, seja em virtude do contato com o aborígine". Candido afirma que não se trata de uma cultura isolada ou fechada em si mesma, mas de "sociedade parcial dotada de cultura parcial", isto é, um pedaço de sociedade global permeado pela cultura primitiva e pela cultura da cidade. E Queiroz completa: "conjunto de culturas tradicionais do homem do campo no Brasil" (Queiroz, 1976, p. 163).

A partir desse enfoque inicial, a autora passa a apresentar os diversos movimentos messiânicos classificados nesse grupo,[5] de acordo com a bibliografia e a documentação encontrada para cada um, mas procurando uma base comum de sentido para os movimentos de transformação ou de reorganização social que se expressaram através de expectativas messiânicas. No caso dos movimentos rústicos brasileiros, esse processo teria sido deflagrado pela anomia – ausência de leis, normas ou regras de organização – da configuração interna da "cultura rústica" na qual estavam inseridos, gerando movimentos messiânicos restauradores e/ou reformistas. A instabilidade habitual dessa sociedade rústica, baseada em solidariedades de parentesco e compadrio, tornava-a suscetível a arranjos e laços de compromisso e dependência que estruturavam e desestruturavam alianças sempre provisórias, conformando o chamado "coronelismo" (Leal, 1978).[6] Essa situação de anomia teria sido propícia à eclosão de movimentos de tipo messiânico, ocorrendo estes exatamente quando as regiões "eram presas de conflitos inúmeros que agravavam a instabilidade habitual" (Queiroz, p. 318). A religião teria tido, nesses casos, uma "função" secundária, pois os movimentos teriam em seus aspectos sociopolíticos sua determinação fundamental. No período 1889-1930, a crise deflagrada pelo desmonte das formas de mandonismo local no contexto da transição política que instaurou o regime republicano, com maiores ou menores desdobramentos no funcionamento da "cultura rústica", teria fornecido as condições para as reações messiânicas nos "sertões" brasileiros.

Outro autor que propôs uma análise de conjunto para esses movimentos, mas limitado à análise dos casos do Padre Cícero e de Canudos, foi Rui Facó, no igualmente clássico *Cangaceiros e fanáticos*, publicado também em 1963, mas reunindo textos escritos, e revistos, desde a década de 1950. O autor utiliza os termos *cangaceiro* e *fanático* para se referir a diferentes modalidades de reação dos pobres do campo à situação de completa exclusão social em que viviam no período que marcou o início do regime republicano brasileiro. Facó concentra sua análise nos "males do monopólio da terra", marca de nossa formação histórica e política, conformando um contingente expressivo de marginalizados que encontraram no crime e/ou na religião sua forma de expressão e luta social.

No caso dos movimentos de fanáticos, "designando os pobres insubmissos que acompanhavam os conselheiros, monges ou beatos surgidos no interior, como imitações dos sacerdotes católicos ou missionários do passado", Facó aponta a inadequação do termo e seu caráter pejorativo, entendendo ainda que "tem-se exagerado indevidamente – e esta é uma das teses deste livro – o fundo místico dos movimentos das massas sertanejas como foram Canudos, Juazeiro, o Contestado e um sem-número de episódios semelhantes, mais restritos, que eclodiram em diferentes pontos do Brasil". Para o autor, esses movimentos tiveram um fundo "perfeitamente material", sendo sua exteriorização mística ou messiânica "apenas uma cobertura a esse fundo" (Facó, 1965, p. 9). A religião teria sido apenas um instrumento, pois a motivação da insubordinação "respondia ao espírito insubmisso daquela pobreza desvalida". Mais centrado no caráter político do que sociológico, Facó entendia que a reação à desigualdade e à exclusão se fazia, mesmo que inconscientemente, através de uma roupagem mística. O autor evita qualquer discussão acerca do caráter messiânico desses movimentos, defendendo o "potencial revolucionário existente no âmago das populações sertanejas e a enorme importância do movimento camponês no Brasil" (Facó, 1965, p. 122).

E finalmente temos o texto de Duglas Teixeira Monteiro, "Um confronto entre Juazeiro, Canudos e Contestado", publicado em 1977 em volume da Coleção História Geral da Civilização Brasileira dedicado ao Brasil republicano. Monteiro parte de um quadro amplo, caracterizado como "tradição rústica", para analisar os movimentos rurais brasileiros, enquadrando-se na configuração geral de "cultura rústica" proposta por Antonio Candido, mas direcionando a discussão para o que vai chamar de *catolicismo rústico*. Para o autor, este não deve ser considerado como uma versão empobrecida do catolicismo "puro", mas uma modalidade rústica de raízes "plantadas no solo da Grande Tradição judaico-cristã, onde sobressaem, às vezes contraditoriamente, a esperança messiânica do Reino de Deus numa terra renovada, e as expectativas de uma expiação individual" (Monteiro, 1974, p. 41 ss.).

Monteiro insere os movimentos analisados no "contexto das transformações sociais, políticas e econômicas que tiveram seu princípio antes da instauração da República, mas que nesta encontram sua mais completa manifestação", aproximando-se assim da análise de Queiroz também no que se refere ao que chama de "crise do mandonismo tradicional". Esse efeito local de "desarrumação" das relações de clientela e compadrio estaria inserido no amplo "processo mundial de expansão dos modos de produção capitalistas", de um lado, e no conjunto dos exemplos do que Hobsbawm chamou de "rebeldes primitivos", de outro. Esses últimos seriam rebeldes sem projeto político conscientemente definido ou seguidores de movimentos místicos através dos quais assumiam a condição de sujeitos.

Mas o que basicamente diferencia Monteiro de Queiroz e Facó é que o primeiro percebe a religião como parte essencial das sociedades rústicas, constituindo um quadro de referência fundamental para as formas organizadas da luta político-religiosa dessas comunidades. Através do catolicismo popular, os sertanejos construíram uma identidade ao mesmo tempo marginal e autônoma, conformando uma dicotomia que, com algumas alterações, aparece nos três autores aqui analisados, ponto ao qual voltaremos mais adiante.

A partir dessa visão de conjunto proposta pelos três autores, passaremos a analisar sucintamente os movimentos político-religiosos de Juazeiro, Canudos e Contestado.

Padre Cícero e o milagre de Juazeiro

O livro de Ralph Della Cava, *Milagre em Joaseiro* (1976), é referência obrigatória para o estudo do famoso movimento surgido em torno do Padre Cícero, analisado no conjunto dos movimentos "religiosos-populares dos séculos XIX e XX". Seu objetivo foi o de "fornecer uma história política pormenorizada de um movimento que floresceu, entre 1889 e 1934, no pequenino núcleo rural de Joaseiro, situado no interior do Nordeste brasileiro", deixando em segundo plano "seus aspectos milenaristas e messiânicos". Essa opção de Della Cava marca toda a sua análise e procura uma racionalidade política para compreender o movimento liderado pelo Padre Cícero.

Como bem apontou Duglas Monteiro, a "unidade desse movimento [...] é dada pela biografia do Padre Cícero Romão Baptista, havendo ainda muito a conhecer sobre a comunidade de seus seguidores e a grande massa de seus 'afilhados'" (Monteiro, 1974, p. 46). Nascido no Crato, em 1844, o futuro Padre Cícero teria desde cedo demonstrado a vocação mística e o apego às "revelações" que acreditava receber em sonho. Órfão de pai, cursou o seminário de Fortaleza apoiado pelo padrinho, um próspero comerciante, mas já no fim de sua preparação começou a ter problemas com as autoridades eclesiásticas. O reitor do seminário, atento às tendências místicas de Cícero, tenta impedir sua ordenação, mas por influência do bispo ele é finalmente ordenado e volta para o Crato. Sua relação com a história de Juazeiro também foi marcada por um sonho no qual lhe apareceu Cristo com o coração exposto, acompanhado de 12 homens. Na visão do Padre Cícero, um numeroso grupo de sertanejos entra no recinto, e Cristo então lamenta as ofensas que seu Sagrado Coração tem sofrido, promete um último esforço para salvar o mundo e ordena a Cícero: "Cuide deles" (Della Cava, 1976, p. 24). Essa imagem reproduzia uma litografia muito conhecida e antiga sobre a devoção ao Sagrado Coração de Jesus, retomada e propagada a partir do movimento de romanização dirigido pela Igreja na segunda metade do século XIX.

Padre Cícero entendeu o sonho como um aviso para que se fixasse em Juazeiro. Dezessete anos depois, já respeitado como religioso desprendido, íntegro e devoto, quando celebrava missa em honra do Sagrado Coração de Jesus, na capela de Juazeiro, em março de 1889, um "milagre" mudou definitivamente a sua vida. Maria de Araújo, uma lavadeira de 28 anos, solteira e beata, residente na casa do Padre Cícero – personagem que só recentemente recebeu estudo específico e aprofundado –, depois de receber a comunhão, desmaiou e a "Imaculada Hóstia branca que acabava de receber tingiu-se de sangue" (Della Cava, 1976, p. 40).[7] O mistério extraordinário se repetiu seguidamente, primeiro às quartas e sextas-feiras, e depois por 47 dias seguidos. Em julho de 1889, na festa litúrgica do Precioso Sangue, monsenhor Monteiro, reitor do Seminário do Crato, à frente de uma romaria de três mil pessoas, agitou vários panos manchados de sangue, declarando que este saíra da hóstia recebida por Maria de Araújo e que era o próprio sangue de Jesus Cristo.[8]

Quando analisa o que chama de "as origens sociais do milagre", Della Cava traça um rico cenário da região do Cariri, vale onde se localizava Juazeiro. Situado na extremidade sul do atual estado do Ceará, o vale do Cariri era área fértil e concentrava fontes que o tornavam um "verdadeiro oásis, cercado por todos os lados por infinitas extensões de terras planas, assoladas ciclicamente pelas secas e que quase nada produziam" (Della Cava, 1976, p. 25). A primeira metade do século XIX não foi próspera para a região, que se manteve distanciada do litoral, assolada por secas graves em 1825 e 1845 e viu desaparecer a possibilidade de dominar a recém-independente província do Ceará, "voltando-se o Cariri sobre si mesmo". Nas últimas décadas do século XIX expandiu-se na região a agricultura e o cultivo da cana-de-açúcar, a mão de obra era nominalmente livre, mestiça, e muitos viviam como *agregados*, vínculo que incluía a lealdade armada em caso de disputas entre os patrões.

A região, como todo o interior do país, tinha pouca proximidade com o catolicismo ortodoxo. Os contatos com a Igreja oficial eram limitados, havia poucos sacerdotes nas áreas rurais e predominavam, segundo Della Cava, as práticas litúrgicas populares e as crendices e superstições. Esse foi o cenário propício para o surgimento de beatos como "padre mestre Ibiapina", advogado que chegou a ingressar na carreira política do Ceará, mas por razões pessoais abandonou a toga e passou a peregrinar pelo Nordeste, sem que saibamos exatamente quando foi "ordenado". O fato é que chegou a proferir missa com autorização das autoridades eclesiásticas de Sobral, fundou uma congregação religiosa de freiras, talvez a primeira da região, difundiu as primeiras instituições educacionais para mulheres e recebeu apoio até mesmo das elites do vale do Cariri, que admiravam as iniciativas do beato.

Foi em meio a esse clima de fragilidade do catolicismo oficial e das estruturas de poder e das relações de trabalho que o Padre Cícero viu crescer o seu poder. Mesmo depois da declaração de monsenhor Monteiro, o bispo dom Joaquim José Vieira esteve com o Padre Cícero procurando entender o que acontecia. Dom Joaquim confiava na integridade do padre, mas não podia permitir a adoração de panos manchados no altar e o proibiu de "qualificar como milagrosos [...] fatos extraordinários". Pode-se mesmo dizer que o bispo foi hesitante diante do acontecido, o que permitiu que o caso ganhasse a imprensa e fosse divulgado nas igrejas por padres que acreditavam na realização do "milagre", a exemplo dos padres Quintino Rodrigues e Joaquim Soter, professores do Seminário do Crato. Mas o caso chegou também aos homens de ciência e a situação tornou-se insustentável. Médicos como Marcos Rodrigues Madeira, formado no Rio de Janeiro, e Ildefonso Correia Lima, importante político do Ceará, atestaram que a transformação da hóstia se devia a algum "agente externo, que eu concluo que seja – Deus", afirmou o segundo (Della Cava, 1976, pp. 50-53).

Em 17 de julho de 1891 dom Joaquim rejeitou totalmente a possibilidade de a hóstia ter se transformado no sangue de Cristo, afirmando que "não o é, nem pode ser, segundo os ensinamentos da Teologia Católica". É preciso lembrar o difícil momento atravessado pela Igreja, que se reorganizava para fazer frente aos "erros modernos" e se via assim desafiada por seu rebanho. Dom Joaquim, cioso dos esforços de Roma, viu-se numa situação difícil. A confirmação do milagre poderia ter graves implicações teológicas, pois a presença de sangue divino levantava a possibilidade de uma Segunda Redenção. Além disso, a confirmação do milagre traria problemas também internos e o perigo de um movimento cismático, na medida em que surgia entre os padres do Nordeste um sentimento de nacionalidade, na verdade uma espécie de resistência à entrada maciça de padres e ordens estrangeiros.

Somente em setembro de 1891, por deliberação do bispo de Fortaleza, uma comissão de inquérito foi nomeada para apurar o "milagre". O relatório elaborado por dois padres de confiança do bispo, padre Clycério da Costa Lobo e padre Francisco Ferreira Antero, no entanto, confirmou o milagre da transformação da hóstia em sangue. Mais grave ainda, o documento tomava partido dos "fatos extraordinários" e evidenciava o surgimento de "uma igreja dentro da Igreja", ou seja, indicava que a potencial seita se baseava na autoridade das revelações de Cristo ao padre e à beata (Della Cava, 1976, pp. 54-57). Os dois padres se tornariam defensores do Padre Cícero, o que ajudou a difundir a "veracidade" do milagre, mas acabariam tendo de se retratar e declarar sua fidelidade a Roma em 1895. As abjurações foram publicadas em jornais seculares e religiosos, ficando o Padre Cícero, a partir desse momento, sem defensores institucionais, "entregue ao próprio povo".

Do ponto de vista eclesiástico, a disputa do Padre Cícero pela confirmação do milagre se arrastaria até sua morte, aos 91 anos, em 1934, incluindo o embate com o bispo, uma viagem do padre a Roma, a suspensão das ordens e até sua excomunhão em 1916 (Della Cava, 1976, p. 235). Politicamente, no entanto, o resultado foi altamente positivo para Cícero. Com o prestígio crescente adquirido entre os seguidores e afilhados, Padre Cícero tornou-se uma figura decisiva no quadro político do Ceará, do vale do Cariri e de todo o Nordeste durante a República Velha. Mas seu envolvimento ultrapassou a influência exercida sobre a política local, e em

1911 tornou-se o primeiro prefeito de Juazeiro, distrito elevado à categoria de município depois de acirrada disputa política com o distrito do Crato. O Padre Cícero e o médico Floro Bartolomeu aliaram-se a "coronéis" de outras vilas e, com forte apoio popular, obtiveram a autonomia política de Juazeiro. Padre Cícero foi também o fiador do famoso *pacto dos coronéis*, firmado em 4 de outubro de 1911, em Juazeiro: chefes políticos de todo o vale do Cariri assinaram um documento comprometendo-se a acabar com as hostilidades recíprocas; a não dar proteção a cangaceiros; não abrigar criminosos foragidos; e a se unirem em solidariedade ao então chefe oligárquico do Ceará, Antônio Pinto Nogueira Accioly. Não entraremos aqui nas questões que opuseram os Accioly aos Rabelo, mas fica o registro do peso e do papel do Padre Cícero nas disputas políticas locais. A fragilidade das alianças – Floro Bartolomeu era aliado de Accioly e depois passa para o lado de Rabelo – conforma o cenário no qual se instaurou a crise expressa nos movimentos messiânicos rústicos brasileiros, segundo análise de Maria Isaura Pereira de Queiroz.

Se pelo *pacto dos coronéis* é possível imaginar o grau de hostilidade a que as relações entre os chefes locais tinha chegado, favorecendo a disseminação do cangaço por todo o Nordeste – havia rumores de que o Padre Cícero se relacionava até com Lampião, o rei do cangaço, embora para muitos eles só tenham se visto uma vez –, o "milagre" da hóstia desencadeou outro processo socialmente turbulento e politicamente desafiador para as autoridades eclesiásticas: o surgimento, crescimento e consolidação de irmandades leigas que passaram a prestar obediência diretamente ao Padre Cícero, mesmo depois de ser impedido de atuar como padre.

Desde que fora suspenso e impedido de pregar e confessar em 1892 e, por fim, de celebrar missa também fora dos muros de Juazeiro em 1896, o Patriarca de Juazeiro, como passou a ser chamado por escritores e intelectuais depois de sua morte,[9] nunca desanimou de reaver a função eclesiástica, embora o prestígio como missionário e homem devoto, quase "santo", não tenha parado de crescer mesmo depois do castigo de Roma. Retomando a questão da dissociação entre o fortalecimento institucional da Igreja e sua dificuldade de atingir e comandar a massa de fiéis durante os primeiros anos da República, o caso do Padre Cícero é um exemplo contundente desse afastamento. Em julho de 1894 o veredicto da Sagrada Inquisição Romana

Universal foi tornado público e nele "os Eminentíssimos e Reverendíssimos Padres da Santa Igreja Romana, Cardeais Inquisidores Gerais" declararam "que os pretensos milagres e quejandas coisas sobrenaturais que se divulgam de Maria de Araújo são prodígios vãos e supersticiosos, e implicam gravíssima e detestável irreverência e ímpio abuso à Santíssima Eucaristia; por isso o Juízo Apostólico os reprova e todos devem reprová-los, e como reprovados e condenados cumprem serem havidos" (citado em Della Cava, 1976, p. 74).

A Carta Pastoral de 1894, elaborada pelo bispo dom Joaquim, incorporou as decisões romanas que visavam a estancar o erro e, num apêndice ao decreto de Roma, ordenou que todas as peregrinações cessassem; todos os votos e promessas fossem declarados nulos e supersticiosos; todos os documentos escritos e impressos que tivessem por fim defender as pessoas e os fatos citados, assim como as medalhas e fotografias, deveriam ser recolhidos e queimados; os padres e leigos que falassem ou escrevessem em defesa dos pretensos milagres incorreriam nas penas, respectivamente, de suspensão de ordens e privação dos sacramentos. Padre Cícero toma conhecimento da decisão de Roma em setembro do mesmo ano. Maria de Araújo deveria ser removida de Juazeiro e os padres e beatas que apoiaram e divulgaram o acontecido deveriam se retratar. Padre Cícero e padre Francisco Antero foram os dois únicos que não se retrataram, e este, tal como Padre Cícero, foi suspenso das ordens pela Portaria de 22 de fevereiro de 1895.

Paralelamente à severa punição do Padre Cícero e de seus fiéis seguidores, e também por esta razão, organizou-se um movimento de apoio e devoção que ultrapassaria todos os limites imaginados pela Igreja. Em 8 de dezembro de 1894 chegou a Juazeiro José Joaquim de Maria Lobo, devoto fervoroso, com o intuito de elaborar um programa de defesa de Padre Cícero. Fundou quatro irmandades, a Confraria de Nossa Senhora das Dores (padroeira da capela de Juazeiro), a do Santíssimo Sacramento, a do Precioso Sangue, e aquela que mais se destacou, a da Legião da Cruz, organização nacional de católicos fundada em 1885, cuja representação foi levada para Juazeiro em 7 de julho de 1895. Ao todo eram seis irmandades, duas anteriores ao milagre – o Apostolado do Sagrado Coração de Jesus e a Confraria de São Vicente de Paulo. As irmandades eram instituições leigas que tinham o objetivo de apoiar a vida espiritual de seus membros e difundir a doutrina da Igreja, congregando os recursos materiais e humanos dos fiéis para a melhoria da paróquia, o que incluía desde celebrações nos dias santos até a obtenção de fundos para consertos e obras na igreja. As irmandades, embora tivessem autonomia, precisavam de aprovação da Igreja quando da sua criação e estavam sujeitas a diversas formas de controle eclesiástico.

Das seis, a única que não obteve autorização foi a da Legião da Cruz, exatamente a que mais reuniu fiéis em torno do Padre Cícero. As demais receberam a autorização de dom Joaquim e do Conselho Central do Ceará. As irmandades foram importantes instrumentos de mobilização de adeptos do Padre Cícero, sustentando financeiramente as atividades projetadas por José Lobo, além de fornecer a estrutura institucional e política dos dissidentes da Igreja que apoiavam o santo padre. Para Della Cava (1976, p. 91), as irmandades mais pareciam "comícios políticos" do que centros de difusão da doutrina católica. José Lobo valia-se de seu poder com as irmandades para liderar movimentos legais de apoio e desagravo de Padre Cícero. Chegou mesmo a viajar ao Rio de Janeiro e Petrópolis em missão com essa finalidade. José Lobo agia como representante das irmandades em defesa de Juazeiro e do Padre Cícero junto à Santa Sé. Esses dois objetivos nortearam a ação da Legião da Cruz e atraíram a ira de dom Joaquim, que a considerava uma "astúcia plausível", destinada a promover as falsas causas de Juazeiro (Della Cava, 1976, p. 92). O fato é que quanto mais se via repudiado pela Igreja, mais aumentava o prestígio do Patriarca de Juazeiro, e o maior exemplo disso foi o enorme crescimento da Legião da Cruz, que superou todas as demais irmandades e tornou-se o ponto de apoio e ação dos dissidentes, ultrapassando as fronteiras de Juazeiro, espalhando-se pelo sertão e arrebanhando adeptos que, em dois anos, chegaram a 10 mil.

A expansão da Legião da Cruz, somada à romaria de penitentes que desde 1893 se dirige crescentemente para Juazeiro (Monteiro, 1974, p. 53), e o aumento das peregrinações ao lugar transformaram Juazeiro em um centro potencialmente explosivo e, em diversos momentos, fora de controle. Não teremos como aprofundar todas as repercussões e implicações do variado leque de conflitos que, primeiro o milagre e sua difusão com o aval de representantes da Igreja, depois a condenação oficial de Padre Cícero e sua suspensão das ordens de pregar, confessar e celebrar missa, além da divisão interna do clero, o apoio das irmandades e o afluxo crescente de penitentes e romeiros puderam deflagrar. Como agravante desse quadro, e fator importante para a consolidação da identificação do Patriarca de Juazeiro como mártir, houve ainda um atentado ao Padre Cícero, em fins de 1896, que indignou os devotos e acirrou a resistência dos fiéis à Igreja *oficial*.

Um desdobramento político decorrente da popularidade alcançada por Juazeiro como lugar santo opôs romeiros e moradores locais e dividiu a cidade em duas facções políticas: a dos adventícios e a dos filhos da terra. Esses dois grupos chegaram a se organizar em torno de lideranças políticas específicas na década de 1920 e bem demonstram o extraordinário poder popular de Padre Cícero e Juazeiro no cenário político local e nacional (Della Cava, pp. 248-250). O afluxo de romeiros teve início em seguida à divulgação do milagre e sofreu alteração depois da condenação romana de 1894. Se não há dúvida de que a peregrinação foi o principal veículo da expansão demográfica, econômica e política de Juazeiro, Della Cava aponta mudanças importantes depois do julgamento do milagre: aumentaram as romarias espontâneas, apesar das proibições episcopais,[10] reduziram-se aquelas oriundas do Cariri e aumentaram as oriundas das áreas pobres do Maranhão, Bahia, sertão de Pernambuco, Paraíba, Rio Grande do Norte e Alagoas, um dos estados que mais "enviou" romeiros a Juazeiro. No conjunto, o número dos adventícios ultrapassou em muito a diminuição do afluxo vizinho.

Della Cava (1976, p. 120) minimiza as "razões religiosas" como motor importante para a atração de uma verdadeira multidão, segundo os padrões da época, para aquela que foi considerada por muitos como a "Nova Jerusalém". Segundo o autor, "sob a capa de impulso religioso, não ortodoxo ou heterodoxo, escondia-se, muitas vezes, o desejo infrutífero de controlar o meio adverso e sobrepujar as injustiças sociais que faziam de suas vidas uma desgraça". Sem que entremos ainda na discussão interpretativa do movimento do Padre Cícero, o que será feito comparando-se os três movimentos, analisemos, para finalizar, alguns dos elementos essencialmente religiosos dos poderes concentrados nas mãos do Padre Cícero.

Desde os primeiros momentos que se seguiram ao milagre, devotos e sobretudo beatas, tal como Maria de Araújo, protagonista do acontecimento, desempenharam papel fundamental ao lado de Padre Cícero. Nove delas declararam-se testemunhas do milagre e passaram a ter sonhos, êxtases e revelações, entre as quais se incluía uma visão apocalíptica da iminente destruição do mundo, anunciada pela transformação da hóstia, decorrente da derrubada da Monarquia, da perda de poder da Igreja e da decretação do casamento civil. Os sinais do Juízo Final pareciam claros. "Todos esses fatos aqui ocorridos [em Juazeiro] são graças reservadas para os últimos tempos", disse Maria de Araújo; outra afirmou que os milagres eram graças divinas para redimir os homens, e um devoto atestou que "nem o bispo, nem o Papa nem o mundo todo eram maiores que Deus", tendo sido Juazeiro escolhido para restaurar a fé "que está se acabando".[11] À fama de "santo" e "milagreiro" de Padre Cícero somava-se a de curandeiro, conselheiro, juiz, confessor: dava conselhos "médicos", segundo Della Cava, simples sugestões de higiene comemoradas como "milagrosas"; recebia pedidos frequentes para a solução de desavenças familiares; criminosos e vítimas de crimes pediam proteção. Padre Cícero exercia a função de um verdadeiro patriarca à frente de uma "cidade santa", que abrigava doentes, oprimidos famintos, criminosos e pecadores. Monsenhor Monteiro, o primeiro enviado pela Igreja para examinar a possível veracidade do milagre, declarou em 1893: "O povo somenos do Juazeiro é sempre assim, não reconhece poder algum, senão o do Padre Cícero, nosso Papa" (Della Cava, 1976, p. 73).

Duglas Teixeira Monteiro entende que não se deve considerar o sentido da devoção ao Padre Cícero como crença de tipo milenarista ou messiânica, pois esse conjunto de manifestações devocionais não chegou a formar um corpo doutrinário autônomo, mesmo porque a recusa dos fiéis à Igreja não significou jamais a rejeição aos ensinamentos e princípios católicos. Como percebera dom Joaquim, formava-se uma "igreja dentro da Igreja". Ademais, o Padre Cícero foi sempre um dissidente "dentro da ordem", na medida em que reivindicava o reconhecimento mais puro de sua fé, da qual aliás o bispo nunca duvidara. Se culpa houve, esta foi causada pelo excesso místico de Padre Cícero, percebido bem cedo, aliás, pelo seu superior ainda no seminário. Não há dúvida, no entanto, que o processo de construção do poder de Padre Cícero foi moldado por um contínuo acúmulo de elementos para a sua valorização religiosa, sobretudo em meio ao catolicismo rústico, para retomar a expressão de Monteiro. Primeiro um sonho-visão, visto como um sinal do fim dos tempos, cuja data fora dilatada pela vontade de Cristo de prometer "um último esforço para salvar o mundo". Cícero fora então transformado em profeta e apóstolo, e Juazeiro em Nova Jerusalém, "sendo forte a expectativa da Segunda Vinda". Estiveram presentes, assim, todos os componentes necessários para o desencadeamento de um movimento milenarista, o que não aconteceu, talvez, pelo conjunto heterogêneo de interesses que se criaram em torno do poder do Padre Cícero (Monteiro, 1974, p. 57).

Apesar do reconhecimento de seu imenso poder e de sua participação direta na política local, Padre Cícero nunca deixou de lutar pela recuperação dos poderes sacerdotais. Morreu em 1934, aos 91 anos, silenciado oficialmente pela Igreja. A cidade de Juazeiro continua a ser procurada pelos devotos do patriarca, que esperam, em vão, a canonização do "santo" padre.

Antônio Conselheiro e Canudos

Quando o Padre Cícero recebeu a resposta negativa à apelação feita a Roma e foi obrigado a sair de Juazeiro, em junho de 1897, a campanha militar contra Canudos, no sertão baiano, estava na quarta e última etapa da guerra contra Antônio Conselheiro e seus seguidores. Dom Joaquim, quando voltou a ameaçar Cícero de excomunhão, não pôde deixar de comparar o fanatismo de Juazeiro com aquele que só seria vencido com a força das armas. O governador baiano, Luís Viana, sofrendo duríssimas pressões em face da resistência sertaneja, chegou a afirmar que "uma falange de fanáticos" estava em marcha para Canudos, comandada pelo Padre Cícero (Della Cava, 1976, p. 95). Mas, apesar do assombro causado pela proximidade física e cronológica dos dois movimentos, nenhuma prova da participação do Patriarca de Juazeiro foi encontrada para relacionar a formação do arraial de Canudos com o caso do milagre de Maria de Araújo.

Canudos foi, seguramente, o movimento de religiosidade popular mais estudado entre todos os inúmeros exemplos já conhecidos no Brasil. A quantidade de livros, teses, ensaios, reportagens, somados aos filmes, literatura de cordel e romances dedicados à história de Canudos, é verdadeiramente impressionante. Procurando compreender as causas da guerra, decifrar a personalidade de Antônio Conselheiro, entender o sentido da formação do arraial e da luta dos conselheiristas, sociólogos, antropólogos, historiadores e profissionais das mais diferentes áreas de conhecimento têm enfrentado o desafio de "explicar Canudos".[12] Nesse conjunto, pelo menos duas grandes vertentes interpretativas podem ser identificadas com clareza: a "euclidiana", derivada do clássico Os sertões, de Euclides da Cunha, e a que chamo de "progressista", surgida entre as décadas de 1950 e 1960 e identificada com as questões políticas próprias de seu tempo.

Produto de um conjunto de reportagens feitas por Euclides da Cunha como correspondente do jornal O Estado de S. Paulo, as anotações produzidas no cenário da guerra foram posteriormente reelaboradas[13] e deram origem, em dezembro de 1902, ao célebre relato sobre a campanha de Canudos (Cunha, 1975). Tenente reformado, Euclides seguiu para Canudos como adido ao Estado-Maior do ministro da Guerra, e participou do conflito que, segundo Walnice Galvão (1977, p. 109), inaugurou a prática jornalística de mandar enviados especiais aos locais dos acontecimentos. Testemunha ocular de parte da etapa final da guerra, Euclides partiu para a Bahia em agosto de 1897, com a espinhosa missão de acompanhar, do teatro dos acontecimentos, a repressão final a Canudos. Seu relato foi considerado, durante muito tempo, "a história de Canudos".

Os sertões foi certamente um livro definitivo no processo de formação do pensamento sociológico brasileiro. Ao expor uma face triste, miserável e tão diferente do que o litoral pensava ser o Brasil da ordem e do progresso republicanos, e ao refletir sobre uma guerra fratricida que opunha o litoral do país – considerado avançado e civilizado – ao interior de um Brasil que ainda conservava uma parte significativa de seu povo mergulhado no mais profundo atraso, Os sertões identificava um impedimento estrutural para a construção de uma nacionalidade tal como pensavam os intelectuais do "Brasil civilizado", inclusive ele, que aderiram à causa republicana.

O país vivia então o primeiro governo civil depois da proclamação da República, tendo à frente Prudente de Morais, presidente empossado como representante dos cafeicultores paulistas, em 1894. O momento político era extremamente delicado e o governo de Prudente de Morais foi cenário do auge da disputa entre militares e civis pela liderança do poder nos primeiros momentos da República. A ação militar da proclamação, a falta de legitimidade desse grupo no mundo político, além das dissensões internas do próprio Exército, tornou extremamente frágil a adoção de um governo militar para a República brasileira.[14] Se na luta contra a Monarquia e todos os seus pressupostos o conjunto dos republicanos parecia unido, depois da proclamação o embate entre diferentes projetos políticos e institucionais se explicitou de forma inequívoca.[15]

Foi em meio a esse cenário político instável e potencialmente explosivo que a capital federal e as autoridades republicanas receberam a trágica notícia do inesperado desfecho da terceira expedição enviada a Canudos, em março de 1897. O coronel Moreira César, eminente figura do Exército brasileiro que liderava as tropas legais, fora morto pelos conselheiristas. Canudos parecia invencível e cresciam os rumores de que a resistência sertaneja contava com ajuda externa e fazia parte de uma conspiração monárquica internacional.

Mas a esse quadro é preciso acrescentar a história de Antônio Conselheiro e o processo de formação do arraial de Canudos. Antônio Vicente Mendes Maciel nasceu na vila de Quixeramobim, província do Ceará, em 1828. Filho de um comerciante remediado, proprietário de algumas casas na vila, estudou português, francês e latim e assumiu os negócios falidos do pai depois de sua morte. Casou-se em 1857 e, liquidada a casa comercial paterna, chegou a lecionar português, aritmética e geografia, mas acabou se tornando caixeiro-viajante. Sua vida seria, porém, completamente alterada pela vergonha sofrida com a fuga da mulher, amasiada com um militar. A partir desse momento, teria passado a vagar pelo sertão em busca dos traidores para vingar a desonra, dando início à vida errante que o notabilizaria no sertão. Construiu cemitérios, capelas e igrejas, reunindo um grupo de ajudantes, e datam de 1874 as primeiras notícias sobre um estranho personagem que, no interior de Sergipe, dava conselhos, restaurava igrejas e era chamado de Antônio dos Mares. Preso em 1877, acusado de matar a mulher e a mãe, foi solto por falta de provas e deu continuidade às peregrinações habituais. Seguido por um número crescente de adeptos, fixou-se em uma fazenda antiga, abandonada e estéril fazenda, chamada Belo Monte, em 1893.[16] A fixação em Canudos teria decorrido do primeiro protesto explícito de Conselheiro contra as leis da República. Em Bom Conselho, próximo a Canudos, em dia de feira e sob o barulho de fogos, os conselheiristas teriam queimado as tábuas onde estavam afixados os editais com as leis do novo regime.

Euclides da Cunha cita uma circular do arcebispo da Bahia, dom Luís, dirigida ao clero baiano, datada de 16 de fevereiro de 1882, como exemplo de que o Conselheiro já despertava, a essa altura, preocupação por parte das autoridades. A mensagem era ao mesmo tempo uma reprovação às pregações do Conselheiro – "um indivíduo denominado Antônio Conselheiro, pregando ao povo, que se reúne para ouvi-lo, doutrinas supersticiosas e uma moral excessivamente rígida que está perturbando as consciências" – e uma advertência aos padres das diferentes freguesias – "sirva isto para excitar cada vez mais o zelo de V. Rvma., no exercício do ministério da pregação, a fim de que os seus paroquianos, suficientemente instruídos, não se deixem levar por todo o vento de doutrina" (Cunha, 1975, p. 135). José Calasans afirma que o clero estava dividido quanto ao comportamento do Conselheiro: enquanto uns aceitavam suas pregações, "até mesmo no interior dos templos sagrados", outros escreveram ao arcebispo ou ao vigário capitular sobre o que acontecia em suas freguesias quando o beato passava em cada uma delas (Calasans, 1986, p. 6).[17]

Fora o registro desse incidente, que não chega a fazer do Conselheiro um personagem diferente de tantos outros que vagavam pelo sertão nordestino, a exemplo do já citado mestre Ibiapina, só em 1893 se tem o primeiro episódio evocado, posteriormente, como indício do espírito insubordinado dos sertanejos que se fixaram em Canudos. Depois disso, em 1895, o arraial recebeu a visita de frei João Evangelista de Monte Marciano, enviado pelo arcebispo da Bahia, dom Macedo Costa. Preocupado com o ajuntamento em Belo Monte e com a explícita resistência dos conselheiristas à República, o arcebispo pediu que o frei os fizesse ver que era errada a posição que tomavam, contrariando a ordem de Deus e a ordem dos homens. O frei foi bem recebido pelo Conselheiro, que declarou não aceitar a República e suas leis, ao que o frei Evangelista respondeu: "Se é católico, deve considerar que a Igreja condena as revoltas, e aceitando todas as formas de governo, ensina que os poderes constituídos regem os povos em nome de Deus [...]. É mau pensar esse, é uma doutrina a vossa."[18] Frei Evangelista pôde andar por todo o arraial, celebrou missas, mas por insistir em pregar em favor da República foi acusado de "maçom e protestante", retirando-se de Belo Monte sem completar sua missão. Concluiu em seu relatório: "A seita político-religiosa, estabelecida e entrincheirada nos Canudos, não é só um foco de superstição e fanatismo, é um pequeno cisma na igreja baiana, um núcleo na aparência desprezível, mas um tanto perigoso e funesto de ousada resistência e hostilidade ao governo constituído do país."[19]

As autoridades seculares, no entanto, ainda demorariam para ver nos conselheiristas uma ameaça à ordem da região. Em outubro de 1896 uma desavença local teria dado início àquela que seria a trágica Guerra de Canudos. Comerciantes de Juazeiro não teriam entregado certa quantidade de madeira comprada por Conselheiro para o término da igreja nova do arraial, provocando a ira dos conselheiristas, que teriam partido em bando para "assaltar" Juazeiro. O tom hipotético aqui adotado justifica-se pela falta de documentação segura sobre esses acontecimentos. Registrados na *Mensagem do governador da Bahia*, Luís Viana, ao presidente da República, em 1897, o episódio só seria considerado um anúncio grave do perigo representado pelos conselheiristas depois da morte do coronel Moreira César, em março de 1897. Voltando a fins de outubro de 1896, uma força com três oficiais, 113 praças e dois guias, comandados pelo tenente Manuel da Silva Pires Ferreira, foi enviada para a estrada para deter os sertanejos. No dia 21 de novembro cerca de 500 conselheiristas rechaçaram a tropa: um oficial, sete praças e os dois guias foram mortos. A notícia do desbarate chegou no dia 24 e, no dia seguinte, nova tropa dirigiu-se aos arredores de Canudos. Eram então 10 oficiais, 609 praças, dois canhões e três metralhadoras, sob o comando do major Frebônio de Brito. No dia 4 de dezembro a coluna chegou a Monte Santo, município a 104 km de Canudos, mas desentendimentos entre o governador e o comandante do Terceiro Distrito Militar, general Solon,[20] sobre o plano militar de ataque atrasaram o início do avanço sobre Canudos. Só em 12 de janeiro de 1897 as tropas partiram de Monte Santo, e o primeiro combate acontece no dia 18. Na manhã do dia 19, a coluna é envolvida de surpresa pelos sertanejos e volta para Monte Santo. Dez praças foram mortos.

O inesperado desastre das duas expedições leva à montagem daquela que deveria ser a investida final e sem chance de erro para o Exército. Foi esse o momento de convocação do coronel Moreira César, que seguiu para o sertão baiano em 7 de fevereiro de 1897, comandando cerca de 1.300 homens, mais o remanescente da segunda expedição, uma brigada de infantaria, um esquadrão de cavalaria, seis canhões, dois engenheiros militares,

157 praças da polícia militar da Bahia e um comboio. No dia 3 de março a tropa chegou a ficar a apenas 19 km de Canudos, mas uma súbita mudança de planos ordenada por Moreira César deu início ao primeiro ataque direto contra o arraial: bombardearam o povoado, atacaram a igreja velha, incendiaram casas. À tarde Moreira César foi ferido, morrendo na madrugada do dia 4. As forças legais abandonaram suas posições e se retiraram. Treze oficiais e 103 praças do Exército e da polícia foram mortos (Sampaio Neto et al., 1986, pp. 25-43).

E aqui a história de Euclides da Cunha e dos sertões se encontraram. Depois da inacreditável derrota da terceira expedição, Canudos passou a ser considerada uma séria ameaça à estabilidade do regime republicano. As disputas políticas da capital federal e de Salvador incendiaram as manchetes dos jornais, periódicos monarquistas foram fechados com violência e Prudente de Morais, licenciado para tratamento de saúde, voltou a comandar o governo e determinou a destruição incontinente do arraial. Não será possível aprofundar aqui a discussão sobre o quadro político desse gravíssimo momento, mas, à falta de documentos demonstrando a periculosidade do movimento antes de 1897, nem mesmo nos relatórios de governador de estado Luís Viana faz menção a Canudos, pode-se no mínimo questionar se as causas da ferocidade da quarta expedição teriam motivação na certeza do sentido conspiratório e desestabilizador de Canudos ou se foram estimuladas pelo embate entre civis e militares no alvorecer da República.[21]

A quarta e última expedição a Canudos foi planejada de forma bastante diferente das demais. Sabedoras de que os conselheiristas haviam aumentado seu potencial ofensivo com os armamentos deixados pelo Exército, sabiam também que não venceriam os sertanejos com uma única investida, as Forças de todo o país foram mobilizadas e um plano estratégico foi montado para debelar os conselheiristas e tomar Canudos. Dois dias depois da morte de Moreira César, dia 6 de março de 1897, teve início a organização da expedição. Mais de 10 mil homens, comandados pelo general Artur Oscar de Andrade Guimarães, foram para Queimadas, local de instalação da base de operações. Foi uma longa e penosa etapa, que se arrastaria até 5 de outubro de 1897, data da entrada do Exército no arraial de Canudos. Todos os combatentes foram degolados, algumas mulheres e crianças ficaram à mercê das tropas e sobre os que sobreviveram ainda pouco se sabe. Antônio

Conselheiro morreu no dia 22 de setembro, de causa desconhecida, e seu corpo só foi encontrado pelas tropas no dia seguinte.

Ultrapassada a fronteira da cidadela, nenhum documento que comprovasse um projeto conspiratório ou aliança com forças externas foi encontrado. O libelo difamatório dos florianistas contra os civis comandados por Prudente de Morais fora derrotado com a vitória inclemente do Exército sobre Canudos. A guerra fratricida de um exército fortemente armado contra sertanejos miseráveis e acantonados numa fazenda abandonada e árida, estimulada por lideranças militares de alta patente, manchou a imagem da instituição, que sairia do centro da cena política de forma melancólica depois do atentado contra Prudente de Morais, em novembro de 1897, do qual saiu morto o ministro da Guerra, marechal Machado Bittencourt.

Passado o primeiro impacto, e não havendo comprovação de conspirações por trás daquela violenta resistência conselheirista, era preciso entender o que motivara um contingente populacional, estimado pelo Exército em 25 mil pessoas,[22] a seguir aquele beato e por ele sacrificar a vida. A dificuldade para entender o que aquela guerra significava estimulou Euclides da Cunha a escrever *Os sertões*. Euclides partira com a convicção de que o arraial era um foco de restauração monárquica,[23] mas ao chegar ao sertão baiano, deparou-se com um cenário aterrador para um homem urbano e tão em dia com a mais avançada produção intelectual de seu tempo. Segundo Luiz Costa Lima, "a ideia de conspiração monárquica vai cedendo passo ao transformismo sociológico".[24]

Euclides da Cunha encontrou em Canudos um "laboratório vivo" para dar vazão a suas inquietações sobre a formação da nação brasileira e sobre os entraves que impediam a concretização dos pressupostos positivistas que uniam ordem e progresso. Canudos era a representação do paroxismo a que o atraso poderia levar o país, caso o Brasil não assumisse o claro compromisso de se unir ao mundo civilizado. Ao abandonar uma justificativa eminentemente política para uma resistência sertaneja tão determinada, Euclides mergulhou a análise no mundo da ciência para explicar "o raro caso de atavismo" que encontrara em Antônio Conselheiro. Euclides o considerou uma "espécie de grande homem pelo avesso [...] reunia no misticismo doentio todos os erros e superstições que foram o coeficiente de redução de nossa nacionalidade" (Cunha, 1975, p. 138). O meio e a raça foram os elementos que permitiram o equacionamento euclidiano para o desastre de Canudos, combinação que teve por base um conjunto de teorias muito em voga na passagem do século XIX para o XX no Brasil.

Seguindo as correntes intelectuais do seu tempo, Euclides da Cunha aproximou-se muito da análise feita pelo médico que ensinava na Faculdade de Medicina da Bahia, Raimundo Nina Rodrigues, cujo trabalho procurou explicar a "loucura" sertaneja como fruto do desequilíbrio mental do Conselheiro, "psicose progressiva [que] reflete as condições sociológicas do meio em que se organizou" (Rodrigues, 1897, pp. 4-5). O equacionamento "científico" da doença sertaneja transformou, assim, Antônio Vicente Mendes Maciel, conselheiro, beato e santo para os sertanejos, em chefe de uma horda de facínoras, líder fanático, subversivo, louco.

O processo evolutivo que Euclides acreditava reger a história da civilização esteve presente na própria elaboração da estrutura narrativa de *Os sertões*, que inicia com a descrição do meio sertanejo: a terra. Descendo a detalhes da formação geológica e morfológica do sertão baiano, Euclides ressaltou a aspereza do solo, a secura dos ares, a configuração topográfica e climática que deu origem ao sertanejo. Tal como a natureza, inóspita e acuada por agressões permanentes, seculares, o homem do sertão nasceu desse "martírio" e da luta cotidiana pela sobrevivência, tendo por isso uma força física extraordinária e uma capacidade "inata" para domar as dificuldades geográficas e climáticas. Mas esse homem forte, viril, possuía uma degenerescência primordial, uma formação racial nefasta, que o torna fraco moralmente. Só por isso pôde se afeiçoar a uma religião tipicamente mestiça, "deixando-se facilmente arrebatar pelas superstições mais absurdas e crendo no que já não existe sequer em Portugal, como o misticismo político do sebastianismo" (Cunha, 1975).[25]

Depurado de sua base cientificista, *Os sertões* foi considerado "a história de Canudos" até a década de 1950, quando os primeiros artigos que vieram compor o livro de Rui Facó, *Cangaceiros e fanáticos*, foram escritos. Facó deu início a uma corrente que passou a rivalizar com a leitura euclidiana – a busca de uma interpretação definitiva para Canudos. A partir de então, a explicação mais recorrente para o sentido da guerra sertaneja passou a ser aquela que associou a luta dos canudenses à luta pela terra, contra o latifúndio e a opressão, transformando Antônio Conselheiro num líder dos sem-terra *avant la lettre*. Dessa perspectiva, a atualidade dessa chave interpretativa tornaria o movimento sertanejo destruído pelas armas do Exército em uma referência obrigatória e secular da trágica história dos conflitos de terra no Brasil. A partir de então, uma verdadeira *escola* deu continuidade a essa linha de argumentação, destacando-se, em 1978, o livro de Edmundo Moniz, *A guerra social de Canudos*, e, mais recentemente, Marco Antônio Villa, que, em seu *Canudos – O povo da terra*, conclui que "não houve anomia ou mera resistência às transformações econômicas, ao 'progresso', mas uma rebelião aberta e a esperança coletiva de construir um mundo novo, um mundo que fizesse sentido" (Villa, 1995, p. 244).[26]

Essa nova versão para o sentido de Canudos apontou para uma análise oposta à *euclidiana*. A célebre afirmação de que o sertanejo é antes de tudo um forte se combinou, como vimos, à condenação do cruzamento racial responsável por uma raça incompleta e selvagem, que teve na figura de Antônio Conselheiro seu exemplo mais nefasto. Passado o tempo da hegemonia explicativa de Euclides da Cunha para a guerra sertaneja, as interpretações sociológicas passaram a perceber o movimento a partir de seus aspectos positivos, em detrimento das interpretações condenatórias, herdeiras da conjuntura intelectual e política que envolveu o processo de substituição da Monarquia pelo regime republicano, rapidamente esboçadas anteriormente. Dessa perspectiva, a positividade do movimento esteve inscrita na luta pela terra e na expectativa de mudanças significativas da estrutura política e social brasileira.

Vários estudos têm procurado compreender o funcionamento do arraial e, a partir daí, ensaiar novas conclusões.[27] As discussões sobre o caráter igualitário da vida na comunidade, a presença do comércio, as hierarquias internas, os valores morais e religiosos que regiam o grupo são indagações às quais ainda estamos longe de responder com segurança, e a maior dificuldade decorre da escassez de fontes deixadas pelos próprios conselheiristas. Ainda são poucas as análises baseadas nas prédicas atribuídas a Antônio Conselheiro, encontradas no arraial depois da guerra (Nogueira, 1978), mas que também não são suficientes para responder a muitas das questões levantadas. Como tudo que gira em torno do tema oscila entre pelo menos dois polos, as referências sobre a obra manuscrita de Antônio Conselheiro foram consideradas ora como "pobres papéis", que refletem o "turvamento intelectual" do "fanatizador dos sertões", como disse Euclides da Cunha (1975, p. 159), ora produção de um "sertanejo letrado, capaz de exprimir-se correta e claramente na defesa das suas concepções políticas e sociais de suas crenças religiosas", como quis Duglas Monteiro (1974, p. 25). Ao todo são 49 prédicas, reunidas em quatro grupos de discursos: 29 sobre as dores de Maria; dez sobre os dez mandamentos; um texto que reúne diversas passagens dos evangelhos e nove sobre assuntos diversos e circunstanciais (sobre a cruz; a missa; as maravilhas de Jesus; a construção e edificação do templo de Salomão; sobre o recebimento da chave da igreja de Santo Antônio, padroeiro de Belo Monte; uma sobre a parábola do semeador e finalmente uma sobre a república).

Mesmo que não nos aprofundemos na análise desse vasto material, uma primeira observação de conjunto pode ser feita com razoável segurança: mais que indicarem o papel determinante de uma espécie de catolicismo popular na vida dos conselheiristas, ou de revelarem projetos políticos deliberados de luta contra a opressão e o latifúndio, esses textos nos informam sobre a extraordinária penetração nos interstícios das comunidades rurais brasileiras dos princípios e dogmas destacados pelo Concílio de Trento (1545-1563), e retomados pelos esforços romanizadores da segunda metade do século XIX. A valorização da missa, do matrimônio, da confissão e do culto mariano sobressaem nos textos do beato sertanejo, impregnados pela lógica da sujeição e do sacrifício à ordem maior e única imposta pelo Senhor dos Senhores, o Pai da Criação.

Dessa perspectiva, Antônio Conselheiro assume o papel de missionário a alargar incessantemente o rebanho de Deus. A ética conselheirista é a do sofrimento resignado às leis supremas, e em seus escritos não há promessa de vida eterna, fim dos tempos, previsões escatológicas ou salvação incondicional. O beato pregava a continuidade da sujeição à ordem, desde que Deus seja a autoridade suprema. Todos esses princípios são reafirmados na única prédica de fundo explicitamente política, *Sobre a república*. Nesse texto Antônio Conselheiro deixa claro o limite de sua submissão e prega a desobediência e o descumprimento das leis civis, heréticas e infames. Os temas de suas pregações são lamentos sobre o fim da Companhia de Jesus, a instituição do casamento civil, o fim da família imperial e a libertação dos escravos. Para o Conselheiro, o objetivo do novo governo era o "extermínio da religião [...] esta obra-prima de Deus que há dezenove séculos existe e há de permanecer até o fim do mundo", pois "a república é o ludíbrio da tirania para os fiéis" e "por mais ignorante que seja o homem, conhece que é impotente o poder humano para acabar com a obra de Deus". E continua: "O presidente da república, porém, movido pela incredulidade que tem atraído sobre ele toda sorte de ilusões, entende que pode governar o Brasil como se fora um monarca legitimamente constituído por Deus; tanta injustiça os católicos contemplam amargurados."

A República se baseava em um princípio falso, pois o "sossego de um povo consiste em fazer a vontade de Deus", razão pela qual o Conselheiro não aceitava o casamento civil "incontestavelmente nulo, ocasiona o pecado do escândalo" ("como pode conciliar-se o afeto que deveis às vossas filhas, entregando-as ao pecado proveniente de tal lei?"), assim como considerava inconcebível a família real não governar mais o Brasil, "ferindo assim o direito mais claro, mais palpável da família real legitimamente governar...". O beato acreditava que a queda da família real se devia a uma espécie de retaliação por ter a Princesa Isabel libertado os escravos ("porque era chegado o tempo marcado por Deus para libertar esse povo de semelhante estado, o mais degradante a que podia ver reduzido o ente humano"). Para o Conselheiro, "todo poder legítimo é emanação da Onipotência eterna de Deus e está sujeito a uma regra divina, tanto na ordem temporal como na espiritual, de sorte que, obedecendo ao pontífice, ao príncipe, ao pai, a quem é realmente ministro de Deus para o bem, a Deus só obedecemos".

A luta sertaneja, portanto, se observada por meio das prédicas conselheiristas, é bem mais grandiosa do que a pretenderam seus intérpretes, mesmo os mais otimistas. Os canudenses lutaram contra a República em nome de Deus e para a manutenção de uma ordem na qual aceitavam a sujeição, desde que dentro dos limites de seu universo cultural e no qual a religião era a referência fundamental. O Conselheiro não se arrogava poderes sacerdotais, nem se dizia o messias, mas temia o fim dos tempos trazidos pelo erro republicano. A força de suas pregações em um meio onde a cultura era predominantemente oral e o fato de suas falas serem entremeadas por inúmeras citações em latim certamente lhe conferiam um poder que o distanciava positivamente, pois o tornava parte de uma cultura letrada e superior, de um lado, e o aproximava pela vivência prática e cotidiana do que pregava, de outro. Ao contrário dos párocos, e tal como o Padre Cícero, o Conselheiro partilhava com seus adeptos um cotidiano de sofrimento e privações, forjando assim uma vivência religiosa muito concreta, palpável, diariamente renovada pela espera da volta da Monarquia e da ordem Deus.

Os monges do Contestado

Em 1911, ainda sem desistir da volta autorizada ao sacerdócio, Padre Cícero assumiu completamente o papel político que havia muito exercia no vale do Cariri. Longe dali, na região Sul do país, os jornais de Florianópolis noticiavam o aparecimento de um tal Miguel Lucena de Boaventura, desertor do 14º Regimento de Cavalaria de Curitiba, que ganhava fama como curandeiro e profeta. Usava o codinome de monge José Maria, fugira da cadeia, depois de ser acusado de homicídio ou atentado à moral, e se instalara em Curitibanos, Santa Catarina, onde exercia seu "ofício". Mas o prestígio não se devia somente a isso: afirmava ser "irmão" e enviado de João Maria, "monge" que morrera entre 1904 e 1908 e se notabilizara pelas pregações errantes que fazia anunciando que "o povo deve fazer penitência porque os castigos de Deus se aproximam... dia virá em que o sangue correrá abundante... Jesus disse a São Pedro que o mundo devia durar mil anos, mas que em caso algum duraria outros mil..." Lamentava a sorte das crianças, pois numerosos desastres levariam ao fim do mundo, com o "escurecimento do sol que duraria três dias, nuvens de gafanhotos corroendo as colheitas, destruição de muitos povoados". João Maria ordenava penitências aos ouvintes e angariou a confiança de grande número de homens e mulheres por onde passava (Queiroz, 1976, p. 269).[28]

O monge João Maria, denominação similar à de beato do Nordeste, na verdade se chamava Anastás Marcaf e desde a proclamação da República repudiava o novo regime, pois entendia que a lei do rei era a única verdadeira e que a lei republicana era uma perversão. Em 1893 envolvera-se na chamada Revolução Federalista, produto da instabilidade política e administrativa do Rio Grande do Sul, que resistia ao governo de Júlio de Castilhos, empossado em 25 de janeiro.[29] O coronel Moreira César, morto em Canudos, ganhou a fama de "o corta-cabeças" pela ação truculenta que comandou sobre os federalistas. No ano da repressão ao arraial de Antônio Conselheiro, 1897, o frei Rogério Neuhaus, que atuava em Lages e Curitibanos, esteve com o monge João Maria e procurou demovê-lo das atividades religiosas que praticava, mas ouviu do monge críticas severas à Igreja, afirmando que pregava o que existia na Sagrada Escritura e que os padres falseavam a verdadeira religião. Embora não gostasse de ser seguido pelos fiéis, não pôde evitar a devoção de muitos sertanejos e, segundo alguns, garantira que, uma vez terminada sua missão, se retiraria para um lugar encantado chamado Taió, cumprindo a ordem que recebera de Deus, para dali voltar ou mandar um emissário para voltar a pregar e consolar "seu povo".

José Maria afirmava ser o "irmão" enviado pelo monge João Maria. Maria Isaura Pereira de Queiroz adverte sobre a dificuldade de recuperar a história desses que se diziam monges e profetas nesse período, pois vários chegaram a assumir a identidade do "escolhido". Antes ainda de João Maria, tem-se notícia de um João Maria Agostini, italiano que registrou sua chegada em Sorocaba em 1844, e declarara como profissão "eremita solitário". Peregrinava, pregava, erguia cruzeiros e capelas, organizava procissões, e há sinais de que esteve em Santa Maria, Rio Grande do Sul, em 1849. Um estudo aprofundado sobre a peregrinação desse "monge" italiano foi publicado em 2014, e através dele sabemos que Agostini jamais se instalou nas imediações do conflito na fronteira entre Paraná e Santa Catarina. A força de sua liderança espiritual, no entanto, enraizou-se na região e produziu seguidores que passaram a reivindicar "filiação" superior e sagrada do monge peregrino.[30]

José Maria, o "segundo monge", reivindicava uma "linhagem sagrada" que havia muito reunia adeptos na região, e foi quem liderou um verdadeiro movimento religioso na área litigiosa que separava os estados do Paraná e Santa Catarina, derivando daí o nome de Guerra do Contestado. Ao contrário de seu predecessor, José Maria não só aceitava a companhia de adeptos, como recebia donativos, em dinheiro ou espécie, pelos conselhos e receitas que passava, justificando essa atitude com a promessa de comprar uma farmácia para o "seu povo". Frei Neuhaus voltou a ir ao encontro do monge, procurando dissuadi-lo de seus erros, mas mais uma vez não obteve sucesso. Com um bom número de seguidores instalou-se em Taquaraçu, próximo de Curitibanos, e deu início à organização de uma comunidade que misturava preparativos militares e cerimônias religiosas. Seus sermões passaram a atacar a República e a pregar a volta da Monarquia, chegando a aclamar um imperador no povoado, um fazendeiro rico e analfabeto.

É impossível não estabelecer comparações entre o movimento liderado por José Maria, nos anos de 1911 e 1912, e aquele liderado por dois ex--milicianos das tropas reais, em Pernambuco, entre 1817 e 1820, antes ainda da Independência. Ainda pouco estudado, o movimento sebastianista da Serra do Rodeador reuniu cerca de 400 integrantes, boa parte deles armada, para lutar ao lado de dom Sebastião e seu exército. O rei português dom Sebastião desaparecera em guerra contra os mouros no Norte da África, em 1578. A expectativa de sua volta, e com ele a inauguração de um tempo de fartura e alegria, deu origem ao sebastianismo português, crença messiânica que reaparece com muita força no Contestado (Hermann, 1998 e 2001). Não se trata aqui de unificar os dois movimentos e pensá-los como continuidade um do outro, mas de apontar a difusão dos elementos da crença sebastianista nos dois casos, embora no Contestado nenhuma análise aqui considerada enfatize esse aspecto para a análise.

Uma cidadela armada, tendo à frente um imperador, deixou em pânico os políticos locais. O coronel Francisco de Albuquerque, chefe político de Curitibanos e opositor do coronel Henriquinho de Almeida, simpático à causa do monge, solicitou a reação policial do estado para desmontar o reduto subversivo e monarquista. Antes, porém, da chegada das tropas, o grupo já havia partido para o município de Palmas, no estado do Paraná. Instalaram-se em Irani, onde José Maria continuou a atrair a atenção e o apoio de moradores do lugar. O governo paranaense se alarmou com o que considerou uma invasão dos catarinenses, reacendendo as disputas na fronteira entre os dois estados.

Maria Isaura Pereira de Queiroz praticamente não considera as questões decorrentes do cenário político e econômico da região para discutir a consolidação do movimento e da guerra iniciada em 1912. Duglas Teixeira Monteiro, por outro lado, apontou a crise decorrente da presença de duas empresas que, acompanhando os novos tempos do desenvolvimento capitalista, apressaram o desmonte das relações locais de trabalho e de posse da terra. A Brazil Railway foi contratada para a construção da ferrovia ligando o trecho União da Vitória e Marcelino Ramos, em 1908, e tornou-se proprietária de uma faixa de 15 km de cada lado do traçado da estrada, expulsando os moradores da área. A Southern Brazil Lumber & Colonization, subsidiária da primeira, instalou-se em plena fronteira e deu continuidade ao esvaziamento das propriedades locais. Mas foi Maurício Vinhas de Queiroz quem enfatizou o papel dessas empresas no acirramento das disputas locais, relacionando de forma direta o ajuntamento em Irani com a luta pelo direito às terras de onde foram expropriados.

A "invasão dos catarinenses" foi recebida a bala pelas tropas estaduais, não adiantando os apelos dos políticos, que não viam relação entre o grupo e o litígio da fronteira, nem o pedido de tempo feito por José Maria para que deixassem o lugar. No combate morreram os dois líderes: o chefe militar estadual e o monge José Maria. O grupo se dispersou, mas a crença na ressurreição do líder religioso foi ganhando força. Um jornal local publicou em novembro de 1912 que, segundo depoimento de um sobrevivente, o túmulo de José Maria não tinha terra por cima, mas tábuas "para ele facilmente ressuscitar" (Queiroz, 1981, p. 104). Um ano depois um novo agrupamento se reuniria em Taquaraçu, em torno de Euzébio Ferreira dos Santos, fazendeiro rico e adepto do monge José Maria. Acompanhado da neta Teodora, cujas visões indicavam que "descia um Monge do céu a falar-lhe, e mandou que fundasse em Taquaraçu uma Cidade Santa, uma Nova Jerusalém, pois só disso dependia o seu regresso". A nova incursão armada contra o grupo foi enviada em dezembro de 1913, mas saiu derrotada. Entrincheirados na floresta, os sertanejos gritavam "vivas ao Senhor José Maria, a São Sebastião e ao Império" (Queiroz, 1981, p. 272). Dois meses depois, já em 1914, o grupo sofreu novo ataque e foi se embrenhando pelas vilas e mudando de lugar. Em Caraguatá voltaram a aclamar o mesmo imperador, e no caminho iam estabelecendo posições de apoio, contando com a ajuda mesmo daqueles que não se inseriam no bando. Estrategicamente localizados em pontos da Serra de Santa Maria, foram duramente atacados em setembro de 1914, depois da divulgação de um manifesto monarquista pregando a Guerra Santa. A cada novo enfrentamento iam avançando para o interior, e os principais iam se alternando na liderança. A essa altura era Aldeodato o chefe dos rebeldes. Vendo-se sem saída, alardeou que o monge José Maria lhe aparecera e ordenara que se dispersassem, pois aquela não era ainda a verdadeira Guerra Santa. Aldeodato foi preso em dezembro de

1915 e condenado a 30 anos de prisão. O julgamento dos demais prisioneiros atravessou o ano de 1916.

Com base em depoimentos orais dos sobreviventes, entre outras fontes, os trabalhos de Maria Isaura, Duglas Teixeira Monteiro e Maurício Vinhas de Queiroz procuraram traçar um perfil dos componentes, da organização, dos rituais e das hierarquias do grupo que aqui não poderemos analisar com mais vagar. Para uma caracterização mais geral, tendo em vista o esforço de síntese e comparação dos três movimentos, selecionei alguns aspectos. Área de descendentes de poloneses e italianos, muitos desses ingressaram no grupo, superando os negros. Eram principalmente pequenos agricultores de milho e criadores de gado, embora grandes fazendeiros e ricos proprietários tenham também aderido à causa do monge, como foi o caso de Manuel Alves de Assunção, o mais próspero do lugar, duas vezes aclamado imperador do Império Sul-Brasileiro. Antigos funcionários da polícia e da Justiça – um antigo promotor, um juiz de paz e um subdelegado, e até um capitão da Guarda Nacional, Aleixo Gonçalves, antigo inspetor de estradas de ferro – se juntaram ao "exército de caboclos". Depois da morte de José Maria, o grupo passou a ser dirigido por conselhos de chefes, configurando uma comunidade autônoma, segundo Queiroz (1976, p. 276). Havia divisão sexual no trabalho e nos rituais religiosos, cabendo papel destacado às "virgens inspiradoras", aspecto verdadeiramente original em relação ao conjunto de movimentos religiosos populares mais conhecidos. Essas assumiram o papel de intermediárias entre o monge e a massa de seguidores e chegaram a comandar o grupo. As rezas eram diárias e organizadas segundo rígida disciplina, os pecados e crimes eram reinterpretados à luz das determinações de José Maria. "Os soldados de José Maria" tinham uma elite formada pelos Doze Pares de França,[31] cavaleiros do exército de São Sebastião, que voltaria para iniciar um novo tempo.

Novas pesquisas têm avançado na caracterização das lideranças do Contestado, a exemplo do trabalho de Paulo Pinheiro Machado. Dialogando com os três autores citados – Maria Isaura, Duglas Teixeira Monteiro e Maurício Vinhas de Queiroz –, o autor faz um levantamento analítico das origens sociais, da formação e atuação política das lideranças sertanejas na fase final do conflito (julho de 1914 a janeiro de 1916), demonstrando a transição das lideranças religiosas para aquelas com experiência militar, e defende a tese de que as duas perspectivas se combinaram, a de cariz messiânico e a política, na definição dos objetivos finais da guerra.[32]

O reduto e o grupo se alteraram ao longo do tempo, e chegou a ter cerca de 12 mil componentes, segundo algumas estimativas, passando por várias fases de organização, que eram, segundo Maria Isaura, festivos e alegres, não obstante bailes, danças e jogos serem proibidos. Reaparece aqui mais uma possibilidade de aproximação entre o Contestado e o Rodeador: este tinha, tal como a autora indica para os seguidores do monge, uma relação positiva e festiva para vivenciar o fim dos tempos de opressão e o início de uma nova era. No entanto, no Rodeador a rigidez moral e religiosa era severa e só permitia a alegria para a outra vida. A Guerra Santa pela restauração da Monarquia e a expectativa de ressurreição do monge José Maria e de fundação de uma cidade sagrada tornam o Contestado, sem dúvida, o mais explicitamente messiânico e milenarista dos três movimentos. A marca sebastianista é também clara, embora o guerreiro aqui seja o santo, e não o rei português. Para Duglas Teixeira Monteiro, os homens e as mulheres do Contestado viveram uma crise radical – "o desencantamento do mundo tradicional do sertão" – através do último caminho que lhes restara: a religião. Maurício Vinhas deu feição menos sagrada e mais material e concreta à luta: apesar de miseráveis e analfabetos, tiveram "a clara consciência da necessidade de garantir o seu 'direito de terras'", voltando-se contra a "República dos coronéis".

Algumas palavras finais

Tidos por muito tempo como rebeldias fanáticas e irracionais, os movimentos religiosos populares brasileiros, e sobretudo os três exemplos que aqui analisamos, continuam a despertar o interesse e a desafiar os pesquisadores. Acompanhando os diferentes momentos das ciências sociais que se dedicaram ao estudo dessas formas específicas de manifestação popular, como vimos, foram as análises mais sociológicas que históricas as que prevaleceram na elaboração das principais vertentes explicativas desses movimentos.

Os trabalhos que se propuseram estudar essas manifestações em conjunto tinham por objetivo estabelecer traços gerais de acontecimentos que marcaram de forma tão profunda uma das faces da transição da Monarquia para a República. Embora tenham apontado as especificidades, no limite que as abordagens mais generalizantes permitem, entenderam esses episódios como produtos de um quadro de crise que incluía mudanças estruturais decorrentes da acomodação da economia nacional às transformações internacionais (fim da escravidão, alteração do regime de governo); transformações nas formas de poder político local (coronelismo, mandonismo, clientelismo); e desestabilização dos sistemas de referência cultural e religioso (fim do padroado e da justificativa divina do poder do imperador). Os diferentes autores analisados combinaram de forma variada esses componentes críticos e enfatizaram ora um, ora outro aspecto na elaboração de suas propostas interpretativas, enfatizando também as dicotomias para entender a polarização dos conflitos sertão/litoral, catolicismo rústico/catolicismo oficial, senhores de terras/camponeses.

Autores como Rui Facó e Maurício Vinhas de Queiroz entenderam esses movimentos como resultantes de lutas de classes mais ou menos conscientes, ou ainda luta pela terra em momento importante para os debates sobre a reforma agrária no Brasil, conferindo ao aspecto religioso um papel secundário. Maria Isaura Pereira de Queiroz, embora mantenha a religião como motivação coadjuvante, procura decifrar a lógica social que ensejou aquelas manifestações, dando continuidade ao olhar sociológico que nos legou Euclides da Cunha. Duglas Teixeira Monteiro é o que dá mais destaque à religião como forma de expressão da crise radical vivenciada nos diferentes espaços do Brasil pobre e profundo, reagindo contra o "desencantamento do mundo tradicional do sertão".

Talvez não seja exato chamar todos de "movimentos messiânicos" ou milenaristas. O messias, segundo a tradição judaica, foi o escolhido de Deus para guiar o seu povo ao desenrolar "natural/sagrado" de sua história, e ao restabelecimento de um reino terreno e glorioso para Israel. A concretização desse reino messiânico se seguirá ao "fim dos tempos" para dar lugar ao restabelecimento do Paraíso na terra (mil anos de felicidade). O messianismo e o milenarismo, no entanto, adverte Delumeau, não são conceitos intercambiáveis, e é um erro confundi-los: é possível esperar o messias sem determinar a duração dessa espera e a de seu reino, como acontece no judaísmo. O milenarismo se distingue do messianismo na história cristã em dois aspectos: de um lado ele repousa sobre a crença no advento de um "reino", entendido como a reatualização do mundo antes do primeiro pecado; de outro afirma que o Salvador já se manifestou e que a espera se concentra no momento de seu retorno (Delumeau, 1997, p. 18).

Assim, embora os três exemplos tenham tido lideranças claras (a do Contestado foi a única que variou no tempo), enquanto o Padre Cícero foi considerado um guia para os seus fiéis, o Conselheiro, a despeito de interpretações contrárias, jamais se considerou um messias ou ainda se investiu de papéis sacerdotais. O monge José Maria, por sua vez, já se manifestara como Salvador, faltando saber a hora de sua chegada, configurando-se como o mais caracteristicamente messiânico e milenarista dos três casos. Canudos e Contestado rejeitaram a República, e se o primeiro chegou a ensaiar a organização da cidade santa, foi certamente Canudos que levou mais longe esse projeto, mesmo sem declará-lo explicitamente, enquanto o Padre Cícero foi o que desafiou de forma mais longa, sistemática e organizada a Igreja e seus princípios disciplinares.

Novas pesquisas sobre a caso do Padre Cícero e do movimento do Contestado têm aberto outras possibilidades interpretativas para os dois eventos, indicando novos sujeitos e projetos esboçados e derrotados, a exemplo da perspectiva das beatas no milagre que viria consagrar definitivamente o Padre Cícero na história da religiosidade popular no Brasil. Essas mulheres, sobretudo Maria de Araújo, cujo corpo foi palco do controverso milagre, ficaram relegadas a poucas linhas na história do fenômeno religioso e político liderado pelo padre Romão Batista. A análise de documentação há muito disponível, mas ainda não estudada em profundidade, tornou possível o conhecimento de novas dimensões do caso, inseridas no campo da história cultural e de gênero, combinadas às novas vertentes da história política.[33]

Sobre o movimento do Contestado, como já indicado, estudos igualmente inovadores têm percorrido novos campos de análise e combinado de forma estreita religião e política na história dos monges que, presentes ou não, serviram de lideranças religiosas nas diversas fases da guerra. O estudo da trajetória daquele que foi considerado o primeiro monge da linhagem dos "santos" do Contestado, José Maria de Agostini, demonstrou as fundas raízes religiosas presentes no cenário amplo do sul do Brasil – Agostini jamais esteve no local da guerra –, assim como a força dessas lideranças populares associadas a eremitas e beatos de vida simples e errante, do qual o Conselheiro foi o exemplo mais conhecido.[34] Noutra vertente, o estudo do perfil dos chefes militares e políticos surgidos ao longo da guerra torna mais complexa a teia de interesses e possíveis projetos esboçados durante a luta.[35] O caso de Canudos tem sido o mais difícil de avançar devido à falta de novos documentos. A perspectiva mais popular e religiosa do movimento, a respeito do qual pouco sabemos através de fontes específicas dos populares ainda nos mantém presos às generalizações acerca do caráter messiânico do Conselheiro e do movimento, sobre o qual não há comprovação documental.

Portanto, para melhor compreender e comparar essas e tantas outras manifestações similares que o Brasil já abrigou, é preciso percebê-las como respostas locais e particulares a um conjunto mais amplo de transformações impostas pela mudança na natureza do regime político brasileiro. As diferentes maneiras como religião e política se combinaram nessa conjuntura certamente nos fornecem uma "janela" importante para a decifração de uma parte delicada e importante de nossa história.

Notas

1. Poder de intervenção direta do imperador em assuntos eclesiásticos.
2. Desde pelo menos 1872 o conflito entre a Igreja e o imperador se tornara público com a chamada *Questão Religiosa*. Nesse episódio, D. Pedro II mandou prender dois bispos por tomarem posição diversa e autônoma contra a maçonaria (cf. Della Cava,1976, p. 34).
3. Definidos na encíclica *Quanta Cura* e no compêndio *Syllabus Errorum*, publicados em 1864.
4. Roger Bastide. Prefácio à segunda edição de Maria Isaura Pereira de Queiroz. *O messianismo no Brasil e no mundo*. São Paulo, Alfa-Ômega, 1976.
5. Entre os quais as crenças sebastianistas e os movimentos da Serra do Rodeador (1818-1820) e do Reino Encantado da Pedra Bonita (1836-1838), ambos em Pernambuco; os Santarrões, no Rio Grande do Sul (1872), e Caldeirão, Ceará, 1936-1938.
6. A observação de Leal (1980, p. 13) sobre o conceito é fundamental: "O que procurei examinar foi sobretudo o sistema. O coronel entrou na análise por ser parte do sistema, mas o que mais me preocupava era o sistema, a estru-

tura e a maneira pelas quais as relações de poder se desenvolviam na Primeira República, a partir do município". Para uma discussão sobre os conceitos de coronelismo, mandonismo e clientelismo, ver Carvalho (1997).
7. Para um estudo sobre o milagre do Joaseiro a partir do julgamento da beata Maria de Araújo, ver Nobre (2016).
8. Segundo Della Cava, o relato do milagre baseou-se em carta do Padre Cícero a dom Joaquim José Vieira, de 7 de janeiro de 1890, cf. nota 71, p. 47. Para uma biografia do Padre Cícero, ver o trabalho do jornalista Lira Neto (2009). *Padre Cícero. Poder, fé e guerra no sertão*. São Paulo: Companhia das Letras.
9. Della Cava (1976, p. 122) adverte que o termo é usado em seu sentido figurado, mas o incorpora "porque exprime, com propriedade, a autoridade paternal e religiosa que Padre Cícero exerceu sobre seus adeptos".
10. Data desse período o costume de esculpir cruzes nos troncos das árvores para marcar os caminhos mais percorridos pelos romeiros rumo a Juazeiro. (Della Cava, 1976, p.120).
11. O depoimento de Maria de Araújo foi feito em 11 de setembro de 1891; a outra beata era Joaquina Timotheo de Jesus e o terceiro depoimento, de Joel Wanderlei Cabral. (*Apud* Della Cava, 1976, p. 68, notas 8, 9 e 10).
12. O maior estudioso do tema é, há décadas, o historiador baiano José Calasans; ver referências na Bibliografia.
13. Walnice Nogueira Galvão (2000) organizou uma edição crítica das reportagens e anotações de Euclides da Cunha sobre Canudos.
14. Para uma discussão sobre a fragilidade da participação popular na transição do regime republicano, ver Carvalho (1987).
15. Para análises sobre alguns desses grupos, ver Queiroz (1986) e Janotti (1986).
16. Há controvérsias sobre a data da instalação de Antônio Conselheiro no que seria o arraial de Canudos. O ano de 1893 é apontado por Ataliba Nogueira (1978, p. 9). Segundo Maria Isaura P. de Queiroz (1976), Conselheiro fixou-se em Itapicuru em 1877, onde se formou o arraial do Bom Jesus. Não é fácil reconstruir a história do Conselheiro e de Canudos, pois muitos autores, como Maria Isaura, baseiam-se em *Os sertões*, de Euclides da Cunha, que nem sempre cita as fontes utilizadas.
17. O autor acredita que as cartas depositadas no Arquivo da Arquidiocese, sobretudo de 1882 a 1886, quando divulgadas, poderão contribuir para a melhor compreensão da relação do clero com o Conselheiro.

18. Frei Evangelista de Monte Marciano. *Relatório apresentado ao arcebispo da Bahia sobre Antônio Conselheiro e seu séquito no arraial de Canudos*. Bahia: Typographia do Correio de Notícias, 1895, p. 37.
19. *Idem*, p. 14.
20. O general acabou transferido para o Arsenal de Guerra do Pará, passando o comando do 3º CM ao coronel Saturnino Ribeiro da Costa Jr. O comando da expedição não foi alterado. Sampaio Neto *et al.*, p. 39.
21. Para uma discussão sobre as possíveis causas políticas para a Guerra de Canudos, ver Hermann (1997).
22. A planta do arraial recuperada por Euclides da Cunha indicava a existência de cerca de 5.200 habitações no arraial. É preciso considerar, no entanto, o crescimento cumulativo dessa população de 1893 a 1897, para o que devem ter contribuído as sucessivas vitórias dos conselheiristas. Para uma análise dos aspectos demográficos de Canudos, ver Ataíde (1993-1994).
23. Antes de partir para a Bahia, Euclides publicara reportagem no *Estado de S. Paulo*, em duas partes, chamando Canudos de "A nossa Vendeia", nos dias 14 de março e 1º de abril de 1897. Euclides fazia alusão à guerra de 1793, no auge da etapa radical da Revolução Francesa, quando uma parte do campo francês rejeitou e resistiu à revolução.
24. Luiz Costa Lima. "Nos sertões da oculta *mimesis*". In *O controle do imaginário*. São Paulo: Brasiliense, 1984, p. 210.
25. Euclides refere-se aqui à crença surgida na antiga metrópole, em fins do século XVI e meados do XVII, de que o jovem rei lusitano, dom Sebastião, desaparecido na batalha contra os mouros em Alcácer Quibir, iria voltar e resgatar o reino português da dominação filipina que tanto desgostou o reino luso entre 1580 e 1640. Esse aspecto do movimento de Canudos nunca foi suficientemente analisado, e a referência entre Belo Monte e o sebastianismo português só aparece em *Os sertões*. As prédicas encontradas no arraial e atribuídas a Antônio Conselheiro não fazem menção explícita a dom Sebastião. Para uma análise do sebastianismo português, ver Hermann (1998).
26. Edmundo Moniz (1978) e Marco Antônio Villa (1995). Villa não aceita, no entanto, nenhuma explicação de fundo religioso ou utópico para o movimento: "Descarto totalmente qualquer explicação do arraial como uma comunidade messiânica, sebastianista, milenarista ou socialista utópica e indico a necessidade de compreender a experiência conselheirista como um grande momento da história nordestina, onde os sertanejos lutaram para construir um mundo novo, enfrentando o Estado dos *landlords*" (p. 12).

27. É o caso, por exemplo, do estudo de administração dedicado a Canudos de Paulo Emílio M. Martins (2001). A divulgação de novas fontes também tem contribuído para novas possibilidades de análise, como é o caso de Canudos. *Cartas para o barão*, organizado por Consuelo Novais Sampaio (1999).
28. A síntese do movimento do Contestado baseia-se em Maria Isaura Pereira de Queiroz (1957); Duglas Teixeira Monteiro (1974) e Maurício Vinhas de Queiroz (1981).
29. Para uma análise resumida, ver Reverbel (1985).
30. Cf. Alexandre Karsburg (2014).
31. Eram 24 cavaleiros, e sua organização seguia a difusão do mito do carolíngio, muito difundido em todo o interior do país.
32. Paulo Pinheiro Machado (2004). Em 2012 vários eventos voltaram a refletir sobre a Guerra do Contestado, marcando o centenário do início do conflito. Dentre os resultados desses debates foi publicado D.J. Valenini; Márcia J. Espig; P.P. Machado (orgs.). *Nem fanáticos, nem jagunços*: reflexões sobre o Contestado (1912-2012) (2012), clara alusão ao título de Rui Facó.
33. Ver a respeito o trabalho de Nobre (2016).
34. Ver Karsburg (2014).
35. Cf. Machado (2004).

Bibliografia

Abdala Jr., Benjamin; Alexandre, Isabel M. M. (orgs.). 1997. *Canudos*: palavra de Deus, sonho da terra. São Paulo: Senac/Boitempo.

Ataíde, Yara Dulce Bandeira de. dez.1993-fev.1994. "As origens do povo do Bom Jesus Conselheiro". *Revista USP*, Dossiê Canudos. São Paulo, n. 20.

Azzi, Riolando. 1977. *O episcopado do Brasil frente ao catolicismo popular*. Petrópolis: Vozes.

Bartelt, Dawid Danilo. 2009. *Sertão, República e Nação*. São Paulo: Edusp.

Benício, Manuel. 1977. *O rei dos jagunços*. Crônica histórica e de costumes sertanejos sobre os acontecimentos de Canudos (1899). Rio de Janeiro: FGV.

Calasans, José. 1988. "Aparecimento e prisão de um messias". Separata da *Revista da Academia de Letras da Bahia*, Salvador, n. 35.

_____. 1986. "Canudos não euclidiano: fase anterior ao início da Guerra do Conselheiro". In Sampaio Neto, José Augusto V. et al. *Canudos*. Subsídios para sua reavaliação histórica. Rio de Janeiro: Fundação Casa de Rui Barbosa.

_____. 1950. *O ciclo folclórico do Bom Jesus Conselheiro*. Bahia: Tipografia Beneditina.

_____. 1986. *Quase biografia de jagunços*: o séquito de Antônio Conselheiro. Salvador: Centro de Estudos Baianos/UFBA.

Candido, Antonio. 1964. *Os parceiros do Rio Bonito*. Rio de Janeiro: José Olympio.

Carvalho, José Murilo de. 1997. "Mandonismo, coronelismo e clientelismo". *Revista Dados*, Rio de Janeiro: Iuperj, v. 40, n. 2.

_____. 1987. *Os bestializados*. O Rio de Janeiro e a República que não foi. São Paulo: Companhia das Letras.

Costa, Vanderlei Marinho. 2015. *De medos e esperanças*. Uma história das crenças apocalípticas, messiânicas e milenaristas no contexto do movimento de Belo Monte (1874-1902). Simões Filho: Editora Kalango.

Cunha, Euclides da. (1902). 1975. *Os sertões*. Campanha de Canudos. São Paulo: Círculo do Livro.

Della Cava, Ralph. 1976. *Milagre em Joaseiro*. São Paulo: Paz e Terra. Reeditado em 2014, pela editora Companhia das Letras.

Delumeau, Jean. 1997. *Mil anos de felicidade*: uma história do Paraíso. São Paulo: Companhia das Letras.

Derengoski, Paulo R. 1987. *Os rebeldes do Contestado*. Porto Alegre: Tchê.

Desroche, Henri (org.). 2000. *Dicionário de messianismos e milenarismos*. São Bernardo do Campo: Universidade Metodista de São Paulo.

Dossiê Canudos. 1993-1994. *Revista USP*. São Paulo: Editora da USP.

Facó, Rui. 1965. *Cangaceiros e fanáticos*: gêneses e lutas. Rio de Janeiro: Civilização Brasileira.

Gallo, Ivone Cecília D'Avila. 1999. *O Contestado*: o sonho do milênio igualitário. Campinas: Unicamp.

Galvão, Walnice N. 1977. *No calor da hora*: a guerra de Canudos nos jornais da 4ª Expedição. São Paulo: Ática.

_____. 1985. *Edição crítica de Os sertões*. São Paulo: Brasiliense.

_____. 2000. (org.). *Diário de uma expedição*. Euclides da Cunha. São Paulo: Companhia das Letras. (Coleção Retratos do Brasil).

_____. 2001. *O império de Belo Monte:* vida e morte de Canudos. São Paulo: Fundação Perseu Abramo.

_____; Peres, Fernando da Rocha (orgs.). 2002. *Breviário de Antônio Conselheiro*. Salvador: Centro de Estudos Baianos, UFBA.

Giumbelli, Emerson. 1997. "Religião e (des)ordem social: contestado, Juazeiro e Canudos nos estudos sociológicos sobre movimentos religiosos". *Revista Dados*, Rio de Janeiro: Iuperj, v. 40, n. 2.

Hermann, Jacqueline. 1997. "Canudos destruído em nome da República". *Tempo*, Revista de História da UFF. Rio de Janeiro: Relume Dumará, n. 3, v. 2.

_____ .1988. "Canudos: uma avaliação historiográfica". Rio de Janeiro: *Revista do Instituto Histórico e Geográfico Brasileiro*, 159 (398), jan./mar.

_____ .1998. *No reino do desejado:* A construção do sebastianismo em Portugal, séculos XVI e XVII. São Paulo: Companhia das Letras.

_____ .2001. "Sebastianismo e sedição: os rebeldes do Rodeador na Cidade do Paraíso Terrestre, 1817-1820". *Tempo*. Revista de História da UFF, Rio de Janeiro: 7 Letras, v. 6, n. 11.

_____ .2012. "Messianismo e sebastianismo no Brasil e no Contestado". Valentini, Delmir José; Espig, Márcia Janete; Machado, Paulo Pinheiro (orgs.). 2012. *Nem fanáticos, nem jagunços:* reflexões sobre o Contestado (1912-2012). Pelotas: Editora da Universidade de Pelotas.

Hoornaert, E. 1976. "O catolicismo popular numa perspectiva de libertação: pressupostos". *Revista Eclesiástica Brasileira*, n. 36, fasc. 141.

Hoornaert, Eduardo *et al*. 1979. *História da Igreja no Brasil*. Petrópolis: Vozes.

Janotti, Maria de Lourdes Mônaco. 1986. *Os subversivos da República*. São Paulo: Brasiliense.

Leal, Victor Nunes. 1978. *Coronelismo, enxada e voto:* o município e o regime representativo no Brasil. São Paulo: Alfa-Ômega.

_____ ."O coronelismo de cada um". *Revista Dados*, v. 23, n. 1.

Levine, Robert. 1995. O *sertão prometido:* o massacre de Canudos. São Paulo: Edusp.

Karsburg, Alexandre. 2014. *O Eremita das Américas:* a odisseia de um peregrino italiano no século XIX. Santa Maria: Editora da UFSM.

Macedo. Nertan. 1964. *Memorial Vilanova*. Rio de Janeiro: O Cruzeiro.

Machado, Paulo Pinheiro. 2004. *Lideranças do Contestado*. A formação e atuação das chefias caboclas (1912-1916). Campinas: Unicamp.

Machado, Paulo P.; Espig, Márcia Janete. 2008. *A Guerra Santa revisitada*. Novos estudos sobre o movimento do Contestado. Florianópolis: Editora da UFSC.

Martins, Paulo Emílio M. 2001. *A reinvenção do sertão*: a estratégia organizacional de Canudos. Rio de Janeiro: FGV.

Micelli, Sergio. 1988. *A elite eclesiástica brasileira*. Rio de Janeiro: Bertrand Brasil.

Moniz, Edmundo. 1978. *A guerra social de Canudos*. Rio de Janeiro: Civilização Brasileira.

Monteiro, Duglas Teixeira. 1974. *Errantes do novo século:* um estudo sobre o surto milenarista do Contestado. São Paulo: Livraria Duas Cidades.

_____.1985. "Um confronto entre Juazeiro, Canudos e Contestado". In Fausto, Boris (dir.). *O Brasil Republicano*, v. 2: Sociedade e instituições (1889-1930), São Paulo: Difel. (Coleção História Geral da Civilização Brasileira, t. III).

Montenegro, Abelardo. 1973. *Fanáticos e cangaceiros*. Fortaleza: Henriqueta Galeno.

Moura, Sergio L. de; Almeida, José Maria Gouvêa de. 1985. "A Igreja na Primeira República". In Fausto, Boris (dir.). *O Brasil Republicano*, v. 2: Sociedade e instituições (1889-1930). São Paulo: Difel. (Coleção História Geral da Civilização Brasileira, t. III).

Nobre, Edianne. 2016. *Incêndios da alma*. A beata Maria de Araújo e o milagre de Juazeiro. Brasil, século XIX. Rio de Janeiro: Editora Multifoco.

Nogueira, Ataliba. 1978. *Antônio Conselheiro e Canudos*. São Paulo: Companhia Editora Nacional. (Coleção Brasiliana, v. 355).

Oliveira, Pedro A. Ribeiro de. 1985. *Religião e dominação de classe*: gênese, estrutura e função do catolicismo romanizado no Brasil. Petrópolis: Vozes.

Pereira, João Baptista Borges; Queiroz, Renato da Silva (orgs.). 2015. *Messianismo e milenarismo no Brasil*. São Paulo: Edusp.

Piedade, Lélis. 1897-1901, 2002. *Histórico e relatório do Comitê Patriótico da Bahia*. 2ª ed. Salvador: Portifolium. Edição organizada por Antônio Olavo.

Queiroz, Maria Isaura Pereira de. 1957. "La Guerre Sainte au Brésil: Le Mouvement Messianique du 'Contestado'". Boletim n. 187, Sociologia I, n. 5, FFCL/USP.

_____.1976. *O messianismo no Brasil e no mundo*. 2ª ed. revista e ampliada. São Paulo: Alfa-Ômega.

Queiroz, Maurício Vinhas de. 1981. *Messianismo e conflito social*: a guerra sertaneja do Contestado: 1912-1916. São Paulo: Ática.

Queiroz, Suely Robles Reis de. 1986. *Os radicais da República*. São Paulo: Brasiliense.

Rodrigues, R. Nina. 1897. *A loucura epidêmica de Canudos*. Rio de Janeiro: Sociedade Revista Brasileira/Typographia do Brasil.

Sampaio, Consuelo Novais (org.). 1999. *Canudos:* cartas para o barão. São Paulo: Edusp.

Sampaio Neto, José Augusto V. *et al.* 1986. *Canudos.* Subsídios para sua reavaliação histórica. Rio de Janeiro: Fundação Casa de Rui Barbosa.

Torres, João Camilo de Oliveira. 1968. *História das ideias religiosas no Brasil.* São Paulo: Grijalbo.

Valentini, Delmir José; Espig, Márcia Janete; Machado, Paulo Pinheiro (orgs.). 2012. *Nem fanáticos, nem jagunços:* reflexões sobre o Contestado (1912-2012). Pelotas: Editora da Universidade de Pelotas.

Villa, Marco Antônio. 1995. *Canudos.* O povo da terra. São Paulo: Ática.

Zaluar, Alba. 1986. "Os movimentos messiânicos brasileiros: uma leitura". *Anpocs. O que se deve ler em Ciências Sociais no Brasil.* São Paulo: Cortez/Anpocs.

5. Formação da classe operária e projetos de identidade coletiva
*Cláudio H. M. Batalha**

A formação da classe operária: um fenômeno econômico?

A formação da classe operária é frequentemente pensada como um fenômeno puramente econômico associado ao surgimento da indústria. Desse modo, a classe operária no Brasil costuma ter sua origem associada ao surto de industrialização da década de 1880, quando o número de estabelecimentos industriais triplica, passando de pouco mais de 200 em 1881 para mais de 600 em 1889 (Prado Júnior, 1976, p. 259).

Uma das críticas aos estudos calcados nessa perspectiva é que "tomavam a classe como um efeito quase mecânico da estrutura produtiva" (Petersen, 2001, p. 13), deixando de considerar que a existência de trabalhadores fabris, em si, não assegura a existência de uma classe, o que pressupõe interesses coletivos constituídos na experiência comum. A formação de classe é, portanto, um processo mais ou menos demorado, cujos resultados podem ser verificados na medida em que concepções, ações e instituições coletivas de classe tornam-se uma realidade.

Há, igualmente, análises que, além do surgimento da indústria, associam a formação da classe operária à plena imposição do trabalho assalariado sem a concorrência do trabalho escravo. Nessa concepção a escravidão dificultaria e até entravaria o processo de formação do proletariado como

---
* Professor do departamento de História da Unicamp.

classe (Foot e Leonardi, 1982, p. 109), partindo de uma oposição entre trabalho escravo e trabalho livre, que, como outros estudos mostraram (Soares, 1984, pp. 32-42; Mattos, 2008, pp. 49-54; Corrêa do Lago, 2014, pp. 69-70), está longe de ser verificada, posto que, até mesmo em fábricas e manufaturas, as duas formas de trabalho podiam coexistir. Além de não considerar os escravos como sujeitos dotados de qualquer autonomia, essa produção sacralizou uma divisão por períodos da história do trabalho fundada exclusivamente em critérios econômicos e em marcos políticos (como 1889, 1930 e assim por diante), incapaz de perceber continuidades de um período para outro e, sobretudo, desatenta para a dinâmica específica do processo de formação da classe operária.

Em um caso como no outro – o crescimento industrial da década de 1880 ou a abolição da escravidão –, seriam determinações objetivas, independentes do modo como os homens e as mulheres inseridos no trabalho fabril viam a si próprios e as relações a que estavam submetidos, que configurariam a existência de uma classe operária. Evidentemente, isso não quer dizer que o processo de trabalho, o tipo de estabelecimento industrial, o grau de mecanização da produção, o número de trabalhadores por empresa fossem fatores irrelevantes na experiência dos trabalhadores. No entanto, isso não deve conduzir a estabelecer uma relação automática entre a forma assumida pelo trabalho e a existência da classe operária, que, mais que uma decorrência da forma de trabalho, é o modo como esses trabalhadores se percebem.

A composição da classe operária

A imagem associada à classe operária na Primeira República é de que esta foi "branca, fabril e masculina". Cada um desses atributos falseia a realidade a seu modo.

Falar de uma classe operária "branca", composta em sua maioria de imigrantes europeus, é sem dúvida uma avaliação globalmente correta para os estados de São Paulo e do Sul, mas desconsidera o peso do operariado "nacional", com significativa participação de pretos, pardos ou caboclos no restante do país (Castellucci, 2015, pp. 114-115; Pinheiro, 2003, pp. 84, 87).

Além disso, mesmo em estados com grande presença de imigrantes europeus, há situações particulares que contradizem a generalização de uma classe operária branca e estrangeira, caso das cidades de Rio Grande e, mais particularmente, de Pelotas, no Rio Grande do Sul (Loner, 2001, p. 85).

Por outro lado, o caráter fabril do operariado foi grandemente exagerado nas fontes disponíveis, pois, de modo geral, os levantamentos públicos e privados do período tenderam a desconsiderar as manufaturas e oficinas, com pequeno número de operários e com trabalho manual. Ainda assim, em 1907, um levantamento realizado pelo Centro Industrial do Brasil no Rio de Janeiro – então capital da República e ainda não superada por São Paulo como principal cidade industrial do país – apontava para o predomínio de médias empresas, que, segundo os critérios adotados nesse caso, eram as empresas que possuíam entre seis e quarenta operários (Lobo, 1978, pp. 487-488). A despeito do caráter parcial desse levantamento e dos discutíveis critérios que consideravam como grandes empresas aquelas que tivessem mais de quarenta operários, nele as pequenas e médias empresas correspondiam a 72% do total. Nesse quadro, o trabalho em indústrias modernas e mecanizadas, como as de fiação e tecelagem do algodão, que reuniam centenas e até milhares de operários, representava ainda uma experiência vivida por uma minoria, ainda que numericamente muito expressiva, dos trabalhadores.

Por fim, no que diz respeito à dimensão masculina da classe operária, de fato na Primeira República prevalecem os homens no trabalho manufatureiro e industrial. Entretanto, a mão de obra feminina foi muito significativa em ramos como o têxtil e o de vestuário, chegando a ser majoritária em alguns lugares. De qualquer modo, o que é importante ressaltar é que o peso do trabalho feminino esteve sub-representado na face mais visível da classe operária – suas organizações. Inclusive nas organizações de setores que contavam com presença significativa e até mesmo majoritária de mulheres, como nas associações de trabalhadores têxteis, elas estavam quase invariavelmente ausentes dos quadros diretores. As uniões de costureiras, surgidas em 1919, no Rio de Janeiro e na cidade de São Paulo, estão entre as poucas exceções de organizações sindicais compostas e dirigidas por trabalhadoras, e assim mesmo por se tratar de um setor exclusivamente feminino.

Imigração e organização operária

"É desnecessário ressaltar o imenso significado da imigração no surgimento de ideologias negadoras do sistema vigente no país e na adoção de modelos organizatórios pela classe operária" (Fausto, 1977, p. 32).

Durante muito tempo vigorou a tese de que havia uma correlação direta entre a maciça presença de imigrantes no Sudeste e no Sul do país e a militância do movimento operário e a difusão de certas ideologias, como fica evidente na citação acima. Na medida, porém, em que os estudos sobre a imigração se aprofundaram, essa relação passou a ser vista com crescente reserva. Afinal, o que esses estudos mostraram é que a maioria dos imigrantes provinha do campo e, na maior parte das vezes, não tinha nenhuma experiência prévia de engajamento sindical ou político (Hall, 1975, p. 395). Isso, evidentemente, não quer dizer que não existissem imigrantes com experiência prévia nos seus países de origem e cuja emigração se devia não a razões de ordem econômica, mas a problemas políticos. Particularmente entre os militantes operários italianos em São Paulo, é possível encontrar vários casos que se encaixam nesse perfil. Todavia, convém enfatizar que esses casos geralmente não se encaixavam no perfil médio do imigrante italiano, não apenas pela experiência política prévia, mas também porque não provinham das mesmas regiões, tinham como destino centros urbanos e não tinham chegado por meio da imigração subsidiada destinada à lavoura (Biondi, 2011, pp. 114-118; Toledo, 2004, pp. 383-385).

Paradoxalmente a composição étnica pode ser vista mais como um elemento de dissenso do que de consenso entre os trabalhadores. A origem rural da maioria dos imigrantes, sem experiência sindical ou política anterior, a perspectiva de ascensão social e as diferenças culturais, tanto entre os diferentes grupos de imigrantes como destes com relação ao operariado nativo, que frequentemente resultam em conflitos étnicos, são alguns fatores que dificultam a organização operária (Hall; Pinheiro, 1990). Entretanto, se não há dúvida quanto à existência desses fatores, é muito difícil avaliar o seu peso efetivo e em que momentos tendem a exercer maior influência. No caso dos conflitos étnicos, por exemplo – sobre os quais não faltam testemunhos –, resta saber em que medida se trata de um fenômeno derivado da xenofobia e de identidades nacionais antagônicas dentro do movimento operário ou se se trata de um fenômeno conjuntural, relacionado, por exemplo, com momentos de maior disputa pelo mercado de trabalho.

Se o mito do imigrante militante, que traz da Europa experiência sindical e política, incapaz de se sustentar diante da evidência empírica que mostrava uma maioria de imigrantes provenientes de áreas rurais atrasadas nos seus países de origem, foi, em grande medida, abandonado nos estudos recentes, outros argumentos também contribuíram para enfraquecer esse tipo de interpretação. É lembrado, por exemplo, com pertinência, de que a própria opção pela emigração para fugir da miséria mostra a inexistência de uma crença na possibilidade de mudança da situação através da ação sindical ou política (Maram, 1977, p. 189).

Nos países em que a imigração teve um peso fundamental, como no Brasil, entre os fatores que dificultam a organização operária, em primeiro lugar, costumam figurar as divisões étnicas e os conflitos que delas derivam. Além dos problemas que naturalmente decorrem da convivência de grupos étnicos que nem ao menos possuem uma língua comum, há problemas entre os grupos instalados há mais tempo nos centros urbanos brasileiros e os de chegada mais recente. Isso vale tanto para os conflitos entre brasileiros e imigrantes como para os conflitos entre diferentes grupos étnicos de imigrantes, e até para os que ocorrem dentro do mesmo grupo étnico.

As avaliações feitas pelos militantes da época tendem a confirmar a ideia de que a imigração podia, em muitos casos, ser uma fonte de dificuldade para a organização operária. Como escreveu o socialista italiano Alceste de Ambris: "[...] Não se deve esquecer que a classe trabalhadora no Brasil é constituída de elementos díspares e variados em raça, língua, temperamento, cultura e hábitos, o que torna mais difícil o entendimento e a organização."[1]

Outra dimensão da "cultura" do imigrante frequentemente apontada por observadores contemporâneos, e que reforça sua resistência à ação de classe, é a perspectiva de "fazer a América", ou seja, de enriquecer e voltar ao país de origem. Mas a despeito do índice relativamente alto de retorno – 45% no caso do estado de São Paulo –, como aponta Michael Hall, há pouca evidência de que os que retornaram tivessem efetivamente conseguido alcançar o objetivo de enriquecer (Hall, 1975, p. 400). Por outro lado, se a perspectiva de enriquecimento rápido podia estar presente no imigrante pouco depois de sua chegada, é pouco provável que com o passar dos anos, e diante das dificuldades enfrentadas, essa crença se mantivesse, como pertinentemente sugeriu Sheldon Maram ao analisar a participação de operários estrangeiros nos movimentos grevistas de 1917-1920 (Maram, 1977, p. 192).

Se os conflitos étnicos são frequentes, quase sempre assumem o caráter de uma oposição entre setores organizados e não organizados do proletariado. Grevistas contra não grevistas ou fura-greves. Trabalhadores empregados e protegidos por sua organização sindical contra recém-chegados desvinculados de uma organização profissional. São raros os conflitos envolvendo dos dois lados categorias organizadas que assumem uma dimensão étnica. Um dos poucos casos conhecidos foi o conflito violento que se seguiu à eleição para a diretoria da Sociedade de Resistência dos Trabalhadores em Trapiche e Café, no Rio de Janeiro, em 1908, de uma chapa que contava com a presença de imigrantes, enquanto a maioria da categoria era composta por pretos e pardos, que até então dominavam as diretorias (Maram, 1979, p. 31). Mesmo nesse caso, porém, é discutível até que ponto a composição étnica de cada um dos grupos explica o conflito, posto que não faltam outros exemplos de confrontos físicos violentos entre facções dos sindicatos portuários do Rio de Janeiro sem que a diferença étnica estivesse presente.[2] Pode-se até falar de uma cultura da violência nas associações portuárias tanto no Rio como em Santos, que não tem ligação direta com a oposição entre grupos étnicos (Gitahy, 1992, p. 122; Silva, 2003, pp. 149-159).

Por outro lado, se há uma série de categorias profissionais que são dominadas por determinados grupos étnicos, o que frequentemente provoca o afastamento dos trabalhadores de outras etnias das organizações profissionais controladas pelo grupo majoritário, a organização dos trabalhadores com base na nacionalidade é relativamente pouco significativa. Assim, Michael Hall (1975, p. 398) cita o exemplo, entre os chapeleiros de São Paulo na década de 1890, dos trabalhadores brasileiros, alemães, espanhóis e portugueses que se sentiam marginalizados pelos italianos, que controlavam a associação da categoria, onde o italiano prevalecia como língua até nos estatutos. Parece provável, portanto, que grupos nacionais minoritários enfrentassem algum grau de dificuldade em categorias como os vidreiros da Água Branca, em São Paulo, de maioria francesa, os trabalhadores de cafés, bares e restaurantes no Rio, de maioria espanhola, ou a construção civil em Santos, de maioria portuguesa. Seria lógico supor que, se a identidade étnica fosse um fator fundamental em meio ao operariado organizado, proliferariam associações operárias organizadas exclusivamente com base na nacionalidade ou na origem étnica, mas os exemplos nesse sentido são pouco numerosos. No Rio de Janeiro existiu, nos primeiros anos do século XX, uma Liga Operária Italiana que desapareceu depois do Primeiro Congresso Operário Brasileiro de 1906. Já em São Paulo, a mais célebre associação estrangeira foi a associação geral dos trabalhadores alemães, Allgemeiner Deutscher Arbeiterverein, de orientação social-democrata, ativa da década de 1890 até pelo menos a de 1920. No entanto, se essa associação chegou a ter um papel importante nos primeiros anos de sua existência no conjunto do movimento operário paulistano, esse papel tornou-se menos relevante com o passar do tempo à medida que a organização do movimento ampliou-se em número de associações e setores abrangidos.

No início de 1913 o movimento operário chegou a organizar uma campanha contra a emigração para o Brasil, decidindo, em reuniões realizadas no Rio de Janeiro, em Santos e em São Paulo, pelo envio de representantes à Europa a fim de fazer propaganda.[3] Essa campanha, porém, longe de representar uma reação contra os imigrantes, visava a fazer conhecer aos candidatos potenciais à emigração, assim como aos seus governos, as condições desfavoráveis que encontrariam no Brasil. Tratava-se da resposta dada pelo movimento às expulsões de operários imigrantes que participaram das greves em Santos em 1912 e à ampliação dos dispositivos da Lei de Expulsão de Estrangeiros de 1907, aprovada pelo Congresso Nacional em 1913 (Gitahy, 1992, pp. 69-71).

O que mais tem mudado com as análises mais recentes é a tendência a matizar a avaliação – que passou a vigorar como reação ao automatismo da relação entre imigração e militância – de que muitas vezes a imigração continha em si elementos capazes de dificultar a organização operária. Todavia, mesmo levando em conta diferenças étnicas, religiosas, regionais e linguísticas que podem contribuir para a divisão do operariado, essa tendência busca não superestimá-las. As disputas entre imigrantes provenientes de diferentes regiões da Itália, por exemplo, indicam lealdades regionais, que por vezes, mas nem sempre se sobrepõem ao sentimento de pertencimento à mesma nação (Hall, 2004, p. 264). Não era incomum entre imigrantes que viessem a se descobrir como italianos, alemães ou outros uma vez expatriados (Biondi, 2011, pp. 74-75). Uma demonstração da resiliência das identidades regionais é que até 1896 na cidade de São Paulo, ao passo que existiam organizações de alemães, franceses, espanhóis, portugueses, não existia uma organização comum dos italianos, mas uma série de associações regionais de meridionais, calabreses, vênetos etc. (Trento, 1990, p. 41).

A conclusão a ser tirada da produção que relaciona a imigração com a formação da classe operária no Brasil é o abandono por completo das análises fundadas em determinações estruturais que podiam conduzir tanto a ver necessariamente em todo imigrante um anarquista ou, ao contrário, percebê-lo como exclusivamente movido pelo interesse individual de enriquecimento, o que tornaria implausível sua participação em movimentos coletivos. Se existiam dificuldades objetivas para a organização coletiva dos imigrantes e das classes trabalhadoras de modo geral, não faltaram exemplos, ao longo da história da Primeira República, de momentos em que essas dificuldades foram suplantadas.

A classe como manifestação histórica

Os segmentos da classe operária que mais facilmente se organizaram, em muitos casos desde o século XIX, foram os trabalhadores qualificados, detentores de um ofício. Tipógrafos, alfaiates, sapateiros, pedreiros, marceneiros, padeiros estavam à frente da mobilização operária de Belém a Porto Alegre. Esses trabalhadores geralmente não eram mais artesãos independentes, mas assalariados submetidos a um patrão; no entanto, detinham um saber de ofício que lhes conferia um certo poder de barganha nas negociações por melhores salários ou condições de trabalho. Além disso, estavam mais protegidos do infortúnio que os trabalhadores desqualificados, por serem mais bem pagos e possuírem maior facilidade de colocação no mercado de trabalho, mas também por contarem com mecanismos de proteção contra doenças e mesmo o eventual desemprego, quer através de sociedades mutualistas de ofício, quer através dos seus sindicatos. Essas características não eram uma exclusividade do caso brasileiro, pois, mesmo em países europeus industrializados, até 1914, a base do movimento operário era constituída pelos trabalhadores qualificados, e a maioria dos trabalhadores, isto é, os desqualificados, estava fora dos sindicatos (Geary, 1984, pp. 16-17).

A despeito da situação vantajosa dos trabalhadores qualificados, se comparados aos sem qualificação, as transformações na produção capitalista e no processo de trabalho ameaçavam essa situação. Em muitos setores esses trabalhadores de ofício viam sua importância decrescer com a introdução de novas técnicas de produção, de mecanização e de mão de obra mais barata, como o trabalho feminino. A nostalgia de um passado idealizado do artesão e o lamento da arte (saber de ofício) perdida marcam o discurso dos porta-vozes desses trabalhadores.

Em janeiro de 1913, no Rio de Janeiro, o socialista Mariano Garcia, que fora cigarreiro, ao comentar sobre a situação de sua categoria e a perspectiva de que a Sociedade Beneficente dos Cigarreiros viesse a desaparecer por falta de gente disposta a assumir a diretoria, atribuía as dificuldades à mecanização da produção e à introdução do trabalho de mulheres, que haviam acarretado a queda de salários e o afastamento de antigos cigarreiros.[4]

Como resposta ao processo de desqualificação, mecanismos de controle do aprendizado chegaram a ser propostos por sociedades operárias, como a União dos Trabalhadores Gráficos de São Paulo, que, em 1905, propôs a criação de uma Escola do Livro com esse intuito (Vitorino, 2000, pp. 145--146). Já os tipógrafos de Maceió, alguns anos antes, em 1899, viam na solidariedade o melhor mecanismo para superar as disputas entre diferentes ofícios e unificar a classe operária (Maciel, 2009, p. 151).

Sob a liderança de trabalhadores qualificados de ofício, o movimento operário foi moldado pelo discurso e pelas formas de organização desses trabalhadores. Até 1917, em cidades como o Rio de Janeiro e São Paulo, os trabalhadores fabris tiveram pouco peso na condução do movimento operário, a despeito de ser o setor que mais crescia e cujas empresas reuniam o maior número de operários. O próprio predomínio, até a segunda metade da década de 1910, de organizações sindicais fundadas sobre o ofício em detrimento das organizações baseadas no ramo de atividade ou no setor industrial dificultava uma maior participação de operários fabris nos movimentos coletivos. Os vários ofícios da construção civil foram reunidos no Rio de Janeiro, em 1915, pela União Geral da Construção Civil, que logo se desarticulou, voltando a organizar-se em 1917. Em São Paulo, a união dos ofícios desse setor ocorre em 1919 com a formação da Liga Operária da Construção Civil. Fenômeno semelhante se produziu entre os metalúrgicos, que só foram unificados no Rio de Janeiro em 1917, na União Geral dos Metalúrgicos, e em São Paulo em 1919, na União dos Operários Metalúrgicos. A principal exceção a essa lógica é o caso dos operários têxteis, cujas organizações desde os primeiros anos do século XX foram formadas com base na indústria, mas tinham inúmeras dificuldades para mobilizar o grande número de trabalhadores do setor.

No entanto, se em grande medida o movimento operário das primeiras décadas do século XX é moldado pelos trabalhadores qualificados de ofício, isso em absoluto não significa endossar a teoria de que doutrinas como o anarquismo seriam características de trabalhadores ainda não plenamente inseridos no trabalho industrial. Esse tipo de visão é marcado por um viés ideológico que pressupõe que trabalhadores industrializados deveriam adotar como ideário um socialismo de cunho marxista. Implica, portanto, uma valorização desse último e uma percepção negativa do anarquismo. Entretanto, tanto o socialismo como o anarquismo eram doutrinas presentes nesse movimento operário. O que levou o anarquismo a suplantar o socialismo na preferência de muitos militantes operários deve-se menos às características do tipo de trabalhador que militava nesse movimento e muito mais às condições políticas do Brasil da Primeira República. Pois é difícil supor que um socialismo em grande parte voltado para a mudança através do processo eleitoral, que distingue o socialismo da Segunda Internacional, pudesse florescer em um quadro político em que o espaço para a participação eleitoral dos trabalhadores fosse tão limitado quanto o caso brasileiro. Como veremos adiante, essa explicação está longe de ser satisfatória.

A organização dos trabalhadores, fossem eles qualificados ou não, é um traço marcante do Brasil da Primeira República. O volume de associações criadas tendia a ser particularmente visível em momentos de ascenso do movimento operário, quando condições econômicas favoráveis conferiam um maior poder de barganha ao operariado e os movimentos grevistas tinham maiores chances de sucesso. Assim, de 1917 a 1919, nas cidades do Rio de Janeiro e de São Paulo, foram criadas mais organizações operárias do que em qualquer outro período de tempo equivalente. Essa tendência pode ser lida como um indicativo do caráter efêmero das sociedades operárias e de sua instabilidade, mas também pode ser interpretada como uma demonstração de que, a despeito de condições adversas (recessão econômica, repressão etc.) que podiam conduzir ao fechamento das associações, a cada conjuntura mais favorável, o operariado estava propenso a reconstituir e ampliar sua organização. Os momentos de mobilização em várias cidades brasileiras, como os contextos de intensificação de greves de 1902-1903, 1906-1907, 1917-1919 ou o movimento contra a carestia de vida de 1913, apontam para uma outra questão: a de que esses momentos ímpares da ação coletiva envolviam muito mais gente do que o número restrito de trabalhadores – sobretudo qualificados – pertencentes às sociedades operárias. São nesses processos que a classe como uma realidade histórica aparece, na medida em que os interesses coletivos se sobrepõem aos interesses individuais e corporativos. É então que podemos falar de formação de classe operária, não como o resultado mecânico da existência da indústria ou da abolição da escravidão, mas como um processo conflituoso, marcado por avanços e recuos, pelo fazer-se e pelo desfazer-se da classe, que surge na organização, na ação coletiva, em toda a manifestação que afirma seu caráter de classe.

Além disso, nesse processo de formação de classe é preciso considerar as experiências prévias de organização dos trabalhadores, o que no Império se deu primordialmente por meio das sociedades mutualistas, fossem elas específicas de trabalhadores ou não, como frequentemente ocorria com as sociedades voltadas para determinadas nacionalidades ou origens regionais. Com o advento da República e o fim das restrições às organizações de cunho sindical ocorreu uma diversificação das formas de organização dos trabalhadores, porém, a diferenciação de funções entre sociedades de auxílio mútuo e sindicato continuou pouco clara, a ponto de sociedades do primeiro tipo, por vezes, na prática assumirem funções dos últimos e vice-versa. Não faltam exemplos na Primeira República de sociedade híbridas de diversos tipos nas quais quaisquer combinações de funções mutualistas, recreativas, educativas, sindicais podiam coexistir. Como é o caso do Grêmio Dramático e Musical Luso-Brasileiro, sediado no bairro do Bom Retiro em São Paulo, que em 1900 adota certas práticas mutualistas (Siqueira, 2002, pp. 131-132). A realidade teima em sempre mostrar-se infinitamente mais complexa do que os modelos estabelecidos por acadêmicos.

Da análise da relação entre associações mutualistas e sindicatos surgiu duas perguntas levantadas pelos historiadores: se as sociedades mutualistas precederam cronologicamente os sindicatos; e se o surgimento destes levaram ao fim das primeiras. Alguns argumentam que o surgimento de ambos é praticamente contemporâneo, o que parece demonstrar (ainda que de maneira discutível) o caso São Paulo (Simão, 1981, p. 151; De Luca, 1990, p. 10). Ao passo que outros sustentam que as primeiras precederam de décadas os segundos, o que também pode ser verificado em cidades que possuíam uma tradição antiga de ofícios manuais organizados tais como Salvador, Recife e o Rio de Janeiro (Batalha, 1999, p. 54; Mac Cord, 2012, p. 30). Ou seja, as duas situações possivelmente existiram em diferentes contextos geográficos. Com respeito à segunda pergunta, ela resultou da visão etapista com que a formação da classe operária foi encarada pelos primeiros estudos acadêmicos da década de 1960 (Rodrigues, 1968, p. 6); hoje parece haver um relativo consenso que durante um largo período de tempo, pelo menos até a consolidação da previdência oficial (Viscardi e Jesus, 2007, p. 44), mutuais e sindicatos coexistiram e que, portanto, o gradual desaparecimento das sociedades mutualistas não se deveu à emergência dos sindicatos.

Qual república?

A grande esperança suscitada nos meios organizados do operariado pelo advento da República em 1889, recebida como marco inaugural de uma nova era de direitos políticos e sociais, pode ser comprovada pela passagem do editorial da *Voz do Povo*, jornal que tinha como subtítulo "órgão operário dos Estados Unidos do Brasil".

> Novos horizontes se abrem ao povo brasileiro, com o estabelecimento da forma republicana de governo no país. A democracia, que na sua acepção pura [...] é o regime de igualdade dos direitos como dos deveres, veio enfim nivelar todas as classes na partilha dos bens sociais, libertando-as do privilégio de umas sobre outras.
>
> O Proletariado nacional, que até hoje foi apenas uma força anônima servindo de base a todas as ambições, por inconfessáveis que fossem, pas-

sou destarte a ser uma força preponderante na sociedade, um elemento de prosperidade, de riqueza e de progresso. Sob a base da ordem, representada pelos poderes que se constituíram, o industrialismo tomará ingente impulso, valorizando a entidade moral e social do operário, que é modestamente o grande fator da civilização e da grandeza dos povos.[5]

A expectativa positiva com o novo regime foi seguida de uma igualmente grande desilusão, na medida em que este se mostrou incapaz de atender aos anseios da classe operária. Essa desilusão é um tema que aparece repetidas vezes na imprensa operária nos anos que se seguiram ao 15 de novembro de 1889. Muitos dos futuros socialistas, como o gaúcho Francisco Xavier da Costa (Schmidt, 2004, pp. 273-274), bem como futuros anarquistas, como os paulistas Benjamim Mota e Edgard Leuenroth (Toledo, 1998, p. 102), chegaram a essas concepções conforme viram a República fechar as portas a toda esperança de transformação efetiva.

Essa desilusão propiciou três tipos de resposta de parte do movimento operário. A primeira foi a da busca de obtenção de direitos sociais, sem questionamento do sistema político, sustentada pelo positivismo, cooperativistas e toda uma série de manifestações do sindicalismo reformista. Como deixa claro o ofício circular de outubro de 1909 do Círculo dos Operários da União, com sede no Rio de Janeiro, que proclamava entre seus objetivos: "Pugnar dentro da mais absoluta ordem e do respeito à lei, perante os poderes constituídos do país, pelos direitos e interesses legítimos da classe, outorgados pela libérrima Constituição de 24 de fevereiro [de 1891], tão descuidados até hoje..."[6]

A segunda resposta foi aquela que propunha a conquista de direitos sociais aliada a direitos políticos, visando à mudança do sistema pela participação no processo político-eleitoral, posição dos socialistas e dos setores mais politizados do sindicalismo reformista. O Partido Operário Brasileiro, de 1893, justifica no seu programa seu lançamento com base no argumento de que "a emancipação econômica da classe trabalhadora é inseparável da sua emancipação política".[7] E propunha ainda a eleição direta para todos os cargos eletivos pelo sufrágio universal e a possibilidade de revogação dos mandatos, assim como a extensão do direito de voto a todos os indivíduos que atingissem o "estado civil" (21 anos). Cinco anos mais tarde, o socialista Vicente de Souza escreveria:

O Socialismo, no Brasil, perante a forma republicana, já agora iludida e falseada em todas as relações que serviram de base à propaganda e às promessas, recolhe em seu seio a grande multidão dos que esperam ainda a verdade do republicanismo radical.

Não há, não pode haver antagonismo entre as duas denominações pois que o Socialismo, em sua inteira e exata acepção, é a forma social e política que realiza todas as promessas, todas as aspirações e todas as soluções do problema republicano.[8]

Na concepção de Vicente de Souza fica evidente que apenas o socialismo seria capaz de levar a cabo as promessas da República. Torna-se comum aos socialistas brasileiros, a partir da década de 1890, a transposição para a República do mesmo raciocínio já empregado pelo movimento socialista com respeito à Revolução Francesa, o de que uma e outra seriam processos iniciados, porém deixados incompletos, cabendo, portanto, aos socialistas levá-los adiante.

Finalmente, a posição de negação da política institucional, depositando na ação direta a forma de pressão necessária para a obtenção de conquistas, defendida por sindicalistas revolucionários e anarquistas. Apesar das implicações não inteiramente iguais em um caso e em outro da noção de ação direta, para ambos a ação direta passava pela rejeição de intermediários, de mediadores, fossem esses mediadores os partidos políticos, indivíduos ou representantes do governo.

No Congresso Operário Brasileiro, realizado em abril de 1906 na capital da República, em cujas resoluções prevaleceu uma orientação sindicalista revolucionária proposta pelos anarquistas, a resolução que respondia ao tema 1, em que era perguntado se as sociedades operárias deveriam aderir a uma "política de partido" ou conservar a neutralidade, dizia:

> Considerando que o operariado se acha extremamente dividido pelas suas opiniões políticas e religiosas; que a única base sólida de acordo e de ação são os interesses econômicos comuns a toda a classe operária, os de mais clara e pronta compreensão; que todos os trabalhadores, ensinados pela experiência e desiludidos da salvação vinda de fora da sua vontade e ação, reconhecem a necessidade iludível da ação econômica direta de pressão e resistência, sem a qual, ainda para os mais legalitários, não há lei que

valha. O Congresso Operário aconselha o proletariado a organizar-se em sociedades de resistência econômica, agrupamento essencial e, sem abandonar a defesa, pela ação direta dos rudimentares direitos políticos de que necessitam as organizações econômicas, a pôr fora do sindicato a luta política especial de um partido e as rivalidades que resultariam da adoção, pela associação de resistência, de uma doutrina política ou religiosa, ou de um programa eleitoral (Pinheiro; Hall, 1979, pp. 46-47).

Resoluções dentro do mesmo espírito foram aprovadas nos congressos operários brasileiros de 1913 e 1920, e, inclusive, a maioria dos anarquistas que atuavam no movimento sindical passa a defender essa postura, encarando a opção pelo ideário anarquista como uma escolha individual fora do sindicato. Ainda em 1906, o jornal anarquista gaúcho *A Luta* reforça essa postura dentro dos sindicatos.

Como temos procurado explicar, sempre que tratamos de sindicalismo, das associações operárias desse gênero, devem ser excluídas todas as ideias políticas, religiosas ou filosóficas, e apenas prevalecer a de uma conquista econômica pela ação direta dos indivíduos solidários e conscientes.[9]

No campo do anarquismo, porém, a participação nos sindicatos e a luta sindical permaneceu uma questão controversa. Prevalecia a corrente chamada anarcocomunista, que tinha como principais referências internacionais o russo Piotr Kropotkin e o italiano Errico Malatesta. Tanto um como o outro, em diferentes contextos, haviam sido ora favoráveis à ação sindical, ora contrários. Assim os anarcocomunistas no Brasil dividiam-se entre os contrários à ação sindical, tendo como principal porta-voz o jornal paulista *La Battaglia*, dirigido por Gigi Damiani, e os favoráveis, tendo como expressões mais conhecidas o português Neno Vasco (Gregório Nazianzeno Moreira de Queiroz Vasconcelos), cujas concepções foram consolidadas no livro *Concepção anarquista do sindicalismo* (publicado postumamente em 1923) e Edgard Leuenroth, editor de diversos jornais libertários. Outra corrente anarquista era a do anarquismo individualista, que provinha das ideias do filósofo alemão Max Stirner, e atraía sobretudo intelectuais voltados para grupos de propaganda e iniciativas educacionais, como a Universidade Popular de Ensino Livre, que funcionou no Rio de Janeiro em 1904, tendo Elísio de Carvalho e Fábio Luz entre seus principais mentores (Jomini, 1990, pp. 57-59). No entanto, mesmo entre os anarquistas individualistas houve quem tivesse atuação no movimento sindical, como o tipógrafo português Mota Assunção, que esteve entre as principais lideranças anarquistas da então capital federal até abraçar o socialismo em 1911.

Além do debate entre a participação ou não dos sindicatos nas fileiras anarquistas, a partir de 1913 surge outra controvérsia quando a Federação Operária Local de Santos (FOLS) passou a defender a adoção programática pelos sindicatos do anarquismo, contrapondo-se à posição dominante de Vasco e Leuenroth nos congressos de 1906 e 1913, que sustentava a neutralidade dos sindicatos com relação a doutrinas religiosas, filosóficas e políticas (Silva, 2003, pp. 240-241). A posição defendida pela FOLS havia sido previamente adotada, em 1905, pela Federação Operária Regional Argentina (FORA) nas resoluções do seu 5º Congresso (Suriano, 2009, p. 32). Todavia, se no Brasil essa posição manteve-se isolada até pelo menos a realização do 3º Congresso Operário Brasileiro em 1920, ao longo dessa década, particularmente, diante da concorrência com comunistas no meio sindical, tornou-se mais frequente que organizações sob controle anarquista viessem a adotar essa concepção.

A luta por direitos sociais

Como resposta à exclusão social e política que não terminou com o advento da República, parte substancial dos setores organizados da classe operária priorizou a luta por direitos sociais. Mas as razões que conduzem a eleger os direitos sociais, muitas vezes em separado e em prejuízo da luta por direitos políticos, variam consideravelmente de corrente para corrente do movimento operário. Destacam-se, entre as correntes que por razões opostas voltam-se para a luta por direitos sociais, tanto as circunscritas e limitadas manifestações de positivismo no meio operário como a face mais visível do sindicalismo na Primeira República, que foi a corrente sindicalista revolucionária.

A concepção comtiana da incorporação do operariado à sociedade moderna, largamente divulgada pelos positivistas brasileiros, remete a direitos sociais, e não a direitos políticos (Carvalho, 1987, p. 54). Há, entretanto, toda uma série de projetos de origens diversas, como a doutrina social da Igreja e o corporativismo, que, sem uma relação direta com o positivismo, preservam essa mesma concepção.

A posição positivista no meio operário foi representada especialmente pelo já mencionado Círculo dos Operários da União – Culto do Trabalho, organização que atuou, sobretudo, na então capital da República, com ramificações pelos estados vizinhos entre 1909 e a década de 1920. Um dos melhores exemplos das posições adotadas por essa organização é a carta endereçada aos organizadores do IV Congresso Operário Brasileiro que publicou no diário carioca *A Época* em 24 de outubro de 1912. O Círculo, através de seu vice-presidente, Abílio de Santana, agradeceu, porém, recusou o convite para participar do congresso alegando dever aguardar o trâmite dos projetos "sujeitos às sábias, doutas e criteriosas deliberações do Poder Legislativo", bem como "esperar as resoluções do Exmo. Sr. Presidente da República, pelos esclarecidos órgãos do seu governo" com respeito às solicitações que o Círculo encaminhara pelas reformas do "atual regime do trabalho". O texto do Círculo também mostra "plena convicção de que a máscula ação do governo, ou antes, a elevação de vistas dos poderes públicos" será eficaz perante os patrões, pois uma legislação para os operários da União teria reflexos sobre os trabalhadores do setor privado (Confederação Brasileira do Trabalho, 1913, pp. 178-179). Dentro dessa perspectiva, qualquer forma de mobilização ou pressão era vista como prejudicial à obtenção dos direitos pleiteados. Os integrantes do Círculo eram movidos pela crença de que os parlamentares e o governo não poderiam deixar de tomar uma atitude diante da justeza das reivindicações apresentadas. Prevalece, portanto, nessa organização uma perspectiva que descarta a luta política e o conflito. Nesse sentido, o Círculo representa um tipo bastante peculiar de organização de trabalhadores, agindo muito mais como grupo de pressão moral do que como sindicato. Já na mensagem do Círculo, anteriormente citada, enviada às autoridades em outubro de 1909, na qual anuncia estar em funcionamento e solicita apoio "moral e cívico", inclui entre seus fins:

Cooperar e colaborar com o Governo nas medidas que tenham por fito melhorar as condições de vida das classes trabalhadoras, de que somos parte, promovendo assim a confraternização das classes produtoras em geral, e o feliz consórcio entre o Capital e o Trabalho pelas formas enunciadas no regime de arbitragem, de modo que cesse de vez, na espécie humana, a luta de castas que entorpece o surto da unidade de vistas altruísticas [...].[10]

Nesse caso, não creio que conceitos como o de "estadania" (Carvalho, 1987, pp. 54-55), que foi forjado para designar a posição de correntes operárias que se deixavam cooptar pelo Estado, contribuam para a compreensão dessas posições. A separação entre direitos sociais e direitos políticos que norteia a concepção do Círculo não é um traço exclusivo da cultura ibérica nem tampouco das características específicas da cidade do Rio de Janeiro, que servem de fundamento para o conceito (Carvalho, 1987, pp. 149-152), pois não faltam exemplos semelhantes em outros contextos. Operar com modelos ideais de cidadania não permite ver que o que de fato o Círculo faz é conferir ao Estado o papel de avalista de direitos que ele, Círculo, julga existir. Não há capitulação diante do Estado, mas negociação com este no terreno moral escolhido pelos partidários do Culto do Trabalho. O fato desse projeto não ter obtido sucesso não deve servir de pretexto para sua desqualificação pela posteridade.

Partindo de uma perspectiva completamente diversa, mas guardando em comum com as posições anteriormente descritas a separação entre direitos políticos e direitos sociais, situava-se a corrente de maior visibilidade do sindicalismo brasileiro: o sindicalismo revolucionário. Essa corrente, que frequentemente foi designada por diversos autores como "anarcossindicalista" (Sferra, 1987, pp. 18-19), não foi uma mera ramificação do anarquismo, mas uma corrente autônoma, fundamentada em uma doutrina própria, que conservava tanto elementos do anarquismo, como a ação direta e o federalismo, como do marxismo, a exemplo da luta de classes (Toledo, 2004, p. 19). A confusão com o anarquismo em parte se justifica na medida em que vários dos dirigentes do movimento operário eram anarquistas que defendiam, como vimos, a adoção de um programa sindicalista revolucionário pelas organizações de cunho sindical, como propunha Neno Vasco. Essa corrente, que dominou os congressos operários brasileiros de 1906, 1913 e

1920, recusava a luta política não por conformismo com a ordem vigente, mas por não ver nas práticas eleitorais e parlamentares a possibilidade de transformar a sociedade. É por meio da luta econômico-sindical em torno das condições e da remuneração do trabalho, e adotando por método a ação direta particularmente expressa em movimentos grevistas, que o sindicalismo revolucionário pretendia alcançar a emancipação dos trabalhadores.

Em 1904, Elísio de Carvalho escreveu no jornal anarquista *O Amigo do Povo*:

> A ação direta, como meio revolucionário e de emancipação econômica, é a tática a mais consentânea com os princípios positivos do anarquismo insurrecional. Esta nova forma de ação revolucionária e libertadora é o método de luta o mais eficaz que possui o proletariado contra os seus opressores e os seus exploradores. [...] A ação direta, consciente e ativa, manifestada em todos os terrenos, traz ainda consigo a bancarrota do reformismo e a desmoralização do parlamentarismo, elimina essa corja de charlatães [*sic*] que vivem da miséria do operariado ignorante, é a morte de todos os partidos políticos que têm por campo de luta o *parlamento*, e como arma de combate o *sufrágio universal*, as duas grosseiras ilusões que ainda alimentam o cérebro domesticado dos ineptos.[11]

Ao contrário de outras correntes que buscavam a garantia de direitos sociais através da legislação, o sindicalismo revolucionário acreditava unicamente na capacidade de mobilização dos trabalhadores para garantir que os patrões mantivessem as conquistas obtidas em greves.

A cidadania operária

O termo cidadania foi de tal modo vulgarizado que pode ser utilizado nas mais diversas situações. Sindicatos, empresas, governos empregam o termo conferindo-lhe os mais diversos significados, o que tem conduzido muitos a encará-lo com crescente ceticismo e até a contrapô-lo a uma perspectiva classista (Welmowicki, 2004).

As correntes políticas do movimento operário na Primeira República, os socialistas em particular, propunham em seus programas não apenas direitos sociais, mas também a ampliação dos direitos políticos, por exemplo, pela da extensão do direito de voto. Nesse sentido, podemos dizer que lutavam pela cidadania, ainda que o termo não fosse usual no vocabulário da época. Portanto, seu uso requer cuidado e, sobretudo, deve vir acompanhado de uma explicação sobre seu significado dentro de cada contexto.

A resposta encontrada pelas classes trabalhadoras durante a Primeira República a um sistema que levava a sua exclusão social e política está em parte no mundo associativo criado. O associativismo nesse período das classes trabalhadoras em geral, e da classe operária em particular, se expressa através de uma rede extremamente diversificada e rica de associações. Sociedades recreativas, carnavalescas, dançantes, esportivas, conviviam lado a lado com sociedades mutualistas, culturais e educativas e, também, com sociedades profissionais, classistas e políticas. Em que medida toda e qualquer sociedade composta por trabalhadores, independentemente de seus objetivos, expressa identidade de classe ainda é objeto de controvérsia. Há aqueles que associam a identidade operária a formas de ação coletivas e associações que reivindiquem seu caráter de classe (Batalha, 1991-1992), ao passo que outros veem em toda sociedade composta por trabalhadores, inclusive clubes de futebol, uma forma de identidade classista (Pereira, 2000, pp. 255-280).

Todavia, se o mundo associativo possibilitava um espaço de participação política, que em grande medida não dependia das normas legais que regiam a política formal, constituindo uma espécie de contrassociedade, governada por outros valores, a capacidade e mesmo a vontade por parte dessas sociedades de buscar espaços na política formal eram relativamente limitadas. Coube às organizações de cunho eminentemente político, os partidos operários, desempenhar esse papel.

Desde a última década do século XIX, a maioria dos programas políticos de organizações que, sob a denominação de partidos operários ou socialistas, tinham como objetivo a defesa dos interesses da classe trabalhadora passava pela ampliação dos direitos políticos, em particular propondo reformas do sistema eleitoral. No sistema vigente votavam apenas os homens, brasileiros, maiores de 21 anos, alfabetizados e alistados como eleitores. Todo o processo eleitoral era controlado pelo partido situacionista, propiciando fraudes, e não havia voto secreto, deixando os eleitores à mercê de todo tipo de pressão. Assim, durante a Primeira República, as eleições de candidatos operários foram fenômenos raros, limitados a uns poucos casos: como o do tipógrafo João Ezequiel, eleito deputado estadual, em 1913, em Pernambuco graças à sua inclusão na lista oficial do governador general Dantas Barreto; e, em 1928, a eleição dos comunistas Minervino de Oliveira e Octávio Brandão para o Conselho Municipal do Distrito Federal pelo Bloco Operário e Camponês. As características do funcionamento dos legislativos, com garantia de ampla maioria para o situacionismo, tornavam as eleições de eventuais candidatos operários muito mais um feito propagandístico do que uma possibilidade para mudanças significativas no sistema político.

Aliás, será precisamente a oportunidade para a propaganda política que as eleições propiciavam que o Partido Comunista – Seção Brasileira da Internacional Comunista usava, nos anos 1920, como justificativa para participar do processo.

Em artigo em fevereiro de 1928, publicado no jornal *A Esquerda*, assinado por P. Lavinsky (que deve ser um pseudônimo), essa posição é explicitada:

> [...] só nos devem encher de satisfação as novas diretivas que vem adotando o movimento proletário entre nós, arregimentando suas forças para futuras batalhas eleitorais, que inaugurarão uma fase na política, fazendo com que o proletariado entre em cena, independente dos chorrilhos políticos da burguesia, manifestando sua vontade firme de afirmar-se numa classe forte e politicamente capaz de escolher seus mais dedicados membros para as investiduras legislativas. Será um dos muitos meios de alargar sua luta geral contra os exploradores, criando uma nova frente de combate e preparando com ela novas bases para um mais largo movimento de massas capaz de derrubar definitivamente os seus exploradores e levá-los à definitiva vitória contra os seus inimigos seculares.[12]

O artigo termina conclamando os operários ao alistamento eleitoral.

A posição comunista na questão eleitoral acaba sendo um meio-termo entre aquela dos socialistas e das demais correntes reformistas que advogavam a participação eleitoral, e aquela de rejeição dos procedimentos e instituições político-parlamentares, que marca a atuação de anarquistas e de sindicalistas revolucionários. Como os primeiros, os comunistas defendem a participação no processo eleitoral, não compartilhando, porém, da esperança de que a via político-parlamentar possibilite mudanças. Assim, como os últimos, é na revolução, e não na via parlamentar, que concebem a única possibilidade de rupturas; entretanto, não deixam de ver a luta eleitoral como mais um espaço de exercício da luta política.

Voltando ao tema da exclusão política da classe operária e das respostas a essa situação, o "Programa mínimo" do Partido Socialista Brasileiro, que consta do seu "Manifesto" de 1902, propunha, entre outras medidas, os seguintes pontos:

> 3 – Trabalho permanente de qualificação eleitoral, e demais reformas que facilitem a ação eleitoral. [...] 8 – Reconhecimento do direito de cidadãos a todos os estrangeiros que tenham um ano de residência no país. [...] 10 – Revogabilidade dos representantes eleitos no caso de não cumprirem o mandato popular. (...) 19 – *Referendum* político e econômico, por voto direto, de iniciativa popular. [...] 22 – Igualdade política e jurídica para os dois sexos. 23 – Voto político para todos os cidadãos, como também para as mulheres, desde a idade de 18 anos.[13]

Afora a aparente falta de lógica na ordem desses objetivos políticos, que se mesclam com outros objetivos políticos e econômicos no "Programa mínimo", chama a atenção o fato de que, passados cem anos, alguns dos pontos citados continuam a fazer parte do programa da esquerda, como o *referendum* popular. Outros, como a revogabilidade dos mandatos, estão ainda longe de figurarem um horizonte próximo.

Nesse "Manifesto" do PSB, partido em grande medida composto por trabalhadores, aparece uma concepção de cidadania que não apenas garante melhores condições de trabalho, protegendo o trabalhador através de mecanismos legais, propondo a promoção de uma maior justiça social, sobretudo através de medidas fiscais, como vincula de forma indissociável direitos sociais a direitos políticos, sustentando que a obtenção de uns depende dos outros.

Se, sob o olhar de hoje, o diagnóstico da situação e as propostas contidas no Manifesto do PSB parecem justos, a pergunta inevitável é: por que não houve um partido socialista operário de peso no Brasil?

Para não falarmos de exemplos mais distantes da realidade brasileira, tanto o Chile como a Argentina constituíram a partir de certo momento partidos socialistas unificados (a despeito de divisões esporádicas) de maior ou menor peso e estabilidade, ao passo que no Brasil da Primeira República o que houve foi uma sucessão de agremiações políticas operárias de curta duração, frequentemente concorrentes, e de implantação puramente local ou, quando muito, estadual. É verdade que o caso do Chile tem algumas características que dificultam a comparação, como uma classe operária em que a imigração teve pouco peso, portanto mais homogênea, e um sistema político que, a despeito de fraudes e manipulações, contava com o sufrágio masculino e o voto secreto desde a década de 1880 (Deshazo, 1983, p. 43, pp. 117-119). No caso argentino, porém, a imigração teve um papel ainda mais significativo que no Brasil, tendo sido o principal destino na América Latina para a emigração europeia. Assim como a cidade de São Paulo das primeiras décadas do século XX (que estava longe de constituir a regra no caso brasileiro), a maioria da população economicamente ativa de Buenos Aires, entre 1885 e 1914, era composta por estrangeiros (Coggiola; Bilsky, 1999, pp. 15; 27, n. 7). No que tange ao sistema político, a lei eleitoral de 1912, sob a presidência de Sáenz Peña, tornou o voto universal e obrigatório para os homens argentinos maiores de 18 anos, o que a curto prazo não incluiu o operariado majoritariamente estrangeiro, mas que até o fim dos anos 1920 garantiu um aumento da base eleitoral e uma crescente participação operária na vida política (Coggiola; Bilsky, 1999, p. 55).

Por um lado, o sistema político brasileiro não passou por nenhuma reforma ao longo da Primeira República que ampliasse a participação política, mantendo-se mais excludente que seus congêneres argentino e chileno; por outro lado, não ocorreu nenhuma campanha sistemática por parte da liderança operária no Brasil no sentido do alistamento eleitoral ou da naturalização do operariado de origem estrangeira. Apelos visando à participação no processo eleitoral, como o do Manifesto de 1902 ou do artigo de 1928 já mencionado, assinado sob o nome de Lavinsky, são exemplos de manifestações que ocorreram de forma esporádica, geralmente próximas à realização de pleitos, cujo resultado prático foi limitado.

No Brasil e na Argentina, particularmente antes da reforma de 1912 (Falcón, 1984, p. 102), a opção pela naturalização não atraía o imigrante, tanto pelas características do sistema político como pela perda de certa proteção que teriam na condição de cidadãos de países europeus. Além disso, é preciso levar em conta que o imigrante que tivesse como projeto o retorno à terra pátria dificilmente abriria mão de sua cidadania. O pouco interesse pela naturalização pode ser medido por diversos dados. Segundo estimativas de um funcionário italiano em 1906, 90% de seus conterrâneos no Brasil reuniam as condições necessárias para solicitar a cidadania brasileira, mas as naturalizações eram raras (Hall, 1975, p. 405). Essa situação não pareceu mudar substancialmente com o passar do tempo, pois, de acordo com o censo de 1920, somente cerca de 1,5% dos estrangeiros nas cidades do Rio de Janeiro e de São Paulo optaram pela cidadania brasileira (Maram, 1979, p. 33).

Há ainda que acrescentar que as organizações de caráter político constituídas por imigrantes no Brasil, que poderiam exercer um papel de incentivo à naturalização, frequentemente estavam mais voltadas para a política nos seus países de origem do que preocupadas em intervir na política brasileira. O caso do grupo socialista italiano que publicava o jornal *Avanti!*, em São Paulo, é paradigmático. Depois de buscar aproximações com os socialistas brasileiros e tentar influir no movimento nos seus primeiros anos de atividade, o jornal, fundado em 1900, com o passar do tempo, volta-se cada vez mais para a pátria de origem.

De qualquer modo, como esperar que os estrangeiros se naturalizassem a fim de poder participar do processo eleitoral ou buscassem interferir na política, se os próprios brasileiros que podiam ser eleitores mostravam pouco ou nenhum interesse no voto?

Mariano Garcia, em 1913, ao tentar explicar esse desinteresse do proletariado pelas eleições, atribui parte do problema à "ação dos pretensos libertários", acrescentando em seguida:

> [...] devemos dizer, em nome da justiça e da verdade, que mais tem concorrido para o afastamento do operariado pelos seus direitos políticos [sic], a falta de seriedade de todos os politicantes que se tem guindado aos cargos de eleição popular, que faltos de ideias e de valor e mérito para conquistar essas posições, têm procurado transformar o sistema eleitoral em uma coisa desprezível em que não se respeita o voto, onde só se elege, com as atas falsas, os indivíduos indigitados pelos mandões dominantes, por sua vez também elevados pelos mesmos processos fraudulentos, indignos de quem se presa.[14]

A clara percepção de que o sistema eleitoral era fraudulento tendia a afastar a maioria dos eleitores potenciais, restando como participantes do processo aqueles que auferiam benefícios através de relações clientelistas com os chefes políticos, aqueles que de algum modo eram coagidos a participar e, finalmente, os poucos que acreditavam poder mudar a situação por meio da participação.

Outro aspecto a ser levado em conta era a maneira como as classes dominantes e os governantes brasileiros estavam acostumados a lidar com as classes subalternas: a repressão. Prisões arbitrárias, fechamento de associações, deportação dos estrangeiros, desterro para a Amazônia dos nacionais – ainda que a verificação da nacionalidade exata dos atingidos por esses dois tipos de medidas fosse falha – são parte do arsenal de medidas repressivas tomadas pelos poderes constituídos contra o movimento operário. Essas medidas tornaram-se mais sistemáticas depois das greves de 1917 e 1919, e atingiram seu ápice sob o governo de Artur Bernardes (1922-1926). Entretanto, a despeito da violência da repressão sobre o operariado no Brasil, esta mantinha-se menos mortal e ao mesmo tempo mais eficaz que suas congêneres na Argentina, e particularmente no Chile, onde chegaram a ser perpetrados massacres de trabalhadores (Deshazo, 1983, p. XXIX; Hall; Pinheiro, 1983, p. 5).

Todos esses fatores podem ajudar a entender as dificuldades e os obstáculos enfrentados para a constituição de um partido político socialista, tendo por base a classe operária, no Brasil da Primeira República. Todavia, nem isoladamente, nem em conjunto, esses fatores de fato explicam o fracasso desse projeto, pois basta olhar para o caso argentino para encontrar um exemplo mais bem-sucedido de criação de um partido socialista.

O único traço peculiar ao caso brasileiro, que não encontra paralelo em países próximos, foi o caráter geograficamente desconcentrado do movimento operário, com vários polos distribuídos nas principais cidades brasileiras (sobretudo as capitais) e em algumas poucas cidades do interior de alguns estados. Ao longo da Primeira República, o movimento operário não conseguiu jamais uma efetiva coordenação nacional. As confederações, que em tese exerceriam esse papel, tiveram uma existência mais nominal do que real, como a Confederação Operária Brasileira, de orientação sindicalista revolucionária, que nos períodos em que funcionou, 1908-1909 e 1913-1915, foi muito mais uma extensão da Federação Operária do Rio de Janeiro, limitada à área de atuação daquela federação.

Com os partidos operários a situação não foi diferente. Esses partidos, invariavelmente, atuaram apenas na escala municipal ou, em alguns casos, estadual, sem uma dimensão nacional. A única exceção a essa regra é constituída pelo Partido Comunista, mas mesmo este começou majoritariamente composto por quadros da capital federal. Portanto, o projeto de cidadania operária, que marca os muitos programas dos partidos operários da Primeira República, esbarrou na falta de organizações adequadas – partidos consolidados – para levá-lo adiante.

A história da classe operária no Brasil percorreu um longo caminho desde o início de suas lutas por condições dignas de trabalho, direitos sociais e direitos políticos; se muito foi conquistado ainda está distante do que almejavam muitos dos projetos do início do século passado. As constantes ameaças àquilo que foi conquistado, mesmo quando consagrado por meio de leis, demonstra que apenas a sua organização e a sua capacidade de luta podem assegurar a manutenção e a ampliação de seus direitos.

Notas

1. Alceste de Ambris. "Il movimento operaio nello Stato de São Paulo". In *Il Brasile e gli italiani*. Florença, 1906, reproduzido em Pinheiro; Hall (1979, p. 40).
2. Ver, por exemplo, "Domingo Sangrento: um grande conflito na rua Marechal Floriano". *A Época*, 25 ago. 1913, p. 3; Mariano Garcia, "Na brecha!..." *A Época*, 28 ago. 1913, p. 7; Joel Persil, "Fatos reprováveis: o terrorismo no seio de uma associação operária". *A Voz do Trabalhador*, 7 (46), 1º jan. 1914, p. 3.
3. "A lei de expulsão de estrangeiros". *A Época*, 21 jan. 1913, p. 6; "Comitê de Agitação contra a lei de expulsão". *A Época*, 29 jan. 1913.
4. Mariano Garcia, "Os cigarreiros". *A Época*, Rio de Janeiro, 7 jan. 1913, p. 6.
5. "O operário e a República". *Voz do Povo*, 1 (2), Rio de Janeiro, 7 jan. 1890, p. 1.
6. Ofício circular do Círculo dos Operários da União, 14 de outubro de 1909 (cópia desse impresso encontra-se na correspondência recebida pelo Arquivo Nacional).

7. Reproduzido por Evaristo de Moraes Filho (1998, p. 404).
8. Vicente de Souza, "Socialismo e República". *1º de Maio*, Rio de Janeiro, número especial, 1º mai. 1898, p. 1.
9. "Duas palavras". *A Luta*, Porto Alegre, 10 out. 1906, reproduzido em Petersen; Lucas (1992, p, 143).
10. *Ibidem*.
11. *O Amigo do Povo*. São Paulo, 19 mar. 1904, reproduzido em Carone (1979, p. 352).
12. *A Esquerda*. Rio de Janeiro, 16 fev. 1928, reproduzido em Carone (1982, p. 69).
13. Partido Socialista Brasileiro. "O Conselho Geral do Partido – Aos habitantes do Brasil, especialmente aos proletários – Manifesto". *O Estado de S. Paulo*, 28 ago. 1902, p. 3.
14. Mariano Garcia. "O nosso partido". *A Época*, Rio de Janeiro, 8 abr. 1913, p. 7.

Bibliografia

Batalha, Cláudio. 1991/1992. "Identidade da classe operária no Brasil (1880--1920): Atipicidade ou legitimidade?", *Revista Brasileira de História*, 12, (23/24), set./ago.
_____. 1999. "Sociedades de trabalhadores no Rio de Janeiro do século XIX: algumas reflexões em torno da formação da classe operária". *Cadernos AEL*, 6 (10/11).
Biondi, Luigi. 2011. *Classe e nação*: trabalhadores e socialistas italianos em São Paulo, 1890-1920. Campinas: Editora da Unicamp.
Carone, Edgard (org.). 1979. *Movimento operário no Brasil (1877-1844)*. São Paulo/Rio de Janeiro: Difel.
_____ (org.). 1982. *O PCB*, v. 1 (1922-1943). São Paulo: Difel.
Carvalho, José Murilo de. 1987. *Os bestializados*: O Rio de Janeiro e a República que não foi. São Paulo: Companhia das Letras.
Castellucci, Aldrin Armstrong Silva. 2015. *Trabalhadores e política no Brasil*: do aprendizado no Império aos sucessos da Primeira República. Salvador: Eduneb.
Coggiola, Osvaldo; Bilsky, Edgardo. 1999. *História do movimento operário argentino*. São Paulo: Xamã.

Confederação Brazileira do Trabalho (Partido Político). 1913. *Conclusões do 4º Congresso Operario Brazileiro, realisado no Palacio Monroe no Rio de Janeiro de 7 a 15 de Novembro de 1912*. Rio de Janeiro: Typographia Leuzinger.
Corrêa do Lago, Luiz Aranha. 2014. *Da escravidão ao trabalho livre*: Brasil, 1550-1900. São Paulo: Companhia das Letras.
De Luca, Tânia Regina. 1990. *O sonho do futuro assegurado*: o mutualismo em São Paulo. São Paulo: Contexto.
Deshazo, Peter. 1983. *Urban Workers and Labor Unions in Chile, 1902-1927*. Madison/Londres: The University of Wisconsin Press.
Falcón, Ricardo. 1984. *Los Orígenes del Movimiento Obrero (1857-1899)*. Buenos Aires: Centro Editor de América Latina.
Fausto, Boris. 1977. *Trabalho urbano e conflito social (1890-1920)*. Rio de Janeiro/São Paulo: Difel.
Foot, Francisco; Leonardi, Vitor. 1982. *História da indústria e do trabalho no Brasil*: das origens aos anos vinte. São Paulo: Global.
Geary, Dick. 1984. *European Labour Protest, 1848-1939*. Londres: Methuen (col. "University Paperbacks").
Gitahy, Maria Lucia Caira. 1992. *Ventos do mar*: trabalhadores do porto, movimento operário e cultura urbana em Santos, 1889-1914. São Paulo/Santos: Unesp/Prefeitura Municipal de Santos.
Hall, Michael. 1975. "Immigration and the early São Paulo working class". *Jahrbuch für Geschichte von Staat, Wirtschaft und Gesellschaft Lateinamerikas*, 12, pp. 393-407.
_____. 1990. "Imigração e movimento operário no Brasil: uma interpretação". In Del Roio, José Luiz (org.). *Trabalhadores no Brasil*: imigração e industrialização. São Paulo: Ícone.
_____. 2004. "O movimento operário na cidade de São Paulo: 1890-1954". In Porta, Paula (org.). *História da cidade de São Paulo*: a cidade na primeira metade do século XX. São Paulo: Paz e Terra, 3 v.
_____. Pinheiro, Paulo Sérgio. 1983. "The Control and Policing of the Working Class in Brazil". Paper for the Conference on the History of Law, Labour and Crime, University of Warwich, *mimeo*.
Jomini, Regina Celia Manzoni. 1990. *Uma educação para a solidariedade*: contribuição ao estudo das concepções e realizações educacionais dos anarquistas na República Velha. Campinas: Pontes.
Lobo, Eulália Maria Lahmeyer. 1978. *História do Rio de Janeiro*: do capital comercial ao capital industrial e financeiro. Rio de Janeiro: Ibmec. 2 v.

Loner, Ana Beatriz. 2001. *Construção de classe*: operários de Pelotas e Rio Grande (1880-1930). Pelotas: Universidade Federal de Pelotas-Unitrabalho.

Mac Cord, Marcelo. 2012. *Artífices da cidadania*: mutualismo, educação e trabalho no Recife oitocentista. Campinas: Editora da Unicamp.

Maciel, Osvaldo Batista Acioly. 2009. *Trabalhadores, identidade de classe e socialismo*: os gráficos de Maceió (1895-1905). Maceió: Edufal.

Maram, Sheldon Leslie. 1977. "The Immigrant and the Brazilian Labor Movement, 1890-1920". In Alden, D.; Dean, W. (orgs.). *Essays Concerning the Socioeconomic History of Brazil and Portuguese India*. Gainesville: University of Florida Press.

_____.1979. *Anarquistas, imigrantes e o movimento operário brasileiro, 1890-1920*. Rio de Janeiro: Paz e Terra.

Mattos, Marcelo Badaró. 2008. *Escravizados e livres*: experiências comuns na formação da classe trabalhadora carioca. Rio de Janeiro: Bom Texto.

Moraes Filho, Evaristo de. 1998. *O socialismo brasileiro*. Brasília: Instituto Teotônio Vilela.

Pereira, Leonardo Affonso de Miranda. 2000. *Footballmania*: uma história social do futebol no Rio de Janeiro, 1902-1938. Rio de Janeiro: Nova Fronteira.

Petersen, Silvia Regina Ferraz. 2001. "Que a União Operária seja nossa pátria!" *História das lutas dos operários gaúchos para construir suas organizações*. Santa Maria: Porto Alegre: UFSM/UFRGS.

_____·Lucas, Maria Elizabeth (orgs.). 1992. *Antologia do movimento operário gaúcho, 1870-1937*. Porto Alegre: Editora da Universidade/Tchê!

Pinheiro, Maria Luiza Ugarte. 2003. *A cidade sobre os ombros*: trabalho e conflito no porto de Manaus (1899-1925), 2ª ed., Manaus: Edições Governo do Estado do Amazonas/Ufam/UEA.

Pinheiro, Paulo Sérgio; Hall, Michael M. (orgs.). 1979. *A classe operária no Brasil*: documentos (1889 a 1930), v. 1: o movimento operário. São Paulo: Alfa-Ômega.

Prado Jr., Caio. 1976. *História econômica do Brasil*. São Paulo: Brasiliense.

Rodrigues, José Albertino. 1968. *Sindicato e desenvolvimento no Brasil*. São Paulo: Difel.

Schmidt, Benito Bisso. 2004. *Em busca da terra da promissão*: a história de dois líderes socialistas. Porto Alegre: Palmarinca.

Silva, Fernando Teixeira da. 2003. *Operários sem patrões*: os trabalhadores da cidade de Santos no entreguerras. Campinas: Editora da Unicamp.

Simão, Azis. 1981. *Sindicato e Estado*: suas relações na formação do proletariado de São Paulo. 2ª ed. São Paulo: Ática.

Siqueira, Uassyr de. 2002. *Clubes e sociedades dos trabalhadores do Bom Retiro*: organização, lutas e lazer em um bairro paulistano (1915-1924). Dissertação de mestrado em História. Campinas: Unicamp.

Soares, Luiz Carlos. 1984. "A manufatura na sociedade escravista: o surto manufatureiro no Rio de Janeiro e nas suas circunvizinhanças (1840-1870)". In Mauro, Frédéric (org.). *La Préindustrialisation du Brésil*: essais sur une économie en transition 1830/50 – 1930/50. Paris: Centre National de la Recherche Scientifique.

Suriano, Juan. 2009. *Auge y Caída del Anarquismo*. Argentina 1880-1930. Buenos Aires: Capital Intelectual.

Toledo, Edilene Teresinha. 1998. "Em torno do jornal O *Amigo do Povo*: os grupos de afinidade e a propaganda anarquista em São Paulo nos primeiros anos deste século". *Cadernos AEL* (8/9), Campinas.

_____ .2004. *Travessias revolucionárias*: ideias e militantes sindicalistas em São Paulo e na Itália (1890-1945). Campinas: Editora da Unicamp.

Trento, Angelo. 1990. "Miséria e esperança: a emigração italiana para o Brasil, 1887-1902". In Del Roio, José Luiz (org.). *Trabalhadores no Brasil*: imigração e industrialização. São Paulo: Ícone.

Viscardi, Cláudia Maria Ribeiro; Jesus, Ronaldo Pereira de. 2007. "A experiência mutualista e a formação da classe trabalhadora no Brasil". In Ferreira, Jorge; Reis, Daniel Aarão (orgs.). *As esquerdas no Brasil*: a formação das tradições (1889-1945), v. 1. Rio de Janeiro: Civilização Brasileira.

Vitorino, Artur José Renda. 2000. *Máquinas e operários*: mudança técnica e sindicalismo gráfico (São Paulo e Rio de Janeiro, 1858-1912). São Paulo: Annablume/Fapesp.

Welmowicki, José. 2004. *Cidadania ou classe?*: o movimento operário da década de 80. São Paulo: Instituto José Luís e Rosa Sundermann.

6. Primeira República: economia cafeeira, urbanização e industrialização

*José Miguel Arias Neto**

Introdução

Este texto tem por objeto apresentar um quadro geral e amplo acerca das abordagens mais clássicas do processo de industrialização e urbanização brasileiras. Pretende, pois, ser uma porta de entrada para o tema, propiciando ao leitor informações básicas para que este possa, a partir daqui, traçar seu próprio caminho de investigação e de produção de conhecimento. Procurar-se-á demonstrar que a) esse processo, cujo início mais visível parece ser a chamada Primeira República, isto é, cronologicamente o período que vai de 1889 a 1930, tem raízes mais antigas; b) que as relações entre abolição, república, economia cafeeira, industrialização e urbanização são complexas e contraditórias. Para isso, o texto está dividido em três momentos: a) uma apreciação das transformações ocorridas no Brasil na passagem do Império para a República; b) as relações entre desenvolvimento da economia cafeeira, da industrialização e da urbanização na República Velha e c) algumas observações finais à guisa de conclusão.

---

* Professor Associado do departamento de História da Universidade Estadual de Londrina.

Do Império à República

O binômio café-indústria é tido por muitos como a expressão que sintetiza um momento da história do Brasil: o da chamada República Velha ou Primeira República. Essa é uma associação a partir da qual é caracterizar a economia cafeeira, o desenvolvimento industrial e as relações existentes entre ambos.

Em um rápido retrospecto pode-se dizer que desde o século XVI se desenvolveram atividades *industriais* no Brasil. A fabricação do açúcar nos engenhos, a construção naval e algumas manufaturas constituíram-se como as mais importantes atividades fabris do Brasil colônia. Essas atividades estavam subordinadas às determinações do *sistema colonial*, momento específico do desenvolvimento do capitalismo. Como observou Caio Prado Júnior, o Brasil foi constituído como

> colônia destinada a fornecer ao comércio europeu alguns gêneros tropicais de grande expressão econômica. [...] Nossa economia subordinar-se-á por isso inteiramente a tal fim, isto é, se organizará e funcionará para produzir e exportar aqueles gêneros. Tudo mais que nela existe, e que, aliás, será de pequena monta, é subsidiário e destinado unicamente a amparar e tornar possível a realização daquele objetivo essencial (Prado Jr., 1990, p. 41).

Deriva dessa finalidade o caráter da colonização fundada na monocultura escravista subordinada ao monopólio comercial da metrópole. Impõem-se, no entanto, um acréscimo e um reparo à tese de Caio Prado. Por um lado, é importante destacar que mesmo a escravidão esteve subordinada às determinações da dinâmica internacional; por outro, é necessário compreender a globalidade do sistema, isto é, que as relações entre metrópole e colônia compõem um todo integrado. Nas palavras de Alfredo Bosi:

> Na formação do sistema exigiram-se reciprocamente tráfico e senzala, monopólio e monocultura. No plano internacional determinou-se o fluxo e refluxo da mercancia colonizada na linha das flutuações do mercado e sob o império da concorrência entre os Estados metropolitanos. Em suma, a reprodução do sistema no Brasil e o seu nexo com as economias centrais cunharam a frente e o verso da mesma moeda (Bosi, 1992, p. 26).

Mais conhecida, a indústria do açúcar foi alvo de preciosas descrições, como a de Antonil, por exemplo. Esse autor demonstrou em seu livro *Cultura e opulência do Brasil* que no engenho havia uma complexa divisão de funções, baseada na *especialização* do trabalho: a moagem, o cozimento, a purgação, o branqueamento, o encaixotamento do açúcar era realizado por escravos e homens livres especializados, divididos em equipes de trabalho comandadas por capatazes. O engenho "em si", a fábrica do açúcar, exigia avultado investimento de capitais: todo o maquinário (moendas, caldeiras) era importado da Europa e, até mesmo, os operários. Assim, o conhecido "engenho" prefigurou, como já se fez notar na historiografia, o sistema fabril dos séculos XVIII e XIX. Há que ressaltar, contudo, que essa não era a tônica geral, havia uma grande quantidade de *plantadores de cana* que se subordinavam em graus variados (plantadores obrigados ou livres) aos "senhores de engenho", isto é, aos proprietários de fábricas nas quais deveriam processar o produto colhido.

Outro empreendimento fabril de relevância no período colonial foi a construção naval. Nos estaleiros e arsenais, especialmente o da Ribeira das Naus, na Bahia, e o do Rio de Janeiro, desenvolveu-se intensa atividade de construção naval, que mobilizava grandes quantidades de capitais graças à importação de equipamentos para as fundições e carpintarias e de materiais, como a cordoaria e cabos para o velame dos navios. Gradativamente, passou-se a produzir alguns produtos no Brasil, como óleos e cabos. Articulada a esses dois principais empreendimentos, desenvolveu-se uma manufatura têxtil que produzia velas de navios, roupas para escravos, sacaria para o acondicionamento de produtos como o fumo, o cacau, o algodão e o café. Além disso, pode-se considerar ainda a produção "de charques e de gêneros alimentícios, a preparação de fumo de corda, a fabricação do anil, a extração do sal, a produção de azeite de baleia usado na iluminação pública, a confecção de móveis, construção civil [...] como manifestações de atividades industriais e manufatureiras no Brasil colônia" (Foot; Leonardi, 1982, p. 25).

A partir de fins do século XVIII, a dinâmica do capitalismo internacional passou por transformações radicais. Esse processo desembocou no chamado *neocolonialismo* ou *imperialismo moderno* e teve como marcos cronológicos três grandes acontecimentos: a Revolução Industrial na Inglaterra, a Revolução Americana, isto é, a Independência dos Estados Unidos, e a Revolução Francesa.

O impacto desses eventos no mundo não foi linear nem único e, portanto, assumiu múltiplas formas no tempo e no espaço. Alguns países e povos africanos e asiáticos, de antiga colonização portuguesa e espanhola, passaram à égide da dominação inglesa, francesa, alemã ou italiana, processo que ficou conhecido como "a partilha da África". Outros, anteriormente independentes, como a Índia e a China, foram conquistados e, no caso da última, dividida em áreas de influência de vários países centrais. O Japão, após a Revolução Meiji, inseriu-se na nova ordem internacional, já em posição de grande potência econômica e militar, e passou a expandir sua área de influência no Pacífico. As antigas colônias portuguesas e espanholas na América Latina tornaram-se independentes do ponto de vista político, e portanto, saindo da órbita das antigas metrópoles, foram gradativamente submetidas às esferas de influência inglesa e, posteriormente, norte-americana.

Esse movimento expansionista foi seguido de um processo de revoluções e guerras no continente europeu e fora dele, das quais é importante destacar as revoluções de 1820, 1830, 1848, as guerras da Crimeia, franco-prussiana e as unificações da Alemanha e da Itália. As independências na América foram seguidas de conflitos com Portugal, Espanha, Inglaterra e França. O processo de formação e expansão dos Estados Unidos levou à Guerra de Secessão, e dos Estados Platinos com o Paraguai. Também a China só foi submetida ao Ocidente após várias guerras, o conflito e o expansionismo japonês no Pacífico conduziu aquele país a guerras sucessivas com a China, com a Rússia e com os EUA.

No Brasil, o processo de emancipação adquiriu características singulares. A vinda da família real portuguesa para o Brasil, no contexto da expansão napoleônica, promoveu o fim do "estatuto colonial" com a abertura dos portos em 1808, isto é, o fim do monopólio comercial e a elevação do Brasil, primeiro, à sede da monarquia portuguesa e, em 1815, à condição de Reino Unido. Os ingleses procuraram, nesse contexto, garantir e ampliar os privilégios que possuíam, por meio da assinatura dos tratados de Aliança e Amizade, Comércio e Navegação de 1810 que propiciaram taxas alfandegárias preferenciais ao comércio de seus produtos. Assim, as iniciativas joaninas no sentido de dinamizar a vida econômica brasileira, estimulando as manufaturas e fundando bancos tiveram alcance relativo e limitado. Depois de 1822, a Inglaterra procurou, com sucesso, garantir a manutenção desses privilégios, que foram suspensos somente em 1844, momento de revisão dos acordos que redundou no estabelecimento de medidas protecionistas, entre as quais a tarifa Alves Branco. Em razão do crescimento do comércio britânico, de há muito a Inglaterra pressionava pelo fim do tráfico de escravos, que arraigara enormes interesses em Portugal e no Brasil, e exercia grande influência política antes e depois da Independência. Aliás, é fundamental destacar que a historiografia brasileira tem, desde meados da década de 1970, demonstrado com sucesso como a influência política dos traficantes de escravos foi determinante no Parlamento imperial na primeira metade do século XIX, o que permitiu matizar a tese muito difundida de que o Estado monárquico brasileiro expressava prioritariamente os interesses dos grandes proprietários rurais. Somente em 1850 o tráfico de escravos foi abolido, após quase 50 anos de conflito com a Inglaterra, conflito este que adquiriu feições bastante graves na década anterior. É importante, nesse sentido, destacar que, da abolição do tráfico ao fim do regime escravista, quase 50 anos se passaram, durante os quais se reordenaram não apenas as estruturas econômicas, como também o pensamento liberal que as legitimava.

A expansão da economia cafeeira iniciou-se por volta de meados do século XIX. Em 1840 o café já era o principal produto da pauta de exportações brasileiras. Essa expansão se processou com base no sistema agroexportador, ou seja, nos moldes de uma economia colonial e escravista, reforçada pelo Estado imperial, sob a direção do Partido Conservador. Alfredo Bosi demonstra o caráter *funcional* e *tópico* do liberalismo das elites brasileiras:

> Mantendo sob controle terras, café e escravos, bastava-lhes o registro seco, prosaico, às vezes duro, da linguagem administrativa. É o estilo da eficiência: o estilo *saquarema* de Eusébio, Itaboraí, Uruguai, Paraná. Comércio livre, primeira e principal bandeira dos colonos patriotas, não significava, necessariamente, e não foi, efetivamente sinônimo de trabalho livre. O liberalismo econômico não produz, *sponte sua*, a liberdade social e política (Bosi, 1992, p. 198).

No novo contexto liberal, as elites, enfatiza o mesmo autor, defendiam o *laissez-faire* advogando, na defesa do livre comércio e da escravidão, as *peculiaridades* da formação social brasileira, posição que não destoava dos plantadores de algodão do Sul dos Estados Unidos e da oligarquia açucareira cubana.

Os liberais brasileiros descartavam qualquer espécie de protecionismo às manufaturas e às indústrias e defendiam que os novos capitais desviados do tráfico de escravos deveriam ser aplicados na consolidação da lavoura. Em outras palavras, reforçava-se o pensamento da "vocação agrária do Brasil". Mesmo sob a condenação formal de pensadores e de políticos como Alencar e Itaboraí, esse capital afluiu, contudo, para atividades comerciais, manufatureiras, transportes e, até mesmo, para a especulação financeira, promovendo um primeiro surto de urbanização e de alargamento do emprego do trabalho livre.

Somente a partir dos fins da década de 1860, *pari passu* às transformações econômicas, emergiu um *novo* liberalismo, que propugnava a inserção do Brasil na moderna civilização ocidental. Esse novo liberalismo redundou na *maré liberal democrática* do fim de século, na qual foram acalentadas, por diferentes agentes sociais e políticos, as propostas abolicionistas, imigrantistas, republicanas, democráticas e industrializantes. O vigor das ideias mais radicais atraiu inclusive os positivistas, mas elas fizeram brilhante carreira nas escolas do Exército e da Armada.

É importante, contudo, destacar um elemento fundamental para a compreensão da dinâmica do período no que diz respeito à questão do fim do escravismo: se para determinado grupo de abolicionistas – intelectuais liberais radicais positivistas que eram notadamente urbanos – tratava-se de libertar o negro, inserindo-o em uma nova estrutura econômica e social fundada no trabalho livre, para os cafeicultores tratava-se de *substituir* o trabalho escravo. Seu republicanismo visava, entre outras coisas, à autonomia provincial para a resolução do "problema da mão de obra", e, como observou Alfredo Bosi, ingressaram no abolicionismo de 1887 porque "o problema da força de trabalho já fora equacionado em termos de imigração europeia maciça, subvencionada pelos governos imperial e provincial" (Bosi, 1992, p. 242).

A pauta de exportações do Brasil, no período, permite entrever como eram enormes os interesses a serem preservados:

Tabela 6.1
PRINCIPAIS PRODUTOS DE EXPORTAÇÃO 1821-1890
(% na receita das exportações)

PERÍODO	CAFÉ	AÇÚCAR	ALGODÃO	BORRACHA	COUROS E PELES	OUTROS
1821-1830	18,4	30,1	20,6	0,1	13,6	17,2
1831-1840	43,8	24,0	10,8	0,3	7,9	13,2
1841-1850	41,4	26,7	7,5	0,4	8,5	15,5
1851-1860	48,8	21,2	6,2	2,3	7,2	14,3
1861-1870	45,5	12,3	18,3	3,1	6,0	14,8
1871-1880	56,6	11,8	9,5	5,5	5,6	11,0
1881-1890	61,5	9,9	4,2	8,0	3,2	13,2

Fonte: Silva, 1953; Vilela; Suzigan, 1973 *apud* Singer, 1989, p. 355.

É possível verificar que, a partir da década de 1840, o café lidera incontestável e crescentemente as exportações brasileiras. Destaca-se ainda a baixa tendencial nas exportações do açúcar, embora o percentual desse artigo seja ainda significativo no conjunto da economia nacional. Percebe-se, também, a mesma curva descendente nas exportações de algodão, que, apesar de apresentar uma certa elevação na década de 1860 – decorrente da abertura de mercados ao produto brasileiro devido à Guerra de Secessão nos Estados Unidos –, voltou a cair rapidamente nas duas décadas seguintes. A borracha é, ao lado do café, o único produto cujo índice de exportação cresceu no período, em decorrência da descoberta do processo de vulcanização (1842) e de seu emprego na indústria, na fabricação de instrumentos cirúrgicos e de laboratório. A partir de 1850 ela passou também a ser utilizada no revestimento dos aros das rodas dos veículos e, 40 anos mais tarde, com a invenção do pneumático e a difusão do automóvel, tornou-se importante matéria-prima industrial (Prado Jr., 1990, p. 236). Cabe destacar que, se na década de 1860 registra-se um leve declínio das exportações de café, este pode ser atribuído a vários fatores, como a Guerra do Paraguai e a expansão das exportações de algodão e de borracha, que aumentaram sua participação no conjunto da economia.

A produção e exportação de café em termos quantitativos apresentaram, apesar da crise internacional dos anos de 1870 e seguintes, uma curva ascensional ininterrupta:

Tabela 6.2
EXPORTAÇÕES DE CAFÉ 1821-1890

Período	Quantidade em milhares de sacas de 60kg
1821-1830	3.178
1831-1840	10.430
1841-1850	18.367
1851-1860	27.339
1861-1870	29.103
1871-1880	32.509
1881-1890	51.631

Fonte: Prado Jr., 1990, p. 160.

Uma outra questão diz respeito ao fato de que, apesar das experiências realizadas com a introdução do trabalho livre, a mão de obra empregada na economia cafeeira era majoritariamente escrava. É importante observar ainda que a grande produção, a partir da década de 1870, estava vinculada ao deslocamento do centro dinâmico da cafeicultura para as férteis terras roxas do *oeste paulista*, isto é, à abertura de novas áreas de plantio, em decorrência do esgotamento do solo, predatoriamente explorado, no vale do Paraíba.

É fundamental abordar aqui a questão da substituição do trabalho escravo pelo trabalho livre, bem como das relações deste primeiro desenvolvimento cafeeiro com a economia internacional e com a indústria. Problema dos mais complexos diz respeito às relações entre trabalho escravo e trabalho livre no Brasil. Em termos globais, pode-se dizer que, desde o século XVI, trabalho escravo e trabalho livre faziam parte de um *todo integrado*. Vários autores, como Prado Jr. (1990), Mello; Souza (1982), Dias (1984), Franco (1983), investigaram o problema da inserção do homem livre pobre na sociedade colonial. O que importa neste texto, entretanto, é compreender a dinâmica das transformações no fim do século que levaram à implantação do colonato nas fazendas de café, baseado na imigração, e não no trabalhador livre nacional e no liberto.

Conforme demonstraram vários estudiosos do sistema colonial, desde cedo no Brasil formou-se uma camada de homens livres pobres cuja existência estava atada descontinuamente à economia mercantil. Ocupavam lugares socioeconômicos distintos do escravo, isto é, da produção agroexportadora, sendo algumas vezes subsidiária daquela, como na produção de alimentos, indústrias domésticas, oficinas, serviço militar etc. Pode-se falar, *grosso modo*, que era o agregado da grande propriedade, o lavrador que comercializava pequenos excedentes alimentares nas cidades, bem como profissões variadas, como artesãos urbanos, marinheiros etc. De acordo com Maria Sylvia de Carvalho Franco (1978, p. 184), em fins do século XIX esse contingente abrangia três quartos da população do país. Nesse momento, em que a escravidão já estava condenada, isto é, que a expansão dos mercados mundiais pressupunha a generalização do trabalho livre,

> estava consolidada, nas populações pobres brasileiras, toda uma cultura que dificultaria a formação de uma camada de assalariados. Mesmo em nível ideológico estes obstáculos aparecem elaborados: nas representações desses grupos há um vivo sentimento de desprezo pela condição de homem alugado. Em resumo, [...] quando abolida a escravidão, embora houvesse um potencial grande de mão de obra livre, este não fora totalmente expropriado e não sofria pressões econômicas suficientes para transformar-se em força de trabalho assalariado. O fazendeiro voltou-se, pois, para o exterior, em busca dos braços de que ele necessitava (Franco, 1984, pp. 187-190).

A introdução de trabalhadores livres em um país cujas terras eram doadas segundo o velho princípio colonial, ou simplesmente ocupadas, se afiguraria um problema na medida em que se desejava que aqueles trabalhadores se dirigissem às fazendas de café. Assim, no mesmo ano de 1850 foi votada a chamada Lei de Terras, que estabeleceu o princípio da propriedade privada. A mesma lei fez com que as terras devolutas, ou seja, sem proprietários, se tornassem disponíveis à exploração capitalista. Consequentemente, os homens sem recursos para terras deveriam, necessariamente, dirigir-se às fazendas (Silva, 1985, p. 70 ss.).

Trazer imigrantes europeus acenando-lhes com a possibilidade de acumularem certo capital e adquirirem terras constituiu o núcleo central da propaganda imigrantista e é certo que muitos imigrantes adquiriam pequenas propriedades. Contudo, a historiografia brasileira já demonstrou e estudos mais recentes confirmaram (Petrone, 1984; Stolcke, 1986) que isso ocorreu em uma escala muito menor do que normalmente se imagina. Segundo Maria Thereza Schorer Petrone, nesse período, "o acesso à terra depois de um estágio na fazenda fazia dos projetos de criação de pequena propriedade uma 'isca' para atrair imigrantes" (Petrone, 1984, p. 48).

Depois das primeiras experiências com imigrantes, já a partir da década de 1840 – parceria e contrato de locação de serviços feitos através de iniciativa particular –, ficou claro para os fazendeiros que somente um processo migratório subvencionado pelo Estado representaria uma alternativa viável para a substituição do escravo. A subvenção estatal permitiu o deslocamento de capitais (inicialmente invertidos na compra do escravo no tráfico interprovincial e na subvenção do imigrante com transporte, alimentação etc.) para o setor da produção, isto é, para a ampliação da cafeicultura. Por outro lado, os novos imigrantes foram inseridos no sistema que ficou conhecido como *colonato*, no qual parte do salário era paga por tarefa (carpa/colheita etc.) e parte pela possibilidade do trabalhador desenvolver uma agricultura de gêneros alimentícios visando à sua subsistência. Esse sistema foi altamente lucrativo pois, de um lado, liberava capitais anteriormente empregados na manutenção do escravo e, de outro, aumentava a produtividade da fazenda na medida em que, sendo o salário pago por tarefa, implantava-se definitivamente uma *moderna* disciplina de trabalho. Posteriormente implantou-se um sistema misto de remuneração por tarefa e por medida colhida, o que significava, na prática, uma pressão maior no sentido do aumento da produtividade. Há que destacar, ainda, que, embora os contratos fossem individuais, os fazendeiros contavam com a força do trabalho de toda a família do colono, daí a preferência dos fazendeiros pela *imigração familiar*. A partir de 1870 a província de São Paulo passou a subvencionar a imigração, e o governo imperial, a partir do fim da década seguinte. O trabalhador foi submetido a esse sistema pela impossibilidade de adquirir terras ou pela concorrência por emprego com a criação de um grande mercado de mão de obra livre pela *grande imigração:*

Tabela 6.3
DADOS DE IMIGRAÇÃO
(Entradas por década)

1850	177.000
1860	108.187
1870	453.781
1880	527.000
1890	1.200.000
1900	649.000
1910	766.000
1920	846.000

Fontes: Petrone, 1984, pp. 11-12; Luz, 1961, p. 57.

É preciso observar que o regime do colonato promoveu, em muitas áreas cafeeiras, grandes conflitos. Uma das formas de manifestação destes eram as greves, através das quais os trabalhadores rurais reivindicavam melhoria de salários e de condições de vida nas fazendas. Por outro lado, graças à eficiência do regime – obviamente da perspectiva do fazendeiro –, sua duração prolongou--se até a década de 1960, quando, pelo Estatuto do Trabalhador Rural, os direitos trabalhistas (salários individuais, férias remuneradas, 13º salário etc.), conquistados pelos movimentos sociais urbanos do início do século XX, foram estendidos ao trabalhador rural. A grande força política dos proprietários rurais, entretanto, permitiu que estes inserissem no próprio Estatuto cláusulas que possibilitavam a contratação de trabalhadores por empreitada, dando assim origem ao trabalhador volante, denominado popularmente de "boia-fria".

A dinamização da economia cafeeira a partir do século XIX provocou um movimento mais ou menos geral de modernização do país. Parte desse progresso estava articulado à exportação de capitais dos países industrializados em fins do século XIX e inícios do XX, para regiões menos desenvolvidas. A predominância dos capitais britânicos na América Latina, especialmente no Brasil, é um fato registrado por todos os analistas do período. Alguns dados podem dar a dimensão desse processo. Os investimentos ingleses de 1880 a 1913 elevaram-se de pouco mais de 20 milhões para quase 360 milhões de libras na Argentina e de 40 milhões para quase 225 milhões de libras no Brasil (Singer, 1989, p. 364). No período que vai de 1860 a 1902, 77,6% do total de investimentos estrangeiros no Brasil eram oriundos da Inglaterra. Em seguida vinha a França com 5,9%, a Alemanha com 4,3%, a Bélgica com 4,0%, o Canadá com 2,3%, os Estados Unidos com 2,2%, a Áustria com 1,5% e Portugal com 0,4% (Castro apud Foot; Leonardi, 1982, p. 71).

Esses investimentos entraram no Brasil sob variadas formas: empréstimos aos governos imperial e republicano, implantação de ferrovias, modernização de portos, melhoramentos urbanos, e na forma de capital constante, isto é, de equipamentos para empreendimentos industriais que surgiam no fim do século XIX, agregados à economia agroexportadora. Essa questão é de suma importância uma vez que a expansão da economia cafeeira foi, ao mesmo tempo, produtora e produto dessa modernização.

Com a liberação de capitais resultantes da abolição do tráfico negreiro, os investimentos dirigiram-se a outros setores, especialmente à economia cafeeira. Na medida em que esta se expandia, promovia uma ocupação de terras cada vez mais interiores, em especial São Paulo e Minas Gerais. A expansão das exportações gerou uma elevação da renda que, por sua vez, aumentou a capacidade de importação e de endividamento do país. Assim, essa renda, adicionada aos crescentes empréstimos, foi empregada na melhoria do sistema de transporte através da introdução e implantação de um sistema ferroviário e da melhoria dos portos, especialmente no Rio de Janeiro e mais tarde em Santos. Essa modernização se processou também em outras regiões. Os relatórios do Ministério da Marinha, desde meados do século XIX, demonstram a grande preocupação dos governos com o mapeamento e com a implantação de um sistema de faróis na costa do Brasil, bem como com a sinalização e com a drenagem das entradas dos portos de todo o litoral brasileiro visando a permitir a entrada de navios mercantes de grande calado. Havia também a preocupação com a ampliação dos diques existentes e com a construção de novos, especialmente no Arsenal de Marinha do Rio de Janeiro, que serviriam à manutenção e reparos dos navios. Do lado dos países cuja industrialização prosseguia acelerada, as ferrovias constituíam-se em grandes empreendimentos econômicos pois absorviam maciçamente ferro e aço, carvão, maquinaria pesada, mão de obra e investimentos de capital. Não é por acaso, pois, que, a partir das décadas de 1820 e 1830, ocorreu uma febre ferroviária em dimensão internacional: em 1830 existiam algumas dezenas de quilômetros de ferrovias no mundo; dez anos mais tarde esse número havia subido para 7 mil e em 1850 o total era de 37 mil quilômetros. Em 1880 havia em todo o mundo 365,44 milhares de quilômetros em ferrovias. Desse total 323,68 localizavam-se na América do Norte e na Europa (Hobsbawm, 1979, p. 73). O caso mais significativo foi, sem dúvida, o dos Estados Unidos, onde, em 1862, iniciou-se a ligação ferroviária da costa atlântica com a do Pacífico. Guardadas as devidas proporções, a expansão ferroviária no Brasil também foi significativa:

Tabela 6.4
EXPANSÃO FERROVIÁRIA 1854-1929
(em quilômetros)

ANO	REGIÃO CAFEEIRA	BRASIL
1854	14,5	14,5
1859	77,9	109,4
1864	163,2	411,3
1869	450,4	713,1
1874	1.053,1	1.357,3
1879	2.395,9	2.895,7
1884	3.830,1	6.324,6
1889	5.590,3	9.076,1
1894	7.676,6	12.474,3
1899	8.713,9	13.980,6
1904	10.212,0	16.023,9
1906	11.281,3	17.340,4
1929	18.326,1	32.000,3

Fonte: Adaptado de Silva, 1985, p. 58.

Esses dados impõem algumas observações. Em primeiro lugar, verifica--se que até 1884 a expansão ferroviária estava maciçamente concentrada na região cafeeira, isto é, Minas Gerais, o vale do Paraíba e São Paulo. A partir daquele ano, essa concentração, apesar de persistir até o fim do período abordado neste texto, cai para 61,5% e 57,3% em 1889 e 1929, respectivamente. Dito de outro modo, as ferrovias foram sendo construídas em outras regiões do país, a despeito do ritmo mais lento daquele do centro dinâmico. Em segundo lugar, verifica-se que a expansão ferroviária coincide, do ponto de vista cronológico, com a ampliação das exportações de café, o que comprova que a economia cafeeira dinamizou e *simultaneamente* foi dinamizada pela melhoria do sistema de transporte.

Embora persista de certo modo, na memória nacional, a associação entre a República e o desenvolvimento da indústria nacional, é necessário destacar que a expansão cafeeira não propiciou apenas a melhoria dos portos e a implantação de ferrovias. De modo geral, ela estimulou e foi estimulada pelos melhoramentos urbanos e pelo desenvolvimento de determinados tipos de indústria ainda no período imperial. De fato, do início do século XIX até 1889, ano da proclamação da República, foram criados vários estabelecimentos fabris, principalmente têxteis, de dimensões e capital diversos, que empregavam força manual, hidráulica e a vapor. Não existem dados mais sistemáticos para o período todo, mas é possível constituir uma amostragem. De acordo com os dados do relatório da Comissão de Inquérito Industrial de 1882, havia no Brasil aproximadamente 45 fábricas de tecidos assim distribuídas: 12 na Bahia, 11 no Rio de Janeiro, 9 em São Paulo, 8 em Minas Gerais e 1 no Rio Grande do Sul, Alagoas, Pernambuco e Maranhão, respectivamente (Foot; Leonardi, 1982, p. 34 ss.). Havia ainda no Brasil imperial fábricas de chapéus, velas, papel, calçados e fundições, como as do estaleiro Ponta da Areia, propriedade do barão de Mauá e do Arsenal de Marinha do Rio de Janeiro. É importante assinalar o incremento da indústria da construção naval no Brasil: entre 1848 e 1870 foram construídos 32 navios para a Marinha de Guerra, 24 em arsenais do Estado (7 na Corte, 4 na Bahia, 5 em Pernambuco e 4 no Mato Grosso) e 8 em estaleiros privados (7 na Ponta da Areia e 1 na Saúde). Já entre 1871 e 1889 foram construídos 27 navios de guerra, dos quais 14 no Arsenal da Corte, entre eles a canhoneira

Iniciadora, o primeiro navio inteiramente construído de ferro no Brasil (Arias Neto, 2001, p. 159).

A economia cafeeira estimulou ainda os setores comercial e bancário, bem como promoveu gradativamente a integração do mercado interno nacional. Esse desenvolvimento foi particularmente acelerado depois de 1888 graças a três fatores principais: com a abolição da escravidão o governo imperial liberou créditos para a lavoura e adotou uma política emissionista mais flexível que, ao lado da enorme safra cafeeira e da entrada de capitais estrangeiros, provocou uma euforia nos negócios. Somente no Rio de Janeiro havia, em 1889, 14 bancos, 26 empresas industriais, 4 de estradas de ferro, 3 de navegação, 2 agrícolas e 10 diversas, que mobilizavam um capital de aproximadamente 318 mil contos. No relatório do Ministério da Fazenda de 1891, Rui Barbosa informava que o capital das companhias constituídas entre 13 de maio de 1888 e 15 de novembro de 1889 perfazia um total de quase 402 mil contos contra, aproximadamente, 410 mil contos de todas as empresas organizadas nos 64 anos anteriores. Contudo, as reformas econômicas e políticas propostas pela Monarquia, especialmente pelo Gabinete Ouro Preto, o último do regime imperial, descontentaram os monarquistas e não contemplaram as reivindicações dos cafeicultores paulistas, dos negociantes e dos militares e, consequentemente, não tiveram o poder de deter a instauração do regime republicano (Janotti, 1986 e 1998).

Economia cafeeira, urbanização e industrialização na Primeira República

Diversas forças sociais participaram da implantação da República: militares do Exército e da Armada, representantes da cafeicultura paulista, das elites gaúchas e positivistas. Essas forças formaram o ministério do governo provisório: Campos Sales (Justiça), Demétrio Ribeiro (Agricultura, Comércio e Obras Públicas), Rui Barbosa (Fazenda), Aristides Lobo (Interior), Quintino Bocaiuva (Relações Exteriores), Benjamim Constant (Guerra) e Eduardo Wandenkolk (Marinha). Um período de instabilidade política e financeira abriu-se na história do Brasil. Não obstante, foi um período de progresso e de desenvolvimento. O governo provisório iniciou reformas nas

Forças Armadas, criou um novo Código Penal, deu início à liquidação das pendências de fronteiras com os países vizinhos e promoveu uma grande reforma financeira e bancária. Esta representou, como todos os analistas do período demonstraram, a continuidade da política emissionista iniciada pelo visconde de Ouro Preto e tinha por objetivo atender às demandas de crédito dos empresários. Através dessa reforma o governo republicano criou três bancos regionais autorizados a emitir três vezes mais papel e dinheiro em relação ao existente na época. Determinava, também, que a moeda seria garantida por Obrigações do Tesouro, e não em ouro. Além disso, a reforma contemplava a plena liberdade às sociedades anônimas. Os investimentos multiplicaram-se, dando lugar a uma especulação desenfreada que ficou conhecida como "Encilhamento":

> Sob a ação deste jorro emissor não tardará que da [...] ativação dos negócios se passe rapidamente para a especulação pura. Começam a surgir em grande número novas empresas de toda a ordem e finalidade. Eram bancos, firmas comerciais, companhias industriais, de estradas de ferro, toda sorte de negócios possíveis e impossíveis. Entre a [...] proclamação da República e o fim da aventura (1891) incorporar-se-ão no Rio de Janeiro sociedades com o capital global de 3.000.000 de contos; ao iniciar-se a especulação, isto é, novembro de 1889, o capital de todas as sociedades existentes no país apenas ultrapassava 800.000 contos. Quintuplicara-se quase este capital em pouco mais de dois anos! [...] a quase totalidade das novas empresas era fantástica e não tinha existência senão no papel. Organizavam-se apenas com o fito de emitir ações e despejá-las no mercado de títulos, onde passavam rapidamente de mão em mão em valorizações sucessivas [...] Em fins de 1891 estoura a crise e rui o castelo de cartas levantado pela especulação. [...] A *débâcle* arrastará muitas instituições de bases mais sólidas, mas que não resistirão à crise; e as falências se multiplicam. O ano de 1892 será de liquidação; conseguir-se-á amainar a tempestade, mas ficará a herança desastrosa legada por dois anos de jogatina e loucura: a massa imensa de papel inconversível em circulação. Esta subira, entre 1889 e 1892, de 206.000 contos para 561.000. E como não será possível estancar de súbito este jorro emissor, a inflação ainda continuará nos anos seguintes (Prado Jr., 1990, p. 220).

Esses foram, sem dúvida, os efeitos mais evidentes da política emissionista do novo regime registrados, pela literatura e pela historiografia, como a passagem para um padrão cultural mais arrivista (Sevcenko, 1985). Contudo, os historiadores e economistas do período verificaram também que, descontados os abusos da especulação, a política emissionista de inícios da República parece ter caracterizado um momento essencial no desenvolvimento industrial do país. Isso porque a reforma financeira criou condições, ao lado da grande exportação cafeeira, para um aumento no investimento em indústrias, inclusive através da importação de capital constante (máquinas e equipamentos) que se acrescentou à acumulação prévia, realizada no período imperial.

Tabela 6.5
PRINCIPAIS PRODUTOS DE EXPORTAÇÃO 1891-1928
(% na receita das exportações)

PERÍODO	CAFÉ	AÇÚCAR	ALGODÃO	BORRACHA	COUROS E PELES	OUTROS
1891-1900	64,5	6,0	2,7	15,0	2,4	9,4
1901-1910	52,7	1,9	2,1	25,7	4,2	13,4
1911-1913	61,7	0,3	2,1	20,0	4,2	11,7
1914-1918	47,4	3,9	1,4	12,0	7,5	27,8
1919-1923	58,8	4,7	3,4	3,0	5,3	24,8
1924-1928	72,5	0,4	1,9	2,8	4,5	17,9

Fonte: Silva, 1953; Vilela; Suzigan, 1973 apud Singer, 1989, p. 355.

Verifica-se, pela tabela, que houve um aprofundamento da dependência financeira e econômica em relação às exportações de café ao longo de todo o período. De fato, os lucros provenientes dessas exportações financiaram a industrialização, os melhoramentos urbanos e a saúde da balança de pagamentos no exterior. O contínuo aumento da produção e da exportação estimulava as importações de capital (máquinas para as indústrias) e de alimentos, uma vez que a cultura cafeeira tornava-se cada vez mais especializada e os fazendeiros começavam a proibir o cultivo de subsistência dos colonos, exceto quando intercalavam cultivos alimentares nas ruas dos novos cafezais durante seu crescimento.

Os altos lucros das exportações de café provocaram a expansão contínua do cultivo e terminaram por gerar o fenômeno da superprodução. Em 1893, uma recessão que se iniciou na Europa e atingiu os Estados Unidos, o principal consumidor brasileiro, provocou uma queda nos preços do café. A capacidade de importação diminuiu e os pagamentos das importações já realizadas ficaram comprometidos. Um outro fator veio agravar essa crise. A principal fonte de arrecadação do Estado brasileiro provinha das rendas alfandegárias, isto é, dos impostos cobrados sobre as importações. Com a queda destas, ficavam impossibilitados os pagamentos da dívida externa, e os credores internacionais passaram a recusar novos empréstimos ao país. Boris Fausto (1989, p. 205) resumiu bem o quadro: "O desequilíbrio entre a expansão das exportações e as pressões por importar, o peso representado pela dívida externa e a retração do capital estrangeiro foram elementos essenciais da crise."

Além da crise internacional, o país passava por um período de grande instabilidade política. Em novembro de 1891, o presidente Deodoro da Fonseca, eleito após a elaboração e aprovação da Constituição em fevereiro daquele ano, renunciou em meio às pressões políticas contra o seu governo: a burguesia estava descontente com a política financeira do ministério, que havia agravado a inflação gerada pelo encilhamento, e os monarquistas, apesar de não representarem uma ameaça real ao novo regime, eram críticos imbatíveis da República. Em outubro de 1891 iniciou-se a Revolução Federalista no Rio Grande do Sul, que só terminou em 1895. Em novembro o presidente fechou o Congresso Nacional e as oposições se mobilizaram para depô-lo. Vinte dias depois a Marinha revoltou-se na baía de Guanabara, deixando o governo isolado. O presidente renunciou sem esboçar nenhuma resistência. Assumiu, em seu lugar, o vice-presidente, marechal Floriano Peixoto. Nesse período de conflitos, o presidente reprimiu duramente todas as contestações ao regime e ao governo, perseguiu monarquistas, que serviram como bodes expiatórios de todas as mazelas do país, enfrentou os federalistas do Sul ao longo dos quatro anos de seu mandato e derrotou várias revoltas de militares descontentes, especialmente a segunda Revolta da Armada, ocorrida entre setembro de 1893 e janeiro de 1894, e que teve como consequência internacional a ruptura de relações diplomáticas com Portugal, o esfriamento das relações com a Inglaterra e uma aproximação maior com os Estados Unidos. Pareceu, aos observadores do período, que a unidade nacional iria ser rompida.

Ao assumir o governo em novembro de 1894, o paulista Prudente de Morais encontrou o país envolto em uma crise, até então, sem precedentes. A inflação era galopante e os conflitos internos, envolvendo militares, jacobinos partidários do marechal Floriano Peixoto e monarquistas, acentuavam-se. Além disso, até o fim de seu governo, em 1897, o presidente Prudente de Morais enfrentou conflitos internacionais bastante sérios com a França, que promoveu incursões militares no Amapá por questões fronteiriças, e com a Inglaterra, que ocupou a ilha da Trindade, ambos em 1895. Entre dezembro de 1895 e janeiro de 1896, enfrentou ainda o ruidoso caso dos protocolos italianos e, a partir de maio, até o fim de seu mandato, a Revolta de Canudos.

Em 1897 a insolvência do país era iminente e negociou-se uma moratória, ou *funding loan,* com credores europeus (assinada em 1898) nos seguintes termos: um empréstimo de 10 milhões de libras esterlinas, sob garantia das rendas da alfândega do Rio de Janeiro, e subsidiariamente das estaduais, das receitas da Estrada de Ferro Central do Brasil e do serviço de abastecimento de água da capital federal, pagamentos dos juros do empréstimo em três anos, amortização da dívida em dez. O governo ainda se comprometia a retirar de circulação uma soma de papel correspondente às emissões do *funding*, que seria queimada ou guardada em depósitos para posterior compra de cambiais, e a não contrair novos empréstimos durante a moratória (Bello, 1964, pp. 196-197). Esse acordo foi negociado pelos dois presidentes paulistas, Prudente de Morais, que deixava o governo, e Campos Sales, que assumia. Durante todo o mandato de Campos Sales (1898-1902) foi levada a cabo uma política deflacionária, tendo havido uma elevação geral dos impostos federais, estaduais e municipais, um aumento do custo de vida, carestia e falências de empreendimentos industriais e agrícolas.

Essa política impediu, ao contrário do que se possa pensar, maiores prejuízos à agricultura e à indústria. De fato, ao longo do período houve um alívio no balanço de pagamentos e uma redução nas importações. As exportações de café, contudo, elevaram-se e, em 1900, a taxa de câmbio voltou aos níveis de 1895. A médio e longo prazos, a política deflacionária visa a uma diminuição dos preços internos, e a ampliação das exportações e o saneamento do tesouro objetivam a elevação do câmbio, permitindo a recuperação da capacidade de importação de bens e de capital. Abre-se um período de carestia para a massa da população, pois a tendência é de congelamento e queda no valor monetário dos salários urbanos e rurais. Dados sobre os salários rurais indicam que, entre 1898 e 1904, o pagamento pela carpa do café caiu de 90 mil-réis para 60 mil-réis e pela colheita, de 680 mil-réis para 450 mil-réis (Mello, 1982, p. 136). Os salários urbanos eram mais baixos: em 1900 uma lavadeira recebia por volta de mil-réis diários e os subalternos da Diretoria Geral de Saúde Pública, aproximadamente 75 mil-réis mensais (Silva, 1988, pp. 132-3). A situação dos marinheiros era extremamente crítica: em 1910 uma primeira classe (a mais alta hierarquia da categoria), com todas as gratificações, recebia aproximadamente 15 mil-réis mensais (Relatório do Ministério da Marinha, 1909, p. 177). Por outro lado, tomando-se, para o custo de determinados gêneros alimentícios, o ano de 1889 como índice 100, verifica-se que em 1912 o preço do arroz nacional era 200, do importado 400, do bacalhau 200, do feijão nacional 163, do importado 161, da carne-seca 300, do açúcar 200, da banha importada 200 e da farinha de trigo 170 (apud Luz, 1961, p. 137), ou seja, pode-se supor que no período houve uma elevação média de 221% no custo de vida, isto sem contar, por exemplo, que nas maiores cidades, como Rio de Janeiro e São Paulo, a crise habitacional era crônica e os aluguéis exorbitantes.

Analisando-se alguns dados industriais de 1907, pode-se constatar que houve, entretanto, um grande crescimento em relação ao fim do período imperial:

Tabela 6.6
DADOS INDUSTRIAIS 1907

	Número de empresas	Capital (contos)	Força motriz (C.V.)	Número de operários
Brasil	3.258	653.555	109.284	149.018
Dist. Federal	662	167.120	22.279	34.850
São Paulo	326	127.702	18.301	24.186

Fonte: Adaptado de Silva (1985, pp. 78-79).

Um outro aspecto que chama a atenção é a concentração da indústria no Rio de Janeiro (Distrito Federal). Verifica-se também que, juntos, São Paulo (20%) e Rio de Janeiro (26%) concentravam 46% dos capitais industriais e 39% do operariado brasileiro. Importa destacar que o número de estabelecimentos industriais em São Paulo correspondia a 10% do total do país e o do Rio de Janeiro a 20%. Os demais 70% estavam distribuídos por outros estados. Segundo Wilson Suzigan, durante o encilhamento foram

> estabelecidas grandes fábricas de tecidos de algodão no Nordeste (particularmente na Bahia, em Pernambuco e no Maranhão), em São Paulo e na própria área do Rio de Janeiro. Foram também realizados substanciais investimentos em outras indústrias tais como sacaria de juta, tecidos de lã, moinhos de trigo, cervejarias, fábricas de fósforo e indústria metal-mecânica. Também data desse período a construção do alto-forno de Miguel Burnier (Minas Gerais) operado pela Usina Esperança, única companhia a produzir ferro-gusa em escala industrial antes da década de 1920 (Suzigan, 1986, p. 48).

É possível constatar que já na primeira década republicana a indústria implantada na região cafeeira (excluindo-se Minas Gerais) compunha-se de grandes unidades fabris que concentravam a maior parte do capital e do operariado nacional. Além disso, os dados da industrialização paulista levantados por Wilson Cano (1983, p. 142) comprovam que o parque emergente era diversificado: do total de 326 unidades existentes naquele estado em 1907 havia apenas 31 estabelecimentos têxteis, os outros 295 estabelecimentos eram compostos de indústrias de chapéus, calçados, bebidas, alimentos, sacaria etc. O capital investido nas poucas unidades têxteis (55.084 contos), contudo, representava 45% do total dos investimentos industriais realizados no período (121.702 contos). Verifica-se, portanto, que as unidades industriais têxteis eram de grande porte e concentravam a maior parte dos capitais investidos durante a primeira década republicana. Durante esse período ocorreu uma grande entrada de capital constante, isto é, de máquinas e equipamentos, o que significa, em última instância, uma grande acumulação em capacidade instalada no parque industrial brasileiro. De acordo com os dados levantados por Suzigan (1986, pp. 354-360), a importação de maquinaria industrial para o Brasil na segunda metade do século XIX (1855-1889) foi de quase 8 milhões de libras esterlinas, enquanto nos primeiros 14 anos da República (1890-1907) este valor quase dobrou, aproximando-se de 15 milhões de libras. As séries documentais levantadas por aquele autor demonstram que a maior parte das importações era composta por máquinas para geração de energia, para a indústria têxtil e para indústrias de cimento, cal e cerâmica, alimentos, bebidas, cigarros e charutos etc. Naturalmente, o valor anual das importações variou nesse período, e se manteve alto entre os anos de 1890 e 1895 (média de 900 mil libras) e, a partir de 1896 até 1903, houve uma queda (média de 500 mil libras), voltando a elevar-se a partir de 1904, alcançando em 1906 o patamar de mais de um milhão de libras de importação de máquinas anualmente, padrão que foi mantido até o início da Primeira Guerra Mundial, em 1914.

Houve, portanto, entre 1889 e 1896, um *boom* no desenvolvimento e na acumulação industrial, tendo o ritmo de crescimento *diminuído* entre 1897 e 1904, para voltar a crescer a partir de 1905 até 1914. A crise pós-encilhamento, que coincidiu com a crise internacional e a política de caráter emergencial adotada para enfrentá-la, demonstrou duas faces do problema da relação entre café e industrialização. Em primeiro lugar, a manutenção do modelo agroexportador dependeria de uma intervenção nos mercados visando a forçar a alta dos preços e uma redução na expansão do café para evitar a superprodução. Em segundo, evidenciou que o crescimento industrial se processava em situação de dependência em relação à dinâmica cafeeira – fator de fragilidade e instabilidade – que seria superada somente com o investimento nas indústrias de base, isto é, na produção de bens de capital.

Em uma visão ampliada, pode-se dizer que uma política estatal definida para esse setor foi, contudo, estabelecida apenas a partir de fins da década de 1940 e que, durante a Primeira República, nem sequer o problema da superprodução foi resolvido. As políticas de valorização do café somente asseguraram, em conjuntura internacional favorável, a alta artificial dos preços do produto mas foram insuficientes para evitar a superprodução. É certo que entre 1904 e 1930 se estabeleceram certas indústrias de base, no entanto, a dinâmica industrial permaneceu articulada à economia cafeeira, pelo menos até o fim da década de 1930. É necessário, ainda que brevemente, analisar essas questões.

Mesmo nos anos de crise a produção de café cresceu. Entre 1897 e 1900 foram produzidos 16,7 milhões de sacas e no quinquênio seguinte, isto é, 1901-1905, o total chegou a 64,9 milhões de sacas (Silva, 1985, p. 66; Cano, 1983, p. 46). Esse incremento, mesmo passada a crise, forçava a baixa nos preços internacionais. Embora a política deflacionária e saneadora dos anos anteriores tenha promovido a recuperação da taxa de câmbio, os preços do café continuavam em acentuada queda. Em 1895, dez quilos de café eram comercializados a 13.475 réis. Cinco anos mais tarde, em 1900, quando o câmbio se havia recuperado ao nível de 1895, o preço era de 8.817 réis e, em 1905, quando o câmbio se havia elevado quase sete pontos acima do de 1895, o preço havia caído a 4.865 réis (Fausto, 1989, p. 207). Celso Furtado observa que, na impossibilidade de depreciar o câmbio, os dirigentes dos estados cafeeiros amadurecem a ideia de retirar do mercado parte dos estoques do produto:

> No convênio, celebrado em Taubaté em fevereiro de 1906, definem-se as bases do que se chamaria política de "valorização" do produto. Em essência, essa política consistia no seguinte: a) com o fim de restabelecer o equilíbrio entre a oferta e a procura de café, o governo interviria no mercado para comprar os excedentes; b) o financiamento dessas compras se faria com empréstimos estrangeiros; c) o serviço desses empréstimos seria coberto com um novo imposto cobrado em ouro sobre cada saca de café exportada; d) a fim de solucionar o problema mais a longo prazo, os governos dos Estados produtores deveriam desencorajar a expansão das plantações (1980, p. 179).

Em um primeiro momento, essa política provocou reações adversas de vários grupos sociais e políticos, contudo, os governos dos estados produtores terminaram por forçar o governo central a tomar para si a direção da política de valorização. Também os tradicionais credores do Brasil, como a casa inglesa Rothschild, que, graças aos empréstimos concedidos em função da moratória de 1898, se havia oposto à valorização do café, passaram, em razão da concorrência com outros banqueiros europeus, a realizar empréstimos para os cafeicultores. De fato, abriu-se então o período de "apogeu" da cafeicultura e do poder dos fazendeiros na República Velha. Os primeiros resultados da política fizeram-se a partir de 1910 e, descontado o interregno da Primeira Guerra Mundial (1914-1918), ocasião em que o Brasil teve de negociar um novo *funding loan* em consequência da crise internacional, a expansão da cafeicultura foi contínua até 1930 e mesmo depois. Entre 1921 e 1930, o número de pés de café aumentou extraordinariamente nos estados produtores:

Tabela 6.7
CAFEEIROS EM DIVERSOS ESTADOS

ESTADO	1921	1930
São Paulo	843.592.000	1.188.058.000
Minas Gerais	511.252.100	650.691.700
Espírito Santo	122.500.000	271.400.000
Rio de Janeiro	160.239.000	213.818.000
Bahia	49.799.000	94.440.200
Pernambuco	27.886.000	82.073.000
Paraná	15.138.000	30.229.000

Fonte: Fausto, 1989, p. 242.

Ao lado dessa expansão na área do plantio, a produção atingiu níveis elevadíssimos. No quinquênio 1911-1915 foram produzidos 68 milhões de sacas de café. Entre 1916 e 1920 houve uma redução para 66 milhões de sacas e, nos cinco anos seguintes, a produção voltou a aumentar elevando-se a 72 milhões de sacas, tendo, no período de 1926 a 1930, atingido o total de 99 milhões de sacas. A produção paulista representava uma média de 66% desse total (Cano, 1983, p. 46). As exportações, contudo, permaneceram estabilizadas e esse crescimento acelerado provocou o que Celso Furtado chamou de "desequilíbrio estrutural entre a oferta e a procura". Por ocasião do *crash* de 1929, a produção atingiu quase 29 milhões de sacas e a exportação 14,5 milhões. Com os enormes estoques acumulados nos armazéns criados para isso, os cafeeiros carregados com novas floradas e grãos tornaram-se invendáveis. Os clássicos mecanismos de defesa foram impotentes diante da crise que assumiu proporções catastróficas: a taxa de câmbio literalmente despencou, as reservas metálicas acumuladas pelos empréstimos internacionais esvaíram-se no ar com o pagamento da dívida externa e com a fuga de capitais do país. Em 1930, a revolução pôs fim à República Velha. Houve uma ruptura do modelo de desenvolvimento industrial baseado no capital cafeeiro. A partir de fins da década de 1930 e nos anos seguintes a acumulação industrial passou, gradativamente, a ser fundamentada na reprodução e ampliação de seu próprio capital.

Resta saber como se processou o desenvolvimento industrial a partir do início do século XX. Em primeiro lugar, foi beneficiado com a expansão da economia cafeeira: o crescimento da área de plantio geralmente era precedido ou, em algumas regiões – por exemplo, o norte do Paraná –, seguido pela construção da ferrovia, que propiciava o escoamento da produção para os portos, principalmente Santos e Rio de Janeiro. Ao mesmo tempo fundavam-se novos núcleos urbanos, ampliavam-se as necessidades de consumo e crescia a demanda do abastecimento. Parte dessas necessidades era satisfeita com importações. O caso dos gêneros alimentícios é bastante exemplar: entre 1905 e 1930 eles representaram uma média aproximada de 24% das importações brasileiras (Cano, 1983, p. 274). Cada vez mais, contudo, a indústria nacional passou a abastecer esse mercado em expansão.

É consagrada na historiografia brasileira a visão de que nos anos da guerra, 1914 a 1918, graças ao fechamento do mercado internacional, ter-se-ia consolidado uma indústria voltada para a substituição das importações. Essa afirmação é, porém, duvidosa, pois, se o mercado estava fechado às importações de produtos manufaturados, as importações de bens de capital, que poderiam permitir a instalação de novas unidades, também sofriam a mesma restrição. Os dados de importação de maquinaria da Grã-Bretanha, dos Estados Unidos, da Alemanha e da França demonstram que no período de 1908 a 1913 o total das compras junto àqueles países foi de 9,5 milhões de libras aproximadamente, perfazendo uma média de 1,9 milhão de libras ao ano. Nos anos da guerra, isto é, de 1914 a 1918, o total das importações foi de apenas 2,7 milhões de libras, o que representa uma média de 550 mil libras ao ano. Em outras palavras, os índices de importação de maquinaria caíram três vezes e meia em relação ao período anterior. Finalmente, no período que vai de 1919 a 1930, o total de importações de máquinas foi de 22,6 milhões de libras, o que representa uma média anual de 1,8 milhão de libras, ou seja, depois da guerra a média de importação retomou os níveis de 1908-1913 (Suzigan, 1986, pp. 361-363). As séries documentais levantadas por Suzigan confirmam que as importações de máquinas para geração de energia para a indústria têxtil e para indústrias de cimento, cal e cerâmica, alimentos, bebidas, cigarros e charutos predominaram em todo o período abordado neste texto.

Com essas variantes em mente, pode-se supor, portanto, que durante a guerra houve uma redução na atividade industrial, o que permite, ao menos, relativizar a ideia de que teria ocorrido uma substituição de importações.

Tabela 6.8
DADOS INDUSTRIAIS 1920

	Número de empresas	Capital (contos)	Força motriz (C.V.)	Número de operários
Brasil	13.336	1.815.156	310.424	275.512
Dist. Federal	1.542	441.669	69.703	56.51
São Paulo	4.145	537.817	94.099	83.998

Fonte: Adaptado de Silva (1985, pp. 78-79).

Os dados da década de 1920 indicam a tendência crescente da concentração industrial nas regiões onde a dinâmica da economia cafeeira era mais acentuada. São Paulo e Distrito Federal, juntos, detinham 42% dos estabelecimentos industriais, 53% dos capitais e 50% do operariado brasileiro. Contudo, desmembrando-se os dados, verifica-se que São Paulo concentrava 31% das unidades industriais, 29% dos capitais e 30% do operariado, enquanto o Distrito Federal possuía 12% dos estabelecimentos, 24% dos capitais e 20% do operariado. Verifica-se, portanto, que a *dinâmica industrial* foi mais acelerada em São Paulo e manteve-se assim até o fim do período.

Por outro lado, se os valores de importação de maquinaria indicam uma *redução no ritmo* de crescimento durante a guerra, os dados de produção corroboram essa suposição. Verificando-se os índices da maior atividade industrial do período, a têxtil de algodão, levantados por Stanley Stein, constata-se que o número de unidades no país cresceu de 48 em 1885 para 359 em 1929. Tomando-se os dados por período, verifica-se um *boom* entre os anos de 1905 e 1915, quando o número de estabelecimentos, de operários e de produção em metros de tecidos cresceu mais do que 100%, o valor da produção 550% e o capital empregado 153%. Entre 1915 e 1921, o número de estabelecimentos cresceu 0,8%, o de operários 32%, o valor da produção 17% e o capital investido foi negativo em 49%. Esse *ritmo mais lento* de crescimento permaneceu até 1929 (Stein *apud* Dean, 1989, p. 265).

Os dados de 1920 demonstram também que indústrias de minerais não metálicos, metalurgia, mecânica, material de transporte, química e farmácia, borracha e papel e papelão representavam 14,6% da renda industrial do Brasil. Isso significa que, embora mais de 85% da renda industrial se concentrasse no setor de bens de consumo (têxtil, roupas, calçados, bebidas etc.), pode-se supor que, após a guerra, acelerou-se um processo de investimento no setor de bens de produção, o que é bastante significativo e não pode ser desprezado quando se aborda a temática da industrialização brasileira.

De fato, como observaram os teóricos da Comissão Econômica para a América Latina (Cepal), os dependentistas e os teóricos do desenvolvimento desigual e combinado do capitalismo, a industrialização brasileira se processou em conjunto com a expansão da cafeicultura, isto é, nos momentos em que ocorria um "vazamento de capital" para o setor. Por isso mesmo ela se concentrou nas regiões onde se processava a referida expansão. Isso não significa que não tenha ocorrido um processo de industrialização em outras regiões, em um *ritmo mais lento*.

Por outro lado, a inserção do Brasil na divisão internacional do trabalho como país agroexportador condicionou a expansão da cafeicultura ao capital estrangeiro e, consequentemente, a industrialização se processou sob uma dupla subordinação: do capital internacional e do cafeeiro. Dessa situação decorrem duas características da indústria brasileira: ter surgido, como bem mostrou Sérgio Silva, como "grande indústria de bens de consumo" voltada para um mercado interno em acelerado crescimento. Esse mesmo autor demonstrou que a base para a primeira acumulação industrial foi o grande comércio importador e exportador, no qual se destacavam as grandes casas comissárias de café, já na década de 1880. Essa burguesia comercial, à qual se somaram imigrantes como os Matarazzo, Crespi e outros, estabeleceu laços familiares com a grande burguesia cafeeira, o que facilitou uma fusão de capitais. É dessa fusão que surgiu uma burguesia industrial no Brasil.

Essa fusão de capitais não determinou uma *linearidade* de interesses e um alinhamento político automático. Um exemplo disso foram os constantes embates entre cafeicultores, comerciantes e industriais em torno das tarifas alfandegárias. A elevação das tarifas seria, teoricamente, do interesse dos industriais, que veriam suas atividades protegidas por barreiras alfandegárias. Isso, contudo, não corresponde à realidade, uma vez que, como foi demonstrado ao longo deste texto, os industriais dependiam das importações de maquinário e de manufaturados, como o aço, para a expansão de suas atividades. Muitas vezes, como bem demonstrou Nícia Vilela Luz (1961), lutaram por tarifas alfandegárias diferenciadas, isto é, mais baixas apenas nos itens que necessitavam importar. Nesse aspecto, enfrentavam constantemente a oposição dos comerciantes, e às vezes dos cafeicultores, que temiam retaliações dos compradores internacionais do café caso fosse estabelecida uma política alfandegária protecionista. Por outro lado, como as rendas do Estado eram majoritariamente oriundas das rendas das alfândegas, isto é, dos impostos sobre as importações, tarifas por demais elevadas poderiam fazer com que a arrecadação diminuísse, comprometendo os pagamentos da dívida externa, os investimentos públicos etc. Parece correto, contudo, como demonstrou a mesma autora, que o Estado procurou estabelecer certo protecionismo e conceder alguns incentivos às atividades industriais. No conjunto do período, entretanto, não houve uma política industrialista contínua e sistemática. Finalmente, é preciso destacar que, desde fins do Império, havia um "pensamento industrializante no Brasil". Ao longo de toda a Primeira República ocorreram inúmeros debates e polêmicas em nível nacional sobre a questão do protecionismo industrial, identificado às vezes, em nível ideológico, à segurança e à soberania nacionais. Felisbelo Freire, Amaro Cavalcanti, Serzedelo Correa, Nilo Peçanha e muitos outros, como Jorge Street e Roberto Simonsen, foram homens de Estado e líderes industriais profundamente preocupados com a industrialização do Brasil. Suas reflexões demonstram como possuíam uma visão de conjunto do país e, mais do que isso, como muitas vezes enunciaram ideias que se concretizaram anos mais tarde, quando o Estado brasileiro desenvolvia uma política sistemática de industrialização.

Algumas observações à guisa de conclusão

Houve, no período abordado ao longo deste texto, *um desenvolvimento complexo e contraditório*, não linear progressivo. É importante destacar que houve também, no período, *significativos avanços na democracia brasileira*. Retomo o sentido das palavras de Serzedelo Correa, escritas em 1903, para introduzir a questão: "A indústria é sempre o resultado do trabalho humano e é pelo trabalho que o homem consegue dar a todos os objetos a utilidade, isto é – a qualidade abstrata que os torna aptos à satisfação de nossas necessidades, e que os transforma em riqueza." Trata-se, portanto, de refletir sobre a *situação* e a *condição* dos homens, mulheres e crianças que construíram a riqueza do Brasil.

É preciso relembrar alguns índices para dimensionar essas questões. Entre 1872 e 1920, a população brasileira aumenta de 9.930.500 para 30.635.600, isto é, 203%. O número de cidades com mais de 30 mil habitantes passa de 67 para 265, e a população destas, de 3,1 milhões para 15,7 milhões, ou seja, houve um crescimento de 412%. A população da cidade do Rio de Janeiro passa de 274 mil para 1,2 milhão e a da capital de São Paulo, de 31 mil para 580 mil (Silva, 1985, p. 99; Cano, 1983, p. 310). A literatura e a historiografia *do e sobre o período* está repleta de testemunhos sobre as repugnantes *condições* de vida das populações urbanas.

No projeto das elites, a modernização significou também um reordenamento geral dos espaços da política, com a manutenção da exclusão popular desta, como no Império, e a reorganização dos espaços urbanos e rurais: às casas enfileiradas das colônias rurais corresponderam as vilas construídas nas cidades para confinamento e disciplinarização dos operários urbanos. À nova disciplina de trabalho imposta pela implantação do colonato no campo corresponderam as novas disciplinas de trabalho e de sociabilidade instauradas nas fábricas, nas escolas, nos teatros, nas ruas da cidade, na intimidade da casa.

Tudo isso foi justificado pela *racionalidade técnica e higienista*, da qual Pereira Passos foi o pioneiro com o avassalador "bota-abaixo", movimento regenerador da capital federal. Estudos recentes demonstram que o movimento espraiou-se pelo país: São Paulo, Belo Horizonte, Salvador, Recife, Porto Alegre, Curitiba, Florianópolis, entre outras cidades, foram alvos de intervenções reguladoras e disciplinadoras.

Para as elites brasileiras, os excluídos, os rebeldes, os imigrantes, os trabalhadores que resistiam ou se opunham eram classificados como incapazes e ignorantes, pois não sabiam reconhecer os "benefícios da civilização". Eram, consequentemente, bárbaros e, quando se manifestavam, perigosos. "A questão social é uma questão de polícia." Essa frase ficou famosa e expressa bem os mecanismos empregados para conter a "plebe" – prisões, tortura e desterro, dentro e fora do território nacional. Em outras palavras, na medida em que havia resistência ao projeto e que as "classes perigosas" demonstravam muito bem saber que determinados "benefícios da civilização" não eram para todos, a política foi a violência.

Por outro lado, vistos de uma perspectiva histórica, os movimentos sociais do período, as revoltas – como a da Vacina de 1904, a dos Marinheiros de 1910, a de Canudos e do Contestado –, as associações operárias, as lutas quotidianas contra o arbítrio e a violência, nas quais as classes populares empregaram largamente o *habeas corpus*, direito *novo* e instituto jurídico *original* criado pelos constitucionais de 1891 (Miranda, 1999; Ferraz Jr., 1989), verifica-se que houve uma apropriação e reelaboração da promessa republicana de democracia, liberdade e direitos de cidadania. Os movimentos sociais expressaram *positiva e afirmativamente* o desejo de ampliação do espaço público e da *efetivação* da República (Arendt, 1990 e 1994). Aliás, é bom sempre relembrar que através das lutas travadas na Primeira República foram ampliadas certas liberdades civis e políticas e foram conquistados direitos sociais e trabalhistas que vigoram até o presente. Como observou Sidney Chalhoub (1996, p. 104), o que houve nesse período foi "um reordenamento estrutural nas políticas de dominação e nas relações de classe: institui-se o novo lugar da luta de classes, engendram-se novos significados sociais gerais norteadores dos conflitos sociais".

Bibliografia

Arendt, Hannah. 1990. *Da revolução*. São Paulo: Ática.

_____. 1994. *Sobre a violência*. Rio de Janeiro: Relume Dumará.

Arias Neto, José Miguel. 2001. "Em busca da cidadania: praças da Armada Nacional 1867-1910." Tese de doutoramento – FFLCH-USP, São Paulo.

Bello, José Maria. 2001. *História da república (1889-1954)*. São Paulo: Companhia Editora Nacional.
Bosi, Alfredo. 1992. *Dialética da colonização*. São Paulo: Companhia das Letras.
Brasil. 1840-1910. *Relatórios do Ministério da Marinha*.
Cano, Wilson. 1983. *Raízes da concentração industrial em São Paulo*. São Paulo: T.A. Queiroz.
Carvalho, José Murilo. 1987. *Os bestializados*: o Rio de Janeiro e a República que não foi. São Paulo: Companhia das Letras.
Chalhoub, Sidney. 1996. *Cidade febril*. São Paulo: Companhia das Letras.
Dean, Warren. 1989. "A industrialização durante a República Velha." In Fausto, Boris (dir.). *O Brasil republicano*, v.1: estrutura de poder e economia (1889--1930). São Paulo: Bertrand Brasil. (Coleção História Geral da Civilização Brasileira, t. III).
Dias, Maria Odila Leite. 1984. *Quotidiano e poder em São Paulo no século XIX*. São Paulo: Brasiliense.
Fausto, Boris. 1989. "Expansão do café e política cafeeira." In Fausto, Boris (dir.) *O Brasil republicano*, v. 1: estrutura de poder e economia (1889-1930). São Paulo: Bertrand Brasil. (Coleção História Geral da Civilização Brasileira, t. III).
Ferraz Jr., Tercio Sampaio. 1989. "A Constituição republicana de 1891." *Revista USP*. São Paulo: n 3, set./nov.
Foot, Francisco; Leonardi, Victor. 1982. *História da indústria e do trabalho no Brasil (das origens aos anos 20)*. São Paulo: Global.
Franco, Maria S. C. 1983. *Homens livres na ordem escravocrata*. São Paulo: Kairós.
_____ .1983. "Organização social do trabalho no período colonial". In Pinheiro, Paulo S. (org.). *Trabalho escravo, economia e sociedade*. Rio de Janeiro: Paz e Terra.
Furtado, Celso. 1980. *Formação econômica do Brasil*. São Paulo: Companhia Editora Nacional.
Hobsbawm, Eric J. 1979. *A era do capital*: 1848-1875. Rio de Janeiro: Paz e Terra.
Janotti, Maria L. 1986. *Os subversivos da República*. São Paulo: Brasiliense.
_____ .1998. "O diálogo convergente: políticos e historiadores no início da República". In Freitas, Marcos C. (org.). *Historiografia brasileira em perspectiva*. São Paulo: Contexto.
Luz, Nícia V. 1961. *A luta pela industrialização do Brasil*. São Paulo: Difel.
Mello, João Manuel. 1982. *O capitalismo tardio*. São Paulo: Brasiliense.
Mello e Souza, Laura de. 1982. *Desclassificados do ouro*: a pobreza mineira no século XVIII. Rio de Janeiro: Graal.

Miranda, Pontes de. 1999. *História e prática do habeas corpus*: direito constitucional e processual comparado. Campinas: Bookseller.
Petrone, Maria Thereza S. 1984. *O imigrante e a pequena propriedade*. São Paulo: Brasiliense.
Prado Jr., Caio. 1990. *História econômica do Brasil*. São Paulo: Brasiliense.
Sevcenko, Nicolau. 1985. *Literatura como missão*. São Paulo: Brasiliense.
Silva, Eduardo. 1988. *As queixas do povo*. Rio de Janeiro: Paz e Terra.
Silva, Sérgio. 1985. *Expansão cafeeira e origens da indústria no Brasil*. São Paulo: Alfa-Ômega.
Singer, Paul. 1989. "O Brasil no contexto do capitalismo internacional: 1889-1930". In Fausto, Boris (dir.). *O Brasil republicano*, v. 1: estrutura de poder e economia (1889-1930). São Paulo: Bertrand Brasil. (Coleção História Geral da Civilização Brasileira, t. III).
Stolcke, Verena. 1986. *Cafeicultura*: homens, mulheres e capital (1850-1980). São Paulo: Brasiliense.
Suzigan, Wilson. 1986. *Indústria brasileira*: origem e desenvolvimento. São Paulo: Brasiliense.

7. Reforma urbana e Revolta da Vacina na cidade do Rio de Janeiro

*Jaime Larry Benchimol**

Em fevereiro de 1906, numa praça recém-ajardinada do Rio de Janeiro, foi inaugurado um chafariz de ferro oferecido por industriais portugueses, do Porto, ao prefeito Francisco Pereira Passos, que cumpria os últimos meses de seu mandato (de dezembro de 1902 a novembro de 1906). No discurso que proferiu então, o dr. Aureliano Portugal, médico da saúde pública, enalteceu as vitórias alcançadas pelo prefeito como se fosse ele o chefe militar de uma *blitzkrieg*. Em três anos, conseguira "desalojar milhares de pessoas de suas habitações e remover para mais de mil estabelecimentos comerciais, demolir, no todo ou parcialmente, cerca de dois mil prédios [...] promovendo, ao mesmo tempo, mil outras [obras] de ordem diversa, tendentes ao saneamento e embelezamento de uma cidade extensíssima, que conta em seu seio cerca de um milhão de habitantes" (Portugal, 1906, p. 10).

Bom positivista, Portugal discernia três estágios na evolução da cidade. Primeiro, a lenta expansão a partir do aldeamento seiscentista que os colonizadores implantaram no morro do Castelo. Por três séculos, lutaram contra planícies encharcadas e os morros que se erguiam de todos os lados: "As edificações se foram estendendo por zonas cada vez mais vastas [...] sem nunca cogitar, porém, dos preceitos do Belo, e à revelia, muitas vezes, das simples exigências técnicas." Segundo esse modo de pensar, feiura e

---

* Pesquisador da Casa de Oswaldo Cruz/Fiocruz e professor do programa de pós-graduação em História das Ciências da Saúde.

insalubridade eram duas faces da cidade, guardando a última característica estreita relação com o meio ambiente, sobretudo os pântanos, conceito que abrangia os manguezais, hoje tão valorizados pelos ecologistas. No estágio seguinte, alguns espíritos iluminados pela ciência e a arte tentaram, sem muito sucesso, submeter a cidade primitiva e insalubre a um desenvolvimento de "cunho sistemático, que é próprio das obras verdadeiramente estéticas". Verificaram que era necessário "destruir, em grande parte, para fazê-la de novo, a obra humana, quase três vezes secular". O advento da República tornara possível o terceiro estágio, da remodelação da cidade à luz de princípios racionais, sua transformação numa obra de arte tão bem-proporcionada quanto o chafariz que se estava inaugurando, "a colossal obra, que tanto nos eleva e engrandece aos olhos do estrangeiro e nos reabilita aos nossos próprios olhos" (Portugal, 1906. pp. 5-7, 10).

No alvorecer do século XX, o Rio de Janeiro sofreu, de fato, uma intervenção que alterou profundamente sua fisionomia e estrutura, e que repercutiu como um terremoto nas condições de vida da população, dando origem a uma paisagem nova, que reproduzia vários traços daquela cunhada por Georges-Eugène Haussmann, em Paris, três décadas antes. Além das obras de demolição e reconstrução sem precedentes na história dessa e de outras cidades brasileiras, um cipoal de leis e posturas procurou coibir ou disciplinar esferas da existência social refratárias à ação do Estado. A reforma urbana foi, na realidade, o somatório não previsto das ações de múltiplas forças, humanas e não humanas. O Rio de Janeiro que emergiu dos escombros da Cidade Velha e da conflagração social que ardeu em meio a eles – a chamada Revolta da Vacina – era diferente. Não como imaginaram os apologistas da reforma, pois a política "racional", que se propôs a corrigir os erros de sua gestação "espontânea", engendrou novas contradições e agravou muitas das que já existiam.

Para compreendermos a gênese dos acontecimentos dramáticos ocorridos nesta cidade há um século,[1] precisamos recuar no tempo, até 1763, quando se tornou a capital dos vice-reis, em substituição a Salvador, para garantir o controle mais rigoroso do ouro, cuja exploração vinha declinando em Minas Gerais. Isso acarretou mudanças importantes na vida do Rio de Janeiro, mas nada comparável aos efeitos da fuga da corte portuguesa para sua colônia, quando os exércitos napoleônicos, comandados pelo general

Jean-Andoche Junot, invadiram Lisboa em novembro de 1807. Tendo de acomodar, da noite para o dia, cerca de 15 mil pessoas, quase um terço de sua população, o Rio de Janeiro converteu-se na cabeça do decadente Império lusitano, depois o epicentro do processo de independência (1822) e das guerras subsequentes com as províncias. Em meados do século XIX, estavam subjugadas as forças que resistiam à política centralizadora do Império e à hegemonia econômica da região Sudeste.

Porto medularmente cindido em senhores e escravos, o Rio de Janeiro prosperava articulando a lavoura escravista do café, em expansão no vale do rio Paraíba, com o mercado mundial. As ruas eram ocupadas por uma multidão de "escravos de ganho" que alugavam cotidianamente o uso de sua capacidade de trabalho nos mais diferentes misteres. Uma pequena fração do dinheiro que obtinham era usada no pagamento, pelos próprios escravos, de meios necessários à sua manutenção: alimentos, bebida, às vezes até um quarto de cortiço; o grosso daquela renda incorporava-se ao cabedal dos proprietários mais ricos e garantia a sobrevivência dos mais pobres, às vezes quase tão pobres quanto o escravo posto ao ganho. A escravaria doméstica executava os múltiplos serviços daquela economia natural que as moradias senhoriais agasalhavam, inclusive o abastecimento de água e a retirada de esgotos, que logo se tornariam rentáveis serviços "públicos", a cargo de empresas privadas.

A segunda revolução industrial – a dos artefatos de ferro e aço, dos bens de capital, das ferrovias e dos navios a vapor – consagrou o poderio mundial da Inglaterra, não obstante outros países, revolucionados também pela grande indústria, despontassem como sérios concorrentes. As exportações de capital, sob a forma de empréstimos públicos e investimentos diretos, impulsionaram a modernização de economias periféricas como a brasileira na segunda metade do século XIX, aparelhando-as para responderem aos novos fluxos de matérias-primas e produtos industrializados.

No Brasil, esse processo teve outras dimensões: abolição do tráfico negreiro em 1850; consolidação política do Império; expansão do café; guerra contra o Paraguai (1864-1870); expansão demográfica; e ampliação gradativa do trabalho livre, sobretudo nas cidades. Na década de 1870, o império de D. Pedro II e dos barões do café parecia viver um apogeu de grandeza e estabilidade, e o Brasil, seu destino de país essencialmente agrícola. O Rio de Janeiro era o mais próspero empório comercial e financeiro. No mesmo ritmo em que as fazendas do vale do Paraíba absorviam o contingente final de escravos do país, pelo tráfico interprovincial, abriam-se nesta cidade grandes bolsões para o trabalho assalariado. As novas relações de trabalho viabilizaram um salto de qualidade na circulação de mercadorias, base da economia urbana. Não obstante a formação de manufaturas importantes, o setor produtivo continuava a ser um apêndice da importação e exportação.

Substituindo o transporte fluvial e em lombo de mulas, os trilhos das estradas de ferro D. Pedro II e Leopoldina, posteriormente enfeixados na Estrada de Ferro Central do Brasil, articularam o Rio de Janeiro mais profundamente a suas retaguardas rurais. O transporte marítimo, revolucionado também pela energia a vapor, expandiu-se em combinação com um complexo de empresas comerciais e financeiras constituído principalmente pelo capital britânico. O próprio porto recebeu seus primeiros melhoramentos: armazéns de ferro e guindastes a vapor no cais da Alfândega, onde o braço escravo foi suprimido da movimentação de cargas.

Os serviços públicos – iluminação a gás, redes domiciliares de água e esgotos, limpeza, transportes urbanos etc. –, instalados por empresas estrangeiras e, em alguns casos, nacionais, empregando assalariados, ajudaram a dissolver o sistema escravista de circulação desses elementos, assim como a economia doméstica em que se fundava a autossuficiência das moradas senhoriais. As companhias de bondes comandaram o espraiamento da malha urbana para além do antigo perímetro da Cidade Velha e seu desdobramento recente, a Cidade Nova.

Apesar da formação de novos bairros, iam se condensando na área central realidades críticas, oriundas da crescente incompatibilidade entre a antiga estrutura material e as novas relações econômicas capitalistas que nela se enraizavam. As ruas estreitas e sinuosas eram congestionadas pelos novos fluxos de homens e mercadorias, inclusive artefatos de ferro de grande porte, entre o terminal ferroviário, a orla do porto e o dédalo mercantil da cidade. No populoso centro coexistiam escritórios e bancos, lojas, depósitos, oficinas, trapiches, prédios públicos, moradias particulares em sobrados e casas térreas, armazéns frequentemente associados a cortiços e estalagens, velhos casarões aristocráticos subdivididos em cômodos exíguos e sujos para famílias inteiras de trabalhadores. Uma multidão heterogênea, flutuante, morava e labutava na área central do Rio de Janeiro. Havia total contiguidade entre o mercado onde essa força de trabalho, agora livre, se punha à venda e o mercado onde as diárias e os ganhos incertos se convertiam nos elementos indispensáveis à sua sobrevivência.

Aí, todos os anos, irrompiam epidemias mais ou menos mortíferas, variando os índices de morbidade e mortalidade conforme a sinergia a um só tempo biológica e social dos viventes que se concatenavam no curso de cada doença.

Saúde pública no Rio de Janeiro

Os problemas de saúde da capital brasileira começaram a ser debatidos na primeira metade do século XIX, em algumas das instituições criadas para aparelhar o recém-fundado Império, especialmente a Sociedade de Medicina e Cirurgia, inaugurada em 1829 e transformada em Academia Imperial de Medicina três anos após a criação, em 1832, das faculdades de medicina do Rio de Janeiro e de Salvador. Os médicos brasileiros ou havia pouco tempo imigrados, que constituíam a elite profissional do período, ressaltavam a ausência, no Brasil, da febre amarela, peste bubônica e cólera, doenças que estavam no cerne da grande controvérsia entre contagionistas e anticontagionistas em todas as áreas de influência da medicina europeia (Ackerknecht, 1948; Ferreira, 1996, 1999). Isso fortalecia a argumentação usada pelos "nativos" para refutar a crença disseminada entre europeus de que os trópicos eram irremediavelmente malsãos, degenerativos, impermeáveis à civilização.

A febre amarela "aportou" na capital do Império no verão de 1849-1950, justo quando pareciam despontar nela os primeiros sinais daquela civilização que florescera nas zonas temperadas do Velho Mundo, catalisando reações que expuseram "as entranhas de uma sociedade ainda profundamente comprometida com a escravidão" (Chalhoub, 1999, p. 76). Ao adotarem providências que consideravam de cunho científico, os higienistas tiveram de conquistar espaço aos defensores da explicação religiosa, que encaravam o chamado "vômito negro" como manifestação da ira divina, a ser aplacada com rezas e procissões. Em compensação, para os "filósofos materialistas", era uma doença importada pelo tráfico africano, daí sua relativa benignidade para os negros (Chalhoub, 1999, pp. 60-96).

Embora haja evidências da presença da febre amarela no Brasil desde 1694,[2] foi somente a partir de meados do século XIX que se tornou a grande questão sanitária nacional. Médicos que testemunharam a epidemia relacionaram sua eclosão à chegada de um navio negreiro procedente de Nova Orleans, tendo feito escalas em Havana e Salvador antes de atracar no Rio de Janeiro, em 3 de dezembro de 1849. Os tripulantes dispersaram-se, irrompendo a *yellow jack* numa das hospedarias em que se alojaram, na rua da Misericórdia. Em fevereiro de 1850, quando a Academia Imperial de Medicina finalmente reconheceu que a febre amarela se apossara da cidade, já se havia disseminado pelas praias dos Mineiros e do Peixe, Prainha, Saúde e além. Segundo estimativas do dr. José Pereira Rego (1872, p. 159), atingiu 90.658 dos 266 mil habitantes do Rio de Janeiro, causando 4.160 mortes. Houve quem falasse em até 15 mil mortes (Chalhoub, 1999, p. 61).

Administrativamente, as questões relativas à saúde pública não se diferenciavam de outros aspectos da vida urbana a cargo da Igreja, da Câmara Municipal ou da Intendência de Polícia. Foi em meio àquela crise sanitária que a saúde pública se tornou competência de um poder autônomo. Em 5 de fevereiro de 1850, o Ministério do Império formou uma Comissão Central de Saúde Pública, composta de oito membros da Academia, um professor da Faculdade de Medicina e o presidente da Câmara Municipal, médico também. Em setembro, extinta a epidemia, a Assembleia Geral criou uma Comissão de Engenheiros, que durou só até 1859, e uma Junta de Higiene Pública, que foi regulamentada em setembro de 1851. Com pouco pessoal, extensas funções, falta de unidade e recursos, não resolveu os problemas sob sua alçada e atuou pouco nas províncias. Em 1886, a Junta Central de Higiene Pública transformou-se em Inspetoria Geral de Higiene, dela se separando a Inspetoria Geral de Saúde dos Portos. O raio de ação desses órgãos restringia-se às cidades litorâneas, com total predominância da "cabeça" urbana do país, o Rio de Janeiro.

Os médicos que se ocupavam da higiene pública situavam as múltiplas causas da febre amarela e de outras doenças epidêmicas, de um lado, nas predisposições orgânicas dos indivíduos, de outro, no meio ambiente – tanto a "natureza" das latitudes tórridas, consideradas como hostis à aclimatação do europeu, como o ambiente artificialmente criado pelo homem nos cadinhos em ebulição que eram as cidades oitocentistas. Os corpos dos doentes eram perscrutados por meio do ferramental da clínica e das novas disciplinas experimentais, que levavam os médicos dos hospitais a abrir cadáveres para examinar as lesões deixadas por doenças nos tecidos e órgãos (Foucault, 1977; Ackerknecht, 1986). Os higienistas inventariavam exaustivamente os componentes insalubres do ambiente natural e urbano com a ajuda das novas ciências físico-químicas e sociais, conservando, porém, como suas pedras angulares, os conceitos da medicina hipocrática. As chamadas "constituições epidêmicas" dos lugares onde a febre amarela e outras doenças vicejavam – aquelas, por exemplo, que o presidente da Junta Central de Higiene Pública refazia, todos os anos, com o intuito de prever e prevenir as próximas epidemias – eram como construções barrocas que ascendiam do movimento das populações ao dos astros, interligando enorme quantidade de dados obtidos com o auxílio da astronomia, geografia, geologia, química, história, economia e estatística.

"Ano de mangas, ano de febre amarela", diziam os cariocas, expressando em linguagem coloquial a relação que os médicos estabeleciam entre o calor, a umidade e as epidemias de febre amarela. Excetuando-se os anos de 1862 a 1869, elas "davam" com a regularidade de outros frutos sazonais, sempre na "estação calmosa", aquela longa temporada de calor e chuvas que começava lá por novembro e só terminava em março ou abril. As analogias com o mundo vegetal não terminavam aí: supunha-se que, como outras plantas, a febre amarela se ambientava à perfeição nas baixadas litorâneas, especialmente nas cidades portuárias, onde as matérias em putrefação, de origem vegetal e animal, constituíam humo ideal para ela.

As epidemias de varíola aconteciam, em geral, no inverno. O cólera atingiu o Rio de Janeiro em 1855-56, na cauda da terceira pandemia do século XIX, e na década de 1890, pouco tempo antes de o Brasil ser alcançado por outra pandemia, a da peste bubônica. A tuberculose, as disenterias, a malária e as febres chamadas por dezenas de nomes crepitavam como flagelos crônicos na capital e nas províncias.

Os higienistas foram os primeiros a formular um discurso articulado sobre as condições de vida no Rio de Janeiro, propondo intervenções mais ou menos drásticas para restaurar o equilíbrio do "organismo" urbano. Os pântanos, como dissemos, eram considerados os principais focos de exalação de miasmas, os pestíferos gases que causavam as doenças epidêmicas. Os morros impediam a circulação dos ventos capazes de dissipar esses maus ares. Deles desciam as águas dos rios e das chuvas que estagnavam na planície sobre a qual se erguia a maior parte construída da cidade. Entre os fatores morbígenos sobressaíam as habitações, especialmente as "coletivas", onde se aglomeravam os pobres. Os médicos incriminavam tanto os seus hábitos – ignorância e sujeiras físicas e morais – como a ganância dos proprietários, que especulavam com a vida humana em habitações pequenas, úmidas, sem ar e luz, que funcionavam como fermentadores ou putrefatórios, liberando nuvens de miasmas sobre a cidade. Os higienistas condenavam outros aspectos da vida urbana: corpos eram enterrados nas igrejas, animais mortos eram atirados às ruas; por todos os lados havia monturos de lixo e valas a céu aberto; matadouros, açougues, mercados eram perigosos tanto do ponto de vista da integridade dos alimentos como por serem potenciais corruptores do ar; fábricas, hospitais e prisões igualavam-se na ausência de regras higiênicas e disciplinares; as ruas estreitas e tortuosas dificultavam a renovação do ar e a penetração da luz do sol; as praias eram imundos depósitos de fezes e lixo; quase não havia praças arborizadas no Rio de Janeiro, que era assim como um corpo sem pulmões.

Os higienistas puseram em evidência a maior parte dos nós górdios que os engenheiros tentariam desatar. A cidade edificada sem método e sem gosto deveria ser submetida a um plano racional que assegurasse a remoção dos pobres da área central, a expansão para bairros mais salubres, a imposição de normas para tornar mais higiênicas as casas, mais largas e retilíneas as ruas etc. Alojados em instituições cuja capacidade de influir nas decisões do Estado e do capital foi muito menor do que supõem os historiadores de viés foucaultiano, os higienistas, ainda assim, contribuíram para que fossem promulgadas as primeiras leis regulando o crescimento da cidade. Ainda que não tenham conseguido deter as epidemias, ajudaram a promover mudanças, às vezes substanciais, tanto nos padrões de sociabilidade como nas formas de organização do espaço (Machado, 1978; Costa, 1979; Rodrigues, 1997). A medicina social que praticavam mostrou-se eficaz, sobretudo, na sedimentação de um discurso sobre o urbano cujos argumentos se repetem, até o começo do século XX, em tudo o que escreveram os engenheiros, políticos e outros atores sociais. Esse discurso infiltrou-se no senso comum das elites e camadas médias, que na década de 1870-1880 já constituíam influente opinião pública, favorável a todo tipo de melhoramento que transformasse a capital do Império numa metrópole salubre e moderna.

Os debates sobre a urgência de saneá-la recrudesceram entre duas epidemias de febre amarela muito violentas, as de 1873 e 1876, que causaram, respectivamente, 3.659 e 3.476 óbitos numa população estimada em cerca de 270 mil habitantes. Foi elaborado, então, o primeiro plano urbanístico para o Rio de Janeiro, por uma Comissão de Melhoramentos da qual fazia parte Francisco Pereira Passos, recém-nomeado engenheiro do Ministério do Império, no gabinete do liberal João Alfredo.[3]

Trajetória do Haussmann carioca

Nascido em 29 de agosto de 1836, Pereira Passos criou-se numa fazenda de café em São João do Príncipe, província do Rio de Janeiro, uma das muitas propriedades de seu pai, Antônio Pereira Passos, barão de Mangaratiba (Ataíde, s.d.). Em março de 1852, ingressou na Escola Militar, obtendo o grau de bacharel em Ciências Físicas e Matemáticas, em dezembro de 1856, e o diploma de engenheiro civil no ano seguinte.[4] Como outros jovens oligarcas, ingressou na carreira diplomática e foi nomeado adido à legação brasileira em Paris, onde permaneceu de 1857 até fins de 1860. Na famosa École des Ponts et Chaussées, frequentou os cursos de arquitetura, estradas de ferro, portos de mar, canais e melhoramentos de rios navegáveis, direito administrativo e economia política. Praticou, depois, como engenheiro na construção da ferrovia entre Paris e Lyon, nas obras do porto de Marselha e na abertura do túnel no Monte Cennis. Também assistiu a uma das fases mais delicadas da reforma executada por Georges-Eugène Haussmann, prefeito do Departamento de Seine (1853-1870) no governo de Napoleão III. Dos escombros dos bairros populares mais densos de Paris, arrasados nesse período, Passos viu emergir os contornos da nova metrópole que iria servir de modelo para renovações urbanas similares em todo o mundo (Chiavari, 1985; Duby, 1983).

Ao regressar ao Brasil, Pereira Passos atuou em importantes construções ferroviárias[5] e, como engenheiro do Ministério do Império, projetou prédios públicos e participou da já referida Comissão de Melhoramentos da Cidade do Rio de Janeiro.

Viajou de novo para a Europa em 1880 e visitou fábricas, empresas de transporte, siderúrgicas e obras públicas na Bélgica e Holanda. Em abril de 1881, foi contratado como engenheiro consultor pela Compagnie Générale de Chemins de Fer Brésiliens, constituída por Gustave Delahante, proprietário dos ateliês de Bacalan, em Bordéus, e Aimé Durieux, diretor da Société Anonyme des Ateliers de la Dyle, em Louvain.[6] Passos fixou-se no Paraná ao regressar, e, quando a ferrovia entrou em operação, em 1882, assumiu, no Rio de Janeiro, a presidência da Companhia de Carris (leia-se bondes) de São Cristóvão. Dois anos depois, adquiriu para ela o projeto de uma avenida elaborado pelo arquiteto italiano Giuseppe Fogliani. A ser executada no centro da cidade, era uma antecipação da futura avenida Central, que seria realizada em sua gestão como prefeito vinte anos depois.

No Congresso, o projeto da avenida foi apadrinhado pelo senador Francisco Belisário Soares de Sousa, que acompanhara Passos em sua última viagem à Europa.[7] Tinham ficado impressionados com as renovações urbanas no Velho Mundo. "Não se pense no Brasil que somente as capitais ricas e populosas se lançam em tais empresas, não: é um arrastamento geral que das grandes cidades partiu para as mais pequenas, são obras consideráveis empreendidas ao mesmo tempo em toda parte, com o fim de salubridade, comodidade e beleza." Os discursos de Soares de Souza (1882, p. 122 ss.) martelavam ideias a que boa parte das elites já havia aderido: era urgente submeter a cabeça urbana do país a cirurgia tão drástica quanto a executada por Haussmann em Paris. As grandes empresas a executariam, cabendo ao Estado a tarefa de conceder-lhes privilégios jurídicos e fiscais, inclusive a garantia de juros que dava às empresas ferroviárias, para que fosse viável e lucrativa a operação. O senador tomava como exemplo Bruxelas, onde uma empresa realizara excelente negócio demolindo todo um bairro popular e edificando, em seu lugar, um bairro burguês. Lamentava a situação do Rio de Janeiro, cuja população era vítima de

> [...] toda casta de febres que a natureza espalhou pelo mundo, a começar pela amarela, a tífica, a perniciosa, biliosa, mucosa, atáxica, adinâmica, o diabo a quatro [...] li em todos os jornais que os vapores da Messageries Maritimes,

que partem de Bordéus para o Brasil e Rio da Prata [...], deixariam de tocar nos portos do Brasil, seguindo diretamente para evitar as epidemias. Dias depois a Royal Mail, cujos vapores partem de Southampton, anunciava que [...] partiriam vapores diretos para o Rio da Prata.

O projeto de avenida que Pereira Passos adquirira para uma das mais importantes companhias de bondes do Rio de Janeiro atravessaria o denso e populoso casario do centro, num eixo perpendicular àquele da futura avenida Central, atual Rio Branco. Com 1.130 m de extensão e 25 m de largura, seria margeada por arcadas para que fosse percorrida a "pé enxuto", abrindo largo canal para que o ar circulante removesse os miasmas pestilenciais; "com variedades de cafés *chantants*, clubes e outros divertimentos, as lojas se conservarão abertas e bem iluminadas, tornando-se esta rua, até alta hora da noite, o empório de tudo quanto há de mais atraente numa grande capital".[8]

O decreto de concessão foi assinado em janeiro de 1887. Na República, proclamada dois anos depois, o prazo para a organização da companhia construtora foi prorrogado, concedendo-se a ela juros garantidos de 6% sobre o capital.[9] Quando a Companhia União Industrial dos Estados ia começar as obras, a Revolta da Armada e a crise econômica deitaram por terra seus planos.[10]

No programa de governo apresentado em outubro de 1901 pelo candidato à Presidência da República, Francisco de Paula Rodrigues Alves, o saneamento do Rio de Janeiro era prioridade. A cidade de São Paulo acabara de ser modernizada durante seu mandato como presidente do estado.[11] Nos jornais, Buenos Aires era exaltada como o exemplo a seguir, com seu porto reformado, as belas avenidas e o prestígio de primeira cidade cosmopolita da América do Sul (Scobie, 1977). O projeto de Fogliani, pertencente agora a Américo Lage & Cia., foi apresentado ao novo prefeito do Rio de Janeiro, Francisco Pereira Passos. Mas os tempos eram outros e a estratégia para a renovação urbana mudara.

Entre 1872 e 1890, a população do Rio duplicara, passando de 274.972 para 522.651 habitantes. Em 1906, elevava-se a 811.444 habitantes. Era a única cidade do país com mais de 500 mil habitantes. Abaixo vinham São Paulo e Salvador, com pouco mais de 200 mil.

A década de 1890 foi de grande turbulência para a capital da República. Ao mesmo tempo que transcorriam os movimentos que puseram fim à escravidão (maio de 1888) e à Monarquia (novembro de 1889), e as lutas que convulsionaram os primeiros anos do novo regime, afluíam à cidade grandes contingentes de imigrantes europeus e ex-escravos das zonas cafeeiras em decadência. Proporcionaram abundante força de trabalho às aventuras que o capital empreendeu nos anos de febril especulação financeira que ficaram conhecidos como "Encilhamento".[12] Esse termo, associado às corridas de cavalo (colocação da tira que aperta a sela por baixo do ventre do animal), foi a denominação popular dada à política financeira do ministro da Fazenda do governo republicano provisório: Rui Barbosa substituiu o ouro, como lastro das emissões bancárias, por títulos da dívida federal, atribuindo a bancos de três regiões geográficas a faculdade de emitir bilhetes com valor monetário. Surgiram, então, numerosas empresas comerciais e industriais, houve desenfreada especulação na bolsa e, ao cabo de dois anos, falências e inflação incontrolável. Além de se negociarem projetos como o da grande avenida (Vaz; Cardoso, 1985), fundaram-se diversas fábricas de bens de consumo corrente. Como na primeira revolução industrial inglesa, o setor de ponta era o de fiação e tecelagem, que se instalou em bairros afastados do centro do Rio de Janeiro. A produção de caráter artesanal e manufatureira expandiu-se, também, na Cidade Nova, na orla portuária da Saúde e Gamboa e em São Cristóvão, bairro que perdeu o antigo prestígio aristocrático, convertendo-se em densa zona industrial.

Cresceram os bairros residenciais servidos pelas linhas de bonde, ao sul e ao norte, e os subúrbios mais distantes, ao longo dos eixos ferroviários. Apesar disso, o epicentro da crise era ainda, e cada vez mais, o miolo do Rio de Janeiro, a Cidade Velha e adjacências, onde progredia a condensação populacional em habitações coletivas e onde as epidemias causavam devastações jamais vistas, exacerbando a fama internacional que o Rio tinha de cidade empestada e mortífera.

No relatório da Inspetoria Geral de Higiene Pública – transferida, na República, para a esfera municipal –, de janeiro de 1891 a maio de 1892,[13] leem-se palavras superlativas sobre essa situação escritas pelo inspetor-geral Bento Gonçalves Cruz, pai de Oswaldo Cruz:

> Se, com efeito, quisermos aproximadamente avaliar [...] a avalancha de desgraçadas consequências que de dois anos para cá ameaça temerosamente a nossa economia geral e a normalidade do nosso regime sanitário, basta apreciar [...] os restritos recursos urbanos de lotação, viação, locomoção, transportes, alimentação, abastecimento e conservação em geral, em confronto com a invasão rápida de sucessivos e extraordinários contingentes de população imigrante e flutuante e o movimento assombroso de empresas novas, comerciais, industriais e fabris, remoções de terra, demolições, construções em larga escala, tudo isso constituindo, como é sabido, fatores de profunda perturbação no seio de uma sociedade bem consolidada, com mais forte razão no de um aglomerado efervescente e instável [...] em plena fase de transformação.

Superando as epidemias anteriores, a febre amarela abriu um claro de 4.454 mortos em 1891, sobretudo nas freguesias centrais, onde era maior o número de habitações coletivas, conceito que abrangia, sobretudo, cortiços, estalagens e casas de cômodos, mas às vezes também quartéis, prisões, pensionatos, manicômios, hospitais etc. A varíola vitimou 3.944 habitantes. A malária foi responsável por 2.235 óbitos. A tuberculose, "não menos terrível e quase inacessível a uma profilaxia rigorosa", ceifara 2.202 vidas em 1890 e 2.373 no ano seguinte.

Segundo Bento Gonçalves Cruz, fazia-se tudo quanto era "racionalmente aconselhável" para reduzir o impacto dessas doenças – visitas correcionais, aumento das acomodações dos hospitais de isolamento, distribuição pelas paróquias de médicos para fiscalizar as condições de higiene etc. Ainda assim, reconhecia o insucesso "bem pouco lisonjeiro" dessas medidas. Até o começo de 1891, escreveu o médico demografista Aureliano Portugal, "parecia ser uma questão inteiramente resolvida e elucidada o magno problema do saneamento da cidade do Rio de Janeiro [...]. O acordo entre os higienistas brasileiros era, pelo menos aparentemente, unânime. A execução das medidas propostas pelo II Congresso de Medicina faria surgir, como se deu ultimamente em Nápoles, uma nova cidade salubre e higiênica, em substituição à velha e pouco saudável capital do Brasil". Mas as epidemias reinavam com intensidade jamais vista, e as medidas consideradas básicas eram agora tachadas de inúteis ou perniciosas: "A alta administração do país, sem a orientação que só as autoridades científicas lhe podem fornecer, nada tem feito."[14]

Na passagem do Império à República, multiplicaram-se as concessões ao grande capital, que prometia regenerar a cidade, mas se intensificaram também as controvérsias relativas ao papel do Estado e da iniciativa privada nos melhoramentos urbanos de grande envergadura. A posição que acabou por prevalecer é formulada, por exemplo, neste artigo:

> Aos particulares cabe fornecer os instrumentos necessários para a execução das grandes obras: empresas de trabalhos hidráulicos, empresas de construção, empresas financeiras [...], mas a iniciativa e a legislação hão de vir dos poderes públicos, aos quais cabe a responsabilidade da saúde pública [...]. Em todas as legislações, em todos os países, assuntos que dizem respeito à higiene pública e a modificações totais de uma cidade foram sempre da alçada dos poderes públicos, porque é tal a natureza jurídica do fato que seria uma *diminutio capitis* da autoridade, e menosprezo manifesto da soberania nacional.[15]

Outros aspectos do saneamento urbano eram objeto de controvérsias candentes relacionadas a mudanças profundas na maneira de encarar a etiologia e o modo de transmissão das doenças que grassavam epidemicamente no Rio de Janeiro, sobretudo a febre amarela.

Dos miasmas aos micróbios

Em dezembro de 1879, quando as ruas e casas reverberavam o sol inclemente da "estação calmosa", ou submergiam debaixo de suas chuvas torrenciais, o dr. Domingos José Freire, catedrático de química orgânica da Faculdade de Medicina do Rio de Janeiro,[16] anunciou pelos jornais a descoberta de um micróbio que julgava ser o causador da febre amarela. No primeiro semestre de 1883, Freire desenvolveu uma vacina contra a doença, atenuando por meio de técnicas recém-concebidas por Louis Pasteur a alga microscópica que denominou *Cryptococcus xanthogenicus*. Excetuando-se a antivariólica, não havia outro profilático dessa natureza para doenças humanas. As realizações de Pasteur nessa área restringiam-se ainda às vacinas contra o cólera das galinhas (1880) e o antraz ou carbúnculo hemático (1881). Seu

Arquivo Geral da Cidade do Rio de Janeiro

Soldados leais ao governo defendem a cidade do Rio de Janeiro durante a Revolta da Armada (1893-1894).

Casa típica dos habitantes de Canudos.

Em 2 de outubro de 1897, famintas e sedentas, mulheres e crianças de Canudos entregam-se às forças do Exército. Todas foram executadas pelos soldados. A última batalha, que destruiu Canudos, ocorreu a seguir, no dia 5 do mesmo mês.

Soldados do 7° Batalhão de Infantaria que se deslocaram da Capital Federal para combater em Canudos posam para fotografia após a vitória, em outubro de 1897.

Depois de aberta em 1904, a Avenida Central, no Rio de Janeiro, foi pavimentada. Às suas margens, alguns prédios demolidos e outros em construção. Ao fundo, as torres da Igreja da Candelária (à esquerda) e o Pão de Açúcar (ao centro).

Acervo da Casa de Oswaldo Cruz, Departamento de Arquivo e Documentação

No Rio de Janeiro, durante a Revolta da Vacina, entre 10 e 16 de novembro de 1904, populares atacaram bondes e enfrentaram as forças policiais com barricadas. A imagem foi publicada na *Revista da Semana*, de 27 de novembro de 1904.

Acervo da Casa de Oswaldo Cruz, Departamento de Arquivo e Documentação

Serviço de Profilaxia da Febre Amarela, do Departamento Geral de Saúde Pública, na Rua do Lavradio, Rio de Janeiro, em cujo pátio concentravam-se as turmas encarregadas do expurgo e desinfecção das casas notificadas, entre 1903 e 1906.

Acervo da Casa de Oswaldo Cruz, Departamento de Arquivo e Documentação

Preparação de casas para a eliminação dos mosquitos por vapores de enxofre, rotina do Serviço de Profilaxia da Febre Amarela, durante os anos de 1903 a 1906, na cidade do Rio de Janeiro.

Museu da República

Em setembro de 1906, na Hospedaria dos Imigrantes, em São Paulo, homens, mulheres e crianças esperavam o momento de partir para o trabalho nas fazendas. O grupo foi retratado entre o prédio do Instituto Bacteriológico e o Hospital de Isolamento da capital.

Museu da República

Alunos da Escola de Aprendizes Artífices de Alagoas fotografados para a composição do álbum comemorativo do quinto mês de funcionamento da instituição, em 1910.

Acervo da Fundação Biblioteca Nacional

Sindicalistas a caminho da celebração do 1º de Maio, em 1913, na Vila Proletária Marechal Hermes, no Rio de Janeiro. Foto publicada na revista *Fon-Fon*, de 10 de maio de 1913.

Em janeiro de 1917, operários encarregados da construção de canais para ligar a Lagoa de Araruama (RJ) ao mar reuniram-se para fotografia.

Em março de 1917, na Praça Mauá, Rio de Janeiro, marítimos protestaram contra o arrendamento de navios da Marinha Mercante.

Em 11 de julho de 1917, trabalhadores no cortejo fúnebre do sapateiro e militante anarquista José Ineguez Martinez, em São Paulo. Dois dias antes, com apenas 21 anos, Martinez havia sido assassinado pela polícia, no bairro do Brás. Sua morte revoltou e mobilizou milhares de operários. Dias depois a greve geral eclodiu.

Em São Luís (MA), populares em comício, possivelmente promovido por Nilo Peçanha, com a Reação Republicana, em 1921.

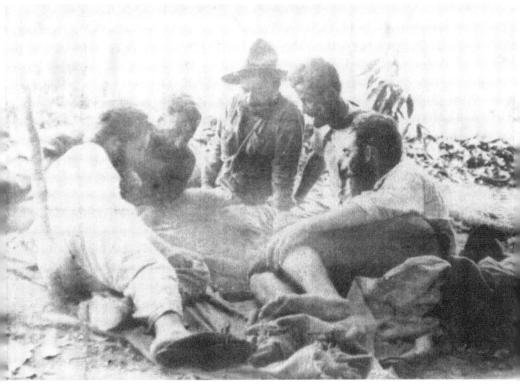

Luiz Carlos Prestes (primeiro, à esquerda), João Alberto Lins de Barros (primeiro, à direita) e outros membros da Coluna Prestes-Miguel Costa planejam próximo movimento do grupo.

Ana Storni

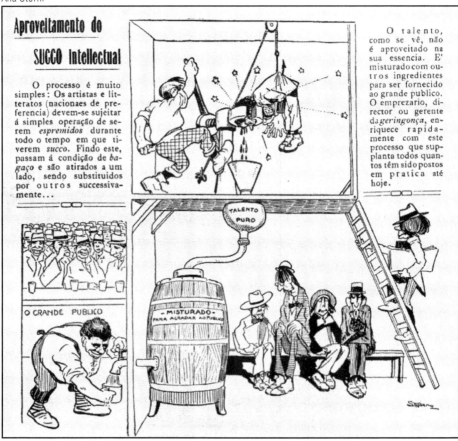

"Aproveitamento do suco intelectual", caricatura de Storni, publicada em *D. Quixote*, 15 de agosto de 1917.

"Os donos da terra", caricatura de Raul Pederneiras, publicada em *D. Quixote*, 27 de setembro de 1922.

Propaganda eleitoral dos candidatos comunistas pelo Bloco Operário e Camponês (BOC) à Câmara Municipal do Rio de Janeiro, capital da República, em 1928. Octavio Brandão e Minervino de Oliveira foram os primeiros comunistas eleitos para cargos legislativos no Brasil.

Cenas da Revolução de 1930.

Manifestação de apoio à Revolução de 1930.

População carioca comemora vitória da Revolução de 1930 com passeata pela Avenida Rio Branco, em 24 de novembro. Momentos antes, o jornal *Gazeta de Notícias* havia sido empastelado.

Após a vitória da Revolução de 1930, gaúchos chegam ao Rio de Janeiro em 1º de novembro de 1930 e posam para fotografia no Obelisco, na Avenida Rio Branco.

ingresso nas patologias humanas, com a vacina antirrábica, envolveria complexas injunções sociotécnicas superadas só em 1886, como mostram, entre outros, Geison (1995), Debré (1995) e Salomon-Bayet (1986).

Uma crise envolvendo a antivariólica na Bahia catapultou Freire à presidência da Junta Central de Higiene Pública, em fins de 1883, tornando, assim, mais fácil a difusão de sua vacina contra a febre amarela pelos cortiços do Rio de Janeiro.[17] A surpreendente receptividade que teve primeiro entre os imigrantes, depois entre os nativos deveu-se ao medo que a doença inspirava e também ao apoio dos republicanos e abolicionistas aos quais Freire era ligado. Na imprensa e na Academia Imperial de Medicina houve reações contraditórias, especialmente depois que a vacina recebeu o apoio tácito do imperador D. Pedro II e a entusiástica adesão de um "discípulo" de Pasteur, Claude Rebourgeon, veterinário francês contratado pelo governo brasileiro para iniciar, no Rio Grande do Sul, a produção da vacina animal contra a varíola. Rebourgeon apresentou a descoberta de Freire às academias de Medicina e Ciências de Paris (Freire; Rebourgeon, 1884), onde obteve reações favoráveis de parte de personagens importantes da medicina francesa, como o patologista Alfred Vulpian e o veterinário Henry Bouley.[18]

Pelo menos 12.329 habitantes do Rio de Janeiro e de outras cidades brasileiras seriam inoculados com a vacina de Domingos Freire entre 1883 e 1894. O alcance dessa vacina deveu-se, em parte, à trama cada vez mais densa de relações que enredam seu descobridor a interesses coloniais e comerciais, a outros caçadores de micróbios, a associações médicas e científicas e a autores de tratados que sistematizavam resultados alcançados pela microbiologia. Em sua segunda viagem à Europa (dez. 1886 / jul. 1887), Freire submeteu duas comunicações à Academia de Ciências de Paris, em coautoria com Rebourgeon e um pesquisador do Museu de História Natural daquela cidade chamado Paul Gibier (Freire; Gibier; Rebourgeon, 1887a e b). Este e outros fatos ocorridos na capital francesa repercutiram com força na capital brasileira e, ao regressar a ela, Domingos Freire foi recebido como o herói da "ciência nacional" por estudantes e professores das escolas técnicas e superiores do Rio de Janeiro, Minas Gerais e São Paulo, jornalistas de diversos periódicos, militantes dos clubes republicanos e sociedades abolicionistas. Semanas depois, viajava para Washington, para participar do IX Congresso Médico Internacional, que aprovou resolução recomendando sua vacina à atenção de todos os países afetados pela febre amarela.[19]

Paradoxalmente, o apogeu da carreira de Freire engendraria uma contradição fatal para sua vacina. À medida que as camadas médias urbanas aderiam a ela entusiasticamente, mais vulnerável se tornava às críticas dos adversários, já que se ampliava a defasagem estatística entre a população vacinada – nativos, negros e imigrantes já "aclimatados", considerados imunes à febre amarela – e a população dos suscetíveis à doença, constituída principalmente pelos imigrantes recém-chegados. As mudanças na composição social dos vacinados estão relacionadas a mudanças na forma pela qual a vacina se difundia. Numa época de crescente ceticismo quanto aos remédios para a febre amarela e à viabilidade do saneamento do Rio de Janeiro, aquele produto biológico se tornava componente muito bem-vindo na relação dos clínicos com os pacientes e dos estabelecimentos filantrópicos com os destituídos. A proclamação da República, em novembro de 1889, aconteceu em meio a uma epidemia muito grave e, enquanto o novo governo negociava a federalização dos serviços de saúde, a vacina de Domingos Freire transformou-se em instituição governamental.

No Brasil, seu principal competidor era João Batista de Lacerda, médico que deixou registro mais duradouro na historiografia por causa das pesquisas em fisiologia e antropologia. Foi diretor por longo tempo (1895-1915) do Museu Nacional do Rio de Janeiro.[20] Em 1883, quando Freire ultimava a preparação de sua vacina, Lacerda incriminou outro micróbio como o verdadeiro agente da febre amarela. Seu *Fungus febris flavae* e microrganismos similares descritos na época tinham uma característica em comum: o polimorfismo, isto é, a capacidade de mudar de forma e função por influência do meio, sobretudo dos fatores climáticos. Zoólogos, botânicos e bacteriologistas tinham opiniões conflitantes a esse respeito. Pasteur e Koch consideravam o polimorfismo incompatível com procedimentos experimentais rigorosos e com a noção de especificidade etiológica – simplificando: um microrganismo singular como agente de cada doença –, mas outros investigadores reconheciam aquela propriedade nos fungos, algas e bactérias que estudavam. A questão tinha a ver com a classificação ainda muito problemática dos "infinitamente pequenos". O termo genérico "micróbio" acabara, inclusive, de ser cunhado com o propósito, justamente, de contornar as confusas categorias taxonômicas usadas nos textos científicos da época, que prejudicavam a discussão da teoria dos germes entre os não especialistas, inclusive os clínicos e higienistas (Benchimol, 1999, pp. 191-200).

O polimorfismo foi o cimento usado por Lacerda para compor sua mais abrangente teoria sobre "o micróbio patogênico da febre amarela", apresentada à Academia Nacional de Medicina e ao Congresso Médico Pan-americano em 1892-1993 (todas as descrições produzidas até então dariam conta apenas de diferentes fases ou formas de um fungo extremamente proteiforme). À mesma época, George Sternberg, presidente da American Public Health Association e Surgeon General dos Estados Unidos, produzia demolidor inquérito sobre as teorias e vacinas em voga no continente (United States Marine Hospital Service, 1890), ao mesmo tempo que buscava evidências em favor de um microrganismo parecido com o do cólera, descoberto por Robert Koch em 1884. O bacteriologista alemão e o francês Félix Le Dantec defendiam a analogia entre essa doença e a febre amarela, cujo principal sintoma, o "vômito negro", era localizado no intestino também. A tábua rasa criada por Sternberg no campo então atulhado de fungos e algas abriu caminho aos bacilos que competiriam pela condição de agente causal da febre amarela na década de 1890.[21]

Naqueles anos, em meio aos desafios sanitários sem precedentes enfrentados pela sociedade brasileira, uma nova geração de bacteriologistas despontou em conflito aberto com os mestres que a haviam introduzido à teoria dos germes. Francisco Fajardo, Eduardo Chapot Prévost, Carlos Seidl, Oswaldo Cruz e outros médicos recém-formados haviam passado pelo laboratório de Freire. Os "discípulos" colidiram com ele quando seus amigos republicanos nomearam-no diretor do "Instituto Bacteriológico Domingos Freire", instituição federal com atribuições tão amplas quanto aquelas conferidas pelo governo de São Paulo ao Instituto Bacteriológico criado concomitantemente naquele estado (Benchimol, 1999, pp. 223-248, 299-344). A direção do instituto paulista foi entregue a Le Dantec, que logo regressou à França com materiais para estudar a febre amarela. Assumiu o cargo o vice-diretor, Adolfo Lutz, detentor de considerável experiência não apenas em clínica e bacteriologia, como em helmintologia, entomologia e outras disciplinas que conformavam a chamada "medicina tropical".[22]

São conhecidas as polêmicas que travou com os clínicos a propósito de febres que estes chamavam por diversos nomes, atribuindo-as às condições telúricas locais, e que Lutz diagnosticava como febre tifoide, baseando-se na identificação do bacilo descoberto por Eberth em 1880. As chamadas "febres paulistas" levaram-no a empreender o primeiro inquérito epidemiológico sobre a malária em São Paulo, ao mesmo tempo que, no Rio de Janeiro, Francisco Fajardo, Chapot Prévost e Oswaldo Cruz investigavam o hematozoário descoberto por Charles Louis Alphonse Laveran, também em 1880 (*Oscillaria malariae*, depois denominado *Plasmodium malariae*).

Esses foram alguns episódios do conflituoso processo transcorrido na década de 1890, envolvendo diversos atores sociais em desacordo sobre o diagnóstico, a profilaxia e o tratamento de doenças que grassavam nos centros urbanos do Sudeste brasileiro já convulsionado pelo colapso da escravidão, a enxurrada imigratória, as turbulências políticas decorrentes da proclamação da República e as turbulências econômicas associadas à crise do café e à nossa revolução industrial "retardatária".

Outro episódio bem documentado foi a chegada da peste bubônica a Santos, em 1899, e os conflitos suscitados pelo diagnóstico feito por Adolfo Lutz, Vital Brazil, Chapot Prévost e Oswaldo Cruz, e contestado pelos clínicos e comerciantes daquela cidade portuária, que escoava grande parte da produção cafeeira do Brasil (Nascimento e Silva, nov 2013, pp. 1271-1285; Carreta, jul. / set. 2011, pp. 677-700; Telarolli, 1996; Antunes *et al.*, 1992). A peste motivou a criação dos institutos soroterápicos de Butantã e de Manguinhos. O primeiro, chefiado por Vital Brazil, logo se desprenderia do Instituto Bacteriológico de São Paulo, singularizando-se pelos trabalhos fundamentais na área do ofidismo. Oswaldo Cruz assumiu a direção técnica do Instituto Soroterápico Federal, inaugurado no Rio de Janeiro em julho de 1900, cargo que o levaria à direção da saúde pública três anos depois (Benchimol; Teixeira, 1993).

Trajetória de Oswaldo Cruz

Nascido em 5 de agosto de 1872, em São Luís do Paraitinga, interior de São Paulo, Oswaldo Gonçalves Cruz migrou com a família para o Rio de Janeiro em 1877. Instalaram-se na Gávea, distante arrabalde que as linhas de bonde acabavam de conectar à zona urbana. O dr. Bento Gonçalves Cruz pôde formar clientela sem enfrentar muita concorrência, inclusive entre a população operária que as fábricas de tecido trariam para a região. Em 1886, com apenas 14 anos, o filho matriculou-se na Faculdade de Medicina, doutorando-se em 1892 com tese sobre *A veiculação microbiana pelas águas*.

Em janeiro de 1893, Oswaldo Cruz casou-se com Emilia da Fonseca, filha de um rico negociante português, e com ela teria seis filhos. A necessidade de prover a subsistência da família levou-o a assumir a clínica do pai, que falecera no ano anterior, meses depois de assumir o cargo de inspetor-geral de Higiene. Em agosto de 1894, Oswaldo Cruz conheceu seu futuro biógrafo, o dr. Salles Guerra, numa conferência médica na rua Jardim Botânico: "pareceu-me modesto, tímido, pouco loquaz", escreveria Guerra (1940, p. 25). "Tinha 22 anos e já era pai de uma menina de meses, que adoeceu dias depois." Chamado para examiná-la, Guerra deparou, em ampla sala do térreo, com "provido laboratório de análises e pesquisas, aparelhado demais, pensei eu, para o número provável de exames que profissional tão jovem poderia ter [...] Não escapou a Oswaldo Cruz a minha tácita surpresa, e acudiu logo: 'Foi presente de meu sogro, presente de casamento'".

Em 1896, com a ajuda do sogro, Oswaldo Cruz viajou à França para se aperfeiçoar no Instituto Pasteur. Tenciona estudar apenas a bacteriologia e suas aplicações à saúde pública, "mas repetiam-lhe [...] laboratório e bacteriologia não rendem para a mantença da família [...] receoso e mal convencido, se decidiu pelo estudo da urologia apesar de 'abominar a clínica domiciliária'". Ao relatar os dois anos de permanência de Oswaldo Cruz em Paris, Guerra (1940, pp. 31-42) mostra-nos um homem muito apreensivo com as notícias sobre os dramáticos acontecimentos do governo de Prudente de Morais. As agitações promovidas na capital pelos jacobinos, esteios de Floriano Peixoto. O atentado contra o presidente em 5 de novembro de 1897, quando as autoridades celebravam o extermínio dos sertanejos que haviam protagonizado a epopeia de Canudos. A violenta repressão aos florianistas do Rio e de outras cidades após a morte do ministro da Guerra, marechal Carlos Machado de Bitencourt, em consequência das facadas desferidas pelo anspeçada Marcelino Bispo de Melo. Salles Guerra alonga-se no relato da questão Dreyfus, que, em 1898, cindiu a França em dois campos hostis, um alinhado com as forças de reação política, militar e antissemita, outro formado pelas correntes liberais e socialistas galvanizadas pelas audaciosas palavras do escritor Émile Zola. "Foi um levedo que fez fermentar os ânimos, justamente como a *revolta* entre nós", escreveu Oswaldo Cruz. "Conheço famílias inteiras esfaceladas pela divergência das opiniões em tal assunto."

Oswaldo Cruz frequentou o Instituto Pasteur em pleno *boom* de descobertas de microrganismos patogênicos e quando pareciam ilimitadas as perspectivas não apenas das vacinas, para a prevenção de doenças infecciosas, mas também da soroterapia, com fins curativos, com base na tecnologia recém-desenvolvida para o tétano e a difteria por Emil von Behring, Shibasaburo Kitasato e Émile Roux, e por este apresentada ao VIII Congresso Internacional de Higiene e Demografia, realizado em Budapeste, em setembro de 1894.

Ao regressar ao Brasil, em 1899, Oswaldo Cruz montou um consultório de doenças geniturinárias e um laboratório de análises clínicas – o primeiro da capital – na travessa de São Francisco, atual rua Ramalho Ortigão.

Sua primeira experiência importante como bacteriologista a serviço da saúde pública teve lugar antes da viagem à França, por ocasião da epidemia de cólera que irrompeu em 1894 no vale do Paraíba, a coluna vertebral da economia cafeeira. Os laudos produzidos nos laboratórios que Oswaldo Cruz, Francisco Fajardo e Chapot Prévost mantinham em suas residências, e no laboratório público paulista, chefiado por Adolfo Lutz, atestavam a presença do bacilo de Koch naquela região, municiando, assim, o rigoroso programa de desinfecções, isolamento e quarentenas implementado em cidades, portos e estações ferroviárias do Rio de Janeiro, São Paulo e Minas Gerais. Como chefe de um instituto oficial também, Domingos Freire contestou a presença do bacilo de Koch e apoiou os adversários do cólera e da intervenção federal, os clínicos interioranos que diagnosticavam diarreias determinadas por fatores locais. O principal oponente de Koch na Europa era o higienista bávaro Max von Pettenkofer, renomado representante de uma corrente que Rosen (1994) denomina "contagionismo contingente". A teoria de Pettenkofer sobre o papel crucial das condições climáticas e, sobretudo, telúricas na ativação ou inatividade dos germes do cólera e de outras doenças exercia considerável influência não apenas sobre a questão sanitária do vale do Paraíba, como também sobre a compreensão da febre amarela, já que permitia explicar o caráter sazonal e a especificidade geográfica da doença. Segundo a *boden theorie* (teoria do solo), para que ocorresse uma epidemia eram necessários quatro fatores: além do germe, determinadas condições relativas ao lugar, ao tempo e aos indivíduos. Por si só, o germe não causava a doença, o que excluía o contágio direto. A suscetibilidade individual era importante, mas variáveis relacionadas ao clima e ao solo eram indispensáveis para explicar tanto os acometimentos como as imunidades de indivíduos e regiões: tais variáveis agiam sobre o germe, que amadurecia e se transformava em matéria infectante de maneira análoga à transformação da semente em planta.

Para os partidários de Pettenkofer no Rio de Janeiro – o citado Aureliano Portugal era um deles –, a insalubridade urbana deitava raízes no "pântano abafado" que existia debaixo da cidade, repleto de matéria orgânica em putrefação; quando exposto às oscilações do lençol d'água subterrâneo, durante os verões chuvosos, ativavam-se os germes lá depositados e eclodiam as epidemias (Benchimol, 1999, pp. 249-298; Hume, 1925, pp. 350-393). O saneamento do solo e a drenagem do subsolo do Rio de Janeiro foram, assim, as medidas consideradas mais urgentes dentre aquelas votadas no Segundo Congresso Nacional de Medicina e Cirurgia, em 1889, para sanear a capital brasileira. Em 1892, Floriano Peixoto, chefe do governo republicano provisório, tentou contratar Pettenkofer para que arrancasse a febre amarela do solo da cidade.[23] Foram sondados, também, Émile Duclaux, sucessor de Pasteur na direção do instituto parisiense; Rubner, diretor do Instituto de Higiene de Berlim; Friedrich Löffler, descobridor do bacilo da difteria; e o engenheiro sanitário Edmund Alexander Parkes, autor do conhecido *Manual of Practical Hygiene* (1864), em que sistematizava a experiência adquirida no saneamento de cidades inglesas e indianas.

Dois anos após a crise do cólera no vale do Paraíba, houve nova safra de descobertas que incriminava bacilos como os agentes da febre amarela, atreladas, agora, a profiláticos similares aos soros antitetânico e antidiftérico. O personagem mais importante desse novo ciclo foi Giuseppe Sanarelli, experiente bacteriologista italiano que trabalhara no Instituto Pasteur antes de ser contratado pelo governo uruguaio para implantar a higiene experimental em Montevidéu. Com o auxílio dos jovens bacteriologistas do Rio de Janeiro, pôs-se imediatamente no encalço do micróbio da febre amarela e, em concorrida conferência na capital uruguaia, em junho de 1897, anunciou a descoberta do chamado bacilo icteroide. Meses depois, iniciou em São Paulo os testes de campo de um soro curativo. Seus lances rápidos obrigaram outros bacteriologistas brasileiros a destamparem os resultados parciais ou finais alcançados no mesmo território de pesquisa.[24]

A opinião pública do Rio de Janeiro e de outras cidades já assimilara a noção de que a febre amarela era causada por um dos micróbios inscritos na agenda do debate científico ou, quem sabe, não descobertos ainda. O relativo consenso fundamentado na teoria miasmática a respeito do que se devia fazer para higienizar portos como o Rio de Janeiro deu lugar a um impasse e a candentes polêmicas sobre os elos que deviam ser rompidos na cadeia da insalubridade urbana. As escolhas variavam conforme os hábitos e as necessidades de cada germe incriminado, e o ponto de vista dos vários atores sociais interessados na reforma do espaço urbano.

A nova safra de germes da febre amarela foi recebida com exasperação pelas categorias sociais e pelos profissionais que pressionavam pelo tão esperado saneamento do Rio de Janeiro. A incapacidade dos médicos de decidirem, intramuros e *interpares*, quem havia encontrado o meio de desatar o nó górdio da saúde pública brasileira levou, inclusive, à proposição, no Congresso e na imprensa, de tribunais nos quais a questão pudesse ser dirimida. Em maio de 1897, às vésperas da conferência de Sanarelli, o deputado Inocêncio Serzedelo Corrêa, um dos líderes da Sociedade Auxiliadora da Indústria Nacional, propôs o "Prêmio Pasteur", a ser concedido ao bacteriologista que apresentasse parecer favorável e unânime da Faculdade de Medicina do Rio de Janeiro, do Instituto Koch de Berlim e do Instituto Pasteur de Paris.[25] Projeto alternativo, de cunho nacionalista e favorável a Domingos Freire, foi apresentado, em junho, pelo deputado Alcindo Guanabara, um dos jornalistas de maior influência no movimento republicano.[26] A comissão proposta por Guanabara chegou a ser formada, mas não foram os procedimentos acadêmicos de validação que puseram fim às controvérsias sobre a etiologia e profilaxia da febre amarela. Foi um deslocamento radical na abordagem da doença, como veremos adiante, que levou a nova geração de bacteriologistas ao proscênio da saúde pública, sob a liderança de Oswaldo Cruz.

Rodrigues Alves e o saneamento da capital da República

Grande fazendeiro de café em São Paulo, político influente desde o Império, Rodrigues Alves foi o candidato oficial à sucessão de Campos Sales, em 1901, assegurando a permanência da chefia do governo em mãos da burguesia cafeeira paulista. No Manifesto à Nação, divulgado em 15 de novembro de 1902, quando foi eleito, declarou:

> Aos interesses da imigração, dos quais depende em máxima parte o nosso desenvolvimento econômico, prende-se a necessidade do saneamento desta capital. É preciso que os poderes da República, a quem incumbe tão importante serviço, façam dele a sua mais séria e constante preocupação [...] A capital da República não pode continuar a ser apontada como sede de vida difícil, quando tem fartos elementos para constituir o mais notável centro de atração de braços, de atividades e de capitais nesta parte do mundo.[27]

Rodrigues Alves herdou de Campos Sales (1898-1902) uma economia temporariamente estabilizada, graças à recuperação dos preços do café no mercado internacional e à austera política de saneamento financeiro, ditada pelos Rothschild, principais credores da dívida externa brasileira. O governo pôde, assim, endividar-se mais junto a esses banqueiros para financiar o saneamento urbano. Com as 8.500.000 libras obtidas em maio de 1903, encampou várias concessões relacionadas às obras do porto. A mais importante era a da Empresa Industrial de Melhoramentos do Brasil, fundada em 1890 pelo engenheiro Paulo de Frontin, que, em novembro de 1903, assumiu a chefia da Comissão Construtora da Avenida Central. Os planos de sua empresa, típico produto do Encilhamento, serviram de base às obras projetadas e supervisionadas pela Comissão das Obras do Porto, nomeada pelo ministro da Viação Lauro Müller em janeiro de 1903.[28] Para a execução dos trabalhos foi contratada a firma britânica C. H. Walker, que construíra as docas de Buenos Aires. As obras do porto do Rio de Janeiro, iniciadas em março de 1904 e concluídas só em 1911, representaram um contrato de 4,5 milhões de libras e mobilizaram, regularmente, cerca de dois mil operários.

A zona portuária inspirava reações dúplices às elites: repulsa aos perigos que emanavam dos setores populares lá concentrados, fascínio pelo exotismo e o pitoresco de suas comunidades estrangeiras, as casas de ópio dos chineses, as polacas e francesas dos prostíbulos, a chamada Pequena África, com seus dialetos exclusivos e seus ritmos sedutores (Moura, 1983). Quando os navios penetravam na baía, guarnecida pelas fortalezas de São João e Santa Cruz, os viajantes avistavam as construções aristocráticas da orla de Botafogo e Flamengo e uma imponente cadeia de montanhas ao fundo. Ultrapassada a ilha de Villegaignon, aparecia a Cidade Velha, um mar de telhados encimado pelas torres numerosas das igrejas. Os navios detinham-se nas imediações da ilha Fiscal, defronte ao Cais Pharoux (atual Praça XV), onde recebiam a visita dos serviços de saúde e da alfândega. Os passageiros desembarcavam em lanchas e se misturavam aos dos *ferryboats*, que vinham de Niterói e de outros pontos da baía. Caso grassasse doença a bordo ou no porto de origem do navio, os passageiros – pelo menos, os que não tinham a influência ou os recursos para invocar o "sabe com quem está falando?" – iam cumprir quarentena na ilha das Flores, no fundo da baía (Santos, out.-dez. 2007, pp. 1173-1196). Os tripulantes ou passageiros doentes eram transportados para os hospitais de isolamento edificados em Jurujuba, Niterói e São Sebastião, no Caju, este inaugurado ao extinguir-se a Monarquia.

Os navios cargueiros ancoravam defronte à terceira vertente do trapézio urbano, recortada por enseadas: Prainha, Saúde, Gamboa, sacos do Alferes e de São Diogo. "Quantas equipagens foram dizimadas aí, durante os longos dias de estadia que transcorriam com uma lentidão desesperadora!", recordava o vice-cônsul brasileiro em conferência proferida em Bruxelas, em abril de 1908, quando foi inaugurada a primeira parte das obras do porto (Georgelette, 1909, pp. 16-17 e 25-26). Além de cortiços e "cidades operárias", havia naquela orla grande quantidade de trapiches e armazéns, e inúmeros pequenos cais de madeira só acessíveis aos pequenos navios de cabotagem ou às embarcações de transbordo, que evoluíam ao redor dos veleiros e vapores ancorados a certa distância do litoral. As mercadorias depositadas na Alfândega ou nos trapiches eram retiradas por carroções puxados a bois ou bondes de tração animal que atravessavam, com dificuldade, as ruas congestionadas do centro da cidade. Os produtos destinados a outros estados permaneciam nos trapiches, em regime de entreposto. Esse serviço vinha declinando, pois as linhas europeias começavam a fazer escala em outros portos brasileiros.

O Rio de Janeiro perdera já sua supremacia como exportador de café, em proveito de Santos, afirmando-se, porém, como grande importador (de imigrantes, inclusive), conectado a uma vasta hinterlândia. Figurava entre os 15 principais portos do mundo e vinha em terceiro lugar no continente, depois de Nova York e Buenos Aires. A modernização iniciada em 1904 consistiu na edificação de um cais corrido com 3.500m de extensão. A retificação da linha irregular do litoral implicou a demolição dos fervilhantes quarteirões marítimos e o aterro de suas numerosas enseadas com o entulho proveniente do arrasamento do morro do Senado. A faixa assim obtida foi ocupada por um cais onde os navios podiam atracar para que os novos guindastes elétricos fizessem a carga e descarga. A energia elétrica passou a mover todas as engrenagens do porto. A faixa aterrada era percorrida por trilhos e por uma avenida ladeada por 17 armazéns e outras construções mercantis e industriais. A avenida do Cais (atual Rodrigues Alves) ligava o largo da Prainha (praça Mauá) a outra avenida aberta pelo governo federal (Francisco Bicalho), às margens do canal do Mangue, retificado e prolongado até o mar.[29]

O segundo eixo da remodelação urbana foi a avenida Central, espinha dorsal dos melhoramentos urbanísticos projetados com a finalidade de transformar a cidade colonial numa metrópole parecida com Paris. Seu leito de 2 km rasgou, de mar a mar, o labirinto de ruas estreitas e movimentadas da Cidade Velha.[30] As demolições começaram em 26 de fevereiro de 1904, três dias antes da solenidade que inaugurou as dragagens para a construção do novo porto (Ferrez, 1983, pp. 29-31). Milhares de pessoas ficaram desabrigadas e tiveram seu quadro cotidiano de existência pulverizado pelas obras, e pelas normas e proibições que foram instituídas concomitantemente. Segundo Oliveira Reis (1977, pp. 22), foram demolidos 700 prédios. Eulália Lobo (1978, v. 2, p. 504) fala em 641 casas de comércio desapropriadas.

Quando o eixo da avenida foi inaugurado, em 7 de setembro de 1904, a imprensa divulgou os vencedores do concurso internacional de fachadas, selecionadas com base em critérios que visavam a elevar aquele espaço ao ápice da hierarquia arquitetônica da cidade.[31] Por volta de 1910, já se tinham edificado os prédios "monumentais" da avenida, quase todos exuberantemente ecléticos, de lojas, clubes, hotéis, jornais e do próprio Estado, como a Escola Nacional de Belas Artes, a Biblioteca Nacional, o

Supremo Tribunal, o Palácio Monroe e o Teatro Municipal, majestoso decalque do Théâtre de l'Opéra, de Paris, projetado pelo filho do prefeito, o engenheiro Francisco de Oliveira Passos. Ao mesmo tempo, no subúrbio de Manguinhos, edificava-se um monumento geograficamente desgarrado, o imponente castelo mourisco que ainda surpreende quem adentra a cidade pelas movimentadas avenidas que hoje o margeiam. Construído pelo diretor-geral de Saúde Pública para alojar os novos laboratórios do instituto soroterápico, que logo seria batizado com seu nome – Instituto Oswaldo Cruz –, equiparava-se aos palácios da avenida Central pela emergência volumétrica e pelo requinte decorativo. Consciente da relevância que as fachadas tinham no imaginário da época, Oswaldo Cruz usou-as para legitimar junto à opinião pública a instituição de pesquisa que implantava, tomando como modelo o Instituto Pasteur de Paris (Stepan, 1976; Benchimol, 1990; Cukierman, 2007).

A municipalidade na renovação urbana

Paralelamente aos trabalhos supervisionados pelas duas comissões federais – obras do porto e avenida Central –, Francisco Pereira Passos executava o Plano de Melhoramentos da Prefeitura. "O problema do saneamento do Rio de Janeiro", escreveu Souza Rangel (1904, p. 33), "foi sempre considerado [...] como dependendo em grande parte da remodelação arquitetônica de sua edificação e, consequentemente, da abertura de vias de comunicação duplas e arejadas em substituição das atuais ruas estreitas, sobrecarregadas de um tráfego intenso, sem ventilação bastante, sem árvores purificadoras e ladeadas de prédios anti-higiênicos". As avenidas constituíam, assim, o principal instrumento da remodelação da cidade, e atendiam a três objetivos complementares: saúde pública, circulação urbana e transformação das formas sociais de ocupação dos espaços atravessados pelas novas artérias.

A avenida Beira-Mar, belo passeio marítimo que sobreviveu, inalterado, até a década de 1960, desafogou o intenso tráfego existente entre o Centro e os bairros já urbanizados da Zona Sul: Catete, Flamengo e Botafogo. Associada a outras obras públicas, impulsionou a ocupação da orla marítima até Copacabana, Ipanema e Leblon, onde se edificavam as mais novas residências burguesas. Um segundo eixo de circulação atendeu ao tráfego igualmente intenso entre os bairros das Zonas Sul e Norte. Começando no largo da Lapa, a avenida Mem de Sá atravessou a esplanada do morro do Senado, demolido para o aterro do porto, terminando na Frei Caneca, rua movimentadíssima. Dali partiu a avenida Salvador de Sá, para desaguar na rua Estácio de Sá, que foi alargada até o largo do Estácio.

Várias outras ruas foram alargadas e/ou prolongadas pela Prefeitura de modo a formarem duas artérias conectando o Centro aos largos do Estácio e do Matadouro (praça da Bandeira), pontos de convergência das estradas que vinham dos subúrbios do oeste e noroeste. Cruzavam o largo da Carioca e a praça Tiradentes, onde desembarcavam os passageiros dos bondes da Zona Norte. Ligando três praças – 15 de Novembro, Tiradentes e República –, a primeira artéria resultou do alargamento das ruas da Assembleia, Carioca e Frei Caneca, convergindo com a avenida Salvador de Sá. A segunda artéria requereu o alargamento e prolongamento da rua Estreita de São Joaquim, que, com a rua Larga de São Joaquim, se transformou na avenida Marechal Floriano. Com a Visconde de Inhaúma, também alargada, formou um corredor ligando o Cais dos Mineiros, perto da Alfândega, ao largo de Santa Rita e à estação da Estrada de Ferro Central do Brasil, na praça da República. Dali até o largo do Matadouro, margeando o canal do Mangue, seguiam as ruas Visconde de Itaúna e Senador Euzébio: formaram a mais importante via de comunicação da Zona Norte com o Centro até a abertura da avenida Presidente Vargas, que a soterrou e substituiu na década de 1940 (Lima, 1990).

O plano da Prefeitura contemplou, ainda, as comunicações do Centro com a zona portuária, separada da cidade pela parede formada pelos morros de São Bento, da Conceição, da Providência e de São Diogo. Desapareceu a maior parte da rua da Prainha, absorvida pela rua do Acre, desde a praça Mauá até a avenida Marechal Floriano. A rua Uruguaiana foi alargada. A Camerino – primitiva rua do Valongo, depois da Imperatriz – também foi alargada, unindo-se à avenida do Cais (Rodrigues Alves) sobre o aterro que sepultou o antigo cais usado para o desembarque de escravos (resgatado como sítio arqueológico durante as obras de reurbanização da zona portuária em 2013-2016). Na outra extremidade, terminava no largo de São Domingos, que desapareceu quando foi alargada e prolongada a rua do

Sacramento, até a avenida Marechal Floriano, primeira obra inaugurada por Pereira Passos, em julho de 1903. Chamou-se, por isso, avenida Passos.

As demolições acarretadas por essas alterações na rede viária somaram-se àquelas efetuadas em proveito da avenida Central e do porto. Além de outras ligações de menor importância, a Prefeitura projetou a retificação e o alargamento de numerosas ruas, através de recuos progressivos de fachadas nas reconstruções que as obras públicas suscitariam.

A problemática da circulação não se restringia, porém, à estrutura física da cidade. Envolvia os meios de transporte considerados incompatíveis com o tráfego urbano. Expressão característica dessa contradição foi a luta persistente movida pelas empresas de bondes, sobretudo depois que se eletrificaram, contra os veículos de carga tracionados por homens e animais que se deslocavam sobre seus trilhos. Nas ruas estreitas e congestionadas do Centro, o bonde e os primeiros automóveis tinham de ajustar seu ritmo ao passo do burro sem rabo (carreta de duas rodas tracionada por um homem), das carroças e dos "cargueiros" (animais atrelados uns aos outros, usados no transporte de gêneros agrícolas).

Assim, ao mesmo tempo que promovia a abertura de artérias, a Prefeitura experimentava novos tipos de calçamentos para substituir o lajeado de cantaria e os pés de moleque; regulamentava o transporte de cargas, alterava as dimensões dos veículos e exigia a modificação dos aros das rodas para que não fendessem as ruas; e proibia a tração animal na zona urbana.

A remodelagem e valorização do solo urbano comandadas pelo Estado, em proveito da especulação e do enriquecimento privados, envolveram um conjunto complexo de atores: o capital financeiro internacional e seus intermediários, que lucraram com o financiamento das obras públicas; firmas de arquitetura, construção, loteamento, fabricantes e importadores de materiais e equipamentos; empresas de serviços públicos, em particular a poderosa Light and Power que, além de monopolizar o fornecimento de energia elétrica, iria açambarcar o gás, a telefonia e quase todo o transporte coletivo da cidade (McDowall, 2008; Weid, 2003, pp. 65-85).

Na área central residia o nó górdio da renovação urbana: a expropriação de um conjunto socialmente diferenciado de ocupantes do espaço e sua apropriação por outros grupos, depois de ser modificado e valorizado pelos poderes públicos. Os melhoramentos atingiram áreas selecionadas com o objetivo de desarticular a trama de relações cuja permanência, ali, se tornara incompatível com a cidade requerida pelo grande capital, e com a capital requerida pelo Estado republicano. Na linguagem com que os urbanistas da época justificavam esse propósito, as contradições reais de interesses eram dissimuladas pela oposição de gostos arquitetônicos, pela contraposição retórica entre prédios modernos e higiênicos *versus* edificação antiestética e repugnante; cidade civilizada e cosmopolita em lugar da cidade colonial e rotineira...

Foi preciso arrancar do Congresso, a duras penas, novas leis que conferissem ao Estado os mecanismos jurídicos e os recursos financeiros para a obra de destruição e reconstrução planejada. A mais importante foi a lei de novembro de 1903, que modificou a base de cálculo das desapropriações e autorizou o executivo municipal a vender, em leilão público, ou permutar as sobras de terrenos desapropriados. Pôde, assim, repassar o solo valorizado a novos adquirentes, abrindo campo a firmas de arquitetura e construção que nele materializassem o gosto das elites. A lei permitiu que as indenizações se baseassem nos valores declarados para a cobrança do imposto predial, em geral subestimados pelos proprietários para lesar o fisco. Excluiu, também, os prédios "ruinosos" do patamar mínimo de indenização, o que deu ampla margem de manobra ao prefeito para enquadrar construções coloniais ocupadas por oficinas, armazéns, cortiços etc.

As demolições levantaram densa nuvem de interesses feridos, de ódios contra o governo e as oligarquias. Nas representações ideológicas da época, que desempenharam importante papel nas lutas subjacentes à remodelação da capital, o Estado, principal agente desse processo, era encarnado pelo engenheiro Pereira Passos e o médico Oswaldo Cruz, indivíduos mitificados que, a poder de vontade, varriam a poeira dos mesquinhos interesses hostis ao progresso. No campo adversário, situavam-se três tipos estereotipados: o tradicionalista, o rotineiro e o revoltado. Os conteúdos a eles atribuídos aparecem de maneira clara e saborosa no romance do escritor paraibano José Vieira, *O bota-abaixo* (sobre a ambiência cultural, ver também Sevcenko, 1983).

Nomeado pelo presidente da República, Pereira Passos tomou posse como prefeito do Distrito Federal em 30 de dezembro de 1902. Um dia antes, o Conselho Municipal foi suspenso, por seis meses, para que pudesse legislar por decretos e realizar operações de crédito à sua revelia. Verberando o estado de sítio na cidade e a ditadura do prefeito, os deputados da oposição e a imprensa conseguiram retardar a votação do projeto de lei que prorrogava seus poderes excepcionais até que se consumasse a eleição dos intendentes, em julho. Mesmo assim, a reforma da lei orgânica do Distrito Federal,[32] em novembro, deu ao prefeito os poderes para desencadear as obras, até então executadas em ritmo lento (Benchimol, 1992; Rocha; Carvalho, 1986; Abreu, 1998).

A contratação de empréstimo equivalente a 4 milhões de libras teve como contrapartida uma política fiscal draconiana que atingiu, pesadamente, as camadas menos favorecidas da população através, por exemplo, do imposto de licenças, do imposto sobre cães e das multas por infrações de posturas, que triplicaram no primeiro ano de governo. A centralização do poder em mãos do prefeito traduziu-se no controle mais rigoroso da máquina burocrática, para que agisse com a necessária severidade – até incorruptibilidade – no esquadrinhamento da vida econômica e social do Rio. As circulares redigidas por Passos revelam olhar atento aos instrumentos de fiscalização e cobrança, em particular o corpo de guardas e agentes municipais que atuavam nas ruas, tradicionalmente corruptos, mas indispensáveis para reprimir as atividades banidas em nome da civilização. Ao mesmo tempo que remodelava, com o governo federal, a estrutura física da cidade, o prefeito semeava um cipoal de interdições para banir "velhas usanças" incompatíveis com esse ideal de civilização. Quis alterar formas de trabalho e lazer, costumes e hábitos arraigados no tecido sociocultural da cidade. Quer se inspirassem em razões econômicas, em imperativos sanitários, quer em valores ideológicos, seus decretos serviram para descarregar boa parte do ônus da modernização sobre as camadas populares.

> Comecei por impedir a venda pelas ruas de vísceras de reses, expostas em tabuleiros cercados pelo voo contínuo de insetos, o que constituía espetáculo repugnante. Aboli igualmente a prática de se ordenharem vacas leiteiras na via pública, que iam cobrindo com seus dejetos, cenas estas que ninguém certamente achará dignas de uma cidade civilizada. Mandei, também, desde logo, proceder à apanha e extinção de milhares de cães que vagavam pela cidade, dando-lhe o aspecto repugnante de certas cidades do Oriente [...]

> Tenho procurado pôr termo à praga dos vendedores ambulantes de bilhetes de loteria, que, por toda parte, perseguiam a população, incomodando-a com infernal grita e dando à cidade o aspecto de uma tavolagem. Muito me preocupei com a extinção da mendicidade pública [...] punindo os falsos mendigos e eximindo os verdadeiros à contingência de exporem pelas ruas sua infelicidade [...]"[33]

Na paisagem urbana colonial, os escravos coloriam as ruas com seus cantos de trabalho. No começo do século XX, eram negros, mestiços e brancos, brasileiros e europeus, irmanados na condição de homens juridicamente livres – escravos, agora, de suas necessidades. Na obra de Luiz Edmundo (1938) colhem-se vívidos retratos de personagens desse universo: meninos vendendo jornais, negro fabricando cestas na calçada, vendedor de carvão puxando burros carregados, o português que toca os perus com a vara comprida (*Olha ôôô pru uuu da roda vooo ooa!*), o vendedor de abacaxi, o italiano do peixe, o turco dos fósforos, o vassoureiro, o comprador de metais, o garrafeiro, a negra da canjica... Cada qual contribuía com seus sons para a polifonia das ruas: o funileiro badalava um prato de cobre, o mascate de panos vibrava sua matraca, os doceiros tocavam gaita de boca; o caldo de cana era espremido em carrocinhas com realejos. Muitos desses ofícios já existiam no Rio havia tempos. Outros eram criações recentes, como os compradores de ratos para a repartição de saúde chefiada por Oswaldo Cruz.

Fosse a intenção banir ambulantes e artesãos, ou formas arcaicas de distribuição e transporte, fosse apenas arrecadar recursos, o fato é que Pereira Passos usou de todo o rigor contra esses segmentos mais vulneráveis da população, para os quais o pagamento de licenças ou multas representava, muitas vezes, encargo insustentável.

O embelezamento imposto à força de decretos atingiu, também, frações do capital mercantil. Foi proibida, nas lojas, a exposição de artigos nos umbrais e vãos de porta que davam para a via pública; agora só em vitrines. Grande repercussão teve a guerra contra os quiosques, construções de madeira de estilo oriental onde se vendiam café, cachaça, broas de milho, lascas de bacalhau, fumo e outras miudezas. Passos interferiu no abastecimento de alimentos, procurando inviabilizar práticas rurais que persistiam na malha urbana. Decretou a expulsão de estábulos, hortas e capinzais, proibiu a criação de aves e suínos, e o trânsito de cargueiros, prejudicando os pequenos agricultores de áreas rurais contíguas à cidade, como Tijuca e Catumbi. O vendaval de interdições visou também à regeneração de maus hábitos e costumes. Um decreto proibiu urinar e cuspir nas ruas. Para não embaraçar os cabos de energia elétrica que se propagavam pelo Rio, as crianças foram proibidas de soltar pipas. Para evitar incêndios, proibiram-se as fogueiras, os fogos de artifício e balões nas festas de São João.

Independentemente das razões invocadas para justificar cada um desses atos, eles traduzem um discurso, uma mentalidade, um projeto moralizador e autoritário ao extremo: ao Estado cabia transformar, na marra, a multidão indisciplinada de "pés descalços" em cidadãos talhados segundo os estereótipos que serviam à burguesia europeia para o exercício de sua dominação. Isso se observa, nitidamente, na repressão policial a festas profanas e sagradas: o carnaval, a serenata, a boêmia e o candomblé. Nada mais ilustrativo do furor burguês de regeneração do que o projeto de lei discutido no Conselho Municipal visando a acabar com "a vergonha e a imundície injustificáveis dos em mangas de camisa e descalços nas ruas da cidade" (Sevcenko, 1983, p. 33).

Em outubro de 1905, o governo formou uma comissão para examinar o problema das habitações populares. Seus integrantes constataram que as demolições forçavam a população a "ter a vida errante dos vagabundos e, o que é pior, a ser tida como tal". Essa população afastou-se do Centro "quando os meios de fortuna o permitiam; foi se aglomerando no centro, tornando mais perigosa a sua estadia, quando os recursos ordinários eram parcos" (Backheuser, 1906, p. 314).[34] Apesar do rápido crescimento da Zona Norte e dos subúrbios, indicado pelo movimento incessante de construções, parte considerável da população atingida pela remodelação permaneceu no Centro, em suas franjas e fendas deterioradas. "Derrubada uma estalagem [...], os seus moradores distribuem-se pelas casas das redondezas por efeito do hábito, das necessidades de trabalho ou das facilidades de crédito. De longa data são os bairros da Saúde, Gamboa e Cidade Nova os procurados pelas classes pobres, que aí vivem cada vez mais condensadamente" (Backheuser, 1906, p. 416).

Na época, os subúrbios constituíam alternativa de moradia para segmentos das camadas médias como funcionários públicos, militares, empregados do comércio ou trabalhadores especializados, que possuíam remuneração estável e suficiente para as despesas de transporte, aquisição de terreno, construção ou aluguel de uma casa. Os subúrbios eram inviáveis para a multidão que vivia do ganho e da viração, e para os operários que recebiam "diárias" irrisórias, sem nenhuma estabilidade de emprego. Assim, ao lado das tradicionais habitações coletivas, aflorou na paisagem do Rio uma nova modalidade de habitação popular: a favela. A comissão já fazia referência ao morro da Favela (morro da Providência), "pujante aldeia de casebres e choças, no coração mesmo da capital da República, a dois passos da Grande Avenida". Em sua extremidade oposta erguia-se o morro do Castelo, berço histórico da cidade que seria arrasado na década de 1920 por Carlos Sampaio, outro prefeito demolidor. Era um "formigueiro humano onde se empilham milhares de casas e casinhas" (Backheuser, 1906, p. 11).

Da etiologia à transmissão da febre amarela

Outro agente importante da renovação urbana foi a Diretoria Geral de Saúde Pública (DGSP). Oswaldo Cruz assumiu sua chefia com a intenção de enfrentar três doenças – febre amarela, varíola e peste bubônica – por meio de estratégias específicas que difeririam daquelas empregadas por seus antecessores. Embora estivessem em sintonia ideológica com a política urbana em curso, os médicos liderados por ele desencadearam processos que resultariam, no decurso de alguns anos, em importantes disjunções no amálgama anterior de atores, práticas e discursos concernentes ao urbano. O higienismo deixaria de fornecer a justificação retórica e as diretrizes programáticas do urbanismo, que passaria a outras esferas de competência. Ao mesmo tempo, o lugar dos higienistas seria ocupado por categorias profissionais que começavam a se diferenciar: o pesquisador de laboratório, vinculado a domínios das ciências da vida que se autonomizavam cada vez mais; o clínico, já havia algum tempo compelido a se dedicar a uma das especialidades instituídas nas escolas e hospitais; e o sanitarista, que, à época de Oswaldo Cruz, ainda era um cientista e um clínico, mas logo se transformaria em profissão independente, com suas especializações também, no âmbito do Estado ou de agências filantrópicas como a Fundação Rockefeller. Os médicos aglutinados por Oswaldo Cruz na DGSP e no Instituto Soroterápico de Manguinhos (Instituto Oswaldo Cruz a partir de 1908) formariam a espinha dorsal da saúde pública brasileira nas décadas de 1910 e 1920. Suas ações visavam a elos específicos das cadeias mórbidas, adquirindo com isso eficácia maior do que a dos higienistas do século XIX. Intervenções subsequentes – o combate à febre amarela em Belém, em 1909, por exemplo – não requereriam mais a demolição dos cascos urbanos antigos para debelar doenças infectocontagiosas.

As narrativas sobre a derrota da febre amarela pela medicina "científica" privilegiam ora os Estados Unidos, ora Cuba, conforme o valor atribuído a dois episódios: a formulação da hipótese da transmissão pelo mosquito, por Carlos Juan Finlay, em 1880-1881, ou sua demonstração pela equipe chefiada por Walter Reed, em 1900. Como mostrou Delaporte (1989, pp. 37-40, 96-97), a decisão de Finlay de tomar o mosquito como objeto de estudo e o tempo decorrido entre a proposição e a confirmação de sua teoria são enigmas cuja explicação reside na medicina tropical inglesa, nas relações de filiação conceitual que ligam o médico cubano a Patrick Manson – que descobriu o modo de transmissão da filariose, em 1879 – e Walter Reed a Ronald Ross, que esclareceu o modo de transmissão da malária. Quando Ross e seu concorrente italiano, Giovanni Battista Grassi, demonstraram, em 1897-1898, que o mosquito era o hospedeiro intermediário do parasito da malária, tornou-se inevitável a suposição de que cumprisse idêntico papel na febre amarela, cujo diagnóstico clínico, diga-se de passagem, confundia-se com o daquela doença.

Na década de 1890 foram se multiplicando na imprensa médica e leiga do Rio de Janeiro as especulações sobre o papel dos insetos na transmissão de doenças, inclusive a febre amarela. Eram vistos não como hospedeiros de microrganismos que cumpriam parte de seu ciclo vital no organismo do inseto parasitado, mas principalmente como agentes mecânicos de transmissão desses microrganismos. Suspeitavam-se de mosquitos, percevejos, pulgas, carrapatos e, sobretudo, das moscas, que, passivamente, transportavam os micróbios até os alimentos e daí à boca, a "porta de entrada" do organismo humano. O fato de serem insetos tão comuns nas cidades parece haver facilitado sua incorporação ao imaginário coletivo como fonte de perigo, zunindo na atmosfera ainda enevoada por miasmas.[35]

A impressão que nos dão os artigos escritos a esse respeito é que as partes componentes das teorias microbianas eram como "imantadas" pelo campo de força da medicina tropical.[36] Novos elos vivos eram encaixados nos constructos elaborados para explicar a transformação extracorporal do micróbio da febre amarela. Nas teorias existentes, o meio exterior era um agente compósito, orgânico e inorgânico, urbano e litorâneo, quente e úmido, onde os fungos, algas e bacilos incriminados cumpriam parte do ciclo vital antes de adquirirem a capacidade de infeccionar os homens, apenas em certas estações do ano e em certas regiões geográficas. As teias que esses microrganismos percorriam, interligando solo, água, ar, alimentos, navios, casas e homens, acolhiam com dificuldade os insetos, postos em evidência pela medicina tropical.

As experiências realizadas em Cuba, em 1900, formam, sem dúvida, um divisor de águas na história da febre amarela. Afastaram a saúde pública das intermináveis querelas sobre sua etiologia, viabilizando ações capazes, *por um tempo*, de neutralizar as epidemias nos núcleos urbanos litorâneos da América. Stepan (1978, pp. 397-423) mostra que os norte-americanos só se renderam à teoria de Finlay quando ficou patente sua incapacidade de lidar com a doença em Cuba depois de a ocuparem em fevereiro de 1898. Parece ter sido importante, também, a confluência, naquela ilha, dos médicos norte-americanos, voltados para um programa de pesquisas bacteriológicas, com os ingleses, que exploravam a fértil problemática dos vetores biológicos de doenças. Em 1900, Walter Myers e Herbert E. Durham, da recém-fundada Liverpool School of Tropical Medicine, iniciaram uma expedição ao Brasil para investigar a febre amarela. O encontro com os médicos norte-americanos e cubanos, em junho, foi uma escala da viagem que resultou na implantação de um laboratório que funcionou intermitentemente na Amazônia até a década de 1930 (Benchimol, 2010, pp. 315-344; Miller, 1998, pp. 34-40; Smith, 1993). Durham e Myers traziam uma hipótese genérica – a transmissão da febre amarela por um inseto hospedeiro –, que ganhou maior consistência com as informações recolhidas em Cuba. Se a comissão norte-americana não tivesse enveredado por esse caminho, talvez a teoria de Finlay houvesse sido confirmada pelos ingleses no Norte do Brasil.

Em agosto de 1900, Lazear iniciou as experiências com mosquitos fornecidos por Finlay, enquanto Carrol e Agramonte se dedicavam à refutação do bacilo de Sanarelli, que havia sido confirmado por médicos do Marine Hospital Service. Em setembro, Lazear faleceu em consequência de uma picada acidental. Walter Reed redigiu às pressas a *Nota preliminar*, apresentada no mês seguinte à 28ª reunião da American Public Health Association, em Indianápolis. E tomou a si a tarefa de fornecer a confirmação dos trabalhos de Lazear, através de uma série de experiências destinadas a provar que o mosquito era o hospedeiro intermediário do "parasito" da febre amarela; que o ar não transmitia a doença; e que os *fomites* não eram contagiosos. Em seguida, a comissão retomou as experiências relacionadas ao agente etiológico, mas se deparou com ambiente já desfavorável à utilização de cobaias humanas. Foi isso, assegura Löwy (1991, pp. 195-279), que a impediu de provar que o agente era um "vírus filtrável".[37]

Os resultados foram apresentados ao Congresso Pan-americano realizado em Havana, em fevereiro de 1901, ao mesmo tempo que William Gorgas dava início à campanha contra o mosquito naquela cidade. Já a partir de janeiro de 1901, as comissões sanitárias que atuavam no interior de São Paulo incorporaram o combate ao mosquito ao repertório de ações destinadas a anular tanto o contágio como a infecção da febre amarela. Em Ribeirão Preto (1903), abandonaram-se as desinfecções, prevalecendo a "teoria havanesa" como diretriz soberana, ao mesmo tempo que Emilio Ribas, diretor do Serviço Sanitário de São Paulo, e Adolfo Lutz, diretor de seu Instituto Bacteriológico, reencenavam as experiências dos norte-americanos (dezembro de 1902 a maio de 1903) para neutralizar as críticas dos médicos alinhados com a teoria de Sanarelli (Ribas, 1903; Cerqueira, 1954; Almeida, 2003; Benchimol; Sá, 2005, pp. 43-244).

Para Nuno de Andrade (1902, pp. 319-325), diretor do serviço federal de saúde pública, a descoberta de Finlay apenas acrescentava um elemento novo à profilaxia da febre amarela. Seus defensores restringiam ao homem e ao mosquito todos os fios do problema. "Confesso que a hipótese da inexistência do germe da febre amarela no meio externo me perturba seriamente", declarou Andrade, "porque os documentos científicos, e a nossa própria observação, têm amontoado um mundo de fatos que serão totalmente inexplicáveis se as deduções da profilaxia americana forem aceitas na íntegra."

A indeterminação do micróbio deixava a teoria havanesa exposta a dúvidas perturbadoras. Nuno de Andrade considerava fato provado a transmissão da febre amarela pelo *Stegomyia fasciata* (atual *Aedes aegypti*), mas as deduções profiláticas lhe pareciam arbitrárias e a guerra ao mosquito em Cuba, mera "obra de remate" das medidas sanitárias que as autoridades militares tinham executado antes.

Esse foi o cerne do confronto que se deu no Congresso Brasileiro de Medicina e Cirurgia, realizado no Rio de Janeiro, em meados de 1903. Os partidários da teoria de Finlay, liderados por Oswaldo Cruz, chamados de "exclusivistas", tudo fizeram para obter o aval da corporação médica à nova estratégia de combate à febre amarela, com a exclusão da antiga, enfrentando cerrada oposição dos "não convencidos". Os mais importantes aliados dos "exclusivistas" foram os pesquisadores do Instituto Pasteur de Paris, que desembarcaram no Rio de Janeiro em novembro de 1901 (Löwy, 1991, pp. 195-279; Benchimol; Sá, 2005, pp. 43-244). Durante os quatro anos de permanência na cidade, Émile Roux, Paul-Louis Simond e A. Tourelli Salimbeni (que se retirou mais cedo por motivos de saúde) puderam observar de perto os fatos biológicos e sociais produzidos na cidade que serviu como laboratório para o teste de uma campanha calcada na teoria culicidiana, sob condições políticas autoritárias, mas que não eram as da ocupação militar.

As campanhas de Oswaldo Cruz e a Revolta da Vacina

Em abril de 1903, Oswaldo Cruz apresentou ao ministro da Justiça o plano da campanha contra o vetor da febre amarela, o *Stegomyia fasciata*. Como presidente de São Paulo (1900-1902), Rodrigues Alves apoiara as medidas adotadas por Ribas e Lutz em prol da teoria de Finlay. A Saúde Pública teria de impedir a contaminação dos mosquitos pelos amarelentos infectantes, a infecção das pessoas receptíveis pelos mosquitos contaminados e a permanência dos casos esporádicos que garantiam a continuidade da doença nos intervalos epidêmicos (Franco, 1969; Benchimol, 1999). Quanto à varíola, bastaria vacinar toda a população para que a doença fosse controlada. A peste bubônica seria detida pelo extermínio dos ratos, por medidas de cunho urbanístico e pelo uso do soro e da vacina fabricados no instituto de Manguinhos.

Em perspicaz análise da revolução pasteuriana, Bruno Latour (1984) substituiu o suposto antagonismo entre a higiene dos miasmas e a ciência dos micróbios pela imagem da retificação do curso de ação dos antigos atores à luz das estratégias propostas pelos novos, realizando-se uma "tradução" recíproca de interesses vantajosa para as metas que uns e outros perseguiam. A higiene tinha como característica a desmedida ambição: cada doença que se propunha a vencer requeria batalhas num leque amplíssimo de frentes, contra as forças da natureza, a topografia das cidades, os mais variados componentes da vida urbana. De posse dos micróbios ou dos hospedeiros intermediários específicos a cada doença, os pasteurianos teriam assinalado as batalhas prioritárias, "os pontos de passagem obrigatórios", capazes de conduzir as hostes da higiene às vitórias que tanto almejavam. Essa imagem, muito sedutora, ajuda a pensar, ainda que seja fruto de uma depuração de acidentes, erros e contradições que tornam as batalhas realmente travadas muito mais confusas, ingovernáveis e com desfechos nem sempre favoráveis.

A retificação de curso e mentalidade na gestão do pasteuriano Oswaldo Cruz é visível na definição de número limitado de doenças a atacar, na focalização dos vetores da febre amarela e peste bubônica e na ênfase à vacina, que não foge à imagem de um ponteiro direcionado para o flanco da varíola. Essas setas nortearam as brigadas sanitárias de Oswaldo Cruz, conferindo nitidez às suas ações no contexto tumultuário do "embelezamento" do Rio de Janeiro. Conseguimos discernir suas trajetórias em meio à ofensiva comandada, paralelamente, pelos engenheiros contra muitos dos alvos que a higiene viera sinalizando no século XIX, e que os sanitaristas, agora, julgavam irrelevantes ou até mesmo contraproducentes para a logística das campanhas sanitárias. Elas puseram em movimento e conflito uma multidão de atores e acontecimentos que não estavam previstos no momento em que a nova estratégia foi apresentada, retoricamente, na simplicidade de suas correlações experimentais. O tumulto tragou a vacina, a peste foi subjugada, a febre amarela desapareceu do Rio de Janeiro, mas só momentaneamente.

Os serviços sanitários foram reformados, suprimindo-se a dualidade de atribuições entre os governos municipal e federal.[38] O sucesso das campanhas dependeu de regulamentações jurídicas que ampliaram o poder das autoridades sanitárias, sobretudo em relação à notificação obrigatória dos casos de doenças infecciosas. Para punir os "sonegadores de doentes" e outros infratores, criou-se uma instância específica do judiciário, o Juízo dos Feitos da Saúde Pública. Em maio de 1903, o projeto de lei que a reorganizava começou a tramitar no Congresso, onde foi duramente combatido pela oposição, tendo sido aprovado, com mutilações, somente em janeiro de 1904.

Antes mesmo da nomeação de Oswaldo Cruz, o prefeito Pereira Passos havia intensificado a polícia sanitária nas habitações. Comissários de higiene e acadêmicos de medicina, divididos em turmas que eram acompanhadas por carroças da Limpeza Pública, vistoriavam domicílios do Centro e da zona portuária, recorrendo com frequência à polícia para expurgar reservatórios de água, bueiros, ralos e valas, desocupar sótãos e porões, confiscar galinhas e porcos, prescrever reformas imediatas ou interditar prédios considerados ruinosos e insalubres. Esse serviço foi incorporado à Diretoria Geral de Saúde Pública e se converteu no Serviço de Profilaxia Específica da Febre Amarela.

Oswaldo Cruz estruturou a campanha em bases militares, utilizando os instrumentos legais de coação e, em menor medida, meios de persuasão, os "Conselhos ao Povo", por exemplo, publicados na imprensa pró-governamental, inteiramente mobilizada para a guerra contra os porta-vozes da oposição. A cidade foi repartida em dez distritos sanitários, com delegacias de saúde, cujo pessoal tinha a incumbência de receber as notificações de doentes, aplicar soros e vacinas, multar e intimar proprietários de imóveis, detectar focos epidêmicos. A seção encarregada dos mapas e das estatísticas epidemiológicas fornecia coordenadas às brigadas de mata-mosquitos, que percorriam as ruas neutralizando depósitos de água com larvas de mosquito. Outra seção expurgava com enxofre e piretro as casas, depois de cobri-las com imensos panos de algodão, para matar os *Stegomyia* adultos, na forma alada. Os doentes mais abastados eram isolados (dos mosquitos) em suas próprias residências; os mais pobres iam para os hospitais de isolamento no Caju ou em Jurujuba, Niterói.

As vítimas da peste, varíola e outras doenças consideradas contagiosas eram conduzidas, com seus pertences, para o desinfectório existente no

Centro ou para aquele que Oswaldo Cruz construiu em Botafogo (atual Hospital Rocha Maia), antes de serem isoladas nos hospitais acima referidos.[39]

A campanha contra a peste bubônica foi menos controvertida do que a da febre amarela. Nesse caso, também a notificação obrigatória era essencial para que os doentes fossem isolados e tratados com o soro fabricado em Manguinhos. A desratização da cidade, em colaboração com a Prefeitura, redundou na emissão de centenas de intimações a proprietários de imóveis para que removessem entulhos e executassem reformas, sobretudo a impermeabilização do solo e a supressão de porões. A DGSP lançou mão de um crédito especial para a compra de ratos, o que gerou ativa indústria de captura e comercialização dessa exótica mercadoria.

O combate à varíola dependia da vacina. Seu uso fora declarado obrigatório em leis do século XIX não cumpridas por falta de condições políticas e técnicas e pelo horror que muita gente tinha à ideia de se deixar inocular com o "vírus" da doença. Ainda assim, as vacinações vinham crescendo desde que começaram a ser feitas nos domicílios, na década de 1890. Chalhoub (1996, pp. 161-162) mostra que em 1904, justamente, o serviço conseguiu o melhor resultado em um século de vacinações: a antivariólica foi inoculada em 87.711 pessoas, o que dava o índice de 108,09 vacinados por mil habitantes, numa população estimada em 811.443 habitantes (sobre a vacinação antivariólica no Brasil, ver também Meihy; Bertolli Filho, 1990; Fernandes, 1999).

Em junho de 1904, foi submetido ao Congresso o projeto de lei reinstaurando a obrigatoriedade da vacinação e revacinação contra a varíola em todo o território da República, com cláusulas rigorosas que incluíam multas aos refratários e a exigência de atestado para matrículas em escolas, acesso a empregos públicos, casamentos, viagens etc. Recrudesceu, então, a oposição ao governo, tendo como alvos o "General Mata-mosquitos" e o "Bota-abaixo". Os debates exaltados no Congresso foram acompanhados por intensa agitação extraparlamentar promovida pelo Apostolado Positivista, por oficiais descontentes do Exército, monarquistas e líderes operários. Em 5 de novembro, foi fundada a Liga Contra a Vacinação Obrigatória, na sede do Centro das Classes Operárias. Presidida pelo médico baiano Vicente F. de Souza, era integrada, sobretudo, por trabalhadores portuários. O movimento contava com a colaboração dos monarquistas que vinham se organizando em partidos e jornais. Paradoxalmente, aliavam-se aos inimigos encarniçados da véspera os militares que empunhavam a bandeira do republicanismo autêntico contra aquela República bastarda, dirigida por conselheiros e barões renegados do Império. Como membros do Exército, Lauro Sodré e Barbosa Lima mobilizavam oficiais e alunos das escolas militares contra a oligarquia cafeeira paulista, e como parlamentares lideravam a oposição no Congresso.

A lei da vacina obrigatória foi aprovada em 31 de outubro de 1904. Quando os jornais publicaram, em 9 de novembro, o esboço do decreto que ia regulamentar o "Código de Torturas", a cidade foi paralisada pela Revolta da Vacina por mais de uma semana (Sevcenko, 1984; Chalhoub, 1996; Carvalho, 1987). Esse movimento, que a literatura da época reduziu a um simples choque entre as massas incivilizadas e a imposição inexorável da razão e do progresso, foi protagonizado por forças sociais heterogêneas, compondo-se, na realidade, de duas rebeliões imbricadas: o grande motim popular contra a vacina e outras medidas discricionárias e segregadoras impostas em nome do "embelezamento" e "saneamento" da cidade, e a insurreição militar deflagrada dias depois, com o objetivo de depor o presidente Rodrigues Alves.

A princípio, o golpe militar foi planejado para a noite de 17 de outubro de 1904, data do aniversário do tenente-coronel e senador Lauro Sodré, a quem seria entregue a presidência. A denúncia da conspiração pela imprensa obrigou os revoltosos a adiarem seus planos. O governo instituiu medidas preventivas de segurança quando chegavam ao auge as controvérsias a propósito da lei da vacina. Em 10 de novembro, ocorreram os primeiros choques de populares com a polícia, que reprimia com violência os ajuntamentos na cidade. Os tumultos foram num crescendo e adquiriram grandes proporções em 13 de novembro. A cavalaria investia contra a multidão. A toda hora pipocavam tiroteios. As ruas do Centro estavam bloqueadas por barricadas feitas com paralelepípedos, materiais das demolições e bondes tombados. Na zona portuária, os revoltosos, também chamados de quebra-lampiões, tomaram postos policiais para obter armas. Agindo à revelia das articulações político-militares, protagonizavam um motim com características das guerras de barricadas europeias combinadas às de um vasto quebra-quebra direcionado contra os marcos mais visíveis da modernização burguesa.

Mesmo com a ajuda dos bombeiros, a polícia não conseguiu dominar os populares, que lutavam com paus e ferros arrancados às construções, e com rolhas de cortiça cedidas pelos donos dos armazéns. Quando a cavalaria arremetia, refugiavam-se nos becos, nos prédios em ruínas, entre os andaimes das construções, e quando passava, atacavam pela retaguarda com pedras, espalhando as rolhas para tombar os cavalos. Comerciantes lusitanos ofereciam latas de querosene para os incêndios, em fugaz cumplicidade com aquelas massas jacobinas que, alguns anos antes, haviam promovido violentas perseguições a portugueses nas ruas da capital (Hahner, 1976).

Rodrigues Alves convocou o Exército e a Marinha, e os combates começaram cedo no dia 14. Só na rua Senhor dos Passos foram virados e queimados 17 bondes. O motim alastrou-se por Vila Isabel, São Cristóvão e outros bairros. Reunidos no Clube Militar, os oficiais insubordinados intimaram o presidente a demitir o ministro da Justiça. Na madrugada do dia 15, deflagraram o golpe. Sob a chefia do general Travassos e de Lauro Sodré, cerca de 300 alunos da Escola Militar da Praia Vermelha marcharam em direção ao Palácio do Catete. Esperavam convergir com as forças provenientes de Realengo e da fortaleza de São João, onde a revolta fora, porém, neutralizada. Na rua da Passagem, defrontaram-se com as tropas fiéis ao governo. Houve tiroteio, mortos e feridos, e ali soçobrou a revolta militar. Mas a popular continuou a arder, e os navios de guerra chegaram a apontar os canhões para os quarteirões populares da Saúde e Gamboa. No dia 16, o Congresso votou o estado de sítio no Distrito Federal. À tribuna subiam parlamentares governistas e oposicionistas para invectivar, com igual menosprezo, os rebeldes pobres, que eram amontoados em navios-prisão e despachados para o Acre, nos confins da floresta amazônica.

"Semana maldita, some-te, mergulha no grande abismo onde tudo cai, no abismo insondável do tempo, onde há esquecimento para tudo."[40] Com essa exortação, o poeta Olavo Bilac concluía uma crônica em que tratava daquele crime contra o progresso e a civilização. Não fazia muito tempo, o ministro Rui Barbosa mandara queimar os documentos sobre a escravidão no Ministério da Fazenda para apagar a "mancha negra" das páginas de nossa história. Supressão seletiva dos registros históricos e destruição das criações materiais do passado: duas faces da mesma moeda. Submetida à lógica do capital, a cidade do Rio de Janeiro expandir-se-ia nas décadas seguintes à custa da demolição de suas estratificações passadas, a intervalos de tempo cada vez mais curtos, dissolvendo incessantemente os suportes materiais da memória coletiva e individual de seus habitantes. As operações de renovação urbana prosseguiram com os prefeitos Carlos Sampaio, em 1920-1922, e Henrique Dodsworth, nos anos sombrios do Estado Novo (1937-1945). Na década de 1960 começaram as remoções de favelas e na seguinte todo o bairro do Catumbi foi posto abaixo. Na década de 1980, a recessão econômica pôs um freio ao apetite da especulação imobiliária. As elites, hoje, lucram restaurando para novos usos os remanescentes urbanísticos e arquitetônicos da *Belle Époque*, primeira realização do espírito autofágico que regeu a história moderna da cidade do Rio de Janeiro.

A população já possuía uma tradição de revoltas policlassistas contra iniciativas do capital e do poder público, como mostraram Fausto (1976) e Meade (1984, 1986). Em 1901, por exemplo, depredara bondes em protesto contra o aumento das tarifas e a péssima qualidade dos transportes. No ano seguinte, insurgira-se contra a máfia de marchantes que monopolizava o comércio das carnes verdes. Para Sevcenko (1993), a Revolta da Vacina foi a manifestação mais explosiva da resistência dos grupos populares cariocas ao processo autoritário de transformação do Rio em capital burguesa e cosmopolita. Aquele povo espezinhado via as concreções da modernidade burguesa como símbolos de um poder opressivo, e por isso foram alvos de sua fúria, tanto quanto a vacina. Needell (1993) enfatiza a repressão à cultura negra como fermento da revolta, e Cukierman (2007, p. 155) considera-a como o resultado da prática autoritária de cientistas convencidos da superioridade de seu conhecimento técnico e de seu direito de exercer um "poder tutelar ao qual todos teriam de se submeter, obrigatoriamente". Carvalho (1987, pp. 131-136) revela a simpatia dos negros pela Monarquia e sustenta que a hostilidade popular ao regime republicano, externada já em outras rebeliões, contribuiu para os acontecimentos de 1904. Esse autor atribui grande importância à campanha de cunho moralista que arregimentou a indignação das audiências operárias e pequeno-burguesas contra a invasão dos lares pelos funcionários da DGSP, conclamando-se os chefes de família a defenderem a honra das filhas e mulheres, que seriam forçadas a expor braços e coxas à lanceta dos vacinadores. Para Carvalho, "foi este guarda-chuva moral que tornou possível a mobilização popular de

1904 nas proporções em que ela se deu". Chalhoub (1996, pp. 100, 150-151, 180), por sua vez, nega que "arroubos retóricos" pudessem ter tido efeito tão devastador entre o povo, já que seus valores morais diferiam dos burgueses. Ao analisar as vacinações de uma perspectiva de mais longa duração, Chalhoub recupera uma dimensão da revolta que permaneceu inteiramente oculta tanto nos relatos de época como nas fontes historiográficas mais conhecidas: a tradição negra de combate à varíola pela prática ancestral das variolizações. "Há uma explicação [...] para o fato de a principal revolta coletiva contra o 'despotismo sanitário' haver ocorrido em função [da] [...] varíola: além dos descaminhos técnicos e burocráticos do serviço de vacinação em todo um século de história, havia sólidas raízes culturais negras na tradição vacinofóbica." Um dos mananciais da revolta seria, então, o culto a Omolu, o orixá que tinha o poder de espalhar a doença e, ao mesmo tempo, de defender "seus devotos de estragos maiores [...] por meio da inoculação ritual de material varioloso". Criar obstáculos à ação dessa divindade ou impor a vacina animal preparada no Instituto Vacinogênico significava devastação e morte para esse grupo social.

O fato é que a população carioca pagou duplamente caro pela revolta contra a vacina. Em 1970, a mesma vacina iria assegurar, pela primeira vez, a completa erradicação mundial de uma doença infecciosa. Além da feroz repressão desfechada pelo governo, teria de suportar, em 1908, a epidemia de varíola mais mortífera que o Rio de Janeiro conheceu, em que morreram quase 6.400 pessoas, o dobro da mortalidade registrada em 1891, índice até então mais elevado.

Em novembro de 1909, Oswaldo Cruz deixou a chefia da Saúde Pública numa conjuntura conturbada pela morte de Afonso Pena, a interinidade do vice-presidente Nilo Peçanha e a campanha presidencial polarizada entre o "civilista" Rui Barbosa e o marechal Hermes da Fonseca. Embora fosse um ídolo nacional, não conseguira realizar as metas de seu segundo mandato à frente da DGSP. A campanha contra a tuberculose esvaíra-se por falta de recursos e apoio político; a regulamentação da lei da vacina obrigatória continuava a ser protelada, apesar da epidemia de 1908. As oligarquias estaduais, respaldadas na Constituição federalista, bloqueavam as ações sanitárias do governo central, não obstante a febre amarela grassasse em muitas cidades do Norte e Nordeste. Na década de 1910, os cientistas-sanitaristas do Instituto Oswaldo Cruz executariam ações mais ambiciosas no interior do Brasil à margem do órgão federal de saúde pública, financiadas por contratos privados, inclusive com repartições do governo (Albuquerque *et al.*, 1991). Os relatos que produziram, ricos em observações sociológicas e etnográficas, formam o primeiro inventário moderno das condições de saúde das populações rurais do Brasil. Tiveram grande repercussão entre os intelectuais das cidades litorâneas – o Jeca Tatu, de Monteiro Lobato, é bom exemplo disso –, municiando os debates acerca da questão nacional, que começava a ser redimensionada nos termos da visão dualista, de longa persistência em nosso pensamento social brasileiro (Lima, 1999). A exaltação ufanista da civilização do Brasil, insuflada após a remodelação do Rio de Janeiro, foi duramente golpeada pelas revelações sobre aquele "outro" país, miserável e doente.

Durante a Primeira Guerra Mundial, a revolução pasteuriana realizou o feito de limitar a devastação das doenças infecciosas, deixando os exércitos entregues ao morticínio das armas (Salomon-Bayet, 1986), mas foi desarmada pela pandemia de gripe que ceifou, pelos menos, 21 milhões de vidas em 1918-1919 (Crosby, 1989; Brito, 1997). No Brasil, a "espanhola" pôs a nu tanto a incapacidade dos microbiologistas de lidarem com os vírus, ainda invisíveis, como a precariedade dos serviços sanitários e hospitalares do país. O regresso da febre amarela ao Rio de Janeiro, em 1928-1929, foi mais um sinal da incompetência das oligarquias para gerir os destinos da nação. O resultado mais imediato dessas crises foi a criação do Departamento Nacional de Saúde Pública (DNSP), em 1920-1922, que deu início a ações mais abrangentes contra as doenças endêmicas no interior do Brasil (Hochman, 1998). As insurreições tenentistas, os movimentos pela reforma de outras esferas da vida social, as cisões intraoligárquicas desaguaram na Revolução de 1930 e na criação de um ministério que iria, finalmente, transformar a saúde em objeto de políticas de alcance nacional, com a ajuda da Fundação Rockefeller, poderoso enclave, com atribuições e prerrogativas que rivalizavam com as do próprio Estado no tocante à saúde pública.

Notas

1. Análises mais detalhadas encontram-se em Del Brenna (1985); Needell (1993); Benchimol (1992); Abreu (1998); e Rocha; Aquino (1986).
2. Ministério da Saúde, Fundação Serviços de Saúde Pública. *A febre amarela no século XVII no Brasil*. Extratos do "Trattado Único da Constituiçam Pestilencial de Pernambuco", por Joam Ferreyra da Rosa (1694), e da "História da febre amarela no Brasil", de dr. Odair Franco (1969), apresentados nos idiomas português e inglês. Rio de Janeiro, GB, 1971.
3. Ver "Melhoramentos da Cidade". Primeiro relatório da Comissão de Melhoramentos da Cidade do Rio de Janeiro, 1º dez. 1875. Arquivo Geral da Cidade do Rio de Janeiro, 80-5-11. Previa a urbanização da planície que se estendia da Cidade Nova à serra do Andaraí e a São Cristóvão por uma grande companhia incorporadora que nunca chegou a se formar. O segundo relatório, concluído em 29 fev. 1876, previa obras no vetor sul da expansão urbana.
4. Fundada em 1810 por D. João VI, a Real Academia Militar desdobrou-se em 1858 em Escola Militar e Escola Central. Esta se transformou em Escola Politécnica, em 1874. Nos cinco anos em que Passos a frequentou, o curso completo compreendia mais dois anos de ciência militar, que eram o 5º para o curso de infantaria e cavalaria, e o 6 º para o de artilharia. Os alunos que almejavam só o diploma de engenheiro civil passavam do 4º para o 7º ano. "Francisco Pereira Passos" (doc. manuscrito, s.d.). Museu da República DPP 1.11.1 (Coleção Pereira Passos). Nessa mesma coleção, ver Paulopolitano, "Biografia histórica do engenheiro Francisco Pereira Passos". Trabalho concorrente ao Prêmio Visconde de Porto Seguro, instituído pela Livraria Martins Editora – S. Paulo". 1ª e 2ª parte, 1941, pp. 30-31 (doc. datilografado com fotos originais).
5. Em 1871, o governo confiou-lhe a delicada missão de firmar, em Londres, o acordo liquidando a questão do "capital garantido" à E.F.S. Paulo Railway (Santos-Jundiaí). Estudou, então, o processo de "cremalheira" utilizado para escalar o maciço montanhoso de Rigi, na Suíça. Empregou-o na ferrovia do barão de Mauá, de Raiz da Serra a Petrópolis, e na construção da primeira estrada de turismo criada na corte, a do Corcovado (1882).
6. Decreto de 5 out. 1878 concedeu-lhes os direitos para a construção de ferrovia no Paraná, ligando o porto de Paranaguá a Curitiba, garantindo juros de 7% ao ano, durante 30 anos. O traçado foi feito pelos irmãos Antônio e André Rebouças, engenheiros negros atuantes durante o Império. A companhia fran-

cesa propunha-se, também, a explorar minas e propriedades agrícolas na zona marginal à linha. "Estatutos da Sociedade Anônima encarregada da execução e exploração da Estrada de Ferro de Paranaguá a Curitiba concedidos por decreto do governo imperial." Paris, 1879, 15 p. DPP 2.5.1, pasta 30, lata 2, armário 6. E "Contrato firmado entre a Compagnie Générale de Chemin de Fer Brésilienne e P. Passos para o cargo de engenheiro consultor da Companhia". Paris, 28 abr. 1881, 4 p. DPP 2.5.4, lata 6. Museu da República. Coleção Pereira Passos. Ver também Ataíde (op. cit., pp. 186-188).

7. Político conservador, foi deputado geral de 1878 a 1887, senador (1887), presidente do Banco do Brasil (1873-1878) e ministro da Fazenda (1885).
8. Projeto de melhoramentos na cidade do Rio de Janeiro pelo engenheiro G. Fogliani. Proprietários do projeto Américo Lage & Cia. Rio de Janeiro, Tip. e Lit. F. Borgonovo (1903, pp. 13-14).
9. *Jornal do Commercio*, 26-27 dez. 1901.
10. A Revolta da Armada irrompeu no Rio de Janeiro em setembro de 1893 contra o vice-presidente, marechal Floriano Peixoto, que chefiava o país desde a renúncia do marechal Deodoro da Fonseca, em dezembro de 1891, após tentativa malograda de dissolver o Congresso. O movimento militar contra Floriano confluiu com a guerra civil que lavrava no Sul, e que só foi pacificada em 1895, pelo primeiro presidente civil da República, Prudente de Morais. Sobre a consolidação política da República, ver Carone (1971); sobre as flutuações econômicas ocasionadas pela superprodução do café e o endividamento externo, ver Cano (1977).
11. Como membro do Partido Conservador, Rodrigues Alves foi nomeado presidente de São Paulo, ainda no Império (1887-1888), e eleito para o mesmo cargo na República, em 1900. Sobre a evolução de São Paulo, ver Morse (1970) e Sevcenko (1992).
12. Quem popularizou o termo foi o visconde de Taunay em folhetins depois reunidos num *roman à clé* intitulado *O encilhamento – cenas contemporâneas da bolsa do Rio de Janeiro em 1890, 1891 e 1892*. Boa análise do lastro mais duradouro dessa política consta em Lobo (1978).
13. Relatório dos trabalhos da Inspetoria Geral de Higiene (1892, pp. 5-6).
14. *Idem*, p. 65.
15. *Gazeta de Notícias*, 4 ago. 1890.
16. Iniciara a carreira médica como cirurgião na Guerra do Paraguai. Depois de obter a cátedra de química, viajou para a Europa, e durante o tempo em

que lá permaneceu (1874-1876) enviou à Congregação da Faculdade quatro relatórios contendo inventário arguto dos progressos em curso na química, biologia e medicina. Os relatórios municiaram a reforma do ensino médico no Rio de Janeiro (1880-1889): ênfase na ciência experimental e no ensino prático em laboratório (Edler, 1996, pp. 284-299; Edler, 1992; Santos Filho, 1991). Dos vários laboratórios criados então, o que deu a floração experimental mais exuberante foi o de Freire.

17. Os comissários-vacinadores que atuavam nos municípios da Bahia foram demitidos pelo presidente daquela província depois que o legislativo local suprimiu a respectiva verba, alegando que o serviço era da competência do governo central. Os protestos da Junta Central de Higiene Pública não foram acatados pelo ministro do Império, Francisco Antunes Maciel. Em 4 de outubro de 1883, os integrantes da Junta demitiram-se. Em 8 de outubro, Domingos José Freire assumiu a presidência de uma nova Junta.

18. As tentativas feitas por Pasteur, em 1881, para identificar o micróbio da febre amarela foram malsucedidas, como mostra Vallery-Radot (1951). Igualmente frustrados foram os esforços feitos por D. Pedro II para trazê-lo ao Brasil para decifrar a etiologia e prevenção da doença. As cartas reproduzidas por Vallery--Radot (1930, pp. 397-411) e outras encontram-se no Museu Imperial, Setor de Documentação e Referência, Arquivo da Casa Imperial (Petrópolis). Sobre a história da vacina antivariólica no Brasil, ver Fernandes (1999).

19. A comunicação lida em 7.9. intitulava-se "Vaccination avec la culture atténuée du microbe de la fièvre jaune". Foi resumida em *Medical News* (17/9/1887, v. 51, pp. 330-334), no *Jornal do Commercio*, *O Paiz* e *Gazeta de Noticias* (22-23 ago. 1899) e *Brazil-Medico* (n. 33, 1º set. 1899, p. 319). Freire escreveu mais de uma centena de trabalhos sobre química, medicina e saúde pública, sob a forma de relatórios, compêndios, livros, monografias e comunicações.

20. Lacerda relata parte de sua trajetória na instituição em *Fastos do Museu Nacional* (1905). A biobibliografia publicada pelo Museu Nacional em 1951 omite completamente os trabalhos sobre febre amarela e bacteriologia, que são analisados em Benchimol (1999).

21. A febre amarela é causada por um *arbovírus*, do gênero *Flavivirus* (Veronesi, 1991, pp. 174-182). No homem, apresenta várias manifestações clínicas: febre alta, cefaleia, dores musculares, todos os sinais, enfim, de um quadro infeccioso agudo que logo compromete o aparelho digestivo. Após dois ou três dias, se a doença não regrediu, os vômitos e dejeções tornam-se sanguinolentos, a icterícia

acentua-se, a dor abdominal também; as hemorragias brotam das fossas nasais, das gengivas ou na pele. A diminuição da secreção urinária desencadeia a fase toxêmica, que evolui até o coma e a morte. Esses sintomas são resultado da replicação do vírus no organismo, após ser inoculado por mosquito do gênero *Aedes* ou *Haemagogus*. A etiologia viral só foi estabelecida em 1927, por três investigadores da Fundação Rockefeller – Adrian Stockes, Johannes A. Bauer e N. Paul Hudson – que infectaram macacos *Rhesus* (gênero *Macaca*) na África ocidental francesa. Em março de 1937, a Rockefeller começou a fabricar no *campus* do Instituto Oswaldo Cruz uma vacina feita com vírus cultivado em embrião de galinha, em uso até hoje (Benchimol, 2001).

22. Sobre Adolpho Lutz, ver Benchimol (2003, pp. 13-83); Benchimol; Sá (2004-2006). Medicina tropical é um tema já bem estudado, entre outros, por Worboys (1996, pp. 181-207) e, mais recentemente, Neill (2012).
23. "Consultas feitas pelo governo, em 1892, a profissionais estrangeiros, por intermédio dos respectivos representantes do Brasil na Europa, sobre o saneamento da cidade do Rio de Janeiro" (*Diário Oficial*, ano XXXVI, n. 41, 11/2/1897, pp. 690-691). Também em *JC* (12 fev. 1897, p. 2).
24. Os resultados de outros concorrentes, como Wolf Havelburg, Chapot Prévost, Johannes Paulser e João Batista de Lacerda, e as controvérsias suscitadas por esses trabalhos acham-se em Benchimol (1999, pp. 345-382). Nesse ambiente competitivo, o alinhamento mais conspícuo opunha Sanarelli e Freire, que em 1898 proferiu concorrida conferência na Faculdade de Medicina para contestar o italiano.
25. Congresso Nacional, *Annaes da Camara dos Deputados*, 1897, v. 1, pp. 354-357.
26. *Idem*, pp. 400-401.
27. Câmara dos Deputados. Documentos Parlamentares, 1978, pp. 303-307; Franco, 1973.
28. Paulo de Frontin foi nomeado engenheiro-chefe da Comissão Construtora da Avenida Central por decreto do presidente da República de 21 nov. 1903. Presidente perpétuo do Clube de Engenharia, ex-diretor da Estrada de Ferro D. Pedro II, Frontin se tornara muito conhecido ao prover "água em seis dias" ao Rio de Janeiro em 1889, num verão seco e epidêmico. Por decreto de 10 nov. 1903, Rodrigues Alves regulamentou a Comissão Fiscal e Administrativa das Obras do Porto do Rio de Janeiro, compreendendo três divisões chefiadas por Luiz Rafael Vieira Souto, presidente da comissão, Manuel Maria de Car-

valho e Francisco Bicalho, integrante, com Aarão Reis, em 1897, da comissão construtora de Belo Horizonte, a nova capital do Estado de Minas Gerais (Franco, *op. cit.*, v. 1, pp. 320-60; Lamarão, 1991, pp. 143-52).

29. Essa região, já degradada, foi drasticamente modificada com as obras feitas em 2013-2016 para preparar a cidade para os Jogos Olímpicos do verão de 2016. Não há ainda, que eu saiba, análise histórico-social crítica desse processo. Uma leitura instrutiva é Cidades em transformação, livro organizado por Shluger; Danowski (2014).

30. Além de advogados, pessoal administrativo e operários, a comissão recrutou 23 engenheiros distribuídos em seções chefiadas por Henrique Couto Fernandes, José Clemente Gomes, José Valentim Dunham, Manuel da Silva Oliveira, Gabriel Denis Junqueira e Eugênio de Andrade Dodsworth. Frontin tinha poderes não só para organizar os projetos concernentes à avenida como para negociar desapropriações, vendas e permutas de terrenos, para comprar e vender materiais de construção ou demolição, para fixar salários, dirigir as obras feitas por administração direta ou fiscalizá-las quando realizadas por administração ou empreitada de terceiros.

31. De acordo com Santos (1966, p. 139), repetia-se "a prática adotada por Percier e Fontaine, para Napoleão, nos prédios da rua de Rivoli em Paris e também empregada na praça Vendôme, ou seja, a de se projetarem primeiro as fachadas e depois as plantas". Por mais de trinta anos, até o advento da arquitetura moderna, persistiu o conceito de que o arquiteto era um "desenhista de fachadas". Inscreveram-se 107 concorrentes – brasileiros, franceses, ingleses, italianos etc. – com 138 projetos, sendo classificados em 1º lugar Rafael Rebecchi; em 2º Adolfo Morales de los Rios; em 3º M. E. Hehl; em 4º e 5º Thomas Driendl e em 6º René Badra. Ver Museu Nacional de Belas-Artes (1982).

32. Município neutro durante o Império, a cidade de Rio de Janeiro tornou-se Distrito Federal no governo provisório. A Constituição de 24 fev. 1891 determinou que o legislativo definisse sua organização municipal. A Lei Orgânica do Distrito Federal, sancionada em 20 set. 1892, privava a cidade das franquias conferidas a outros municípios e estabelecia um regime de exceção, que incluía a nomeação do prefeito pelo presidente da República. Ver Santos (1945).

33. Boletim da Intendência Municipal da Capital Federal, jul. / set. 1903, pp. 32-33.

34. A comissão era presidida pelo desembargador Ataulfo Nápoles da Silva, da Liga contra a Tuberculose e um dos organizadores do serviço de assistência pública

no Rio. Seu relator era José Joaquim de Campos da Costa de Medeiros e Albuquerque, diretor-geral de Instrução Pública do governo municipal. Conhecido jornalista, membro fundador da Academia Brasileira de Letras, participara das campanhas abolicionista e republicana, fora deputado federal por Pernambuco, exercia, então, novo mandato pelo Distrito Federal e seria, depois, senador. Da comissão faziam parte ainda Artur Índio do Brasil, engenheiro, deputado e, depois, senador; Milcíades Mário de Sá Freire, ex-intendente municipal (1892), deputado federal pelo Distrito Federal (1898-1909), um dos adversários políticos de Passos (seria depois prefeito da cidade); Felipe Meyer, médico e delegado de saúde pública; José Jerônimo Azevedo Lima, médico, diretor do Hospital dos Lázaros e presidente da Liga contra a Tuberculose; e Everardo Backheuser, secretário da comissão, engenheiro civil, inspetor da Diretoria Municipal de Obras.

35. A transmissão da filária pelo *Culex*, do hematozoário da febre do Texas por carrapatos e do protozoário da nagana, outra doença de bovinos e equinos, pela mosca tsé-tsé fora divulgada no Brasil antes da descoberta de Ross e Grassi, em 1897. Em 1898, lia-se nos jornais que os insetos disseminavam os micróbios do carbúnculo, da oftalmia do Egito, do botão de Biskra, do piã (a bouba) e do mormo. Yersin teria verificado que moscas mortas carregavam o bacilo da peste e podiam, portanto, infectar as águas de beber. E Joly confirmara que depositavam os bacilos da tuberculose nos alimentos e bebidas, carregando-os consigo mesmo depois de mortas e dessecadas, ideia já sustentada por Utinguassú e Araújo Goes, na Academia de Medicina, em outubro de 1885. Na conferência de Montevidéu, Sanarelli (1897) formulou a hipótese de que existia um mofo com poder "específico" de estimular o desenvolvimento das colônias do bacilo icteroide. Lacerda (1900) apresentou então o *Aspergillus icteroide*: seus esporos seriam as "muletas" com que o bacilo da febre amarela deixava as atmosferas confinadas para proliferar a distância. Ao mecanismo de propagação acrescentou, em seguida, as moscas, por haver encontrado suas dejeções misturadas às colônias de bolor e bacilos (Benchimol, 1999, pp. 396-400). Sobre o papel das moscas e dos micróbios no imaginário da população americana, ver Tomes (1998).
36. Sobre a história da medicina tropical, ver, entre outros, Farley (1991), Worboys (1996) e Foster (1965).
37. A febre amarela foi relacionada a um protozoário semelhante ao da malária e a uma bactéria (*Leptospira icteroides*) antes de ser demonstrada a etiologia

viral em 1928, na África ocidental. A esse respeito ver Benchimol (2011, pp. 199-338).
38. Em 1892, a Lei Orgânica do Distrito Federal transferira os serviços de higiene para a municipalidade, sem prover os recursos para o seu custeio. Em junho de 1902, o governo federal avocara a profilaxia de defesa, ficando a Diretoria Geral de Higiene e Assistência Pública, da Prefeitura, encarregada da chamada higiene de agressão (polícia e vigilância sanitárias), além da vacinação antivariólica.
39. Sobre esses equipamentos urbanos ligados à saúde pública ver Benchimol, 1990; Benchimol (2016, pp. 39-54).
40. Bilac, Olavo. "Crônica". *Gazeta de Notícias*. Rio de Janeiro, 20 nov. 1904. p. 1.

Bibliografia

Abreu, Mauricio de A. 1987. *Evolução urbana do Rio de Janeiro*, Rio de Janeiro: Iplanrio/Zahar.
Ackerknecht, Erwin H. 1948. "Anticontagionism between 1821 and 1867". *Bulletin of the History of Medicine*, 22:562-593.
_____.1986. *La Médecine Hospitalière à Paris, 1794-1848*. Paris: Payot.
Albuquerque, Marli Brito; Benchimol, Jaime Larry; Pires, Fernando Antonio; Santos, Ricardo Augusto dos; Thielen, Eduardo Vilela; Weltman, Wanda Latmann. 1991. *A ciência a caminho da roça*: imagens das expedições científicas do Instituto Oswaldo Cruz ao interior do Brasil entre 1911 e 1913. Rio de Janeiro: Fiocruz / Casa de Oswaldo Cruz.
Almeida, Marta de. 2003. *República dos invisíveis*: Emílio Ribas, microbiologia e saúde pública em São Paulo, 1898-1917. Bragança Paulista, Editora Universitária São Francisco.
Andrade, Nuno. 1902. "A profilaxia da febre amarela", *Revista Médica de S. Paulo*, pp. 319-325.
Ataíde, Raimundo A de. /s.d./ [c. 1940]. *Pereira Passos, o reformador do Rio de Janeiro*: Biografia e história. Rio de Janeiro: A Noite.
Backheuser, Everardo. 1906. *Habitações populares*. Rio de Janeiro: Imprensa Nacional.
Benchimol, Jaime L. (coord.). 1990. *Manguinhos do sonho à vida*: a ciência na *Belle Époque*. Rio de Janeiro: Fundação Oswaldo Cruz.

_____. 2003. "Adolpho Lutz: um estudo biográfico", *história, ciências, saúde* – Manguinhos, v. 10, n. 1, pp. 13-83.

_____. Mai.-ago. 2010. "Bacteriologia e medicina tropical britânicas: uma incursão a partir da Amazônia (1900-1901)". *Boletim Museu Paraense Emílio Goeldi*. Ciências Humanas. Belém, v. 5, n. 2, pp. 315-344.

_____. 2011. "Hideyo Noguchi e a Fundação Rockefeller na campanha internacional contra a febre amarela (1918-1928)". In Bastos, Cristiana; Barreto, Renilda (orgs.). *Impérios, centros e províncias:* a circulação do conhecimento médico (cap. XVIII), pp. 199 a 338. Lisboa, Imprensa de Ciências Sociais, série digital.

_____. 2016. "Arquitectura y Microbiología en los Tiempos de Oswaldo Cruz". In Servín, María Lilia González (coord.). *Registro del Sistema Arquitectónico de Pabellones en Hospitales de América Latina*. México, Universidad Nacional Autónoma de México, 2016, v. 2, pp. 39-54.

_____. 2001. (coord.). *Febre amarela*: a doença e a vacina, uma história inacabada. Rio de Janeiro: Fiocruz.

_____. 1999. *Dos micróbios aos mosquitos*: febre amarela e a revolução pasteuriana no Brasil. Rio de Janeiro: Fiocruz/UFRJ.

_____. 1992. *Pereira Passos*: um Haussmann tropical. Rio de Janeiro: Secretaria Municipal de Cultura, Turismo e Esportes-Divisão de Editoração. (Biblioteca Cultural, v. 11).

Benchimol, Jaime L.; Sá, Magali Romero (ed.). 2004-2006. *Adolpho Lutz, Obra completa*. Rio de Janeiro: Fiocruz, 3 v.

_____. 2005. "Insetos, humanos e doenças: Adolpho Lutz e a medicina tropical". In Benchimol, Jaime L.; Sá, Magali Romero (org.). *Adolpho Lutz, Obra Completa*, v. II, liv. 1: *Febre amarela, malária & protozoologia*. Yellow Fever, Malaria & Protozoology. Rio de Janeiro: Fiocruz, 2005, pp. 43-244.

Brito, Nara Azevedo. Mar.-jun. 1997. "La Dansarina: a gripe espanhola e o cotidiano na cidade do Rio de Janeiro". *História, ciências, saúde* – Manguinhos, v. IV. Rio de Janeiro: Fiocruz, pp. 11-30.

Caldeira, Jorge. 1995. *Mauá, empresário do Império*. São Paulo: Companhia das Letras.

Câmara dos Deputados. 1978. "Documentos Parlamentares – 9". *Mensagens Presidenciais. 1890-1910*. Centro de Documentação e Informação. Brasília.

Cano, Wilson. 1977. *Raízes da concentração industrial em São Paulo*. São Paulo: Difel.

Carone, Edgar. 1971. *A República Velha – II (Evolução política)*. São Paulo: Difel.

Carreta, Jorge Augusto. Jul.-set. 2011. Oswaldo Cruz e a controvérsia da sorologia. *História, ciências, saúde* – Manguinhos, Rio de Janeiro, v. 18, n. 3, pp. 677-700.

Carvalho, José Murilo de. 1987. *Os bestializados:* o Rio de Janeiro e a República que não foi. São Paulo: Companhia das Letras.

Carvalho, Lia de Aquino. 1986. *Contribuição ao estudo das habitações populares.* Rio de Janeiro 1886-1906. Rio de Janeiro: Secretaria Municipal de Cultura--Departamento Geral de Documentação e Informação Cultural (Biblioteca Cultural, v. 1).

Chiavari, Maria Pace. 1985. "As transformações urbanas do século XIX". In Del Brenna, Giovanna Rosso (org.). *O Rio de Janeiro de Pereira Passos:* uma cidade em questão II. Rio de Janeiro: Index.

Costa, Jurandyr Freire. 1979. *Ordem médica e norma familiar.* Rio de Janeiro: Graal.

Crosby, Alfred W. 1989. *America's Forgotten Pandemic.* The Influenza of 1918. Cambridge: Cambridge University Press.

Cukierman, Henrique Luiz. 2007. *Yes, nós temos Pasteur.* Manguinhos, Oswaldo Cruz e a história da ciência no Brasil. Rio de Janeiro: Relume Dumará/Faperj.

Delaporte, François. 1989. *Histoire de la fièvre jaune.* Paris: Payot.

Del Brenna, Giovanna Rosso (org.). 1985. *O Rio de Janeiro de Pereira Passos:* uma cidade em questão II. Rio de Janeiro: Index.

Duby, Georges (org.). 1983. *Histoire de la France Urbaine:* La Ville de l'Âge Industriel. Paris: Éditions du Seuil. Tome 4.

Edmundo, Luís. 1938. *O Rio de Janeiro do meu tempo.* Rio de Janeiro: Imprensa Nacional. 3 v.

Fausto, Boris. 1976. *Trabalho urbano e conflito social (1890-1920).* Rio de Janeiro/São Paulo: Difel.

Fernandes, Tânia. 1999. "Vacina antivariólica: seu primeiro século no Brasil (da vacina jeneriana à animal)". *História, ciências, saúde* – Manguinhos, v. VI, n. 2.

Ferreira, Luiz Otávio. 1996. "O nascimento de uma instituição científica: o periódico médico brasileiro da primeira metade do século XIX". Tese de doutorado em História na FFLCH-USP, São Paulo.

Ferreira, Luiz Otávio. Jul-out. 1999. "Os periódicos médicos e a criação de uma agenda sanitária para o Brasil, 1827-1843". *História, ciências, saúde* – Manguinhos, v. 6, n. 2.

Ferrez, Marc. 1983. *O álbum da avenida Central:* um documento fotográfico da construção da avenida Rio Branco, Rio de Janeiro, 1903-1906. Introdução de Gilberto Ferrez e estudo de Paulo F. Santos. São Paulo: Ex Libris / João Fortes Engenharia.

Foucault, Michel. 1977. *O nascimento da clínica*. Rio de Janeiro: Forense Universitária.

Franco, Afonso Arinos de Melo. 1973. *Rodrigues Alves*. Rio de Janeiro: José Olympio. 2 v.

Franco, Odair. 1969. *História da febre amarela no Brasil*. Rio de Janeiro: Ministério da Saúde.

Georgelette, F. A. 1909. *Le Port de Rio de Janeiro*. Anvers: Imprimerie Ch. Tibaut.

Hahner, June E. may 1976. "Jacobinos versus Galegos: Urban Radicals Versus Portugueses Immigrants in Rio de Janeiro in the 1890's". In *Journal of Interamerican Studies and World Affairs*, 18 (2).

Hochman, Gilberto. 1998. *A era do saneamento*: as bases da política de saúde pública no Brasil. São Paulo: Hucitec/Anpocs.

Lamarão, Sérgio Tadeu de Niemeyer. 1991. *Dos trapiches ao porto*. Rio de Janeiro: Secretaria Municipal de Cultura, Turismo e Esportes-Departamento Geral de Documentação e Informação Cultural-Divisão de Editoração (Biblioteca Carioca), pp. 143-152.

Latour, Bruno. 1984. *Les Microbes:* Guerre et Paix Suivi de Irréductions. Paris: Editions A. M. Métailié. (Collection Pandore).

Lima, Evelyn Furkim Werneck. 1990. *Avenida Presidente Vargas*: uma drástica cirurgia. Rio de Janeiro: Secretaria Municipal de Cultura, Turismo e Esportes--Departamento Geral de Documentação e Informação Cultural.

Lima, Nísia Trindade. 1999. *Um sertão chamado Brasil*. Rio de Janeiro: Iuperj/UCAM

Lobo, Eulalia Maria Lahmeyer. 1978. *História do Rio de Janeiro (do capital comercial ao capital industrial e financeiro)*. Rio de Janeiro: Ibmec. 2 v.

Löwy, Ilana. 1991. "La Mission de l'Institut Pasteur à Rio de Janeiro: 1901-1905". In Morange, Michel. *L'Institut Pasteur, contribution à son histoire*. Paris: La Découverte, pp. 195-279.

Machado, Roberto *et al*. 1978. *Danação da norma*: medicina social e constituição da psiquiatria no Brasil. Rio de Janeiro: Graal.

McDowall, Duncan L. 2008. *A Light. A história de uma empresa que modernizou o Brasil*. Rio de Janeiro, Ediouro.

Meade, Teresa. 1986. "Civilizing Rio de Janeiro: the Public Health Campaign and the Riot of 1904." *Journal of Social History*, v. 20, n. 2.

_____. 1984. "Community Protest in Rio de Janeiro, Brazil, During the First Republic, 1890-1917." Tese de Ph.D., Rutgers University.

Mehly, J. C. S.; Bertolli Filho, C. 1990. "História social da saúde: opinião pública e poder." *A campanha da vacina de 1904*. São Paulo: Estudos Cedhal, 5.

Morse, Richard M. 1970. *Formação histórica de São Paulo*. São Paulo: Difel.

Moura, Roberto. 1983. *Tia Ciata e a pequena África no Rio de Janeiro*. Rio de Janeiro: Funarte.

Museu Nacional de Belas Artes. 1982. *Registro fotográfico de Marc Ferrez da construção da Av. Rio Branco, 1903-1906*. Texto de Paulo Santos; Gilberto Ferrez et al. Rio de Janeiro: Museu Nacional de Belas-Artes.

Nascimento, Dilene Raimundo do; Silva, Matheus Alves Duarte da. 2013. "Não é meu intuito estabelecer polêmica": a chegada da peste ao Brasil, análise de uma controvérsia, 1899". *História, ciências, saúde-Manguinhos*, v. 20, suppl.1, pp. 1271-1285.

Needell, Jeffrey D. 1993. *Belle époque tropical*. São Paulo: Companhia das Letras.

Portugal, Aureliano. 1906. *Discurso proferido a 24 de fevereiro de 1906 no jardim da Praça da Glória por ocasião de se inaugurar a fonte artística oferecida à cidade do Rio de Janeiro pelos industriais portuenses Srs. Adriano Ramos Pinto & Irmãos*. Rio de Janeiro: Typ. da Gazeta de Notícias.

Neill, Deborah J. 2012. *Networks in Tropical Medicine*: Internationalism, Colonialism and the Rise of a Medical Specialty, 1890-1930. Stanford: Stanford University Press.

Rangel, Alfredo Américo de Souza. 1904. "Os melhoramentos do Rio". *Renascença*, ano I, n. 6.

Reis, José de Oliveira. 1977. *O Rio de Janeiro e seus prefeitos* – evolução urbanística da cidade. Rio de Janeiro: Prefeitura da Cidade do Rio de Janeiro.

Rocha, Oswaldo Porto. 1986. *A era das demolições*. Cidade do Rio de Janeiro: 1870-1920. Rio de Janeiro: Secretaria Municipal de Cultura-Departamento Geral de Documentação e Informação Cultural. (Biblioteca Cultural, v. 1).

Rodrigues, Cláudia. 1997. *Lugares de mortos na cidade dos vivos*. Rio de Janeiro: Secretaria Municipal de Cultura, Turismo e Esportes-Departamento Geral de Documentação e Informação Cultural.

Rosen, George. 1994. *Uma história da saúde pública*. São Paulo: Hucitec/Unesp/Abrasco.

Santos, Myrian Sepúlveda dos. 2007. "Lazareto da Ilha Grande: isolamento, aprisionamento e vigilância nas áreas de saúde e política (1884-1942)".

História, ciências, saúde – Manguinhos, Rio de Janeiro, v. 14, n. 4, pp. 1173-1196, out. / dez.

Salomon-Bayet, Claire (org.). 1986. *Pasteur et la Revolution Pastoriene*. Paris: Payot.

Santos, Noronha. 1945. *Esboço histórico acerca da organização municipal e dos prefeitos do Distrito Federal*. Rio de Janeiro: Oficinas Gráficas do Globo.

Santos, Paulo F. 1966. "Quatro séculos de arquitetura na cidade do Rio de Janeiro". In Universidade do Brasil. *Quatro séculos de cultura*: o Rio de Janeiro estudado por 23 professores. Rio de Janeiro: Universidade do Brasil.

Scobie, James R. 1977. *Buenos Aires, del centro a los barrios, 1870-1910*. Buenos Aires: Solar.

Sevcenko, Nicolau. 1993. *A Revolta da Vacina*. São Paulo: Scipione.

_____. 1983. *Literatura como missão*: tensões sociais e criação cultural na Primeira República. São Paulo: Brasiliense.

_____. 1992. *Orfeu extático na metrópole*: São Paulo sociedade e cultura nos frementes anos 20. São Paulo: Companhia das Letras.

Shluger, Ephim; Danowski, Miriam (eds.). 2014. *Cidades em transformação*. Rio de Janeiro, Edições de Janeiro.

Soper, Fred L. *et al.* 1933. "Yellow Fever Without *Aedes aegypti*. Study of a Rural Epidemic in the Valle do Chanaan, Espírito Santo, 1932". *American Journal of Hygiene*. Landcaster, v. 18.

Souza, Francisco Belisário Soares de. 1882. *Notas de um viajante brasileiro*. Rio de Janeiro: B. L. Garnier.

Stepan, Nancy. 1976. *Gênese e evolução da ciência brasileira*. Rio de Janeiro: Artenova.

_____. 1978. "The Interplay Between Socio-Economic Factors and Medical Science: Yellow Fever Research, Cuba and the United States". *Social Studies of Science*, Londres, v. 8, pp. 397-423.

Taunay, Visconde de. 1923. *O encilhamento*: cenas contemporâneas da bolsa do Rio de Janeiro em 1890, 1891 e 1892. São Paulo: Melhoramentos.

Vaz, Lilian Fessler; Cardoso, Elizabeth Dezouzart. 1985. "Obras de melhoramentos no Rio de Janeiro: um debate antigo e um privilégio concorrido". In Del Brenna, Giovanna Rosso (org.). *O Rio de Janeiro de Pereira Passos*: uma cidade em questão II. Rio de Janeiro: Index.

Veronesi, Ricardo. 1991. *Doenças infecciosas e parasitárias*. Rio de Janeiro: Guanabara Koogan.

Vieira, José. s.d. *O bota-abaixo*: crônica de 1904. Rio de Janeiro: Selma.
Weid, Elisabeth von der. 2003. "A reforma urbana e a Light: uma revolução na cidade. Rio de Janeiro – início do século XX". *História econômica & história de empresas*, v.1, pp. 65-85.
Worboys, Michael. 1996. "Germs, Malaria and the Invention of Mansonian Tropical Medicine: Diseases in the Tropics to Tropical Diseases". In Arnold, David (ed.). *Warm Climates and Western Medicine*: the Emergence of Tropical Medicine 1500-1900. Amsterdam: Rodopi, pp.181-207.

8. Política externa na Primeira República: entre continuidades e mudanças

*Francisco Doratioto**

O Império do Brasil teve uma política externa com objetivos definidos na segunda metade da década de 1840: a contenção no Rio da Prata da influência argentina, na realidade de Buenos Aires, que lutava por construir um Estado nacional centralizado em torno de si; a garantia da livre navegação para navios brasileiros no estuário platino e nos rios Paraná, Paraguai e Uruguai; o uso do critério do *uti possidetis* na definição de fronteiras; a proteção da Amazônia contra a presença das grandes potências e, nas relações com estas, a não subordinação ou o alinhamento incondicional. Os países vizinhos eram vistos como ameaça potencial pela elite dirigente do Estado monárquico e, a partir da década de 1870, a crescente – mas débil – oposição republicana criticava essa política no Manifesto Republicano ao afirmar: "Somos da América e queremos ser republicanos." Nesse documento, a forma monárquica de governo do Brasil era classificada como "hostil ao direito e aos interesses dos Estados americanos", constituindo-se "forçosamente" em "fonte perpétua da hostilidade e das guerras com os povos que nos rodeiam". O manifesto afirmava que, perante a Europa, o Brasil era visto como uma "democracia monárquica", que não inspirava simpatias, enquanto para a América o Império era tido como uma "democracia monarquizada", na qual predominava "o arbítrio e a onipotência do soberano". Como consequência, afirmavam os signatários desse documento, que

---

* Professor Associado do departamento de História da Universidade de Brasília.

"(...) pode o Brasil considerar-se um país isolado, não só no seio da América, mas no seio do mundo. O nosso esforço dirige-se a suprimir este estado de cousas, pondo-nos em contato fraternal com todos os povos e em solidariedade democrática com o continente [de] que fazemos parte."[1]

A derrubada do Estado Monárquico, em 15 de novembro de 1889, era a oportunidade de implementar esses ideais. A realidade, porém, mostrou-se mais complexa, como se verá nas próximas páginas.

Idealismo, incertezas e busca de rumos (1889-1902)

Nos primeiros anos da República brasileira, na "República da Espada", a política externa foi caracterizada pela ingenuidade idealista do governo Deodoro da Fonseca e pela incerteza na administração de Floriano Peixoto. Uma das primeiras medidas com repercussão externa do novo governo foi a nacionalização praticamente forçada dos estrangeiros residentes no Brasil. Estes, conforme determinado por ato do novo governo de 14 de dezembro de 1889, deveriam manifestar-se por escrito caso não desejassem ser brasileiros. No entanto, boa parte deles era composta de camponeses analfabetos, sem condição de recusar tal medida, tendo sido esta, portanto, motivo de protestos de vários países europeus. O governo provisório, porém, priorizava a solução de dois outros assuntos: a execução do tratado assinado entre o Império e a Argentina, em 7 de setembro de 1889, para resolver, por meio de arbitragem, a soberania sobre o território litigioso de Palmas e a participação brasileira na Conferência de Washington, que foi chamada, posteriormente, de I Conferência Pan-Americana.

A Conferência de Washington foi convocada pelo governo dos Estados Unidos e iniciada em outubro de 1889, com a presença dos países do nosso continente. A diplomacia norte-americana tinha como objetivos nesse encontro construir uma união aduaneira continental; adotar o dólar como moeda comum, facilitadora do comércio no continente; e tornar obrigatório o arbitramento de divergências entre países das Américas, tendo o governo norte-americano como árbitro.

Uma vez alcançados esses objetivos, os Estados Unidos liderariam política e economicamente o continente americano, substituindo os países europeus, particularmente a Grã-Bretanha. A delegação que o Império do Brasil enviou à conferência tinha instruções de ser cautelosa com as propostas norte-americanas, de modo a evitar que a aproximação com os Estados Unidos fosse feita à custa das relações do Brasil com a Europa. O governo provisório de Deodoro da Fonseca, porém, instruiu os delegados brasileiros a aceitarem o arbitramento obrigatório e a darem "espírito americano" às instruções anteriores, sem explicar o que isso significava. Essa mudança levou o chefe da delegação brasileira, Lafayette Rodrigues Pereira, a demitir-se, sendo substituído por Salvador de Mendonça, um dos signatários do Manifesto Republicano de 1870. As propostas norte-americanas não se impuseram, porém, graças principalmente à resistência da Argentina, país estreitamente vinculado à Grã-Bretanha.

Essa nova postura de alinhamento com os Estados Unidos foi ratificada em 31 de janeiro de 1891, quando Salvador de Mendonça assinou com James Blaine, secretário de Estado, um convênio aduaneiro, o Tratado de Reciprocidade, num momento em que a diplomacia do Segundo Reinado se recusava a fazer semelhante acordo com qualquer país. Por esse tratado, uma grande quantidade de produtos norte-americanos, basicamente manufaturados, ficou isenta de taxas de importação nas alfândegas brasileiras, enquanto os Estados Unidos liberaram a isenção alfandegária apenas para couro, açúcar, melado e café brasileiros. Na realidade, o café não tinha fornecedores concorrentes e o interesse real do Brasil concentrava-se na liberação de taxas de importação sobre o açúcar, de modo a estimular a economia do Nordeste.

Essa desproporção da quantidade de produtos norte-americanos e brasileiros beneficiados por isenção de taxas de importação causou oposição ao Tratado de 1891 no Brasil. No entanto, seus desdobramentos comerciais foram positivos para o país, que manteve uma balança comercial superavitária com os Estados Unidos e, mais, a isenção alfandegária dada aos produtos norte-americanos baratera os produtos para o consumidor brasileiro, em um momento em que este enfrentava preços inflacionados. Mesmo a concorrência com o açúcar cubano, liberado pelos Estados Unidos logo depois da assinatura do Tratado de Reciprocidade, não comprometeu as exportações desse produto brasileiro para o mercado norte-americano. As exportações do açúcar brasileiro para os EUA aumentaram, até 1892, de 71.261 para 115.185 toneladas. No comércio bilateral, entre 1890 e 1893, os Estados Unidos ampliaram suas importações de mercadorias brasileiras em 17 milhões de dólares, enquanto o Brasil comprou apenas 500 mil dólares a mais de produtos norte-americanos.[2]

Em 1892, o Congresso norte-americano colocou-se contra os tratados de reciprocidade, pois seu objetivo maior, que era o de conter a importação de produtos de países europeus, fracassara. Estes, porém, reagiram inesperadamente e retaliaram erguendo barreiras à importação de produtos norte-americanos. Em 1894, o governo norte-americano promulgou nova lei aduaneira, a qual taxava o açúcar brasileiro em 40% *ad valorem*. Como resultado, o governo brasileiro denunciou o Tratado de 1891, que deixou de vigorar em 31 de dezembro de 1894.

Já quanto ao Rio da Prata, o Império do Brasil agiu para conter a influência de Buenos Aires na região e garantir a independência do Paraguai e do Uruguai como forma de evitar o surgimento de uma grande república ao sul. Esta poderia ameaçar a livre navegação dos rios Paraguai e Paraná, vital para o acesso regular do Rio de Janeiro à distante província de Mato Grosso, a qual era praticamente inacessível por terra ao Sul e Sudeste do Brasil, e assim permaneceu até o início do século XX. Uma forte república ao sul, bem-sucedida, também era vista pelos defensores do Estado monárquico brasileiro como potencial ameaça, quer militar, quer como um exemplo para o desenvolvimento do sentimento republicano no Brasil.

No início da República brasileira, predominou o idealismo de que havia uma irmandade republicana da qual o Brasil passava a fazer parte. Daí, o governo provisório de Deodoro da Fonseca aceitar a proposta argentina de dividir o território litigioso de Palmas, o que foi feito por tratado assinado por Quintino Bocaiúva e pelo representante argentino Estanislao Zeballos, em 25 de janeiro de 1890. Esse tratado foi rejeitado pela Câmara dos Deputados e a questão foi, então, para a arbitragem internacional, do presidente dos EUA. Com a morte de Francisco Xavier da Costa Aguiar de Andrada, chefe da missão encarregada de defender a posição brasileira junto ao presidente Cleveland, substituiu-o, em 1893, José Maria da Silva Paranhos Júnior, o barão do Rio Branco. Ele era estudioso da História do

Brasil e há quase duas décadas estava afastado do país, trabalhando como cônsul em Liverpool e, com a República, também ocupando o cargo de Superintendente Geral de Imigração na Europa.

À frente da equipe que trabalhara com seu antecessor, Rio Branco obteve o reconhecimento da soberania brasileira sobre todo o território litigioso. Tal resultado projetou seu nome no Brasil pois, até então, era uma figura obscura para a população, conhecido unicamente por ser filho do visconde do Rio Branco, um dos grandes nomes do Partido Conservador no Império do Brasil.

Ao suceder a Deodoro da Fonseca na presidência, Floriano Peixoto substituiu o idealismo republicano inicial pelo pragmatismo, mas as decisões quanto à política externa, assim como a interna, ficaram concentradas na sua mão. Afinal, a legalidade de seu governo foi contestada pelas armas e Floriano impôs-se pelo uso da força não apenas contra rebeldes, mas, também, contra os que ele considerava opositores políticos. A carreira política de Floriano foi construída sob a convicção, nos meios políticos e militares do Rio de Janeiro, de que a Argentina faria a guerra ao Brasil. Em 1894, ele atuou de acordo com a diretriz da diplomacia imperial de conter Buenos Aires e incentivou, até mesmo com apoio financeiro, um golpe de Estado no Paraguai. Este foi dado para evitar a eleição, para o cargo de presidente da República, de José Segundo Decoud, injustamente suspeito de querer anexar o Paraguai à Argentina (Doratioto, 2014, p. 36).

Se a intervenção nos assuntos paraguaios era um retorno à diplomacia do Brasil Império, tinha significado oposto o recurso de Floriano ao apoio externo para manter-se no poder, pois o Estado monárquico não fizera isso para conter as rebeliões provinciais contra o poder central. Para enfrentar a Revolta da Armada, iniciada em outubro de 1892, Floriano obteve apoio militar do governo norte-americano, o qual, anteriormente, recusara-se a reconhecer os revoltosos como parte beligerante. A esquadra norte-americana fundeada na baía de Guanabara rompeu o bloqueio do porto do Rio de Janeiro pelos navios rebeldes, e os representantes diplomáticos dos Estados Unidos, da Grã-Bretanha, da Itália, de Portugal e da França comunicaram aos rebeldes que, na defesa de seus cidadãos que viviam na capital brasileira, os navios de guerra de seus países que se encontravam diante dela se oporiam a qualquer ação armada dos rebeldes contra a cidade. Com isso, os rebeldes não poderiam usar sua superioridade militar para depor Floriano, embora ele devesse preocupar-se com a Revolução Federalista, iniciada no Rio Grande do Sul e que seguia em direção a Curitiba.

Em um contexto de forte sentimento antiestrangeiro existente no Rio de Janeiro, principalmente contra portugueses, em 13 de maio de 1894, Floriano rompeu relações diplomáticas com Portugal. O motivo foi que 493 revoltosos da Armada se asilaram em duas corvetas portuguesas, no que foi visto pelo governo brasileiro como um ato de proteção a eles. Sem condições de navegarem até Lisboa, as duas belonaves portuguesas tiveram autorização das autoridades brasileiras para desembarcarem os rebeldes no Rio da Prata, mas 254 deles fugiram no Sul e parte se juntou aos federalistas.

Em 1894 a oligarquia agrária chegou ao poder, com a eleição a presidente de Prudente de Morais, cafeicultor paulista que presidira o Senado Federal. Ele encontrou o país "envolto em uma crise, até então, sem precedentes", nas palavras de José Miguel Arias Neto, no capítulo 6 deste livro, mergulhado em inflação galopante, conflitos internos e desafios externos. A prioridade de seu governo foi a política interna, em razão da ameaça representada pelos nostálgicos da ditadura de Floriano; da continuidade da Revolta Federalista, terminada em 1895; e pela dificuldade em pôr fim à rebelião de Canudos (1896-1897). No plano externo, a ilha brasileira de Trindade, a 1.140 quilômetros da costa brasileira, foi ocupada pela tripulação de um navio de guerra britânico em janeiro de 1895. O *Financial News* noticiou a incorporação desse território ao Império britânico. A questão era complicada, pois além da agitação da oposição florianista em torno dela, a ocupação acontecia quando havia litígio territorial entre o Brasil e a Grã-Bretanha ao norte, pela região de Pirara, e quando a diplomacia brasileira também era pressionada pelas pretensões da França sobre o Amapá. Após recusa, por parte do Brasil, de arbitramento sobre a posse de Trindade, a mediação de Portugal levou a Grã-Bretanha a se retirar da ilha e reconhecer a soberania brasileira sobre ela.

A França, por sua vez, buscava estender o território de sua colônia ao norte até as margens do rio Amazonas. Apesar dos documentos diplomáticos favoráveis ao Brasil, os adeptos do expansionismo francês pressionavam, em Paris, para a ocupação militar do Amapá, enquanto comissões científicas francesas enviadas à Guiana reforçavam os pretensos direitos franceses sobre aquele território. Em 1894, a situação agravou-se com a descoberta de ouro nas cabeceiras do rio Calçoene, e em 1896 os governos brasileiro e francês concordaram em submeter o litígio à arbitragem internacional. No ano seguinte, definiu-se que o árbitro seria o presidente do Conselho Federal da Confederação Suíça.

O barão do Rio Branco foi nomeado para, à frente de uma equipe de diplomatas e estudiosos, fazer a defesa da posição brasileira perante o árbitro. Em duas "Memórias" apresentadas ao árbitro, Rio Branco sustentou, com base no Tratado de Utrecht (1713) e outras informações de caráter geográfico, que era do Brasil o território reivindicado pela França. A sentença do árbitro suíço, datada de 1º de dezembro de 1900, deu ganho de causa ao Brasil. Essa vitória diplomática de Rio Branco e sua distância física do Brasil fortaleceram ainda mais sua imagem junto à população brasileira, enquanto as demais figuras políticas do país tinham-na tido comprometido, de algum modo, nas lutas políticas, nas dificuldades econômicas e, mesmo, nos conflitos armados que caracterizaram a primeira década republicana. Rio Branco tornou-se, assim, o primeiro personagem reconhecido como um expoente pelos diferentes setores da sociedade brasileira do início do século XX. A primeira figura paradigmática da República brasileira era um monarquista convicto.

Em 1898, quando Campos Sales assumiu a Presidência da República, o Tesouro Nacional estava quebrado em razão da falta de controle de gastos públicos e, mais, daqueles que foram feitos pelo governo central para reprimir a Revolta da Armada, a Revolta Federalista e o movimento de Antonio Conselheiro em Canudos. A necessidade de recuperar as finanças públicas foi o fator determinante do governo Campos Sales, tanto que, mesmo antes de tomar posse, ele viajou para Londres, onde negociou a moratória da dívida externa com os credores internacionais, o chamado *funding loan*.

Desde o início da República, os principais focos de atenção da política externa brasileira eram os Estados Unidos e a Argentina. O governo Campos Sales manteve relações estreitas com esses dois países e, sobretudo com a Argentina, essas relações eram particularmente cordiais. Assim, em 1899 o Brasil recebeu a primeira visita do presidente argentino Julio Roca, a primeira realizada por um chefe de Estado estrangeiro. No Rio de Janeiro, Roca afirmou que não havia qualquer divergência entre o Brasil e a Argentina e defendeu uma "aliança moral" entre os dois países.[3] No ano seguinte, Campos Sales foi a Buenos Aires, reforçando o clima amistoso entre os dois países. Essas visitas não apresentaram resultados comerciais e, mesmo, normas brasileiras privilegiaram a importação de trigo norte-americano em detrimento do argentino. No entanto, elas criaram um clima de cordialidade entre os dois países e as condições políticas para uma ação coordenada entre ambos para evitar o agravamento das guerras civis no Uruguai e no Paraguai, que ocorreram na década seguinte.

Ao terminar seu mandato presidencial em 1902, Campos Sales deixou uma herança positiva de política externa, mas com duas delicadas questões internacionais a serem resolvidas. Uma delas era o litígio territorial com a Guiana Inglesa, com solução encaminhada de se fazer arbitragem internacional, e a outra era relacionada ao território, então boliviano, do Acre, em virtude de sua ocupação por seringueiros brasileiros e sua cessão ao *Bolivian Syndicate*.

O Acre foi definido como boliviano pelo Tratado de Limites de 1867, assinado entre o Império do Brasil e a Bolívia. Na ocasião, ficou definida como linha de fronteira aquela que seguisse do rio Beni, na sua confluência com o Madeira, até encontrar as nascentes do Javari. Definida por tratado, a fronteira não foi, porém, fixada com marcos físicos que materializassem onde começava um país e terminava o outro, o que facilitou a penetração de brasileiros no Acre para explorar o látex. O governo boliviano, por sua vez, não tinha recursos para se impor nessa região e, em 1899, Luis Gálvez Rodríguez de Arias declarou a independência do Acre e solicitou ao Brasil sua anexação. O governo Campos Sales recursou o pedido e ratificou que o Acre pertencia à Bolívia.[4]

Impotente para impor sua autoridade no Acre, o governo boliviano cedeu o território, por 30 anos, ao *Bolivian Syndicate*. Este era composto por especuladores ingleses e norte-americanos e recebeu praticamente a soberania do Acre mediante o pagamento anual de 40% dos lucros que o sindicato viesse a ter na sua exploração. O *Bolivian Syndicate* administraria o território com poder de polícia, podendo arrecadar impostos e manter tropas próprias; na prática essa empresa particular agiria como Estado. A opção pelo *Bolivian Syndicate* tinha um significado que ia além de suprir aquela impotência, fazendo parte, segundo o estudioso chileno Cristián

Garay Vera, da estratégia boliviana de obter apoio dos Estados Unidos no Amazonas contra o Brasil, no Pacífico contra o Chile e conseguir a sobrevivência política do Estado boliviano que estava seriamente ameaçada à época (Garay Vera, 2008, p. 356).

No início de 1902, antes que o *Syndicate* assumisse o Acre, o governo boliviano tentou cobrar impostos na região. Houve reação dos brasileiros, comandados por Plácido de Castro, que proclamaram a independência do território, o que levou o presidente José Manuel Pando a enviar tropas contra eles, quase simultaneamente à posse de Rio Branco como ministro das Relações Exteriores.

Rio Branco: Tradição e modernização

Há quase três décadas vivendo fora do Brasil, Rio Branco desembarcou em dezembro de 1902 no Rio de Janeiro e encontrou um país que recém-superara a instabilidade política e os problemas financeiros. Ainda assim, o país continuava fraco do ponto de vista militar e estava distante de seu rival no Rio da Prata, a Argentina, quer quanto à situação econômica, quer quanto à projeção internacional. No entanto, a estabilidade política, consolidada pelo modelo oligárquico construído por Campos Sales, e os recursos do Tesouro, oriundos do sucesso da agroexportação, criaram as condições para Rio Branco implementar uma ativa política externa. Esta recuperou valores da diplomacia do Império do Brasil e, ao mesmo tempo, construiu respostas para novos desafios externos. A popularidade do barão, bem como sua falta de ambição na política interna e as crescentes exigências técnicas no exercício da diplomacia fizeram com que fosse visto como alguém acima das disputas pelo poder e competente em uma área um tanto árida, o que lhe permitiu exercer o cargo de chanceler com grande autonomia, até sua morte, em 1912.

Esperavam-no dois temas urgentes no Itamaraty, que eram as questões da arbitragem internacional quanto ao litígio territorial com a Guiana Inglesa e a do Acre. No primeiro deles, "Questão do Pirara", Joaquim Nabuco fez a defesa da posição brasileira perante o árbitro Vítor Emanuel III. O resultado foi uma derrota parcial do Brasil, pois o rei italiano considerou que o território litigioso não estivera de posse nem de portugueses nem de brasileiros, mas também não aceitou os argumentos do governo britânico. Além disso, considerou ser impossível, por falta de informações geográficas, dividir igualmente os 30 mil quilômetros quadrados do território litigioso. Como consequência, Vítor Emanuel III arbitrou que os limites entre o Brasil e a Guiana era a divisão das águas até as fronteiras já existentes "de fato", o que beneficiou a Grã-Bretanha.

Quanto ao Acre, Rio Branco alterou a posição oficial brasileira. Ele interpretou o Tratado de 1867 e passou a defender como fronteira brasileiro--boliviana a linha Leste-Oeste no paralelo 10°20' e não a oblíqua, como os governos brasileiros haviam admitido. Com isso, o território acriano seria brasileiro e, assim, tornou-se litigioso não somente quanto à Bolívia, mas ainda quanto ao Peru, que também o reclamava.

Nessa questão e em outras durante sua gestão, Rio Branco atuava não por principismos ou apego a fórmulas jurídicas abstratas. Ele "empregou o instrumento militar quando foi preciso e dentro dos limites impostos pela fragilidade do aparato de defesa brasileiro" (Alsina Junior, 2015, p. 339). De fato, quando defendia a posição brasileira na Questão do Amapá, Rio Branco escreveu uma carta ao então chanceler Carlos de Carvalho em que afirmava: "Os meios persuasivos são, a meu ver, os únicos de que lança mão, para sair bem das negociações delicadas, uma nação como o Brasil, que ainda não dispõe de força suficiente para impor sua vontade a uma grande potência militar", como a França (Viana Filho, 1996, p. 221). O uso de "meios persuasivos" não era um princípio, e sim uma necessidade, tendo em vista a desproporção de forças entre o Brasil e a França.

Com a Bolívia não havia essa desproporção, e a iniciativa militar do presidente Pando contra os brasileiros no Acre foi respondida por Rio Branco com o envio de duas brigadas do Exército para ocuparem esse território. A partir dessa posição de força, ele buscou a solução diplomática para o litígio. O *Bolivian Syndicate*, cônscio de que não poderia exportar o látex pelo oceano Atlântico, pois o Brasil fechara os rios amazônicos para navegação de embarcações estrangeiras, aceitou a proposta de abrir mão de qualquer direito sobre o Acre. Em fevereiro de 1903, o *Syndicate* assinou acordo nesse sentido, mediante a indenização de 110 mil libras esterlinas pagas pelo governo brasileiro. Os aventureiros saíam com bom lucro, mas esse pagamento evitou que eles angariassem apoio de seus governos na busca de indenizações, o que dificultaria a solução da questão pelo Brasil.

Rio Branco negociou com a Bolívia o Acre recorrendo ao *uti possidetis* e oferecendo-lhe a quantia de 2 milhões de libras esterlinas e outras facilidades, como uma saída para o oceano Atlântico pela bacia do Amazonas, com a construção da ferrovia Madeira-Mamoré. Em 17 de novembro de 1903 foi assinado o Tratado de Petrópolis, pelo qual o Acre se tornou brasileiro, e foi necessário, então, negociar com o Peru. Entre 1902 e 1903, enquanto a diplomacia brasileira estava ocupada com a Bolívia, tropas peruanas ocuparam territórios habitados basicamente por brasileiros. Rio Branco recusou-se a negociar com o governo peruano enquanto essas tropas não se retirassem do alto Juruá e do alto Purus, regiões para as quais o Exército brasileiro enviou dois destacamentos. As relações brasileiro-peruanas tornaram-se tensas, mas, afinal, a situação foi definida em 1906, quando o governo peruano aceitou a proposta de receber uma área entre os rios Curanja, Santa Rosa e Purus. Pelo Tratado de Limites entre os dois países, assinado em 8 de setembro de 1909, o Brasil confirmou sua posse de 152 mil quilômetros quadrados de território amazônico

Durante os anos em que serviu na Europa, Rio Branco assistiu à expansão do imperialismo europeu na África e na Ásia e, desde então, passou a considerar esse risco quanto ao Brasil, que possuía amplos territórios praticamente desocupados. Daí que, paralelamente às diretrizes em favor do pacifismo, da não intervenção no assunto interno de outros países e do respeito ao Direito internacional, o chanceler Rio Branco também defendeu que o Brasil tivesse capacidade militar e, como medida cautelar em relação ao imperialismo europeu, estreitasse relações com a potência em ascensão, os Estados Unidos.

A aproximação com esse país iniciara-se após a Guerra do Paraguai, na qual o governo norte-americano foi simpático à causa paraguaia, e a consolidação desse movimento atendia aos interesses do núcleo do poder econômico e político do Brasil. Afinal, os Estados Unidos constituíam o maior mercado consumidor do café brasileiro, o que tornava a balança comercial superavitária para o Brasil, e, ademais, não havia atritos entre os dois países; as nossas ameaças externas vinham dos franceses e ingleses na Amazônia (Ricúpero, 2009, p. 99). Reconhecida tal situação, o Brasil e os Estados Unidos elevaram, em 1905, ao status de Embaixada suas representações diplomáticas nas respectivas capitais, numa época em que elas eram raríssimas, e sua instalação significava um salto qualitativo nas relações entre os dois países. Além disso, os dois países assinaram em 1904 um convênio de redução de tarifas de importação, que vigorou até 1922.

A harmonia dessas relações pode ser vista quando, em 1903, o governo brasileiro aceitou a independência do istmo do Panamá em relação à Colômbia, realizada com ostensiva intervenção do governo norte-americano. Veja-se, ainda, que, em dezembro de 1902, o Brasil não se opôs ao bloqueio naval da Venezuela imposto pela Alemanha, Grã-Bretanha e Itália, com a aquiescência do governo norte-americano, para exigir o pagamento de parcelas vencidas da dívida externa venezuelana.

Além de uma forma de se contrapor ao imperialismo europeu, a relação estreita com os Estados Unidos era uma forma de buscar criar um equilíbrio geopolítico regional, pois a Argentina mantinha estreitas relações com a Grã-Bretanha. Rio Branco, porém, não tinha ilusões quanto aos Estados Unidos, pois acreditava que:

> Quando as grandes potências da Europa não tiverem mais terras a colonizar na África e na Austrália hão de voltar os olhos para os países da América Latina devastados pelas guerras civis, se assim o estiverem, e não é provável que os ampare a chamada Doutrina de Monroe, porque na América do Norte também haverá excesso de população (bem como continuará a política imperialista) e já ali se sustenta hoje o direito de desapropriação pelos mais fortes dos povos mais incompetentes.[5]

Na concepção de Rio Branco, o Brasil seria um instrumento de comunicação, facilitador das relações entre os Estados Unidos e os países da América do Sul. O Brasil lideraria a região de forma compartilhada e negociada com a Argentina, de modo a criar um espaço geopolítico estável e pacífico na América do Sul. A busca da estabilidade política era verdadeira obsessão para Rio Branco, que via nas revoluções, golpes de Estado e instabilidades o surgimento de situações que poderiam levar a intervenções do imperialismo europeu, sob o pretexto de defender seus cidadãos ou interesses. Afinal, o Brasil poderia ser vítima dessa intervenção, direta ou na forma de pressão externa, como ficara demonstrado nas questões territoriais ao norte do país; na ocupação da ilha de Trindade pela Grã-Bretanha ou na intervenção de interesses estrangeiros na Revolta da Armada. Daí Rio Branco estabelecer como princípio da política externa brasileira a abstenção nos assuntos internos dos outros países e o apoio aos governos constitucionais, independentemente de serem simpáticos ou não ao Brasil. Essa abstenção era uma forma de contribuir para a estabilidade política da América do Sul.

As circunstâncias de um Brasil que deixara de ser o país mais poderoso da América do Sul, como o fora na época do Estado monárquico, levou Rio Branco a alterar a política estabelecida na década de 1840 de contenção da Argentina. O chanceler substituiu essa política, hegemônica, pela busca de um equilíbrio de poder com a Argentina no Rio da Prata. Como consequência, Rio Branco não reagiu à Revolução Liberal de 1904 no Paraguai, que com apoio argentino derrubou do poder o Partido Colorado, tradicionalmente próximo ao Brasil. O equilíbrio regional era mantido graças às divergências entre Uruguai e Argentina e pelas excelentes relações brasileiro-uruguaias. Estas foram aprofundadas com a concessão, pelo Brasil ao Uruguai, em 1909, de compartilhar a soberania da Lagoa Mirim, quando a demanda uruguaia, iniciada no século XIX, era apenas do direito de seus navios nela navegarem, bem como no rio Jaguarão.

Na busca de uma composição com a Argentina, em 1904 Rio Branco propôs ao representante diplomático argentino no Rio de Janeiro um acordo permanente entre os dois países para manter a paz na região.[6] A proposta não vingou e pouco depois, em 1906, com a posse de José Figueroa Alcorta na Presidência argentina, as relações bilaterais se deterioram. O novo chanceler argentino, Estanislao Zeballos, convenceu-se de que o Brasil se preparava para fazer a guerra a seu país, devido ao vasto programa brasileiro de reaparelhamento da marinha de guerra e, ainda, as múltiplas iniciativas diplomáticas de Rio Branco, interpretadas como tentativas de isolar a Argentina na América do Sul. Entre elas, a realização da III Conferência Pan-Americana, em 1906, no Rio de Janeiro, com participação de Elihu Root, na primeira viagem ao exterior de um secretário de Estado norte-americano. A Argentina, que mantinha estreitas relações com a Grã--Bretanha, era contra a penetração norte-americana no sul do continente americano, como demonstra sua bem-sucedida oposição aos objetivos dos

Estados Unidos na Conferência de Washington, em 1889, e a persistente ação de contenção nas décadas seguintes.

A realização da III Conferência na capital brasileira e com a presença de Elihu Root era uma demonstração da excelência das relações brasileiro--norte-americanas e dava prestígio internacional ao Brasil. Essa excelência não foi suficiente, porém, para os Estados Unidos apoiarem na II Conferência de Paz de 1907, realizada em Haia, o pleito do Brasil de uma cadeira permanente na Corte Internacional de Justiça que estava sendo criada. Os Estados Unidos alinharam-se às potências europeias, inviabilizando o pleito de um país periférico como o Brasil, o que levou o representante brasileiro, Rui Barbosa, a questionar as práticas internacionais das grandes potências e a defender a igualdade jurídica dos Estados.

Zeballos, porém, não estava atento para esse acontecimento e manteve-se convencido da existência de um plano brasileiro de agressão a seu país. Ele propôs, em reunião secreta do ministério argentino, em junho de 1908, uma reação radical: a Argentina exigiria do Brasil a entrega de um dos encouraçados pesados que este encomendara na Europa, para evitar a inferioridade naval argentina. Se houvesse recusa brasileira, haveria um ataque da esquadra argentina ao Rio de Janeiro e o desembarque de tropas para ocupar a capital. O plano de Zeballos vazou e causou a reação contrária daqueles que defendiam relações cordiais com o Brasil (Etchpareborda, 1978, pp. 81-83). Zeballos saiu do governo mas persistiu em suas acusações contra o Brasil, como aquela referente ao telegrama número 9, de 17 de junho de 1908, enviado por Rio Branco à representação brasileira em Santiago e que transitou pelo telégrafo argentino, onde foi interceptado. A mensagem era cifrada, mas Zeballos apresentou-a supostamente decodificada à opinião pública, e nela a Chancelaria brasileira manifestava intenções hostis contra a Argentina. Rio Branco reagiu rapidamente e apresentou o verdadeiro conteúdo do telegrama, apesar de, com isso, ter revelado o código das comunicações telegráficas do Itamaraty. A mensagem afirmava o contrário, com Rio Branco escrevendo que considerava vantajosa uma "certa inteligência política entre o Brasil, o Chile e a Argentina", mas que Zeballos era um obstáculo à sua realização (Viana Filho, 1996, pp. 395-396).

Embora a documentação diplomática demonstre que nem o Brasil nem a Argentina planejassem se atacar, ambos estavam convencidos de que o outro o faria, o que perturbou as relações bilaterais e provocou uma corrida armamentista entre os dois países. Rio Branco manteve-se cauteloso com a Argentina, mas aceitou, em 1909, o plano do governo chileno de criar uma coordenação política entre Argentina, Brasil e Chile. No entanto, essa proposta não avançou e foi abandonada, apesar da ascensão de Roque Sáenz Peña à Presidência argentina em 1910, o que permitiu o restabelecimento da cordialidade entre Brasil e Argentina.

Essa cordialidade permitiu que as diplomacias brasileira e argentina agissem de comum acordo em duas situações regionais delicadas. Argentina e Brasil mantiveram-se neutros na rebelião de outubro de 1910, dos *blancos* uruguaios contra o governo do presidente colorado Claudio Williman, e na guerra civil paraguaia, entre duas correntes do Partido Liberal – a "radical" contra os "cívicos" –, iniciada em 1911 e que terminou apenas no ano seguinte.

O barão do Rio Branco faleceu em 10 de fevereiro de 1912. No decênio em que esteve à frente do Itamaraty ampliou o prestígio internacional do Brasil e resolveu as questões de fronteira, normalizando as relações com os países vizinhos. Os princípios que implementou no Itamaraty – da paciência estratégica com a Argentina, da cooperação cautelosa com as grandes potências, do recurso ao Direito internacional e do pragmatismo – constituíram-se herança que serviu à condução posterior da política externa brasileira. A figura de Rio Branco e sua atuação frente ao Itamaraty receberam releituras e ênfases diferentes por parte de governos que buscaram nele a legitimação para suas decisões externas.

Sucessos e desilusão

Rio Branco foi sucedido no Itamaraty pelo político catarinense Lauro Severiano Müller, que teve como desafio externo imediato resolver a questão do café com os Estados Unidos. Um procurador distrital de Nova York identificou ação altista no preço do café, iniciada pelo governo do estado de São Paulo, e acusou-a de ser contrária à legislação antimonopolista norte-americana. A questão foi resolvida graças à ação de Müller e do Departamento de Estado, ambos interessados, por diferentes motivos, em não dar prosseguimento ao processo judicial e com o compromisso brasileiro de pôr fim à ação altista artificial no preço do café (Bueno, 2003, pp. 374-378). Essa solução permitiu a Lauro Müller ter um ambiente propício para sua viagem oficial aos Estados Unidos, onde chegou em 10 de junho de 1913. O chanceler brasileiro permaneceu por um mês em território norte-americano, visitando inclusive o interior do país ao viajar de Nova York a São Francisco.

A proximidade política com os Estados Unidos levou este a escolher o Brasil para representá-lo perante o governo do general Victoriano Huerta, no México. Huerta assumiu a Presidência com uma manobra golpista e enfrentou uma guerra civil contra os líderes Francisco Madero, Álvaro Obregón, Pancho Villa e o chefe do Exército Constitucionalista Venustiano Carranza. O governo de Huerta não foi reconhecido, entre outros, pelos Estados Unidos, enquanto o Brasil manteve seu representante na Cidade do México. Em abril de 1914, usando como pretexto a recusa de Huerta em reparar suposto insulto aos EUA, forças norte-americanas ocuparam Vera Cruz, resultando no rompimento de relações diplomáticas entre os dois países em conflito. A Argentina, o Brasil e o Chile – o ABC – atuaram como mediadores para evitar a guerra entre o México e os EUA e as negociações ocorreram em Niagara Falls, no Canadá, entre maio e julho de 1914. Elas fracassaram, a guerra civil mexicana continuou e, no ano seguinte, os EUA reconheceram Carranza como governo *de facto* do México. O mesmo foi feito pelos demais países americanos que participavam da Conferência Pan-Americana que era realizada em Nova York.

A crise mexicana comprovou as relações estreitas do Brasil com os Estados Unidos e, ao mesmo tempo, demonstrou a viabilidade da ideia do ABC. Em 25 de maio de 1915, em Buenos Aires, os chanceleres da Argentina, do Brasil e do Chile assinaram um tratado para facilitar a solução pacífica de controvérsias internacionais, mais conhecido como Pacto do ABC. Era um acordo menos importante do que aquele proposto na década anterior, pois seu objetivo limitava-se à redução de possibilidade de conflito entre seus signatários, sem qualquer ação conjunta em relação a terceiros países. O acordo foi aprovado pelos legislativos brasileiro e chileno, mas não entrou em vigor porque o presidente argentino Hipólito Yrigoyen, que derrotou a oligarquia agrária nas eleições presidenciais de 1916, se opunha a ele e o Congresso argentino não o aprovou.

A essa altura, polemizava-se no Brasil quanto a posição que o país deveria ter na Primeira Guerra Mundial. "Aliadófilos", "neutrais" e "germanófilos" debatiam no parlamento e na imprensa sobre o tema, enquanto a posição oficial era de neutralidade, declarada no início do conflito. No entanto, no início de 1917 o Império alemão decretou o bloqueio marítimo de países europeus inimigos, o que levou a diplomacia brasileira a protestar, pois prejudicava o comércio exterior do Brasil. Em 6 de abril de 1917, o Congresso norte-americano aprovou a declaração de guerra à Alemanha e seus aliados, enquanto dias depois o Brasil rompeu relações diplomáticas e comerciais com o Império alemão, como resposta ao torpedeamento do navio brasileiro Paraná, na costa ocidental francesa. O chanceler Lauro Müller era um "neutralista", mas essa sua posição e, mesmo, o seu patriotismo foram questionados pelos "aliadófilos", ainda mais por ser descendente de alemães. Pressionado pela opinião pública, Müller se demitiu em maio de 1917 e foi substituído pelo "aliadófilo" Nilo Peçanha. No mês seguinte ocorreu o torpedeamento de outros três navios brasileiros por submarinos alemães que, em outubro, afundaram outra embarcação brasileira, levando o governo a declarar guerra à Alemanha.

O Brasil participou militarmente da Primeira Guerra Mundial, ainda que de forma simbólica, ao enviar aviadores à Grã-Bretanha, uma missão médica à França e uma divisão naval ao Mediterrâneo, sendo que esta não participou das hostilidades pois chegou a seu destino já no final do conflito. Embora simbólica, tal participação permitiu ao país estar presente na Conferência Interaliada de Paris, no fim de 1917, e nas negociações de paz de Versalhes, nelas obtendo ganhos materiais como compensações de guerra. Além disso, o Brasil pôde ser membro fundador da Liga das Nações, primeira sociedade multilateral criada para manter a paz da História. Na primeira reunião da Comissão da Liga, em fevereiro de 1919, o Brasil era um dos cinco países-membros. Os Estados Unidos apoiaram que nosso país fosse um dos membros provisórios do órgão máximo da Liga, o Conselho. Embora defensor da igualdade jurídica entre os Estados, o Brasil pragmaticamente aceitou a realidade da distribuição do poder na Liga das Nações de acordo com a hierarquia estabelecida pelas potências europeias.

O chanceler que levou o Brasil a ingressar na Primeira Guerra Mundial e chefe da missão brasileira nas negociações de paz, Epitácio Pessoa, foi eleito presidente da República e manteve atuante política externa. As relações permaneceram amistosas com a Argentina, tomando-se o cuidado de que ela não visse como ameaça a discreta aproximação com o Paraguai, do qual o Brasil estivera distanciado desde 1904, quando os liberais chegaram ao poder nesse país. A presença brasileira na Liga das Nações, por sua vez, era mais uma influência positiva com os Estados Unidos, que propuseram sua criação, mas, no final, por motivos de ordem política interna, viram-se impedidos de fazer parte dela. Epitácio Pessoa realizou durante seu governo as comemorações do Centenário da Independência, com a inauguração da Exposição Universal, com pavilhões de vários países e a presença do presidente de Portugal, Antônio José de Almeida, e do secretário de Estado norte-americano Charles E. Hughes.

Os anos de sucessos externos do governo Epitácio Pessoa contrastariam com a frustração externa imposta por seu sucessor, Arthur Bernardes. Assim, logo em 1923, na V Conferência Internacional Americana, realizada em Santiago, na discussão da redução de armamentos, o Brasil ficou isolado e em posição antipática perante a opinião pública continental ao colocar-se contra. Assumiu essa posição porque não queria congelar sua situação de inferioridade naval em relação ao Chile e à Argentina, sendo que esta habilmente explorou a recusa do Brasil para apresentá-lo como país belicoso. A situação foi resolvida com a proposta do delegado paraguaio, Manuel Gondra, para reforçar o arbitramento como forma de evitar conflitos armados, o que contou com o apoio brasileiro, demonstrando que o país queria a paz.

O governo de Arthur Bernardes manteve, a partir de então, relações burocráticas com os países hispano-americanos e voltou-se para a "grande diplomacia", pois, estando o Brasil no Conselho da Liga das Nações, via nela o espaço diplomático mais importante para o país.

As relações com os Estados Unidos mantiveram-se privilegiadas, inclusive graças à predominância desse país no comércio externo brasileiro. Em 18 de outubro de 1923, o secretário de Estado Charles Hughes e o embaixador brasileiro Augusto Cochrane de Alencar, trocaram notas em Washington estabelecendo que utilizariam a igualdade no comércio bilateral, com base no princípio de nação mais favorecida; e um decreto brasileiro dessa mesma data isentava de taxas as frutas frescas importadas dos Estados Unidos. No mês seguinte, essas duas autoridades assinaram o acordo para o envio de uma missão naval norte-americana, composta por dezesseis oficiais, para treinar a Marinha brasileira.[7]

Buscando ampliar o prestígio internacional do país, em 1924 o governo Bernardes decidiu como meta principal de sua política externa obter uma cadeira permanente para o Brasil no Conselho da Liga das Nações. Dele fora membro provisório desde a fundação da liga, mas poderia vir a perder o lugar no futuro caso fosse implementado o critério de rodízio. O argumento negociador da diplomacia brasileira era o de que no conselho havia vários membros permanentes europeus e nenhum da América; o Brasil teria esta função. Arthur Bernardes viu a oportunidade de obter essa cadeira quando a Alemanha decidiu, em 1924, negociar seu ingresso na Liga, em relação ao qual não houve oposição brasileira. Em outubro de 1925, a Alemanha e vários outros países europeus assinaram o Pacto de Locarno, pelo qual eles decidiam resolver suas divergências pela arbitragem e não pela guerra e declaravam aceitar as fronteiras estabelecidas pelo Tratado de Versalhes. Ao aceitar a realidade do pós-guerra, que lhe foi onerosa, a Alemanha abria as portas para ingressar na Liga das Nações.[8]

O governo Arthur Bernardes decidiu que vetaria o ingresso da Alemanha na liga caso a demanda brasileira por um lugar permanente no conselho não fosse atendida. No entanto, outros países também pleiteavam uma cadeira permanente e não se poderia atender apenas ao pedido brasileiro. Assim, o Brasil na condição de membro provisório do conselho vetou o ingresso da Alemanha na liga, atingindo a engenharia diplomática para manter a paz na Europa que havia sido construída em Locarno. Além disso, a posição brasileira foi solitária, pois os delegados de países hispano-americanos solicitaram que o Brasil não mantivesse tal veto. Em junho de 1926, o representante brasileiro na liga comunicou a retirada do Brasil da entidade, cumprindo exigência do estatuto por ela estabelecido, que determinava que a retirada somente poderia ocorrer decorridos dois anos de comunicação oficial dessa decisão.

A diplomacia de Arthur Bernardes explorou de tal forma a reivindicação da cadeira permanente, que não obtê-la significava uma derrota moral perante a opinião pública brasileira e nos ambientes internacionais. Seu governo não soube identificar os limites de poder do Brasil no plano internacional e nem teve capacidade de identificar o isolamento brasileiro no continente americano e terminou preso ao seu próprio discurso. O voluntarismo e a ausência de pragmatismo de Bernardes levaram a diplomacia brasileira a um enorme desastre político. Na realidade, voluntarismo e ausência de pragmatismo não conduzem a bons resultados em política externa e, no caso da história da política externa brasileira, isso pode ser comprovado também antes e depois desse fracasso de Bernardes.

Terminados os dois anos do aviso da retirada do Brasil da Liga das Nações, Washington Luís era o presidente e deveria cumprir ou não com a ameaça de Bernardes. Não havia espaço para manobra diplomática, pois se a retirada não traria benefícios ao Brasil, por outro lado seria desmoralizador para a política externa do país recuar, uma vez que fixaria a imagem de instabilidade e incoerência de que o Brasil tomava decisões e depois recuava ou de que suas ameaças e pressões não tinham valor. Washington Luís retirou, então, o país da Liga das Nações e manteve postura externa discreta, dedicando-se aos dois eixos centrais da ação do Itamaraty em boa parte do século XX: relações com os Estados Unidos e com a Argentina. Na VI Conferência Pan-Americana, realizada em 1928 em Havana, a delegação brasileira não apoiou as críticas de outros países quanto ao intervencionismo norte-americano. No entanto, isso não significava alinhamento incondicional com Washington, como demonstra a recusa brasileira em aderir ao Pacto Briand-Kellog de renúncia à guerra, proposto pelos Estados Unidos e pela França, sob o argumento de que era redundante posto que a Constituição brasileira era pacifista. No Rio da Prata, o país manteve-se neutro nas divergências entre Bolívia e Paraguai quanto à soberania sobre o território do Chaco, embora tivesse melhorado suas relações com o Paraguai. Também foram solucionadas as demarcações de pequenos trechos de fronteira, por meio de acordos complementares com países vizinhos.

Em síntese, a política externa brasileira na Primeira República caracterizou-se, seguidamente, pelo idealismo ingênuo na primeira década republicana; pelo pragmatismo do barão do Rio Branco; pelo entusiasmo da projeção internacional do país, decorrente da nossa participação na Primeira Guerra Mundial, e pelos erros de avaliação e o voluntarismo de Arthur Bernardes, que repercutiram até o final do período em estudo. Essas fases reproduzem, de certo modo, a própria evolução da política interna nesse período, que foi das incertezas do início da vida republicana, passou pela estabilidade oligárquica que fez a inserção internacional do país para exportar produtos primários e obter capitais externos e mão de obra, representada pela entrada massiva de imigrantes, principalmente de origem italiana e espanhola, nas negociações de paz de Versalhes e na fundação da Liga das Nações. A equivocada política externa de Arthur Bernardes, por sua vez, não estava isolada da realidade interna, caracterizada pelo aumento de tensões internas decorrentes da crise de dominação oligárquica.

Conforme defende Rubens Ricúpero, as três transformações estruturais da política externa brasileira na Primeira República podem ser assim resumidas:

> 1ª) na 'aliança não escrita' com os Estados Unidos; 2ª) na sistemática solução das questões fronteiriças e ênfase em maior cooperação com os latino-americanos; e 3ª) nos primeiros lances da diplomacia multilateral na versão regional, pan-americana, ou global, da Liga das Nações.

Nesse período, em maior ou menor grau, a política externa brasileira manteve como focos principais, quer de suas iniciativas, quer do acompanhamento reativo, os Estados Unidos e a Argentina. No geral, a diplomacia brasileira interpretou a América do Sul como seu espaço geopolítico principal, particularmente o Rio da Prata, e os Estados Unidos como parceiro privilegiado global.

O leitor tem à disposição um grande número de trabalhos sobre a política externa na Primeira República. Poderá aprofundar os temas discutidos neste capítulo e, inclusive, encontrar outros em estudos já clássicos, como "História da política exterior do Brasil", de Amado Luiz Cervo e Clodoaldo Bueno (várias edições), e os dois livros de Bueno citados nesta bibliografia. O livro *Comércio e canhoneiras*, de Steven C. Topik é esclarecedor sobre os desafios da política externa da primeira década republicana, mostrando, inclusive, como ganhos financeiros pessoais dos personagens da época ajudam a explicar certos acontecimentos. São clássicos na análise do estreitamento de relações entre o Brasil e os EUA os livros de Bradford Burns e Luiz A. Moniz Bandeira, que têm perspectivas diferentes. Já a figura do barão do Rio Branco começa a se projetar no fim do século XIX e determina a política externa brasileira como Chanceler (1902-1912). Há vasta bibliografia sobre ele, em grande parte de caráter laudatório, e são bastante informativos os dois livros clássicos citados na bibliografia, de Álvaro Lins e Luiz Viana Filho. Mais recentemente inovam nos estudos sobre Rio Branco e seu contexto os vários trabalhos de Rubens Ricúpero, que une o conhecimento empírico adquirido como diplomata à invejável capacidade analítica de historiador, e o livro *Rio-Branco: Grande estratégia e o poder naval* (originalmente tese de doutorado) de João Paulo Soares Alsina Jr., no qual é desconstruída a imagem de um Rio Branco apenas pacifista. Já os dois trabalhos de Eugênio Vargas Garcia, que constam na bibliografia, são clássicos, embora publicados há pouco, que utilizam ampla documentação diplomática para analisar a presença do Brasil na Liga das Nações e, outro, é esclarecedor sobre a década de 1920, até então objeto de estudos pontuais ou limitados em fontes.

Notas

1. Disponível em: <http://www.aslegis.org.br/images/stories/cadernos/2009/Caderno37/p42-p60manifestorepublicano.pdf>.
2. Nota do secretário de Estado Gresham para a Legação brasileira em Washington, 26 out. 1893. Relatório do Ministério dos Negócios Estrangeiros, referente ao ano de 1894, p. 23. Disponível em: <http://brazil.crl.edu/bsd/bsd/u1609/000026.html>.
3. Mensagem apresentada na abertura do Congresso Nacional pelo presidente Campos Sales, 1900. Disponível em: <http://brazil.crl.edu/bsd/bsd/u1289/000005.html>.
4. Relatório do Ministério das Relações Exteriores, 1899. Disponível em: <http://brazil.crl.edu/bsd/bsd/u1781/000036.html>.
5. Despacho para a legação brasileira em Buenos Aires, 22 nov. 1904. Citado em Conduru, Guilherme Frazão (1998, p. 68).
6. Manuel Gorostiaga para Carlos Rodríguez Larreta, Ministro de Relações Exteriores da Argentina, nota 274, Petrópolis, 9 nov. 1904. Archivo del Ministerio de Relaciones Exteriores y Culto, *Legaciones Argentinas* – Paraguay [*sic*], Caixa 852.

7. Disponível em <http://brazil.crl.edu/bsd/bsd/u1792/000097.html>; < http://brazil.crl.edu/bsd/bsd/u1791/000104.html>.
8. Para mais detalhes sobre o Brasil na Liga das Nações, ver Garcia (2006, pp. 347-424).

Bibliografia

Araújo Jorge, Arthur Guimarães de. 1999. *Rio Branco e as fronteiras do Brasil:* uma introdução às obras do barão do Rio Branco. Brasília: Senado Federal.

Alsina Júnior, João Paulo Soares. 2015. *Rio-Branco: grande estratégia e o poder naval.* Rio de Janeiro: FGV.

Brasil. Relatórios apresentados ao presidente da República dos Estados Unidos do Brasil pelo Ministério das Relações Exteriores (1891-1930). Disponíveis em: <http://www-apps.crl.edu/brazil/ministerial/rela%C3%A7oes_exteriores>.

Brasil. Mensagens apresentadas pelo presidente da República dos Estados Unidos do Brasil na abertura da Legislatura do Congresso Nacional (1891-1930). Disponível em: <http://www-apps.crl.edu/brazil/presidential>.

Bueno, Clodoaldo. 1995. *A República e sua política exterior (1889 a 1902).* São Paulo: Editora da Unesp; Brasília: Funag.

_____. 2003. *Política externa da Primeira República:* os anos de apogeu – de 1902 a 1918. São Paulo: Paz e Terra.

Burns, E. Bradford. 2003. *A aliança não escrita:* o barão do Rio Branco e as relações do Brasil com os Estados Unidos. Brasília: Funag/Ipri.

Cisneros, Andrés; Escudé, Carlos. 1999. *Historia General de las Relaciones Exteriores de la República Argentina.* Buenos Aires: Cari/Grupo Editor Latinoamericano, t. VII e VIII.

Conduru, Guilherme Frazão. 1998. "O subsistema americano: Rio Branco e o ABC". *Revista Brasileira de Política Internacional,* n. 41 (2), pp. 59-82.

Doratioto, Francisco. 2014. *O Brasil no Rio da Prata (1822-1994).* 2ª ed., Brasília: Funag. Disponível em: <http://funag.gov.br/loja/download/1089-O_Brasil_no_Rio_da_Prata.pdf >.

_____. 2014. *Relações Brasil-Paraguai*; afastamento, tensões e reaproximação 1889-1954. Brasília: Funag. Disponível em: <http://funag.gov.br/loja/download/947-Relacoes_Brasil-Paraguai.pdf>.

Etchpareborda, Roberto. 1978. *Historia de las Relaciones Internacionales Argentinas*. Buenos Aires: Editorial Pleamar.

Garay Vera, Cristián. 2008. "El Acre y los 'Assuntos del Pacífico': Bolívia, Brasil, Chile y Estados Unidos, 1898-1909". *Historia*. Santiago: Pontificia Universidad de Chile, n 41, v. 2, pp. 341-369. Disponível em: <http://www.scielo.cl/pdf/historia/v41n2/art02.pdf>.

Garcia, Eugênio Vargas. 2000. *O Brasil e a Liga das Nações (1919-1926)*. Porto Alegre: Editora da UFRGS; Brasília: Funag.

_____. 2006. *Entre América e Europa*: a política externa brasileira na década de 1920. Brasília: Editora da UnB/Funag.

Kämpf, Martin Normann. 2016. *A ilha da Trindade:* a ocupação britânica e o reconhecimento da soberania brasileira (1895-1896). Brasília: Funag. Disponível em: <http://funag.gov.br/loja/download/1141_ilha_da_trindade.pdf>.

Lins, Álvaro. 1996. Rio Branco. São Paulo: Alfa-Ômega; Brasília: Fung.

Moniz Bandeira, Luiz Alberto. 2000. "O barão de Rothschild e a questão do Acre". *Revista Brasileira de Política Internacional*. Brasília: Ibri, 43 (2), pp. 150-169.

_____. 1973. *Presença dos Estados Unidos no Brasil*. Rio de Janeiro: Civilização Brasileira.

Ricúpero, Rubens. 1995. *José Maria da Silva Paranhos, Barão do Rio Branco;* uma biografia fotográfica 1845-1995. Brasília: Funag.

_____. 2009. "Um doce crepúsculo: a diplomacia de Joaquim Nabuco". *Revista da USP*. São Paulo, n 83, pp. 86-103.

_____. 2013. A política externa da Primeira República (1889-1930). In Pimentel, José Vicente de Sá (org.). *Pensamento diplomático brasileiro*. Brasília: Funag, pp. 333-357.

Scenna, Miguel Ángel. 1975. *Argentina – Brasil:* Cuatro Siglos de Rivalidad. Buenos Aires: Ediciones La Bastilla.

Seixas Corrêa, Luiz Felipe. 2009. *O barão do Rio Branco:* missão em Berlim 1901-1902. Brasília: Funag.

Topik, Steven C. 2009. *Comércio e canhoneiras:* Brasil e Estados Unidos na Era dos Impérios (1889-97). São Paulo: Companhia das Letras.

Vianna Filho, Luiz. 1996. *A vida do Barão do Rio Branco*. Brasília: Senado Federal/ Funag.

9. Tenentismo e crises políticas na Primeira República
*Mário Cléber Martins Lanna Júnior**

O tenentismo surgiu na década de 1920. Desde o início, despontou para a história como um marco relevante para explicar a crise da Primeira República, a Revolução de 1930 e as Forças Armadas, em especial a participação do Exército na política. Para os dicionários brasileiros de língua portuguesa, "tenentismo" pode se referir tanto a uma determinada ação política ou à ideologia dessa ação.[1] No primeiro caso, o tenentismo tem seu tempo bem delimitado: da década de 1920 até início da de 1930. No segundo caso, não existiria propriamente um tempo; seriam ideias que movimentam um aspecto da história do país. Existem aqui dois tipos de tenentismo: o movimento e a ideologia.

Uma reflexão sobre o tenentismo como ideologia abre um leque amplo de opções para a sua compreensão, pois remete a questões específicas, relacionadas aos ideais e objetivos que moveram a jovem oficialidade na década de 1920 e no início da de 1930, e a questões gerais, relacionadas ao papel das forças armadas, em específico do Exército, na política brasileira.[2] Sobre o tenentismo como movimento, o estudo torna-se mais delimitado, com cortes temporais e espaciais definidos de forma clara e evidente, restringindo-se a um tempo: o tempo do tenentismo. É sobre esse último aspecto que iremos tratar.

O significado do tenentismo foi forjado na proporção de suas ações, que ocorreram entre 1922 e 1934. Nesse período, existiu como movimento de

---
* Professor Adjunto do departamento de História da PUC-Minas.

conspiração e como governo. De 1930 a 1934, período marcado pela participação no governo e pela formação do Clube 3 de Outubro, o tenentismo teria vivido sua fase final e menos original.

O Clube 3 de Outubro foi criado no começo de 1931, por iniciativa de Pedro Aurélio de Góes Monteiro e Afrânio de Melo Franco. O primeiro, era militar e o segundo, civil, ambos simpatizantes do tenentismo. O clube teria sido criado como um partido, para apoiar a Revolução. "O intuito de Góes, entretanto, foi, antes de tudo, fixar os militares, na disputa política, fora dos quartéis" (Carone, 1975, p. 177). Essa preocupação de tirar o conteúdo político do Exército é parte fundamental da doutrina Góes. A ideia seria afastar o Exército da política. No lugar da política no Exército, seria feita a política do Exército (Carvalho, 1985; Coelho, 1985).

Além da criação do Clube 3 de Outubro, o tenentismo ainda persistiria no pós-30, com a participação de revolucionários, civis ou militares, no governo, de 1930 a 1934. Como ministro da Agricultura, Indústria e Comércio, Juarez do Nascimento Fernandes Távora, em 1932; da Fazenda, Osvaldo Aranha, em 1930; da Guerra, José Fernandes Leite de Castro, em 1930, Augusto Inácio do Espírito Santo Cardoso, em 1932, e Pedro Aurélio de Góes Monteiro, em 1934; da Marinha, Protógenes Pereira Guimarães, em 1931; e da Viação e Obras Públicas, José Américo de Almeida, em 1930.

A participação no poder se explica mais corretamente como uma política de cooptação: desde 1927, quando terminaram suas ações conspiradoras, até 1930, quando viveram no exílio e foram seduzidos pelos políticos dissidentes para legitimarem a Revolução de 1930. A participação dos tenentes no governo deve ser entendida dentro dessa estratégia. Eles eram, nesse período, uma valiosa moeda política, cobiçados como legítimos revolucionários, condição que conquistaram por suas ações heroicas realizadas no período anterior, de 1922 a 1927. Nem todos aderiram ao novo governo, houve aqueles que se aproximaram do comunismo, como Carlos Prestes, aclamado presidente de honra da Aliança Nacional Libertadora, em 1935 (Vianna, 2015), o que demonstra o caráter heterogêneo e díspar do tenentismo.

Na fase heroica, de 1922 a 1927, o tenentismo, como movimento de conspiração, pegou em armas para lutar contra as oligarquias dominantes. Nesse período, surgiu como única alternativa aos anseios das classes médias populares. As mudanças tinham de ser feitas pelas armas, o que teria transformado os militares rebeldes em vanguarda política da luta contra o domínio oligárquico da burguesia cafeeira e seus aliados. Entretanto, esse foi um liberalismo de fachada. Fundamentalmente, o tenentismo se manteve fiel à defesa da ordem e das instituições. Não tinha uma proposta militarista no sentido de um governo militar, mas era elitista; propunha a moralização política contra as oligarquias cafeeiras. Os jovens oficiais seriam os responsáveis por essa moralização, através da Revolução e da entrega do poder para políticos considerados por eles como "honestos". Nesse sentido, destaca-se seu caráter elitista, que pregava a mudança a partir de cima, sem a participação das classes populares (Prestes, 1990).

Considera-se que esse período, de 1922 a 1927, é o revelador da essência do tenentismo. Portanto, no relato que se segue, será considerada apenas essa fase heroica, privilegiada principalmente pela força de seus principais acontecimentos, as marchas, os levantes e as colunas, dos quais se destacam a Marcha dos Dezoito do Forte (1922), o levante de São Paulo (1924) e a Coluna Prestes (1925).

A Marcha dos Dezoito do Forte, Rio de Janeiro, 1922

A Marcha dos Dezoito do Forte faz parte dos primeiros movimentos tenentistas. Teria sido a ação mais espetacular e heroica nos momentos iniciais. Correspondeu ao desfecho do levante no Forte de Copacabana, o epicentro de uma série de outros movimentos ocorridos no Distrito Federal – na Vila Militar, na Escola Militar do Realengo, no Forte do Vigia e no 1º Batalhão de Engenharia –, em Niterói e no Mato Grosso. Do Forte de Copacabana, os militares revoltosos deram início ao que chamaram de "revolução" e dispararam contra alvos estratégicos: a Ilha de Cotunduba, o Forte do Vigia, o Quartel-general, a Ilha das Cobras, o Depósito Naval e o Túnel Novo. Contra-atacado, o grupo rebelde exigiu, como condição de rendição, "a suspensão das hostilidades, a fim de que pudesse receber ordens do marechal Hermes, único a quem obedecia" (Carone, 1975, p. 32). Essas exigências não foram aceitas pelo governo, que ordenou o pronto bombardeio do Forte de Copacabana pela Fortaleza de Santa Cruz.

O fogo cerrado contra os revoltosos continuou no dia seguinte; então, por forças conjugadas de terra e mar. Os encouraçados *Minas Gerais* e *São Paulo*, com dois destroieres, posicionaram-se em frente ao Forte de Copacabana e abriram fogo. Acuados pelo ataque das tropas legalistas por terra, mar e ar, eles desobrigaram seus comandados, nas palavras do líder rebelde tenente Siqueira Campos: "O governo vai iniciar as hostilidades contra o Forte com elementos os mais terríveis; a hora tocou. Quem quiser partir, o governo garante a vida; quem quiser ficar fique, mas posso prevenir que nada de bom nos espera" (Carone, 1975, p. 39).

Permaneceram no Forte de Copacabana apenas o tenente Newton, o tenente Siqueira Campos e 14 soldados. Esse grupo foi responsável pelo feito mais heroico do tenentismo em seu primeiro momento: a legendária Marcha dos Dezoito do Forte, quando o grupo caminhou pela avenida Atlântica em direção às tropas legalistas. "O tiroteio durara meia hora; a carga de baionetas decidiu a ação em menos de cinco minutos trágicos, indescritíveis e cheio de horrores de um fim de combate a arma branca" (Carone, 1975, p. 40). O episódio gerou dois grandes mártires, tombados em luta: os tenentes Nilton Prado e Mário Carpenter. Os únicos sobreviventes desse episódio tornaram-se dois grandes líderes do tenentismo: Siqueira Campos e Eduardo Gomes (Forjaz, 1977, p. 47; Fausto, 2002, p. 308).

Alguns desses movimentos não passaram de intenções, abortadas antes mesmo de se efetivarem, como foi o caso da revolta do 1º Batalhão de Engenharia, em que apenas o capitão Luís Gonzaga Borges se posicionou em favor dos revoltosos, o que não passou de uma ameaça, pois o capitão e seus homens foram logo dominados (Carone, 1975, p. 37).

Na Vila Militar, o levante também não logrou sucesso. O tenente Frederico Buys, à frente de sua ingênua companhia, com os sargentos Waldomiro Pessoa Barbosa e Galdino Hardman, deu voz de prisão a alguns oficias e cerrou fogo sobre o prédio onde se encontravam oficiais fiéis ao governo. Os soldados comandados pelo tenente Buys, entretanto, quando perceberam que estavam protagonizando um motim, recuaram, o que facilitou a rendição do tenente pelos oficiais legalistas.

Em solidariedade aos revoltosos, oficiais e alunos da Escola Militar do Realengo formaram uma coluna e marcharam para a Vila Militar, liderados pelo coronel Xavier de Brito. No caminho, enfrentaram tropas legalistas dos batalhões de engenharia, artilharia e infantaria até a rendição. Nesse combate, lutaram os tenentes Juarez Távora, Ciro do Espírito Santo Cardoso e Ricardo Hall (Carone, 1975, p. 35; Forjaz, 1977, p. 47).

Dois outros focos de revolta formaram-se fora do Distrito Federal: em Niterói e no Mato Grosso. Em Niterói, o comandante da Marinha, Álvaro de Vasconcelos, conseguiu convencer o chefe de polícia e tomou as repartições federais e estaduais, inclusive com a ocupação militar da Companhia Telefônica da cidade, que ficou sem comunicação durante a noite de 4 de julho. Para normalizar a situação, bastou o chefe de polícia fluminense fazer valer sua autoridade sobre o chefe de polícia local. No Mato Grosso, todo o comando do Exército aderiu ao movimento, liderado pelo general Clodoaldo da Fonseca, comandante da 1ª Circunscrição Militar. As movimentações das tropas ocorrem em Campo Grande e Três Lagoas. A intenção era atravessar o rio Paraná para invadir São Paulo. O governo, entretanto, conseguiu interromper qualquer comunicação do Mato Grosso com São Paulo ao longo do rio Paraná. Presos em Três Lagoas e sem comunicação, os rebeldes negociaram, em 8 de julho, a rendição, principalmente depois que souberam do fracasso do movimento no Distrito Federal.

Todos esses movimentos não partiram de uma ação conjunta sistemática, mas comungavam da mesma motivação, denominada por eles de "revolução". Todas as revoltas, que ocorreram no período de 5 a 8 de julho, foram prontamente reprimidas, o que mostra a energia do governo e sua capacidade de coesão. Epitácio Pessoa conseguiu agrupar toda a classe política civil contra o movimento rebelde. Ao contrário de enfraquecer as oligarquias, o tenentismo agiu como inimigo comum e atuou como agente estranho no corpo político brasileiro. A reação consistiu na união e no fortalecimento das oligarquias.

Menosprezados como rebeldes, foram julgados como revolucionários. Dois anos depois, foram sentenciados, pelo artigo 107 do Código Penal, "considerados como pretendentes a mudanças violentas da forma de governo e da Constituição do país". Para os condenados, essa sentença era a "demonstração de parcialidade do Judiciário e subserviência deste ao Executivo", a gota d'água, o "móvel imediato" das revoltas que ocorreram a partir de 1924, dois anos depois do acontecimento de 1922 (Forjaz, 1977, p. 57).

O levante de São Paulo, 1924

O evento inaugural dessa fase do tenentismo foi a rebelião na cidade de São Paulo, que durou de 5 a 28 de julho, quando os militares partidários do movimento expulsaram da capital paulista o governo estadual. Foram duramente contra-atacados e se retiraram, para não serem completamente derrotados, em direção ao sul do estado. Formariam a Coluna Paulista, ou Coluna Miguel Costa, que durou de julho de 1924 a março de 1925. Passou pelo Mato Grosso e chegou até Foz do Iguaçu, onde se encontraram com a Coluna Prestes e partiram para o interior do Brasil, por acreditarem na possibilidade de expandir a revolução para o resto do país.

O movimento teria sido discutido anteriormente entre os oficiais, com a escolha de um chefe, o general Isidoro Dias Lopes, e a definição das bases regionais, que foram expressivas em São Paulo e no Rio Grande do Sul. Contou com a adesão de novos aliados, como o major Miguel Costa, da Força Pública paulista (Carone, 1975, pp. 47 a 50). Iniciou-se na madrugada de 5 de julho, nos quartéis militares de São Paulo, em Pinheiros e em Quitaúna. A estratégia era reunir as tropas rebeladas no Campo de Marte para atacar e ocupar os principais prédios públicos da cidade. No fim do primeiro dia de combate, eles haviam ocupado as estações da Luz, Sorocabana, do Brás e da Cantareira; o Hotel Terminus, o 4º Batalhão de Caçadores, a estação transformadora da Light, o Corpo-Escola e os quartéis do 1º e do 2º batalhões de polícia, no bairro da Luz.

O elemento surpresa garantiu essas conquistas, na maioria das vezes pacíficas, sem resistências, exceto na estação transformadora da Light, onde houve pequenos enfrentamentos. Os conflitos mais acirrados ocorreram nas imediações do Palácio dos Campos Elísios e no centro da cidade, onde se estabeleceu a linha de contato das tropas beligerantes. Tropas da Marinha e do Forte de Itaipu chegaram de Santos para engrossar as forças governistas. Logo iniciaram o bombardeio dos quartéis da Luz, ocupados pelos rebeldes. "Governistas e revolucionários esbanjaram os recursos de suas forças, comprometendo-se, ora em arremetidas desordenadas e a esmo contra objetivos secundários, ora relegando-as a uma inatividade contraproducente e inexplicável. A iniciativa era, de ambos os lados, acanhada e ineficiente, por ser parcial e dispersiva" (Carone, 1975, p. 58).

Os rebeldes se viram em um ambiente desordenado e agitado pelas próprias ações. A liderança do movimento oscilava entre o major da Força Pública Miguel Costa e o general reformado do Exército Isidoro Dias Lopes. A falta de informação entre esses comandantes criava situações inusitadas, como a rendição de Miguel Costa por acreditar ter sido abandonado pelo general Isidoro. A carta de rendição não chegou à mão do presidente do estado, Carlos de Campos, pois este havia fugido de São Paulo e nem mesmo os revoltosos sabiam da retirada do governo.

Surpresos, eles tinham o controle da cidade. Entretanto, não estavam preparados para isso. O movimento objetivava uma revolução nacional. Esperava-se ativar toda uma cadeia de revoltas em outras regiões do país, o que derrubaria o presidente da República. Isso não aconteceu e eles ainda tinham uma cidade para administrar, tarefa que não desempenharam. Preferiram deixar essa missão a cargo do prefeito, Firmiano Pinto. Os jovens oficiais procuraram manter a ordem pública em São Paulo, mas não conseguiram evitar os saques de populares a armazéns, "pródromo[s] alarmante[s] de um perigo que ia avassalar a cidade" (Carone, 1975, p. 63). Apesar de vencida a batalha, mais por incapacidade do governo, eles não alcançaram o prêmio maior de derrubar o presidente da República. Ficaram inertes, sem iniciativa de ação, em posição de guarda. O desfecho da revolta em São Paulo partiu da retaliação promovida pelo governo federal.

No terceiro dia de rebelião, os militares rebeldes começam a receber os mais sérios contra-ataques das forças governistas, comandadas pelo general Eduardo Sócrates. Os primeiros bombardeios à cidade começaram no dia 12 de julho, seguidos de combates equilibrados entre as tropas rivais, "geralmente promovidos pelas forças legais, mas sem consequências definitivas para nenhuma das partes combatentes". O equilíbrio de forças proporcionou *recontros sangrentos* em algumas partes da cidade, e o bombardeio constante provocou uma histeria generalizada entre a população. Quem pôde abandonou a cidade; quem permaneceu não saía de suas casas. "A população de quase todos os bairros ficou presa de forte comoção nervosa. Não atinava com aqueles incessantes estampidos" (Carone, 1975, p. 68).

Reconquistar a capital paulista tinha um preço, e o governo federal mostrava disposição para pagar: as perdas materiais e humanas decorrentes de uma ação militar desse porte. No dia 26 de julho, um avião governista sobrevoaria os céus de São Paulo para jogar panfletos. Era o último apelo das forças legalistas dirigidos "à nobre e laboriosa população de São Paulo... para que abandone a cidade, deixando os rebeldes entregues à sua própria sorte" (Carone, 1975, p. 68).

São Paulo também ficaria, como os rebeldes, entregue à própria sorte. Quem se levantou em defesa da cidade foram as classes conservadoras. A Associação Comercial de São Paulo havia rechaçado o movimento desde o início, e nesses últimos instantes da revolta desempenhou papel fundamental no sentido de interromper as hostilidades militares e de impedir a destruição da cidade. A primeira tentativa de paz intermediada pela Associação Comercial desenrolou-se nos dias 16 e 17 de julho. Em pleno bombardeio, e acuados pelas forças governistas, cada vez mais enérgicas, os militares rebeldes, em atitude irresponsável para com a cidade e sua população, ainda insistiam nos objetivos revolucionários. Exigiam a entrega imediata do governo a uma junta de notáveis, "de reconhecida probidade e da confiança dos revolucionários" (Carone, 1975, p. 67).

Foram precisos dez dias de bombardeios e combates para os oficiais amotinados sentirem a disposição das forças legalistas e perceberem que permanecer na posição significaria a derrota definitiva e a destruição da cidade, o principal centro urbano e industrial do país. Esse ônus não seria assumido pelos revoltosos, que tomaram a iniciativa de uma segunda tentativa de paz. Eles sugerem a Associação Comercial como intermediária para negociar a rendição, "mediante uma anistia ampla aos revoltosos de 5 de julho de 1924 e de 5 de julho de 1922" (Carone, 1975, p. 70). A resposta do governo foi negativa, rechaçando qualquer negociação com os revolucionários: preferia atacar a cidade.

Os militares rebeldes iriam vender caro a derrota. Como o objetivo não era conquistar São Paulo, mas o governo federal, retirar-se da frente de batalha naquele momento seria a atitude mais coerente que poderiam assumir. Com isso, conseguiriam perpetuar o movimento, esperançosos em acenderem novos focos de revolta. A retirada foi feita de trem, na madrugada do dia 27 para o dia 28. Saíram da Estação da Luz para Campinas, em direção a Bauru (Carone, 1975, p. 75).

A importância do movimento de 1924 em São Paulo é semelhante à Marcha dos Dezoito do Forte em 1922 no Distrito Federal, quando os jovens oficiais haviam sublevado unidades militares, bombardeando pontos estratégicos da capital e feito muitos mortos em luta heroica. Em 1924, expulsaram o governo estadual da cidade de São Paulo, principal centro urbano e econômico do país. Tal façanha atingiu mais diretamente um número maior de pessoas, classes e organizações, além de ter imposto uma política agressiva, que foi entendida de diferentes formas por esses atores políticos da época.

Apesar de ser um movimento com características militaristas, no tenentismo predominou um caráter político. Tratava-se de um movimento político que objetivava tomar o poder na capital, inclusive com articulações com setores civis. O movimento na cidade de São Paulo possibilitou o envolvimento com a população civil, que viu sua rotina mudada. Assim, após 1924, todos passaram a conhecer a situação e a tomar partido. O movimento também teve o efeito de dividir a classe dominante, que não se mostrou homogênea (Corrêa, 1976; Forjaz, 1977).

Interessava às oligarquias governistas "descaracterizá-lo enquanto movimento que expressa reivindicações coletivas, esvaziar seu conteúdo político, reduzi-lo a um motim de militares" (Forjaz, 1977, p. 74). Na visão das oligarquias dissidentes, eram forças contra o governo – por isso, possíveis aliados –, porém com métodos revolucionários, perigosos e pouco confiáveis (Forjaz, 1977, pp. 59-60). Para as classes produtoras, representavam a desordem, uma ameaça de destruição material, como demonstrou a Associação Comercial, intermediadora do conflito e que desde o início posicionou-se em favor do governo. Para a Liga Nacionalista, formada pela alta classe média, o tenentismo representava a "rebeldia de alguns soldados brasileiros, [...] matando velhos, mulheres e crianças com um bombardeio injustificável e desumano"; porém, convivia pacificamente com os revolucionários, inclusive recomendando a seus associados que concentrem "todos os esforços no amparo e proteção às vítimas que, a todo instante, as circunstâncias estão fazendo" (Forjaz, 1977, p. 78).

O apoio ao tenentismo partiu principalmente dos estudantes, das classes populares e do operariado organizado. Os estudantes criaram a Brigada Acadêmica, que atendia a população civil; os populares "aplaudiam os rebeldes por ocasião da passagem de tropas e atendiam solicitamente aos soldados nas trincheiras espalhadas pela cidade; e os operários organizados apoiavam os revolucionários e exortavam a população a ajudá-los no que fosse possível" (Forjaz, 1977, p. 80). Entretanto, aos militares engajados no movimento interessava mais o apoio, que não houve, das elites políticas e menos o efetivo apoio oferecido pelas classes populares. Os jovens oficiais "não concebiam a luta política como algo a ser realizado pelo próprio povo, mas algo a ser realizado por uma vanguarda *em nome do povo*" (Forjaz, 1977, p. 81).

Na visão dos protagonistas do tenentismo eles eram exatamente essa vanguarda revolucionária, uma ideia que existia embrionariamente desde 1922 e que a Revolta de 1924, em São Paulo, agiu como propaganda para contagiar outras regiões do país.

A Coluna Paulista

O destino do movimento estava em discussão quando se retiraram de São Paulo. Eram três as propostas: a primeira, derrotada, pregava a permanência na cidade; a segunda sugeria uma concentração de forças em Campinas; e a terceira propunha seguir ao encontro das tropas revoltadas no Mato Grosso. A escolha de ir para Bauru era resultado dessa discussão. A cidade era reduto oposicionista, portanto potencialmente simpática ao movimento, além de ser a confluência de três estradas de ferro que levavam a Mato Grosso. A Coluna Paulista não tinha rumo certo. Escolheu seu destino de acordo com a estratégia de sempre procurar ocupar território, mas nunca arriscava "um confronto direto com as forças legais" (Forjaz, 1977, p. 82). Primeiro, ocupou parte do interior de São Paulo, até setembro de 1924, quando os líderes decidem retirar-se do estado paulista em direção ao Paraná. Bauru tornou-se o centro de convergência das forças e, ao mesmo tempo, ponto de apoio para ataques ao interior do estado. Dessa cidade partiram ações militares, algumas comandadas por civis investidos da patente de tenentes, que ocuparam Agudos, Dois Córregos, Jaú, Bocaina, Mineiros, Bica da Pedra e a Estrada de Ferro Douradense. "Em Araras, elementos locais, ligados aos revoltosos de São Paulo, sublevaram-se, ocupando a Câmara e fazendo irradiar sua ação rebelde para Pirassununga e Descalvado" (Caròne, 1975, p. 76).

Esses foram os primeiros frutos colhidos pelos revolucionários depois de se retirarem de São Paulo e formarem a denominada Coluna Paulista. Não existia uma única coluna; era um bloco de tropas independentes que se moviam em uma mesma direção, primeiro para o interior de São Paulo, depois para a região Sul do país. Em sua formação, destacou-se a Coluna da Morte, responsável pela retaguarda dos revoltosos em marcha. Liderada pelo tenente João Cabanas, a "Coluna da Morte praticou atos de audácia e coragem" (Carone, 1975, p. 77). No interior de São Paulo, foi responsável pela ocupação das cidades que não haviam aderido à revolução (Forjaz, 1977, p. 82).

A Coluna Paulista constituía ainda, ocasionalmente, forças expedicionárias, como a que partiu em direção a Três Lagos, no Mato Grosso, em agosto de 1924, com 800 homens, sob o comando do coronel Juarez Távora. Essa expedição chegou a atacar Três Lagos, quando "as fadigas da cruel marcha desapareceram como por encanto, diante da excitação do momento". Rompeu linhas inimigas e fez prisioneiros. Entretanto, foi logo cercada por tropas inimigas e obrigada a se retirar, "perdendo o terreno conquistado à custa de tão ingentes sacrifícios e sem poder acudir aos feridos já exangues" (Carone, 1975, p. 79).

Apesar de todo esse heroísmo, a Coluna Paulista não sobreviveria em São Paulo. Era necessário sair do estado para locais mais seguros. A retirada foi por via fluvial. Saiu do porto Tibiriçá, ocupou Guaíra, Porto Mendes e, finalmente, Foz do Iguaçu, encontrada "desguarnecida e semideserta, pois sua população havia procurado asilo na Argentina, em Puerto Aguirre, por temer as consequências da ocupação". Temida e malvista pela população, a Coluna Paulista teria permanecido em Foz do Iguaçu, "que se tornou o ponto nevrálgico da nova linha de defesa, a que devia resistir mais tarde em longos meses de luta desigual". Em Foz do Iguaçu e em Catanduva, a Coluna Paulista teria resistido aos ataques das forças legalistas de janeiro a março de 1925, quando se encontra com a Coluna Prestes, para formar a Coluna Miguel Costa-Prestes (Carone, 1975, pp. 80-83).

Reflexos de 1924: Mato Grosso, Amazonas, Sergipe, Rio de Janeiro, Belém do Pará e a revolta na Marinha

Alguns desses movimentos existiram apenas como conspiração, como no Engenho Novo, em dezembro de 1924, na capital federal, "onde se reuniram o capitão Carlos da Costa Leite, o major Martins Garcia Feijó, o tenente

Rocha Lima, o estudante Uchoa Cavalcante e vários outros". Denunciados, o movimento não saiu do papel. No máximo, ocorreu uma tentativa forçada de levante no 3º Regimento de Infantaria do Rio de Janeiro, sufocada violentamente ainda em seus primórdios (Carone, 1975, pp. 106 e 110).

A maioria desses movimentos foi logo reprimida, como no caso do Mato Grosso, no 10º Regimento de Cavalaria Independente, em Bela Vista, em que os tenentes Pedro Martins da Rocha e Riograndino Kruel lideram uma rebelião em 12 de julho de 1924, vencida por falta de adesão em massa do regimento. O objetivo era "pôr-se a serviço da revolução de São Paulo". Em Sergipe, o movimento teve um fôlego maior e contou com o apoio dos funcionários estaduais, dos comerciantes e da população da cidade, além da colaboração efetiva de voluntários, que se alistavam para a luta. Em 13 de julho, as tropas militares estacionadas em Sergipe se negam a sair em ajuda aos rebeldes de São Paulo. Ocupam Aracaju e Itaporderada até início de agosto, "quando tropas federais da Bahia e batalhões formados por coronéis da região retomam as cidades ocupadas" (Forjaz, 1977, p. 83).

Como os oficiais sergipanos, no Belém do Pará, em 26 de julho, no 26º Batalhão de Caçadores, liderados pelo capitão Assis Vasconcelos, militares rebeldes se recusam a seguir para São Paulo para combater os companheiros de lá. Esse movimento foi duramente repelido, tendo contado com a colaboração e efetiva participação de populares. "No dia 29, estavam presos mais de 200 revoltosos e muitos civis que os haviam auxiliado" (Forjaz, 1977, p. 85).

Desses movimentos, o mais autônomo e de maior abrangência foi o que ocorreu no Amazonas, "que eclode no dia 23 de julho e que controla Manaus e adjacências durante um mês". Diferentemente de São Paulo, o tenentismo no Amazonas importou-se menos com a crítica política e jurídica às oligarquias e mais com as questões sociais, "fundamentalmente pela emancipação dos *pobres* da ganância dos *quadrilheiros vorazes* [...] sobretudo, *as negociatas aviltadoras* realizadas com os vencimentos do funcionalismo e com crédito dos necessitados e inexperientes". O movimento no Amazonas apresentava uma roupagem social que o identificava com questões concretas, como a corrupção na administração pública. Importava-se mais com problemas locais, chegando a criar a Comuna de Manaus. Também ao contrário de São Paulo, os militares amazonenses rebelados tinham uma postura menos elitista e isolacionista em relação às classes populares, "chegam até a incorporar ao governo revolucionário elementos das classes populares". Foi no Amazonas que o nacionalismo tenentista se manifestou de forma mais radical, quando a Comuna de Manaus expropriou "o mercado e o matadouro da firma inglesa Manaus Market (Forjaz, 1977, p. 84).

Não apenas os oficiais do Exército se comoveram com as realizações dos colegas rebeldes, mas também oficiais da Marinha aderiram ao movimento, como evidencia a revolta Hercolino Cascardo. Essa revolta ocorreu no couraçado *São Paulo*, em 4 de novembro de 1924, quando uma minoria de revoltosos dominou os oficiais e a tripulação. "Tudo foi feito violentamente, a bala, com rajadas de metralhadora." Cogitou-se bombardear o Palácio do Catete, mas preferiu-se abandonar a baía de Guanabara para oferecer combate às Minas Gerais. Chegaram a trocar tiros, quando fugiram em direção ao Rio Grande, com a intenção de desembarcar e seguir para o alto Paraná, em direção à Coluna Paulista, que se formava depois dos conflitos de São Paulo. Em função de problemas com tempestades e com o perigo de controlar os oficiais e marinheiros presos, os rebeldes preferiram se exilar em Montevidéu (Carone, 1975, pp. 107-108). "Posteriormente, engajaram-se na revolução gaúcha" (Forjaz, 1977, p. 86).

O tenentismo no Rio Grande do Sul e a formação da Coluna Prestes

Os movimentos ocorridos na Marinha, nos estados do Amazonas, Mato Grosso, Sergipe, Pará e no Distrito Federal, vinculavam-se ao tenentismo paulista. Por ideologia, tinham o mesmo objetivo revolucionário e foram liderados por oficiais de baixa patente. Não foram movimentos planejados e pensados simultaneamente; surgiram por contágio e apresentavam peculiaridades, como o nacionalismo popular amazonense e a maior participação de civis nos movimentos em geral. De todos os movimentos ocorridos depois de São Paulo, os únicos que tiveram *vínculos organizacionais* com os oficiais rebeldes da capital paulista foram aqueles ocorridos no Rio Grande do Sul, que só não foram simultâneos por "deficiências da organização e dificuldades de comunicação" (Forjaz, 1977, p. 82).

Os militares em armas já haviam desocupado São Paulo, formado a Coluna Paulista e realizado a retirada para Foz do Iguaçu quando os oficiais do Exército se sublevaram em suas unidades, no Rio Grande do Sul. Por volta das duas horas da madrugada do dia 29, ocuparam as cidades de Santo Ângelo, São Luís, Uruguaiana e São Borja, na qual o movimento foi liderado pelo capitão Rui Zubaran e pelo tenente Antônio de Siqueira Campos, sobrevivente da Marcha dos Dezoito do Forte; em Santo Ângelo, pelo capitão Luís Carlos Prestes, líder da lendária Coluna Prestes, que posteriormente se formaria; em Uruguaiana, pelo capitão Juarez Távora, que tinha participado da Revolta da Escola Militar, como cadete, em 1922; e em São Luís, pelo tenente João Pedro Gay (Carone, 1975, pp. 87-89).

Esses movimentos iniciavam com uma quartelada e posterior ocupação de pontos estratégicos na cidade. Em Santo Ângelo, por exemplo, o batalhão revoltado foi logo orientado para "ocupar a vila por patrulhas reforçadas e [...] postar guardas nas entradas com ordens severas de impedir a saída de pessoa sem a competente licença". Foram ocupadas as estações da Estrada de Ferro e do Telégrafo Nacional, de onde foram "retirados os aparelhos telegráficos e telefônicos ali existentes, sendo assim eficientemente interrompidas as comunicações". Houve uma estratégia básica, que se repetiu em cada uma das cidades controladas: o corte das comunicações era parte dessa estratégia, que contava também com a requisição de veículos, combustíveis, equipamentos automotores e gêneros alimentícios em nome da revolução, sempre atentos "à manutenção da ordem e respeito à propriedade particular". A administração da cidade era entregue, em geral, a civis. Em Uruguaiana, por exemplo, "foi investido das funções de governador civil da cidade o Sr. Lúcio Magalhães, que igualmente tomou as providências necessárias à manutenção da ordem [...]" (Carone, 1975, p. 89).

Essas primeiras conquistas representaram pouco diante da diferença de forças e das seguidas derrotas sofridas. Na de Cachoeira, em 29 de outubro de 1924, "atacados pelos elementos do mesmo batalhão, que se conservaram fiéis, e por um corpo auxiliar ali estacionado", os rebeldes foram obrigados a fugir, "sempre perseguidos pelas forças governistas, até que se reuniram à coluna de Honório Lemos, no município de Caçapava". A formação de destacamentos móveis já havia sido experimentada em São Paulo e se repetia no Rio Grande do Sul. Com missões específicas, esses destacamentos tinham autonomia para agir e nem sempre alcançavam êxito. No Rio Grande do Sul, os primeiros desses destacamentos criados foram o liderado por João Alberto e Juarez Távora, e a coluna de Honório Lemos. Aquele teve a missão de atacar Alegrete e esta, de se dirigir para Quaraí. O ataque a Alegrete foi catastrófico, por falta de munição: "Companhias inteiras recuavam, defendendo-se a tiros de revólver porque não dispunham de uma só bala de fuzil." O destino da coluna de Honório Lemos não foi diferente. Quando em Guaçu-Boi, no dia 8 de novembro de 1924: "A coluna revolucionária fora acometida e violentamente atacada [...] A debandada era quase geral. Honório galopava de um lado para o outro, no meio das balas, gritando: 'estende linha, estende linha'" (Carone, 1975, pp. 90 e 91).

As seguidas derrotas sofridas pelos jovens oficiais obrigaram-nos a concentrar suas forças em São Luís. "Esteve, portanto, esta cidade ocupada pelos revolucionários durante o período que decorre de 29 de outubro a 27 de dezembro, quando a mesma foi abandonada para ser iniciada a grande marcha para o norte." Formava-se em São Luís a Coluna Prestes ou Coluna Gaúcha. Liderada pelo capitão Luís Carlos Prestes, marchou em direção a Foz do Iguaçu com o objetivo de juntar forças com os militares paulistas ali estacionados (Carone, 1975, p. 92).

A marcha para Foz do Iguaçu marca o início da Coluna Prestes, com a participação efetiva e considerável de civis entre os militares que saíram de São Luís em direção a Foz do Iguaçu. A Coluna Prestes estava longe de ser um organizado e racional destacamento militar. "Apesar do esforço inaudito de Prestes para dar organização militar à tropa civil, a Coluna ainda se ressentia de certa desordem." A coluna seria "um ajuntamento de revolucionários insubordinados, guardavam certa independência, acampando onde lhes parecia mais agradável, sem consultar o comando". Os civis tinham sua própria guerra. Para eles, o tenentismo no Rio Grande do Sul foi "um prolongamento da revolução estadual do ano anterior". Para os oficiais, os civis eram corajosos revolucionários, aliados, cuja "maioria lutava pelo gosto da aventura", mas com o mesmo "ideal de liberdade e evolução política que norteava os tenentistas" (Carone, 1975, p. 93).

A Coluna Prestes consistia em uma maioria de civis comandados por uma minoria de militares. Tornou-se lendária por seus feitos de coragem e bravura. Em situações adversas, reverteu as posições e conseguiu sair vitoriosa, como no combate de Ramada, "um dos mais renhidos e sangrentos de toda a campanha". Esse combate seria representativo de uma característica do tenentismo nesses anos de luta – a voluntariedade que mistura bravura com inocência. Em Ramada, "as linhas revolucionárias, não obstante serem continuamente varridas pela metralha, avançavam com uma bravura inaudita e arrojavam-se com ímpeto contra a posição do adversário que por vezes esteve em risco de ser tomada. Parecia que a loucura da vitória as impelia para o precipício da derrota" (Carone, 1975, p. 95).

A bravura dos rebeldes foi estabelecida em combates de forças desiguais. O governo os havia derrotado em 1922, e em 1924, com determinação e energia, no Rio Grande do Sul não seria diferente. Na cidade de Ramada, por exemplo, o combate em campo aberto quase significou o fim da coluna. Nesse momento, "os gaúchos aceitavam enfim a nova espécie de luta que iria de agora em diante constituir o forte da Coluna. O combate regular seria substituído pela guerrilha". Como guerrilheiros gaúchos, eles iriam seguir para Santa Catarina, mas antes iriam ter grandes baixas, com a deserção de quase a metade da tropa. "Vencidos pelo desânimo, alguns aproveitaram as grandes picadas para desertarem e outros abandonaram em massa a força." Reduzidos a aproximadamente 800 homens, os gaúchos invadiram Santa Catarina, pela cidade de Porto Feliz, onde "permaneceu a Coluna alguns dias a fim de dar descanso à tropa e fazer aprovisionamento de víveres para a travessia do sertão", rumo à divisa com o Paraná (Carone, 1975, p. 95).

Os jovens oficiais chegaram ao Paraná pela cidade de Barracão, onde tropas paulistas deveriam recebê-los para conduzi-los a Foz do Iguaçu. Como isso não havia acontecido, a coluna foi obrigada a aguardar, enquanto abria na mata o próprio caminho. A coluna ficou em situação delicada, emboscada entre a mata e as tropas governistas, principalmente depois que as forças legalistas haviam chegado a Catanduva e ameaçavam cruzar o caminho da coluna em direção a Foz do Iguaçu. Nesse momento travou-se um combate diferente, sem armas, fundamentado na capacidade de deslocamento, uma das virtudes da coluna. Com uma tropa mais ágil e rápida, Prestes conseguiu conduzir seus comandados para ocupar posições à frente das tropas legalistas, apesar da desvantagem geográfica. Em decorrência da audácia e da cautela, sintetizadas na estratégia de guerrilha adotada pela coluna, os militares gaúchos conseguiram encontrar-se com os paulistas em março de 1925 (Carone, 1975, p. 98).

O encontro foi decisivo para a continuidade do movimento. Existiam duas possibilidades: "Abrir nova era ou encerrar um ciclo". Essa última era defendida pelo general Isidoro e seus oficiais, que acreditavam ter "honestamente o dever e achavam desnecessários novos padecimentos. Sobretudo haviam sofrido por Prestes. Todos os esforços se endereçavam à sua coluna, para não deixá-la desamparada a meio caminho do Paraná". Para o general Isidoro: "Nada mais se pode fazer no terreno militar." A alternativa vencedora foi a primeira, defendida por Prestes, com apoio de Juarez Távora, Miguel Costa, Djalma Dutra e Oswaldo Cordeiro de Farias, entre outros. "Isidoro e seus oficiais se conformavam com a realidade, enquanto Prestes se considerava vencedor." Havia alcançado seu objetivo: chegar a Foz do Iguaçu. E o inimigo estava longe. Por que se render se não havia pressão? Prestes afirmava: "Não emigro senão debaixo de bala" (Carone, 1975, p. 123). Começava aqui a construção do mito da Coluna Invicta.

A continuidade do tenentismo no Rio Grande do Sul – as colunas relâmpagos, 1925-1927

Decidiu-se que o general Isidoro iria emigrar para a Argentina com a missão de arrecadar dinheiro, coordenar os revolucionários "exilados e aqueles que permaneciam inativos no Rio Grande, a fim de levá-los novamente à luta". Além disso, era necessária uma união de forças "entre Isidoro e Assis Brasil para agirem com maior eficiência". A ação do general surtiria efeito no fim de 1925, quando novos focos de conspiração apareceram no Rio Grande do Sul. A política bipartidária estadual mais uma vez absorveria o tenentismo. "Desta vez o movimento era mais amplo e sem caráter exclusivamente militar. Ia chefiá-lo a figura lendária de Assis Brasil [...]." As ações foram planejadas como "tentativa de secundar os esforços da Coluna Prestes", que na época estava na região Nordeste do país (Carone, 1975, p. 111).

Na prática, poderiam ser "colunas relâmpagos", que conjugavam ações de civis e militares, mas não passaram de surtos revolucionários. Para os civis, esses esforços eram "verdadeiros atos de desespero [...] a única maneira de se encontrar paz de consciência contra o chamado borgismo", a hegemonia política da oligarquia Borges de Medeiros no contexto específico do Rio Grande do Sul. Para os militares, era uma situação especial de tenentismo, na qual a política bipartidária impunha seu modelo.

No Rio Grande do Sul o tenentismo foi adequado à tradição gaúcha, com expressiva participação de líderes locais e com grau de envolvimento que distingue o caso particular do tenentismo que existiu no Rio Grande do Sul. Nesse estado, a participação de civis (no movimento) foi mais expressiva do que nos demais, não apenas em termos numéricos, mas, principalmente, pela qualidade da relação entre o tenentismo e as oligarquias gaúchas, em específico a absorção do primeiro no conflito oligárquico local. "Prevalecia no Rio Grande o sistema bipartidário, e não se concebia uma terceira posição compatível como o espírito regional. Ou se era *chimango* ou *maragato*." Os oficiais rebeldes não iriam fugir dessa regra. "A oficialidade da guarnição federal, que no Rio Grande sempre foi constituída por maioria de gaúchos, também com separação bipartidária, ansiava, no setor dos *libertadores*, por um movimento que enfim pusesse termo à longa ditadura borgista" (Carone, 1975, p. 112).

O tenentismo no Rio Grande do Sul recebeu desde o início o importante apoio de caudilhos libertadores, como Zeca Neto e Honório de Lemos. Essa aproximação "trata-se de uma conjunção tática de esforços para o objetivo imediato de derrubar o governo de Borges de Medeiros, embora os objetivos políticos a longo prazo de tenentes e dissidências oligárquicas não coincidam", revelando uma aliança desprovida de maiores articulações e que se desfez quando Prestes decidiu seguir caminho para Foz do Iguaçu, mesmo com a oposição dos políticos civis (Forjaz, 1977, pp. 85-86). Essa aliança teria sido refeita em fins de 1925, com a reaproximação entre o general Isidoro e Assis Brasil, e gerado frutos apenas em 1926.

Entre os civis, organizaram-se as malogradas colunas Leonel Rocha e Zeca Neto, em dezembro de 1926, logo derrotadas pelas forças legalistas. A experiência mais duradoura foi a Coluna Etchegoyen, que nasceu, em 14 de novembro de 1926, de uma revolta militar em Santa Maria e inspirou tentativas "para dar-lhe capacidade de combate até romper as linhas adversas". Com esse propósito foi planejada a Coluna Júlio de Barros, com a participação dos "veteranos do levante do couraçado *São Paulo*" e dos civis inimigos de Borges de Medeiros. Nessas experiências destacaram-se os líderes, entre os militares, Alcides Gonçalves Etchegoyen, Estilac Leal, Tales Marcondes, Alcides Araújo e Amaral Peixoto; entre os civis, Osvaldo Aranha e Virgílio Viana. A Coluna Júlio de Barros seria o encontro de tropas revolucionárias formadas fora do Brasil, mas que nunca conseguiram se reunir no país por causa da quantidade de efetivos das forças governistas estacionadas na região da fronteira. A Coluna Etchegoyen lutou no Rio Grande do Sul de novembro a dezembro de 1926, sempre duramente perseguida pelas tropas governistas, até se dissolver e seus membros se retirarem do país.

A Coluna Prestes

A Coluna Miguel Costa-Prestes, ou Coluna Prestes, era formada por um Estado-Maior e duas brigadas – a de São Paulo, com dois batalhões de caçadores, e a do Rio Grande do Sul, com dois regimentos de cavalaria independentes. O comando foi inicialmente definido da seguinte forma: comandante, general Miguel Costa; Estado-Maior, major Coriolano de Almeida Júnior; comandante da brigada de São Paulo, tenente-coronel Juarez do Nascimento Fernandes Távora; comandante da brigada Rio Grande, coronel Luís Carlos Prestes. "O efetivo de todas as unidades elevava-se a um total de 1.200 homens." Ficar em Foz do Iguaçu era inviável, graças à crescente pressão das tropas governistas na região sudoeste do Paraná. Encurralados, eles passaram pelo Paraguai, "numa extensão aproximada de 150 quilômetros", transpuseram a serra de Maracaju e invadiram o estado de Mato Grosso em 3 de maio de 1925 (Carone, 1975, p. 125).

No Mato Grosso, a Coluna Miguel Costa-Prestes, primeiro, instalou-se em Patrimônio da União e Ponta Porã. Pressionados pelas tropas governistas, "seguiram para o norte e, atravessando os rios Vacaria e Anhanduí, atacaram a estação Rio Pardo, na estrada de ferro noroeste do Brasil, que se achava defendida por numerosas tropas governamentais, sendo obrigados a retroceder [...]", seguiram para "Patrimônio de Jaraguari, onde se demoraram alguns dias". No Mato Grosso, a coluna foi duramente combatida pelas forças legais e muito mal recebidas pela população em geral. Nesse estado, eles foram tratados como inimigos, "recebidos a bala pelos habitantes dos lugares" (Carone, 1975, p. 127).

A Coluna Miguel Costa-Prestes saiu do Mato Grosso hostilizada e seguiu para Goiás, em junho de 1925. Por onde passou, evitou combates com as tropas inimigas, mesmo em situação de vantagem. Atacava apenas quando convinha à estratégia da luta de guerrilha, quando a vitória era certa, sem grandes custos, e para apreender veículos, armas e munição, como aconteceu em Anápolis, no ataque de um destacamento da coluna às tropas que guardavam a cidade, em 24 de julho de 1925 (Carone, 1975, p. 128).

A coluna partiu para sua marcha em direção à região Norte do país. Nessa caminhada, em Goiás, como no Mato Grosso, "a Coluna era repelida pela população, que ou fugia à sua passagem ou incorporava-se aos Batalhões Patrióticos para combatê-la. Esses batalhões eram milícias mercenárias arregimentadas pelos oligarcas regionais, que auxiliavam as forças regulares legais no combate à Coluna". Contribuía para a pouca simpatia da coluna junto à população rural e aos pequenos núcleos urbanos a propaganda do governo, "que apregoava não passarem os revolucionários de um bando desorganizado e mal armado de ladrões, estupradores e assassinos. Também contribuíam para criar hostilidade à Coluna as potreadas e as requisições revolucionárias", fonte do mito da coluna e seus poderes sobrenaturais (Forjaz, 1977, p. 99).

Isso não significou, entretanto, que a coluna fosse um sucesso. "Do ponto de vista militar, essa primeira campanha de Goiás caracterizou-se por pequenos encontros, geralmente simples patrulhas, com as forças da política mineira comandadas pelo major Bertoldo Klinger." O único combate sério que houve nesse território foi também o mais violento que a coluna enfrentou. A coluna havia planejado atacar seu perseguidor em dois flancos. "Porém, ao invés de avançar, como tinha previsto, Klinger ficou à espera do ataque da Coluna. Ao invés de surpreender, a Coluna foi então surpreendida pelo inimigo, e seguiu-se um dos mais violentos combates da história da Coluna, que sofreu pesadas perdas e gastou excessiva munição. Nessa situação, Prestes, temendo a chegada de reforços, suspendeu a luta e ordenou a retirada" (Forjaz, 1977, p. 100).

Em sua primeira passagem por Goiás, a Coluna Miguel Costa-Prestes estava convicta de sua estratégia de luta, a guerrilha. Porém não tinha clareza em relação aos objetivos dessa luta. A facção paulista, liderada por Miguel Costa, pretendia, com "sucessivos enfrentamentos com as forças legais, criar condições para um assalto direto ao centro do poder nacional no Rio de Janeiro". A facção do Rio Grande do Sul, liderada por Luís Carlos Prestes, "concebia como objetivos imediatos da Coluna manter a revolução em armas e propagá-la em todo o território nacional". Preferia reunir forças. Desistiu do "plano inicial de marchar sobre o Rio de Janeiro, através de Minas Gerais ou São Paulo, pois julgava prematuro e inadequado às condições da Coluna estabelecer como objetivo estratégico a tomada do poder" (Forjaz, 1977, p. 98).

Esse impasse foi resolvido em agosto de 1925, em Goiás. Os argumentos da opção gaúcha foram mais realistas e convincentes, tendo prevalecido sobre a opção paulista, o que determinou nova formação do comando da coluna, que continuava com o general Miguel Costa, e Luís Carlos Prestes tornava-se chefe do Estado-Maior, com Juarez Távora como subchefe. A coluna foi dividida em quatro destacamentos, comandados por Osvaldo Cordeiro de Farias, João Alberto Lins de Barros, Antônio Siqueira Campos e Djalma Dutra. "Essa nova organização da Coluna, que se tornou definitiva, veio institucionalizar a liderança de Prestes, que a partir daí enfeixou em suas mãos a direção da guerra e passou a controlar completamente o comando em chefe" (Forjaz, 1977, p. 98).

O caminho em direção ao norte era escolhido de acordo com as informações fornecidas pelos "conhecedores do terreno (a quem os gaúchos chamam *vaqueanos*)". Evitava-se o trajeto mais difícil, do ponto de vista geográfico, ambiental e político, e buscava-se passar por regiões habitadas, onde encontrariam alimentos e a população não oferecesse resistência (Carone, 1975, p. 131). "O rumo da marcha era determinado por um complexo de fatores, entre os quais avultavam as necessidades da defesa e as condições ecológicas" (Forjaz, 1977, p. 100). Nessa orientação, a coluna saiu de Goiás e chegou ao rio São Francisco em 11 de agosto de 1925. Permaneceu na margem oeste do rio e seguiu seu curso até a divisa com a Bahia, de onde rumou para o rio Tocantins, em Goiás, onde permaneceu até novembro de 1925. "Nesse pequeno trecho de sua marcha, a Coluna enfrentou um de seus piores períodos em termos de recursos de subsistência" (Forjaz, 1977, p. 100).

As precárias condições determinaram os rumos da marcha em busca de condições melhores encontradas em Goiás. "Esse retorno a Goiás se deveu exatamente à busca de abundância de recursos alimentares, já que a região recém-percorrida era pobre em agricultura e pecuária, além de muito pouco povoada" (Forjaz, 1977, p. 100). Nessa segunda passagem por Goiás a coluna conheceu um período de relativa trégua. "Apesar das asperezas da campanha, força é confessar que ela se tem abrandado nos últimos tempos, graças à completa liberdade de ação que nos permitem as forças governistas." Essa liberdade devia-se a dois fatores: primeiro, à falta de organização das forças governistas, "constituídas por pequenos destacamentos de várias polícias estaduais – sem coesão que as unifique num plano único"; segundo, à estratégia das forças inimigas do tenentismo, que se "imobilizam em torno das grandes cidades ou se dispersam em movimentos incertos, rumando para pontos que a mentalidade governista erige – por palpites – a objetivos certos dos revolucionários. O certo, porém, é que a eficiência dos nossos adversários se torna cada vez menos sensível" (Carone, 1975, p. 131).

Nesse momento o inimigo mais ameaçador da coluna foi o interno, como a conspiração abortada do major Mário Geri. A coluna seguia invicta, porém sem alcançar seu objetivo principal de abalar os alicerces das oligarquias dominantes. Uma situação que gerava um certo mal-estar na tropa e abria caminho para motins, como no caso do major Mário Geri, que "aproveitou-se do desgosto que dominava algumas pessoas para iniciar uma campanha surrada de revolta" (Carone, 1975, p. 132). De qualquer forma, a situação evidenciava a fragilidade da coluna. Fragilidade que levaria os homens a sugerirem o fim do conflito, sem abrirem mão, no entanto, do limite mínimo das aspirações liberais, que incluiriam a revogação da Lei de Imprensa e a adoção do voto secreto. Com tais medidas uma natural anistia e imprescindível suspensão do estado de sítio" (Forjaz, 1977, p. 101). Essa tentativa dos revolucionários não foi aceita pelo governo.

Tendo sido negada sua proposta de paz, a coluna iria sair de Goiás sem incidentes sérios e chegaria ao Maranhão em novembro, onde permaneceria até dezembro de 1925. Nesse estado, encontrou maiores facilidades que em Goiás. "Os campos do sul do Maranhão, verdejantes com as primeiras chuvas de outubro, deslumbraram a nossa gente. Teríamos novamente cavalos e gado. Estávamos já cansados das marchas a pé e da comida de panela. A gauchada criou alma nova" (Carone, 1975, p. 133). Nessas condições, os destacamentos da coluna ocuparam, sem maiores problemas, cidades do Norte do Maranhão. Em Carolina, recebeu carta de apoio do Partido Republicano maranhense.

O apoio do Partido Republicano maranhense, em Carolina, revelava um dos motivos da ida da coluna para o Maranhão, a saber, a existência neste estado de simpatizantes civis. "Antes mesmo de entrar no Maranhão, o QG da coluna vinha mantendo ligações com a oposição democrática maranhense, que planejava um levante com a assessoria dos revolucionários." O coronel Paulo Kruger da Cunha Cruz já havia sido enviado para os primeiros contatos e como coordenador da revolução, mas foi "preso antes de atingir São Luís. Com sua prisão, a Coluna perdeu o contato com os conspiradores maranhenses, e fracassou o plano revolucionário" (Forjaz, 1977, p. 102).

O Maranhão seria o estado que melhor recebeu a coluna. "Além da manifestação de júbilo, comícios e discursos, a Coluna obteve no Maranhão um apoio ainda mais efetivo", como a incorporação de 250 homens recrutados pelos fazendeiros Manoel Bernadino, o Lenine da Mata, líder político local, e Euclides Neiva. "A possibilidade do levante em São Luís e a receptividade da população maranhense em geral criaram no Estado-Maior revolucionário o projeto de fixação no Maranhão e, portanto, de abandono da luta de movimento e conquista de um território revolucionário. Esse projeto esvaneceu-se devido ao insucesso da conspiração revolucionária em São Luís" (Forjaz, 1977, p. 102).

Do Maranhão, a coluna seguiu para o Piauí, onde chegou em dezembro de 1925 e permaneceu até janeiro de 1926. Nesse estado, a situação continuou bastante favorável para eles, o que abriu as portas para a ação mais audaciosa e grandiosa da coluna depois que saiu de Foz do Iguaçu e chegou às regiões Norte e Nordeste do país: o cerco a Teresina, que durou três dias, de 28 a 31 de dezembro de 1925. Esse cerco não foi propriamente planejado; decorreu de uma série de vitórias no interior do estado que conduziram a coluna até Teresina.

O 3º destacamento, comandado por Siqueira Campos, seguia na vanguarda da coluna e já havia avançado "além do Mirador, dirigia-se para Nova Iorque com a incumbência de cortar as comunicações de Urusuhy com

Floriano e Teresina" (Carone, 1975, p. 134). Nessa missão, o destacamento Siqueira Campos enfrentou pequenos combates e saiu vencedor. "O pavor que se apoderou das tropas governistas fez mudar a face dos acontecimentos. Fugindo, provocaram a perseguição, e esta tinha que ser continuada, persistente e sem tréguas para não lhes dar tempo de se refazerem para a resistência" (Carone, 1975, p. 134). O alto-comando da coluna determinou a todos os demais destacamentos engrossarem os esforços de Siqueira Campos na perseguição às forças governistas em direção ao norte. Diante da facilidade de locomoção entre as cidades, onde enfrentavam fraca resistência, "resolveu continuar a marcha para o norte em perseguição dos fugitivos pelas duas margens do Parnaíba, indo os destacamentos de Djalma Dutra e João Alberto pela margem direita e os de Cordeiro de Farias e Siqueira Campos pela esquerda" (Carone, 1975, p. 135).

A fuga das tropas governistas atraiu a coluna para Teresina (Forjaz, 1977, p. 102). Racionalmente, a coluna não tinha condições de enfrentar as tropas governistas, pois era inferior em número e em munição. Porém o recuo poderia significar a derrota: "Tornava necessário simular força e superioridade, visto ser a defesa impossível. O ponto de vista tático exigia, pois, que se rematasse a perseguição com o cerco a Teresina, sendo ao mesmo tempo assaltada a cidade maranhense de Flores, que lhe fica fronteira". O cerco a Teresina resultou para a coluna em mais um feito heroico. Prestes conclui o cerco e logo se retira, deixando como perda um de seus líderes, Juarez Távora, preso em campanha (Carone, 1975, p. 135).

Depois de Teresina, a coluna seguiu para Ceará, Rio Grande do Norte, Paraíba e Pernambuco, entre janeiro e fevereiro de 1926. Aqui termina a fase ascendente da coluna e inicia-se o período desfavorável. "A partir da Paraíba a resistência da Coluna tornou-se muito mais difícil, pois agora, além das tropas regulares, uma série de 'coronéis' do sertão nordestino empreenderam com suas tropas sertanejas a perseguição da Coluna" (Forjaz, 1977, p. 103).

A coluna locomovia-se, de acordo com o clima político, em direção aos estados onde existia possibilidade de levantes revolucionários de apoio. No Ceará e na Paraíba existiram esses movimentos, que fracassaram. Tais tentativas de aproximação com civis não obtiveram êxito, tendo sido abortadas antes mesmo de gerarem frutos. Apenas em Pernambuco ocorreu um movimento mais duradouro, de origem militar: a rebelião do tenente Cleto Campelo, no Recife (Forjaz, 1977, p. 103). Acompanhado de alguns soldados, ele rebelou-se em seu batalhão e seguiu em direção à coluna. Esse grupo ganhou "algumas adesões de operários e camponeses e chegou a formar um pequeno destacamento de mais de 150 homens". Contra eles, o governo lançou todas as tropas do Nordeste e os policiais militares de Alagoas, Sergipe, Pernambuco, Paraíba e Rio Grande do Norte. "Eram dezenas de milhares de homens bem armados, bem municiados, dispondo de abundantes recursos em transportes, com dinheiro farto e principalmente com ligações telegráficas contra o pequenino destacamento que mal dava os seus primeiros passos." Sem possibilidade de receber ajuda da coluna, que já estava na Bahia, restou a Cleto vender caro a derrota: "Prolongar ao máximo a resistência e procurar ir abrindo caminho para o sertão em busca da Coluna" (Carone, 1975, p. 138).

A coluna permaneceria na Bahia de março a abril de 1926. Lá chegou com 1.200 homens e enfrentou um de seus piores momentos. "O inimigo não era mais identificável, ele podia estar em todos os lugares, em todos os momentos. A satisfação das necessidades biológicas elementares, como beber e comer, transformou-se para a Coluna numa luta sangrenta." Os baianos atacavam em pequenos grupos, de emboscada, em pontos estratégicos, onde a coluna buscava alimento e montaria. "Com suas cabeças postas a prêmio, os homens da Coluna se tornaram objetos da cobiça de homens como o coronel-cangaceiro Horácio de Mattos, que mobilizou contra ela um batalhão de 800 homens" e se tornou um de seus piores perseguidores (Forjaz, 1977, p. 107).

Tratada com violência, a coluna também reage com violência, tornando-se difícil conter o ímpeto dos revolucionários, que "se entregavam a represálias cruéis, como, por exemplo, atear fogo a todas as povoações, geralmente desertas, por que passavam". Foi fugindo de Horácio de Mattos que a coluna entrou em Minas Gerais, palco de uma manobra surpreendente, nascida do gênio militar de Prestes. A coluna entra em Minas Gerais e logo retorna à Bahia, enganando seus perseguidores, que continuaram em direção do sul, até se encontrar com as forças mineiras. "Em fins de abril a Coluna Prestes atingira novamente a Bahia, com a intenção de transpor o rio São Francisco em busca de novas terras, menos hostis e mais seguras." Uma enchente no rio impossibilitou essa travessia e restou à coluna procurar passagem mais ao norte. Nesse momento "a Coluna tinha um aspecto desolador: exaustos, maltrapilhos, famintos pela escassez de recursos, acometidos de impaludismo, os homens da Coluna iam vencendo penosamente a pé os atoleiros em que as estradas tinham se convertido". Nessa enchente afogaram-se os sonhos dos jovens oficiais, "que tinham alimentado tantas esperanças de incendiar o Nordeste com sua revolução libertadora" (Forjaz, 1977, p. 107).

Coube ao Estado-Maior revolucionário decidir pela emigração. Afinal, o governo Artur Bernardes estava no fim, "cuja derrubada tinha sido o objetivo imediato das revoluções de 1924 e da Coluna Prestes". Além disso, as revoluções que eles acreditavam conseguir pelo Brasil fracassaram. E, por último, "a Coluna estava reduzida a cerca de 800 homens, dos quais apenas 600 precariamente armados e quase sem munição". A travessia para a margem ocidental do rio São Francisco já fazia parte da estratégia de retirada. A coluna "prosseguia na luta apenas para sobreviver, abrindo caminho para a emigração" (Forjaz, 1977, p. 107).

Alcançada a outra margem do rio, em julho de 1926, a coluna iria atravessar os estados de Pernambuco, do Piauí, de Goiás e do Mato Grosso até outubro. "Nesse longo percurso, a Coluna evitou mais do que nunca travar combates com o inimigo, no que teve sucesso". Do Mato Grosso, Prestes enviou Djalma Dutra e Lourenço Moreira Lima para se encontrarem com o general Isidoro, na Argentina, em busca de orientações. Enquanto isso, a coluna seguiria na direção ao norte do Mato Grosso e sul de Goiás, próximo à fronteira da Bolívia, na altura da vila San Matias, onde aguardaria respostas. Como estratégia, o destacamento Siqueira Campos marcharia em direção a Campo Grande, sede da região militar, para desviar. "Posteriormente, esse destacamento se reuniria à Coluna, no vale do rio das Garças. Porém Siqueira Campos não conseguiu reencontrar a coluna, e após longa caminhada por Mato Grosso, Goiás e Triângulo Mineiro internou-se no Paraguai com seiscentos e cinco homens no dia vinte e quatro de março de 1927" (Forjaz, 1977, p. 107).

A coluna ainda veria a transmissão do cargo presidencial de Artur Bernardes para Washington Luís, em novembro de 1926, e a última tentativa de apoio à coluna, o movimento revolucionário do Rio Grande do Sul, "organizado em conjunto pelos Libertadores e tenentes no exílio, sob a coordenação do marechal Isidoro e Assis Brasil", as mencionadas colunas relâmpagos. Nesse momento, chegam Djalma Dutra e Lourenço Lima com a orientação do general Isidoro para aguardarem os resultados da revolução no Rio Grande do Sul por dois meses antes de emigrarem. Expirado o prazo e ante o insucesso da nova revolução tenentista do Rio Grande do Sul, Prestes e Miguel Costa resolveram efetivar a emigração, internando-se na Bolívia a 4 de fevereiro de 1927 com os 620 homens remanescentes da Coluna Invicta (Forjaz, 1977, p. 108).

Tenentismo e interpretações: o sentido da intervenção militar na política brasileira

A primeira interpretação sistemática do tenentismo foi feita por Virgílio Santa Rosa. Surgiu em 1933, com a publicação do livro *O sentido do tenentismo* (Santa Rosa, 1976). Antes, as análises eram isoladas; os acontecimentos e seus personagens eram estudados até a exaustão, porém sem uma interpretação do conjunto. Prefaciando o livro, Nelson Werneck Sodré afirma que "o fenômeno, na sua profundidade, permanecia obscuro, entretanto. Virgílio Santa Rosa foi o iniciador de sua exata conceituação: colocou-o em seus devidos termos. E fez tudo isso na sequência dos próprios acontecimentos, com as personagens ainda no palco".

O livro de Virgílio Santa Rosa é um clássico da sociologia e da história no Brasil, referência para os estudiosos da Primeira República, em especial da Revolução de 1930. Sobre o tenentismo, a análise do autor é fundadora de importante linha interpretativa, para a qual os jovens oficiais seriam os representantes legítimos das classes médias urbanas no processo revolucionário de 1930. "Com o advento deles, as classes médias teriam, possivelmente, a sua primeira expressão política." Isso, graças à origem desses militares revolucionários. "Oriundos dessas camadas novas das populações brasileiras, os tenentes forçosamente tinham de encarar os seus anseios mais íntimos" (Santa Rosa, 1976, p. 53).

Os tenentes compunham as classes médias na Revolução de 1930. Com essa máxima, Virgílio Santa Rosa inaugurava uma importante vertente historiográfica que considera determinantes as origens sociais dos militares revoltosos. Inserido no debate com Alcindo Sodré, sobre a participação positiva ou negativa do Exército na política, "Santa Rosa pretende, a partir de sua visão sociológica e distante de lutas partidárias, explicar o fenômeno do tenentismo como as vanguardas das classes médias, no seio de um movimento ascensional da pequena burguesia em todos os países europeus ou mesmo universal" (Borges, 2000, p. 165). Por pertencerem aos segmentos médios da sociedade, seriam seus legítimos representantes; e, pela ação armada e violenta, os verdadeiros revolucionários. Ambos os casos evidenciavam o caráter burguês da Revolução de 1930. São laudatórias dessa tese do tenentismo como movimento social as análises de Nelson Werneck Sodré, Hélio Jaguaribe, Guerreiro Ramos, Wanderley Guilherme e Edgard Carone (Forjaz, 1977, p. 23).

Diferentes das interpretações do tenentismo como vanguarda das classes médias, existem as análises do tenentismo como movimento militar, que interpretam o fenômeno do ponto de vista institucional, dentro da lógica interna das forças armadas, em especial do Exército. Essas interpretações, surgidas no fim da década de 1960, representaram o aprofundamento do debate sobre a revolução no Brasil; buscavam explicar os acontecimentos de 1964 e de 1968 (Borges, 2000, p. 173).

O marco 1930 é revisitado e, com ele, o tenentismo ganha um outro olhar, em especial na análise de Boris Fausto sobre a Revolução de 1930. Para esse autor, os oficiais rebeldes saíram de classes menos favorecidas, mas o Exército falava mais alto como instituição que guardava certa autonomia com relação ao conjunto da sociedade. Assim, as relações entre classes médias e tenentismo não se concretizaram, nem sob a forma da efetiva organização dessas classes pelo movimento, nem pela sua representação específica como *potência governamental*. A aproximação mais segura entre a categoria social e o tenentismo deriva de um setor do movimento que propõe um programa de reformas pequeno-burguesas, porém sem nenhuma base social (Fausto, 1976). O trabalho de Boris Fausto insere-se, do ponto de vista metodológico, na tendência das ciências sociais de sua época: "O que distinguiu fortemente esse período da historiografia foi a influência interdisciplinar" (Borges, 2000, p. 173). Como parte de uma renovação historiográfica, do ponto de vista interpretativo e metodológico, Boris Fausto encontraria correspondentes em outras disciplinas das ciências sociais, como na ciência política e na sociologia.

Surgiram no período posterior à década de 1960 trabalhos na ciência política e na sociologia sobre as forças armadas, do ponto de vista institucional, produzidos por autores como Alexandre de Souza Costa Barros, Antônio Carlos Peixoto e, principalmente, José Murilo de Carvalho e Edmundo Campos Coelho. Esses trabalhos corresponderiam a uma análise institucional, na estrutura fundadora do ser militar: uma preocupação em "resgatar a instituição militar como objeto legítimo de análise por si mesmo, e não pelos traumatismos de toda ordem que elas provocam através das intervenções" (Coelho, 1985, p. 16).

O fundamento teórico de José Murilo de Carvalho apoia-se na teoria das "instituições totais", desenvolvida por Goffman. O autor salienta as mudanças internas e externas na história das forças armadas no Brasil, com ênfase nas características próprias dos militares como "instituições totais", autônomas em relação ao mundo exterior. Dessa perspectiva, Carvalho conta a história do Exército e indica duas ordens de fatores que fortaleceram o *esprit de corps*: o primeiro relacionado à institucionalização do órgão; o segundo, à ação política dos militares (Carvalho, 1985). Carvalho analisa o Exército na República e aponta para um crescente processo de institucionalização do órgão, em relação ao período monárquico. São referências do autor nessa análise: os Jovens Turcos, militares brasileiros que estagiaram na Alemanha de 1906 a 1912; o recrutamento por sorteio universal, instituído a partir de 1916; e a Missão Francesa no Brasil, responsável por modificar a educação militar, com ênfase maior sobre a técnica. O sentido do tenentismo para Carvalho é institucional e os oficiais revoltosos seriam agentes do processo de institucionalização do Exército durante a Primeira República.

O segundo aspecto na análise de Carvalho diz respeito à ação política do Exército. Nesse aspecto, o tenentismo da década de 1920 é entendido como a continuidade de um primeiro tenentismo manifestado nos primórdios da República, durante os governos militares de Deodoro da Fonseca e Floriano Peixoto, de 1889 a 1904. Na década de 1920, o tenentismo seria um fenômeno de transição, dentro de um processo político mais amplo, de constituição do intervencionismo militar. As bases desse processo teriam surgido durante a Primeira República, auge da intervenção contestatória e da gestão da intervenção controladora. O tenentismo seria um tipo de intervenção contestatória, com fundamentos institucionais, que teria contribuído para o desenvolvimento de um outro tipo de intervenção, a controladora. Esta explicaria a ação dos militares em 1930, 1937, 1945 e 1964, quando, no lugar da política no Exército, instituiu-se a política do Exército.

Edmundo Campos Coelho irá dialogar com Carvalho. Para Coelho, o tenentismo também seria uma forma de transição, mas por motivos diferentes daqueles colocados por Carvalho e em outra direção. A não construção do Estado não passou despercebida pelos militares: "A prática de *privatização* das funções do Estado manifestava-se nas tentativas de *privatizar* setores da instituição militar, alinhando-se com interesses políticos de frações da elite civil. As crises político-militares eram expressões das crises do Estado" (Coelho, 1985, p. 14).

Atualmente, as interpretações do tenentismo como movimento militar estão presentes nos estudos que tratam dos militares na política brasileira, de forma ampla em todos períodos da República, desde a proclamação até a ditadura militar, como os trabalhos de Celso Castro, John Schulz, Jehovah Motta, Frank McCann e Oliveiros Ferreira. Algumas dessas abordagens, atentam para a relação entre o projeto de modernização no Brasil e sua relação com os anseios dos militares. Aspecto apontado por Ítalo Tronca, na década de 1970, e recentemente trabalhado por jovens historiadores, como Alexandre Avelar de Sá e, especificamente sobre o tenentismo, Guillaume Azevedo Marques de Saes, que compara o projeto de desenvolvimento do tenentismo, na década de 1930, com os projetos da oficialidade republicana na proclamação da República e da cúpula militar do Estado Novo. Existe ainda a vertente interpretativa sobre o tenentismo, para a qual há correspondência entre o movimento social e o movimento militar. Esse tipo de interpretação já estaria sendo esboçada por José Maria Bello desde a década de 1940. Para Bello, "nos grandes embates partidários, sobretudo em torno das candidaturas presidenciais, os civis mais inconformados ou menos escrupulosos não se esqueciam de *rondar os quartéis*, como se dizia na gíria em voga; e não faltavam militares, jovens em regra, para escutar--lhes a canção...". Segundo essa análise, militares e civis tinham motivações diferentes, mas ocasionalmente se uniam, como ocorreu no caso do tenentismo, e as motivações dos militares relacionavam-se mais com suas condições como militares que por suas condições sociais. A formação dos oficiais criava esse comportamento diferenciado dos militares, para o qual muito contribuíram a Missão Francesa e os Jovens Turcos. "As viagens e os estágios no estrangeiro, e a natureza mais eclética dos cursos nas escolas militares arejavam o espírito dos jovens oficiais, dando-lhes uma compreensão menos dogmática das coisas e um sentimento mais vivo de seus deveres profissionais e da sua própria missão social" (Bello, 1964, p. 363).

Esboçada por Bello na década de 1940, as interpretações do tenentismo como movimento militar e social foram mais bem representadas nas análises de Maria Cecília Spina Forjaz, para quem, na conjuntura da década de 1920, com a dependência estrutural das camadas médias em relação às oligarquias cafeeiras, "o tenentismo assumiu o papel de porta-voz das aspirações das camadas médias urbanas". Entretanto, embora "integrantes das camadas médias urbanas, os militares guardam uma autonomia própria, advinda de suas funções no aparelho de Estado". Por herança da função de seus principais protagonistas, o tenentismo carregava em sua história o estigma da ambiguidade. Segundo Forjaz, "o tenentismo é liberal-democrata, mas manifesta tendências autoritárias; busca o apoio popular, mas é incapaz de organizar o povo; pretende ampliar a representatividade do Estado, mas mantém uma perspectiva elitista; representa os interesses imediatos das camadas médias urbanas, mas se vê como representante dos interesses gerais da nacionalidade brasileira" (Forjaz, 1977, p. 31).

Alguns apontam os militares como *caixa de ressonância* dos anseios da sociedade. Para Anita Prestes: "Os militares refletem em seu comportamento – ainda que de forma peculiar e modificada, pelo fato de pertencerem à corporação armada – os conflitos e problemas que se desenvolvem na vida social e política da Nação." Na ausência de partidos políticos e outras organizações sociais, o Exército cumpria o papel de "caixa de ressonância dos anseios de amplos setores populacionais urbanos, impedidos de expressar sua vontade através do sistema eleitoral vigente" (Prestes, 1993, pp. 15 e 41). Essa versão defenderia uma quarta alternativa, que considera os militares como camadas sociais, não necessariamente representantes de uma classe determinada, mas inseridos na sociedade e, portanto, com interesses sociais. Nessa linha de análise, os trabalhos de Marieta de Moraes Ferreira e Surama Conde Sá Pinto; Dulce Chaves Pandolfi e Mario Grynszpan, juntamente com o de Anita Prestes, são referências da atual tendência historiográfica de priorizar os aspectos políticos do movimento. No caso, o tenentismo seria protagonista preponderante no processo de decadência e falência do regime oligárquico da Primeira República, e dos embates posteriores, até 1935. Estudo recente, laudatório dessa linha historiográfica, é a tese de doutorado de Guilherme Pigozzi Bravo sobre o projeto tenentista de reforma agrária, de 1930 a 1935.

Existem ainda as abordagens culturais no atual cenário historiográfico brasileiro, como é o caso da reflexão proposta por Vavy Pacheco Borges sobre o tema. Preocupada com a situação política em São Paulo no conturbado período 1930-1932, é no processo da luta pelo poder no estado, diz a autora, que o termo "tenentismo" foi cunhado, recebendo diferentes significados. Assim, na década de 1920 não se encontra na documentação a expressão "tenentismo", mas sim "militares revolucionários", "revoltosos", "rebeldes", "revoltados", entre outros (Borges, 1992, pp. 20-21). A expressão "tenentes", bem como "tenentismo", surgiu no primeiro semestre de 1931 em plena luta pelo poder no estado. O termo era identificado como "partido dos tenentes" ou, então, aproximado de outros "ismos", a exemplo de "outubrismo", "prestismo", "aliancismo", "luzardismo". Contudo, para seus adversários, "tenentismo" era utilizado com significado desmerecedor: "atenentação", "tenentada", "tenentocracia", "atenentadamente". Para a autora, portanto, a palavra "tenentismo" surgiu como resultado da luta político-partidária, expressando conflitos entre grupos. Na época de sua formulação, 1931, o termo assumiu, sobretudo, um caráter pejorativo, referindo-se principalmente a uma situação de "anarquia militar" (Borges, *op. cit.*, p. 221).

Como produto da luta estadual paulista e traduzindo um conceito discriminatório, a expressão "tenentismo", nos dois anos seguintes, mudará de significado. Vavy Pacheco Borges, Alcindo Sodré, com *A gênese da desordem*, de 1932, e principalmente Virgílio Santa Rosa, com *A desordem*, também de 1932, mas sobretudo com *O sentido do tenentismo*, de 1933, transformam o "tenentismo", de uma ideia geral, de uma generalidade empírica, em um conceito sociológico (Borges, *op. cit.*, 1992, pp. 224-225). De algo negativo, surge como um tema de conotação positiva. Como conceito sociológico – expressão das classes médias –, o "tenentismo" chegará às universidades. Nas palavras da autora, "o 'tenentismo' não surgiu a partir de uma categoria explicativa ou conceito construído por historiadores e cientistas sociais em suas pesquisas e reflexões; foi forjado diretamente na luta política, sendo o seu registro e sua memória" (Borges, 1992, p. 232).

Registros e memórias que oferecem significados para identidades passadas, atuais e futuras. Como no trabalho, realizado por Marly de Almeida Gomes Vianna, de organização e publicação do Relatório Bellens Porto sobre a insurreição de 1935.

Além dos trabalhos citados, é importante registrar aqueles de conformação mais regionalista e específica, salientando-se as colaborações de Eloína Monteiro dos Santos, sobre 1924, em Manaus; Iberê Dantas, em Sergipe; Gil Soares, em Natal; Ana Maria Martinez Corrêa e o trabalho de Ilka Stern Cohen, sobre a rebelião em São Paulo; William Gaia Farias, sobre a relação entre civis e militares no tenentismo do Pará; Alex Alves de Oliveira, sobre a passagem da Coluna Preste pelo Ceará; Eneida Ramos Ribeiro, sobre Alfredo Augusto Ribeiro Júnior, no Amazonas; Mariza Elaine Simon dos Santos e Zolá Franco Pozzobon, sobre Honório Lemos; e Glauco Carneiro, sobre Siqueira Campos, além da publicação *Tenentismo: bibliografia*, editada por Paulo César Farah, em fac-símile. Não poderia deixar de ser mencionada uma bibliografia específica para o ensino de primeiro e segundo graus, como o trabalho de Antônio Paulo Rezende e Éline Maria Ianni Segatto.

Tenentismo: violência e política na Primeira República

O tenentismo surgiu no mesmo ano da Semana de Arte Moderna e da fundação do Partido Comunista Brasileiro. Fez parte do contexto da crise institucional da década de 1920, quando a política da Primeira República foi marcada pela violência e pela força. Nesse movimento, os militares agiam como "parcela do aparelho de Estado" (Forjaz, 1977, p. 50). Somente como aparelho de Estado é que os líderes do tenentismo entendiam suas responsabilidades sociais. Por perceberem-se portadores de funções específicas dentro da estrutura do país, os militares intervêm na política e tomam partido, como ocorreu na década de 1920.

A intervenção militar na política brasileira faz parte de nossa história. No caso do tenentismo, essa intervenção veio com um ingrediente novo, o da Reação Republicana. É quando, pela primeira vez, as articulações políticas entre civis e militares deixam de ter um caráter exclusivamente de cúpula, como em 1910, na eleição de Hermes da Fonseca. "A Reação Republicana – em seu movimento ascensional – conseguiu atrair tanto vastos setores das populações urbanas quanto o grosso das Forças Armadas, desde cabos, soldados e marinheiros, até coronéis, generais e almirantes." A Reação Republicana representaria para as forças armadas "o início de uma nova fase, em que as oposições, contando com a liderança da juventude militar rebelde, ingressariam no caminho da revolução nacional, que terminaria por abalar os alicerces da República Velha" (Prestes, 1993, pp. 40 e 86).

Por essa inserção, o tenentismo é, antes de tudo, um movimento revolucionário. Como salvador da pátria, denunciava a desmoralização dos costumes políticos pelas oligarquias, que deveriam ser banidas da política, por corromperem as instituições, em específico as forças armadas. Os motivos imediatos foram, em 1922, as cartas falsas, a prisão de Hermes da Fonseca e o fechamento do Clube Militar. Esses fatos fundamentam uma razão maior, a desonra sentida pelos militares em relação ao tratamento dado pelas oligarquias às forças armadas e ao Brasil. Esse sentimento de desonra teria gerado o conjunto de levantes militares conhecido por tenentismo.

O tenentismo falava em nome das forças armadas, mas nunca foi seu legítimo representante. Além de revolucionário, significou uma rebelião militar, a quebra da hierarquia que ameaçava a ordem; portanto um elemento divisor e desagregador para a instituição militar. O tenentismo se colocou como porta-voz das forças armadas sem o ser. "O tenentismo se julgava e se proclamava como 'o Exército' em missão arbitral, mas nunca conseguiu a adesão da maioria de seus colegas militares para o desempenho desse papel" (Drummond, 1986, p. 1208).

O tenentismo ultrapassou os muros do quartel em 1924. Ganhou novos adeptos, como a Força Pública de São Paulo e os políticos civis, principalmente no Rio Grande do Sul e no Maranhão. O principal objetivo era destituir Artur Bernardes da presidência, político que, desde o advento das "cartas falsas", era a própria corporação do mal, símbolo da corrupção dos ideais democráticos fundadores da República brasileira, arqui-inimigo dos militares rebeldes. Para tal façanha eles procuraram rearticular suas ações. Não agiram por impulso, como ocorreu em 1922; prepararam o terreno, conspiraram entre si e entre civis, "tirando da revolução o caráter exclusivo de movimento militar" (Forjaz, 1977, p. 60). Comparado com 1922, 1924 foi quando o tenentismo se apresentou mais bem organizado, maior e com objetivos explícitos e bem definidos.

A revolução não ocorreu exatamente como esperavam. Os elos entre os focos rebeldes eram frouxos e as ações não conseguiram o apoio desejado, seja da população em geral, da comunidade política ou das forças armadas (Fausto, 2002, p. 309). Apesar disso, e de continuar como movimento derrotado, energicamente combatido pelas forças do governo, o tenentismo adquiriu, definitivamente, relevância histórica e conquistou seu espaço político a partir de 1924, quando mostrou ser um movimento de ambição nacional, ao se fazer presente em diferentes regiões do país.

A Coluna Prestes, o símbolo maior desse espírito tenentista, representou o feito mais audacioso do movimento. Formada, na maior parte, por soldados, comandados por oficiais de baixa patente, com considerável participação de civis e algumas mulheres, destacou-se por sua especificidade. Diferentemente dos demais levantes do tenentismo, era uma guerra de movimento, contra a qual o Exército brasileiro não estava acostumado a lutar. Esse fato contribuiu para a vitória da coluna e significou o seu grande diferencial: a guerra de movimento significou um maior poder de decisão para os soldados, o que significava a conscientização no sentido de lutar por um ideal.

Os oficiais de baixa patente tiveram participação decisiva, mas numericamente eram reduzidos. A Coluna Prestes aproximava-se mais de um exército popular do que de uma força armada de elite: "é evidente a origem marcadamente popular da esmagadora maioria dos seus combatentes, fator que, combinado com a participação ativa de cada soldado rebelde na aplicação da tática da guerra de movimento, contribuiu de maneira decisiva para que a Coluna Prestes viesse a ser um exército de características populares" (Prestes, 1990, p. 313).

Como exército popular, a Coluna Prestes foi responsável pelo apelo nacional ao tenentismo. Para os soldados que marcharam os 25 mil quilômetros pelo interior do país, a luta poderia ter sido em vão; afinal, saíram de cena antes da República oligárquica cafeeira, porém saíram orgulhosos por não terem sido derrotados. Esse orgulho foi a maior herança da Coluna Prestes para o tenentismo. A Coluna Prestes pode não ter despertado o

Brasil para a revolução, mas despertou a revolução para o Brasil. Depois da Coluna Prestes, de todo o seu trajeto de interiorização e de descoberta do país, nenhuma revolução seria legítima sem considerar o tenentismo. Ele tornou-se moeda cobiçada no processo revolucionário de 1930, pois representava o mais legítimo representante do interesse nacional e tinha um relativo conteúdo popular. Esses ingredientes deram ao tenentismo mais do que a vitória sobre Artur Bernardes poderia significar; deram a passagem do tenentismo para a história da Revolução de 1930.

Notas

1. Houaiss, Antônio; Villar, Mauro de Salles. *Dicionário da língua portuguesa*. Rio de Janeiro: Objetiva, 2001, p. 2694; e Ferreira, Aurélio Buarque de Holanda. *Novo dicionário da língua portuguesa*. Rio de Janeiro: Editora Nova Fronteira, 1986, p. 1662.
2. Essa abordagem possibilita interpretar fenômenos políticos anteriores à década de 1920, como na análise de José Murilo de Carvalho, ao denominar de "primeiro tenentismo" os movimentos militares da Escola Preparatória e de Táticas do Realengo e da Escola Militar do Brasil, na Praia Vermelha, em 1904 (Carvalho, 1985).

Bibliografia

Bello, José Maria. 1964. *História da República (1889-1954)* (Síntese de sessenta e cinco anos de vida brasileira). São Paulo: Companhia Editora Nacional.
Borges, Vavy Pacheco. 1992. *Tenentismo e revolução brasileira*. São Paulo: Brasiliense.
_____ .2000. "Anos trinta e política: história e historiografia." In Freitas, Marcos Cezar (org.). *Historiografia brasileira em perspectiva*. São Paulo: Contexto.
Bravo, Guilherme Pigozzi. 2016. *Em guarda contra o latifúndio*: tenentismo e Reforma Agrária (1930-1935). Tese (doutorado em Ciências Sociais). Universidade Estadual Paulista "Júlio de Mesquita Filho", Faculdade de Filosofia e Ciências, 2016.

Carneiro, Glauco. 1996. *O revolucionário Siqueira Campos*: a epopeia dos 18 do Forte e da Coluna Prestes na biografia do lendário tentador do impossível, herói do tenentismo. Rio de Janeiro: Record.

Carone, Edgard. 1975. *O tenentismo*: acontecimentos – personagens – programas. Rio de Janeiro: Difel.

Carvalho, José Murilo de. 1985. "Forças armadas na Primeira República: o poder desestabilizador". In Fausto, Boris (dir.). *O Brasil republicano*, v. 2: sociedade e instituições (1889-1930). São Paulo: Difel (Coleção História Geral da Civilização Brasileira, t. III).

Castro, Celso. 1995. *Os militares e a República*: um estudo sobre cultura e ação política. Rio de Janeiro: Jorge Zahar.

Coelho, Edmundo Campos. 1º sem. 1985. "A instituição militar no Brasil." *BIB, Boletim Informativo e Bibliográfico de Ciências Sociais*. Órgão da Associação Nacional de Pós-Graduação e Pesquisa em Ciências Sociais, Rio de Janeiro, n. 19.

Cohen, Ilka Stern. 2007. *Bombas sobre São Paulo*. A Revolução de 1924. São Paulo: Editora Unesp.

Corrêa, Anna Maria Martinez. 1976. *A rebelião de 1924 em São Paulo*. São Paulo: Hucitec.

Dantas, Ibarê. 1999. *O tenentismo em Sergipe*: da revolta de 1924 à revolta de 1930. Aracaju: J. Andrade.

Drummond, José Augusto. 1986. "Tenentismo." In Silva, Benedicto *et al. Dicionário de Ciências Sociais*. Rio de Janeiro: FGV.

_____.1985. *A Coluna Prestes*: rebeldes errantes. São Paulo: Brasiliense.

Farah, Paulo Cesar. 1978. *Tenentismo*: bibliografia. Rio de Janeiro: CPDOC-FGV.

Farias, William Gaia. 2011. Militares e civis forjando o "Tenentismo" no Pará. In *Anais do XXVI Simpósio Nacional de História*. ANPUH, São Paulo, julho.

Fausto, Boris. 1976. *A Revolução de 1930*. Historiografia e história. São Paulo: Brasiliense.

_____.2002. *História do Brasil*. São Paulo: USP.

Ferreira, Marieta de Moraes; Pinto, Surama Conde Sá. 2003. "A crise dos anos 20 e a Revolução de Trinta". In FERREIRA, Jorge; DELGADO, Lucilia de Almeida Neves. *Brasil republicano*: o tempo do liberalismo excludente: da proclamação da República à revolução de 1930. Rio de Janeiro: Civilização Brasileira.

Forjaz, Maria Cecília Spina. 1977. *Tenentismo e política*: tenentismo e camadas médias urbanas na crise da Primeira República. Rio de Janeiro: Paz e Terra.

McCann, Frank D. 2007. *Soldados da Pátria*: história do exército brasileiro, 1889--1937. São Paulo: Companhia da Letras.

Moraes, João Quartim de. 1994. *A esquerda militar no Brasil*. São Paulo: Siciliano.
Motta, Jehovah. 2001. *Formação do oficial do Exército*: currículos e regimes na Academia Militar 1810-1944. Rio de Janeiro: Biblioteca do Exército.
Oliveira, Alex Alves de. 2011. *Representações da passagem da Coluna Prestes no Sertão Cearense*. Dissertação de mestrado em História na Universidade Estadual do Ceará. Fortaleza.
Oliveiros, Ferreira. 2000. *Vida e morte do partido fardado*. São Paulo: SENAC.
Pandolfi, Dulce Chaves; Grynszpan, Mário. 1997. Da Revolução de 30 ao Golpe de 37: a depuração das elites. *Revista de Sociologia e Política*, n. 9, Curitiba.
Prestes, Anita L. 1990. *A Coluna Prestes*. São Paulo: Brasiliense.
_____. 1993. *Os militares e a reação republicana*: as origens do tenentismo. Petrópolis: Vozes.
_____. 1995. *Uma epopeia brasileira*: a Coluna Prestes. São Paulo: Moderna.
_____. 1999. *Tenentismo pós-30*: continuidade ou ruptura? São Paulo: Paz e Terra.
Resende, Antonio Paulo. 1990. *Uma trama revolucionária*: do tenentismo à revolução de 30. São Paulo: Atual.
Ribeiro, Eneida Ramos. 1997. *Ribeiro Junior*: redentor do Amazonas: memórias. Manaus: Funarte.
Sá, Alexandre Avelar de. 2008. *O Exército e o desenvolvimento industrial no Estado Novo*: a formação do Círculo de Técnicos Militares. *Militares e Política*, n. 2, janeiro-junho.
Saes, Guillaume Azevedo Marques de. 2011. *Militares e desenvolvimento no Brasil*: uma análise comparada dos projetos econômicos da oficialidade republicana de fins do século XIX, do tenentismo e da cúpula militar do Estado Novo. Tese (doutorado), programa de pós-graduação em História Econômica. Departamento de História. Faculdade de Filosofia, Letras e Ciências Humanas. São Paulo.
Santa Rosa, Virgílio. 1976. *O sentido do tenentismo*. São Paulo: Alfa-Ômega.
Santos, Eloína Monteiro dos. 1990. *A rebelião de 1924 em Manaus*. Suframa: Gráfica Lorena.
Santos, Mariza Elaine Simon dos. 1998. *Honório Lemos*: um líder carismático (relações de poder no Rio Grande do Sul – 1889/1930). Porto Alegre: Martins.
Schulz, John. 1994. *O Exército na política*: origens da intervenção militar, 1850--1894. São Paulo: EDUSP.
Segatto, Éline Maria Ianni. 1996. *Rebelião tenentista*: livro do professor. São Paulo: Ática.

Silva, Hélio. 1966. *1931:* os tenentes no poder. Rio de Janeiro: Civilização Brasileira.
Soares, Gil. 1989. *O tenentismo em Natal*. Mossoró: Esam/Fundação Guimarães Duque.
Sodré, Nelson Werneck. 1964. *Formação histórica do Brasil*. São Paulo: Brasiliense.
Tronca, Ítalo. 1981. O Exército e a industrialização: entre as armas e Volta Redonda (1930-1942). In Fausto, Boris (org.). *História geral da civilização brasileira*, t. III: O Brasil republicano, 3 v. – Sociedade e política (1930-1964). São Paulo: Difel.
Vianna, Marly A. G. 2015. Apresentação. In *A insurreição da ANL em 1935:* o relatório Bellens Porto. Rio de Janeiro: Editora Revan, 2015.

10. O modernismo e a questão nacional*
*Monica Pimenta Velloso***

Os sentidos do modernismo: raízes e rupturas

O conceito de moderno, de modernidade e de modernismo tem sido objeto de incessantes discussões na reflexão historiográfica. Nessa polêmica, a questão da temporalidade assume papel de fundamental importância. Compreender o sentido do modernismo é buscar localizá-lo na dinâmica histórica, relacionando-o com o conjunto dos fenômenos políticos e culturais que estavam acontecendo. É com base nessa visão mais ampliada da sociedade que poderemos captar a inteligibilidade do movimento percebendo-o nas suas diferentes inserções, formas e expressões.[1]

No contexto internacional, é a partir da aceleração do processo urbano industrial – ocorrido em meados do século XIX – que vão surgir movimentos de ordem literária, política, religiosa e científica. A consciência da modernidade, segundo Le Goff (1984), nasce precisamente do sentimento de ruptura com o passado. Já Karl Frederick (1988, pp. 21-22), um outro estudioso do assunto, afirma: "O sentido do moderno e do modernismo em qualquer época é sempre o de um processo de tornar-se. Pode ser tornar-se novo e diferente; pode significar subverter o que é velho..."

---

* Mantive a versão original do capítulo, acreditando que atualizá-lo implicaria partir para outro processo de análise. Para colocar o leitor a par de algumas reflexões que desenvolvi posteriormente, acrescentei várias notas remissivas. Trata-se de estratégia de atualizar o capítulo, mas mantendo, ao mesmo tempo, a versão original. Também foram realizados pequenos ajustes na redação.
** Pesquisadora da Fundação Casa de Rui Barbosa.

Essa é a ideia que nos interessa reter no momento, o que significa assumir uma perspectiva de análise que compreenda o modernismo como um processo e movimento contínuo que vai desencadear vários outros movimentos no tempo e no espaço. Propomos pensar o modernismo a partir da perspectiva da simultaneidade, da continuidade e da pluralidade. É considerando o caráter complexo dessa experiência que preferimos adotar o termo "modernismos".

No Brasil, acabou consolidando-se uma tradição intelectual que associou a instauração do moderno à década de 1920, situando-o na cidade de São Paulo. Assim, a Semana de Arte Moderna – que ocorreu entre os dias 12 e 17 de fevereiro de 1922 – frequentemente passou a ser referenciada como marco do nosso modernismo, tornando-se uma espécie de seu sinônimo. No entanto, esse processo é bem mais amplo e complexo.

Para entendermos como ele de fato ocorreu, vamos empreender uma viagem retrospectiva no tempo e no espaço. Meio século antes de acontecer, em São Paulo, a famosa Semana de Arte Moderna, já existia no Brasil um movimento literário que foi denominado pelo crítico e historiador José Veríssimo de "modernismo". Tobias Barreto, Sílvio Romero, Graça Aranha, Capistrano de Abreu e Euclides da Cunha destacaram-se como intelectuais que compunham esse grupo, conhecido como a "geração de 1870". Se conhecemos bem alguns desses nomes, geralmente não associamos as suas figuras e produção literária ao nosso modernismo. Isso acontece justamente porque acostumamos a pensar o modernismo como um movimento espaço-temporal definido: São Paulo, 1922. Geralmente não prestamos a devida atenção aos "sinais de modernidade" que já vinham despontando, das mais distintas maneiras, em várias regiões e cidades.

Na virada do século XIX, vai ocorrer uma série de modificações técnico-industriais que alteram, de maneira drástica, as percepções e sensibilidades sociais. No Brasil, o fim da Guerra com o Paraguai (1865-1870) vai funcionar como um verdadeiro divisor de águas entre o denominado tempo antigo e o moderno.

As crônicas de Machado de Assis, conforme mostra Foot Hardman (1992), deixam clara essa percepção. Elas funcionam como expressivo documento histórico, mostrando o choque vivenciado pelos atores sociais ante as bruscas mudanças tecnológicas. Em crônica escrita em março de

1894, em tom de surpresa, Machado endereçava essa indagação aos seus leitores: "O que é o tempo? É a brisa fresca e preguiçosa de outros anos ou esse tufão impetuoso que parece apostar corrida com a eletricidade?"

É nítida nessa geração de intelectuais a mudança da percepção e sensibilidade sociais traduzidas no anseio de mudança no mundo da política. O Manifesto Republicano de 1870 é considerado um dos marcos da modernização brasileira (Machado, 1973). Nesse documento enfatizava-se a necessidade urgente da abolição da escravidão e da instauração da República. Essas mudanças eram compreendidas como indispensáveis para garantir a entrada do Brasil na modernidade. É forte a imagem de um mundo novo contrastando com as ruínas do antigo. É Sílvio Romero quem nos diz: "Na política é um mundo inteiro que vacila. Nas regiões do pensamento teórico o travar da peleja foi ainda mais formidável, porque o atraso era horroroso. Um bando de ideias novas esvoaçam sobre nós de todos os pontos do horizonte" (Schwartz, 1995).

E que ideias seriam essas que traziam tal sensação de impacto? Iniciado na Faculdade de Direito de Recife, sob a liderança de Tobias Barreto, ocorre um movimento intelectual que rapidamente toma projeção nacional. Um dos grandes desafios enfrentados pelo grupo – agregado em torno da Escola de Recife – era o de buscar a integração do Brasil na cultura ocidental.[2] Para dar conta de tal tarefa, tentou-se definir a nacionalidade através da elaboração de uma crítica literária que tomava como ponto de partida indagações de caráter crucial: quais os elementos que definiriam a brasilidade? No contexto internacional, o que configurava, enfim, a especificidade de ser brasileiro?

Predominava, até então, a visão pessimista da nacionalidade, caracterizada pelo "atraso cultural" e pela "inferioridade étnica". O Brasil era lido através da cartilha do darwinismo social. Segundo essa, existiriam civilizações superiores e inferiores, a que corresponderiam respectivamente etnias. A nacionalidade brasileira aparecia como uma espécie de elo fraco da corrente. Mas a ideia subjacente era a de que esse quadro de atraso e inferioridade poderia ser modificado, desde que o país conseguisse acelerar a sua marcha evolutiva, integrando-se ao contexto internacional. O instrumental científico era, então, configurado como a grande arma para essa geração, composta pelos denominados "intelectuais mosqueteiros". Nessa época, o ideal da observação precisa e laboriosa coleta de dados exercia atração irresistível entre os estudiosos da cultura e da civilização (Sevcenko, 1983; McFarlane, 1989).

E é através desse paradigma científico que o grupo buscava responder às questões sobre a nacionalidade. Inspirado, particularmente, nas teorias evolucionistas da obra *Histoire de la Littérature Anglaise* (1863), de Hippolyte Taine, definia-se o país como resultado do meio físico e geográfico, da raça e do momento. Concluía-se, então, que era o estilo tropical e a mistura étnico-cultural que fundamentavam a nossa literatura. O escritor brasileiro caracterizava-se pela falta de disciplina e de unidade mas era repleto de emoção, de imaginação e de sensualismo. A essa imagem do intelectual corresponderia à do nacional, definido como metafísico, dionisíaco, primitivo e mestiço (Ventura, 1991).

De acordo com essa perspectiva, a nacionalidade passa a ser compreendida como matéria-prima, uma espécie de pedra bruta a ser trabalhada pelo saber científico das elites intelectuais. Caberia a essas, portanto, a missão de revelar a nacionalidade e organizá-la de acordo com os parâmetros científicos. Ideias essas que revelam claramente o caráter autoritário do nosso pensamento político, concebendo-se as elites como instâncias dotadas de saber superior e, por isso, mais aptas a conduzir o processo das mudanças sociais. O período entre 1870 e 1914 deve ser compreendido como a preparação do terreno para a modernização conservadora que marcaria a década de 1930 (Carvalho, 1999). Se nessa geração de intelectuais é forte a tônica autoritária quanto à percepção de organização social, é inegável, também, a presença de uma sensibilidade modernista.

Essa questão merece um olhar mais cuidadoso, se pretendemos aprofundar a análise sobre o significado do modernismo na conjuntura da nacionalidade brasileira. A temática que, de fato, está mobilizando os intelectuais da geração de 1870 é a de buscar a compreensão da identidade múltipla da nacionalidade. Nos cantos, contos, poesias e danças, o brasileiro aparece reconhecido na figura do indígena, do africano, do europeu e do mestiço. Para os padrões valorativos da época, essa ideia já significava um determinado avanço na interpretação do Brasil. Mesmo de uma forma que poderíamos denominar "envergonhada" reconhecia-se a nossa identidade mestiça, buscando-se estudá-la. Mas predominava ainda a ideia da segmentação entre o superior (europeu) e o inferior (Brasil), sendo reservado a cada uma das etnias o seu respectivo espaço.

Essa ideia transparece claramente na obra de Sílvio Romero. Lamentando a ausência de estudos sobre a cultura negra, ele argumenta que o material de pesquisa está em casa: "... temos a África em nossas cozinhas, como a América em nossas selvas, e a Europa em nossos salões" (Schwartz, 1995).

Em 1902, Euclides da Cunha publica *Os sertões*, elegendo o sertanejo como símbolo da nacionalidade. A raça e a terra são apontadas pelo autor como fator da originalidade cultural brasileira. É nesse sentido que a geração de 1870, vinculada à Escola de Recife, vai defender uma literatura nativa inspirada no sertanismo, no indianismo, enfim, nas "coisas da nossa terra".

É importante, no entanto, lembrar que esse não é um movimento isolado. Nessa época, na América hispânica, estavam ocorrendo movimentos culturais que reivindicavam o reconhecimento e a valorização da herança das culturas maia, asteca e inca. Data de 1914 o Manifesto *Non Serviam* do chileno Vicente Huidobro, que representa o momento inaugural das vanguardas no continente (Schwartz, 1995, p. 30). A percepção de se buscar novos entendimentos sobre a diversidade cultural constituiu-se em impulso decisivo para a modernização. Nesse sentido, o trabalho realizado por Sílvio Romero, que implicou a coleta dos contos e cantos do povo brasileiro (1883-1885), constitui-se em tentativa pioneira de sistematização de um campo de estudos. Este viria abrir as vias de comunicação entre o mundo letrado e o iletrado (Mattos, 1994).

Essa ideia é importante, pois revela a relação entre os intelectuais da geração de 1870 e aqueles vinculados à cultura modernista dos anos posteriores. Não importa quão precários sejam esses vínculos identificadores entre as diferentes gerações intelectuais. É necessário considerar que em todo processo de leitura há uma seleção de ideias, uma absorção diferenciada que é ditada pelas necessidades do contexto político-cultural. Para a geração de 1870, "ser moderno" significava, sobretudo, buscar uma compreensão do significado de ser brasileiro, compreensão essa que deveria ser mediada pelo instrumental cientificista disponibilizado neste momento.

Na geração de 1870 estão esboçadas várias vertentes da brasilidade que, mais tarde, viriam a ser retomadas e reelaboradas pelos modernistas paulistas. Aprofundando os estudos do nosso folclore, Sílvio Romero faz um "recenseamento da cultura brasileira", criando instrumentais de pesquisa para estudá-la. É trilhando esse viés analítico que Mário de Andrade vai desenvolver, mais tarde, a sua pesquisa etnográfica da nossa música e das mais diversas tradições culturais. Na realidade, os estudos etnográficos da geração de 1870 contribuíram – de maneira decisiva – para a eclosão do movimento modernista. Através deles, lançaram-se as bases sociológicas da pesquisa da cultura brasileira (Ventura, 1991).

A visão intuitiva da brasilidade – construída através da obra de Graça Aranha *A estética da vida* (1921) – aparece, de forma reelaborada, nos escritos modernistas de Oswald de Andrade, que vai caracterizar a nossa mentalidade como "pré-lógica".[3] Já a visão geográfica da brasilidade – construída originalmente por Euclides da Cunha em *Os sertões* (1902) – vai ser reinterpretada nos escritos do grupo modernista conservador composto pelos verde-amarelos.[4]

Tais ideias mostram claramente a construção de um pensar moderno que vai sendo tecido e elaborado ao longo do tempo. É importante deixar claro a historicidade desse pensamento: já existiam determinadas tradições filosóficas no pensamento brasileiro que vão ser retomadas, e sobretudo reelaboradas, ao longo da década de 1920. Esse pensar esboça caminhos, percepções conceituais e formas de apreensão da nacionalidade e sensibilidades sociais que serão retomados e reinterpretados mais adiante.

Ocorre que, de modo geral, a nossa historiografia não estabeleceu esses vínculos de continuidade entre o pensamento dos intelectuais da geração de 1870 e os da geração de 1920. Essa operação ocorreu em função do predomínio de uma visão marcadamente estetizante do movimento modernista em que se priorizou o papel das vanguardas intelectuais e artísticas na condução do processo. Ao longo das décadas de 1990 e 2000, a historiografia nacional e internacional vêm enfatizando a impossibilidade de se trabalhar com um sentido unívoco do modernismo, alertando para a recepção e circulação das ideias e o fenômeno do transnacional. O papel exercido pelos distintos atores sociais, a dinâmica da imprensa e a própria especificidade das relações entre Europa e América devem ser levados em conta nesta reflexão, ajudando a elaboração de uma revisão crítica do fenômeno modernista.[5]

Uma visão mais ampla do contexto torna questionável o conceito de "pré-modernismo" que esteve tão presente na nossa historiografia literária.

O MODERNISMO E A QUESTÃO NACIONAL

Frequentemente encontramos ainda expressões como "antecedentes", "pródromos", tendo sido também corrente a ideia de um "vazio cultural", atribuído ao Rio de Janeiro, após a fase da denominada *Belle Époque*.

Cabe, então, indagar: "pré" e "vazio" em relação a quê? Tal anterioridade acaba funcionando como modelo, na medida em que se subentende ter existido na nossa história um momento definido e datado em que o fenômeno modernista teria se manifestado plenamente. Essa perspectiva arrisca perder de vista a dinâmica do processo histórico. Acaba considerando-se apenas um discurso e uma determinada leitura sobre o moderno, apagando-se a expressão das demais memórias. Essa leitura – inspirada na centralidade de 1922 – foi construída pelos modernistas paulistas, que frequentemente se apresentaram como arautos da modernidade brasileira. Não se trata de negar a influência desse grupo; ela é de fato indiscutível. Mas é necessário relativizá-la, atentando para outras expressões do moderno presentes na dinâmica cultural brasileira. Ao longo da década de 1920 surgiram manifestos, jornais e revistas em várias cidades brasileiras. Caso, por exemplo, das publicações mineiras como *A Revista* (Belo Horizonte) e *Verde* (Cataguases), em que se destacou Carlos Drummond de Andrade. Em João Pessoa temos *Era Nova*, em Salvador, *Arco e Flexa*. No Recife, ocorre em 1926 o Congresso Regionalista do Nordeste, articulado por Gilberto Freyre. Apesar de defenderem ideias distintas, esses movimentos expressavam uma mesma inquietação social: definir o regional em face do nacional, avaliando sua inserção singular na modernidade. Temos, então, várias vertentes e expressões do moderno que revelam ritmos distintos, concepções próprias, enfim, particularidades que demandam um maior apuro analítico. Vamos seguir, portanto, nessa direção. Para levar a efeito tal proposta é necessário trilhar a dinâmica histórica, acompanhando os acontecimentos e buscando compreender as ideias que estavam sendo esboçadas na cultura do cotidiano.

O modernismo no Rio de Janeiro

As reflexões de Eduardo Jardim de Moraes (1979, 1983), de Silviano Santiago (1987) e de Flora Sussekind (1987, 1988) foram pioneiras nessa discussão sobre o modernismo. Alertaram – através de diferentes perspectivas – sobre a necessidade de repensar o moderno, reavaliando-se a "tradição de ruptura". Esse aspecto funcionou como eixo comum reunindo essas análises que apresentavam o modernismo como resultado de um processo histórico em que se podiam combinar as mais diferentes tradições. Mais recentemente, algumas reflexões de caráter histórico-sociológico, reafirmando essas ideias, apontaram outras possibilidades de articulação com o moderno (Hardman, 1992; Velloso, 1996; Gomes, 1999).

Para compreender como se deu, de fato, a instauração do modernismo é necessário:

- buscar descontextualizar o movimento da década de 1920, inserindo-o no processo da dinâmica social quotidiana;
- desvincular o modernismo da ideia de um movimento cultural, necessariamente vinculado às ações das vanguardas artístico-intelectuais;
- reavaliar, enfim, a inserção específica dos intelectuais cariocas na dinâmica do cotidiano urbano.

Essas ideias implicam a adoção de uma determinada perspectiva de análise, que enfatiza a existência de uma "cultura do modernismo". Essa cultura vai ganhar contornos nítidos no contexto histórico que caracteriza a virada do século XIX para o XX, indo até o fim da Primeira Guerra Mundial (Karl, 1988).

No Rio de Janeiro, nessa conjuntura, destaca-se a atuação de um grupo de intelectuais que demonstra uma sintonia expressiva com a cultura do modernismo. É o grupo dos boêmios, que tinha como um dos principais instrumentos de comunicação a linguagem humorística. Através dos escritos satíricos e das caricaturas, o grupo busca mostrar as mudanças que estavam ocorrendo nos tempos modernos. Esse grupo era composto por cronistas, como Lima Barreto, Bastos Tigre, Emílio de Menezes e José do Patrocínio Filho, incluindo também os caricaturistas de maior projeção do momento, como Raul Pederneiras, Kalixto e J. Carlos.

Ao longo de três décadas – da virada do século XIX até fins da década de 1920 – o grupo constrói uma reflexão sobre a nacionalidade a partir da perspectiva do humor, da sátira e das caricaturas. *Tagarela* (1902), O

Malho (1902), *Fon-Fon* (1907), *Careta* (1907) e *D. Quixote* (1917) são algumas das revistas nas quais o grupo marcou presença. Mas foi a revista *D. Quixote* – dirigida por Bastos Tigre e publicada até 1927 – que funcionou como verdadeira porta-voz, polo agregador e lugar de memória do grupo.⁶

Mas, no campo intelectual, qual o lugar ocupado efetivamente por esses intelectuais?

O grupo pertencia à "família boêmia" que vinha ocupando espaço expressivo na vida cultural do Rio de Janeiro desde os tempos do Império. Era liderado por José do Patrocínio, considerado como o "pai da família boêmia". É interessante perceber a influência do modelo normativo familiar, presente mesmo entre grupos que pareciam questioná-lo, como era o caso do grupo boêmio que valorizava o ideal da liberdade, do descomprometimento e do individualismo (Perrot, 1991). A ideia desse vínculo a uma estrutura familiar, mesmo que imaginária, é expressiva do *esprit de corps* dos boêmios.

Mas há um outro aspecto para o qual também gostaria de chamar a atenção: a imagem de Patrocínio relacionada a essa "família boêmia" esteve e ainda está presente nos nossos livros escolares. Sempre que mencionado, Patrocínio aparecia, preferencialmente, como o heroico "Tigre da Abolição". Se o seu nome está associado à liderança do movimento abolicionista, jamais se estabelece qualquer tipo de vinculação entre a luta abolicionista e a cultura boêmia.

O fato é expressivo. Denota uma determinada construção em relação à cultura boêmia, no intuito de desqualificá-la enquanto objeto da reflexão política e historiográfica. No entanto, sabe-se que a intelectualidade boêmia participou ativamente das lutas políticas, liderando as campanhas pela abolição da escravidão e pela instauração do regime republicano.⁷

Através dos jornais, em artigos apaixonados, esses intelectuais defenderam suas ideias e valores, conquistando e sensibilizando a opinião pública de maneira decisiva. Logo depois da proclamação da República, em manifesto de apoio ao governo provisório, o grupo defendia a "necessária aliança entre os homens de letras e o povo" (Carvalho, 1984-1985, p. 125).

No entanto, pouco tempo depois o grupo consegue perceber o fracasso dos seus projetos em prol de uma sociedade mais justa e participativa. "Essa não é a República dos meus sonhos." A frase de Joaquim Saldanha

Marinho, senador da República no período 1890/1895, viria transformar-se em expressão emblemática do descontentamento social de toda uma geração de intelectuais. A abolição da escravidão e a instauração da República mostraram-se incapazes de viabilizar o projeto de uma sociedade de bases mais democráticas que incluísse, de fato, cidadãos responsáveis. Se o grupo boêmio percebeu baldados os seus intentos de transformação e reduzido seu espaço de atuação, continuou, no entanto, desempenhando expressivo papel social.

É na esfera da vida quotidiana que atua de maneira decisiva. Vamos procurar entender, então, como era esse cotidiano no Rio de Janeiro e quais as particularidades que marcavam o contexto histórico.

Na condição de cidade-capital, o Rio de Janeiro apresentava algumas especificidades que devem ser analisadas para compreendermos como se deu o processo de modernização e quais os matizes que o particularizaram. Antes de tudo, é necessário considerar a existência de um fosso profundo entre o Estado e o conjunto da sociedade. As elites políticas mostraram-se incapazes de incorporar as camadas populares. Havia uma espécie de pacto não escrito entre o governo e as camadas populares: o governo negava a participação do cidadão nos negócios públicos, mas, em contrapartida, era vetada a ingerência pública na vida doméstica (Carvalho, 1987, p. 138).

A modernidade foi marcada, portanto, por esse caráter profundamente excludente. Existia uma descrença na capacidade da população negra e mestiça. Por isso, a adoção de práticas democráticas mostrou-se tão problemática. A civilização não implicava a democratização social, mas, antes, no reforço dos ideais aristocratizantes. No Rio de Janeiro, em particular, acabaram-se criando novos mecanismos de exclusão social, já que a abolição da escravidão – pelo menos em teoria – determinava a igualdade de direitos. Os ideais civilizatórios passaram a ser claramente endereçados às elites. Essas, identificadas com a cultura europeia, tentavam negar as origens mestiças da nacionalidade. Para isso recorriam abusivamente aos mecanismos de diferenciação.

É nesse contexto que deve ser pensada a atuação dos intelectuais boêmios, compostos pelo grupo dos cronistas e caricaturistas já mencionados. Parte expressiva desse grupo tendeu a aliar-se às camadas populares, compartilhando o sentimento de rebeldia e de exclusão social. Houve um forte intercâmbio cultural entre esses grupos, estabelecendo-se frequentemente parcerias musicais, no teatro de revista e no carnaval. Bastos Tigre e Raul Pederneiras tiveram como parceiros musicais os compositores mais populares da época, como Sinhô, Eduardo das Neves e Paulino Sacramento. Também é notória a participação desses intelectuais no carnaval. *Vem cá, mulata*, de autoria de Bastos Tigre, sucesso no carnaval de 1906, acabou transformando-se numa das músicas mais populares da década (Vasconcelos, 1977; Severiano, 1997).

Em meados da década de 1920, Gilberto Freyre desembarcava no Rio de Janeiro para conhecer de perto a denominada música "afro-brasileira", entrando em contato com Pixinguinha, Donga e Patrício Teixeira, em reuniões ciceroneadas por Prudente de Moraes Neto e Sérgio Buarque de Holanda. Na década de 1930, todo o Brasil reconhece no Rio de Janeiro os emblemas de sua identidade de "povo sambista" (Vianna, 1995).

Essa comunicação entre diferentes segmentos sociais, que redunda em férteis trocas culturais, apresenta-se como uma das características da cultura do modernismo. Para se fazer uma análise histórica do modernismo é necessário considerar as tradições artísticas existentes na dinâmica social. Como é que os intelectuais vão absorvê-las, integrá-las e recriá-las, dando-lhes, enfim, forma e expressão?

Na cidade-capital havia todo um quadro favorável à absorção de influências. Da mesma forma que o Rio de Janeiro absorvia as diversidades regionais – vindas de todos os estados – também funcionava como poderoso polo irradiador de culturas. O oficialismo da vida cultural sempre voltada para o cenário europeu coexistia com expressivas tradições nacionais marcadas, sobretudo, pela influência da cultura negra.

Na virada do século XIX para o XX, são claros e cada vez mais imperativos os anseios de modernidade. Diferentes expressões dessa cultura vão se presentificar na música, na literatura e nas artes plásticas. Na música destacam-se as composições de Ernesto Nazareth, de Sinhô e de Pixinguinha; na pintura, os temas e traços inovadores de Belmiro de Almeida, Batista da Costa e Timóteo da Costa. Também não se pode deixar de mencionar o papel exercido pelo crítico de artes Gonzaga Duque. Com aguda sensibilidade, ele soube captar e registrar analiticamente expressões artísticas identificadas com a cultura da modernidade.

Em *Os contemporâneos*, obra escrita em 1891, o autor dedica um estudo especial aos caricaturistas. Cabe lembrar que, na época, a caricatura era considerada uma "arte menor", não estando integrada ao campo da crítica visual. O estudo de Gonzaga Duque, portanto, é extremamente importante enquanto fonte histórica, mostrando a existência de outras percepções sociais em jogo. Destacando o aspecto inovador da linguagem dos caricaturistas, denomina-os de "humoristas da imagem".

O que chama a atenção do crítico é a presteza inventiva e a capacidade de reproduzir – de forma gráfica – as ideias e fantasias da imaginação. Ao analisar o trabalho do caricaturista Raul Pederneiras, ele faz a seguinte observação: "A caricatura [...] sai-lhe espontânea, surge inesperadamente de seu lápis, completada num jato como se a mão copiasse automaticamente o que está na visão interior do artista" (Duque, 1929, p. 238).

Essa estética da visualidade, para a qual se está chamando a atenção, é importante. O canal de comunicação que os caricaturistas conseguiram estabelecer com o conjunto da sociedade era fato inédito para os padrões da época. Diminuía-se, de alguma forma, o imenso fosso de informações existente entre a cultura dos letrados e o conjunto da sociedade.

Nas caricaturas, o grupo abordava temas da cultura quotidiana, da vida da cidade e da nacionalidade, procurando familiarizar os leitores com os novos referenciais da sociedade moderna. O tom era de crítica, mas uma crítica bem-humorada, que, algumas vezes, também beirava a sátira. Um exemplo é a caricatura de Storni, "Aproveitamento do suco intelectual", publicada na *D. Quixote* em 15/8/1917 (ver caderno de fotos). Nela, questionava-se a inserção do intelectual na sociedade moderna a partir do fenômeno denominado mercantilização da cultura. O surgimento das figuras do editor e do *marchand* mudara drasticamente as relações da vida cultural, afetando as próprias formas de reconhecimento do trabalho intelectual.

Esses novos personagens passam a funcionar como intermediários que asseguram o trânsito dos intelectuais e dos artistas no mercado. Eles são capazes de favorecer tanto a sua consagração como a sua marginalização (Fabris, 1994).

Na caricatura, Storni apresenta, numa espécie de autorretrato, a difícil condição vivenciada pelo intelectual na modernidade. Sacrificado às demandas do mercado, ele teria o cérebro transformado em suco pelo taberneiro (editor), que o explora até o bagaço. O que também chama a atenção nessa caricatura é a moderna disposição gráfica, já prenunciando as histórias em quadrinhos. Texto e imagem se conjugam, sensibilizando particularmente o leitor para a temática da mercantilização e automação da cultura.

Na crônica "Esplendor dos amanuenses", publicada na *Gazeta de Notícias* em 1911, Lima Barreto comparava o trabalho intelectual nas repartições públicas ao trabalho realizado pelos escravos: "Acorrentados à galé dos protocolos, remávamos sob o chicote da vida". José do Patrocínio Filho, outro integrante do grupo, também lamenta a "falência do escritor", que, para sobreviver, acabava forçosamente tendo de se tornar um amanuense, ou seja, um funcionário público ou burocrata (Barbosa, 1959; Patrocínio Filho, 1993).

De modo geral, o que estava sendo colocado em questão era o próprio exercício da atividade do intelectual. Esse se sentia pressionado a empregar o seu tempo numa vida burocrata e rotineira e, muitas vezes, contrária aos seus projetos de vida. Na referida crônica, Lima Barreto lamentava a perda da criatividade intelectual, desperdiçada no serviço burocrático. Identificava, então, os cafés literários como espaço disponível para o encontro dessas sensibilidades (Barbosa, 1959).

Esse mal-estar do intelectual na sociedade moderna não ocorre apenas no Brasil. Em uma de suas crônicas, publicadas em *O Spleen de Paris*, Baudelaire narra a queda da aura mítica do artista na modernidade. Ao passar num viaduto enlameado, tentando fugir de um veículo em alta velocidade, o artista escorrega e cai. Na queda, perde a sua aura. A partir desse momento – desfeito o fator que o distinguia dos demais –, o artista transforma-se num simples mortal. Não tendo mais uma missão a cumprir, pode disponibilizar-se para a experiência: andar pela cidade, conhecer as suas ruas e os seus habitantes, frequentar o *bas fond*, sentindo-se, enfim, parte integrante da cidade moderna (Baudelaire, 1991). É desse lugar – ocupando a condição de homem comum – que ele pode falar sobre o fenômeno moderno. Configura-se aqui, segundo Baudelaire, a grande vocação do escritor na modernidade.

Apesar das diferenças de contexto histórico, essas ideias encontram particular receptividade entre os intelectuais cariocas. Manuel Bandeira – considerado um dos maiores poetas do modernismo –, no *Itinerário de*

Pasárgada, reforça esses valores. Esclarece que foram as ruas, o morro do Curvelo e o cotidiano que deram o ímpeto moderno à sua obra, e não propriamente as ideias modernistas. Em suas crônicas, o autor resgata algumas figuras emblemáticas da cidade, como José do Patrocínio Filho, Kalixto, Donga e Sinhô. E é através delas que fala da alma da cidade. Menciona Sinhô como o "traço ligando os poetas, artistas, enfim, a sociedade fina e culta às camadas populares e à ralé urbana" (Bandeira, 1957 e 1937).

Essa busca de comunhão e identificação dos intelectuais com a cultura das ruas mostra-se de fundamental importância para a compreensão do modernismo no Rio de Janeiro. As revistas humorísticas ilustradas funcionaram como eficiente instrumental dessa comunicação entre a chamada cultura erudita e a popular. No entanto, permaneciam fortes os mecanismos de exclusão social no mundo da cultura.

Desde o início do século, os caricaturistas já vinham satirizando a posição marginal que ocupavam no campo artístico. Na época, só participavam das exposições da Escola Nacional de Belas-Artes os pintores e escultores consagrados pelo mundo oficial da cultura. É nas páginas da revista *Fon-Fon* que os caricaturistas parodiam as exposições oficiais, apropriando-se da retórica de valores do crítico de arte (Silva, 1990).

Numa de suas quadrinhas, Emílio de Menezes satiriza a figura do crítico literário, comparando-o a um eunuco:

> Todo o crítico é assim mais ou menos caduco.
> Sendo em arte incapaz, na obra alheia é ranzinza
> O crítico, em geral, é uma espécie de eunuco (Menezes, 1980).

Esses exemplos mostram como uma mudança social – no caso, a mercantilização da cultura – foi vivenciada pelos diferentes atores sociais. Nesse sentido, a caricatura constitui-se em importante documento histórico, revelando – com densidade de significados – a sensibilidade de uma época. Através das caricaturas, é possível perceber um cotidiano em permanente mutação. Já vimos como as transformações científico-tecnológicas alteraram os valores e as percepções sociais. Nas caricaturas "Máquina de pentear macacos" e "Máquina de lamber sabão", publicadas na revista *Careta*, J. Carlos brincava com a ideia da automação e da produção em série. Colocava-

-se em questão o princípio utilitário racionalista da sociedade moderna que apontava a máquina como solução para a problemática humana.

Essa percepção irônica em relação à ciência é recorrente entre os intelectuais humoristas boêmios. Os princípios da racionalidade, da cientificidade e, sobretudo, da erudição como inspiradores de uma nova inteligibilidade social inspiraram muitas de suas charges e escritos. É possível ler aí uma crítica ao "lado doutor" da nossa cultura que reforçava apenas o ideal europeizante das elites. Não é por acaso a associação entre a imagem dos macacos e as máquinas. "Máquina de pentear macacos": banalização, automação, repetição incessante de gestos, de condutas e de produtos. Era uma maneira de expressar a condição cultural da nacionalidade, traduzida no fenômeno da "macaqueação". Moderno, mas que moderno?

As revistas humorísticas mostram precisamente as ambiguidades que marcaram a instauração do moderno brasileiro. Mas apresentam-se como instrumentos de modernidade ao propiciar o acerto de contas com esse tumulto de sensações do dia a dia, reforçando a atualização e a renovação da linguagem (Belluzo, 1992; Silva, 1990).

As revistas flagram os acontecimentos no "calor da hora", registrando-os através dos traços risíveis de uma caricatura ou de um trocadilho espirituoso. Num contexto de profundas reviravoltas sociais, a linguagem adquire forte impacto. Se antes as palavras serviam para descrever e denotar, agora – na cultura da modernidade – elas servem para captar imagens, sonhos e sensações do inconsciente (Karl, 1988).

A linguagem amplia os seus domínios, referenciando-se não apenas ao domínio da oralidade e da escrita, mas estende-se ao movimento, à ação e sobretudo à ideia de velocidade. O grupo dos caricaturistas demonstra claramente sintonia com essas demandas culturais. No Rio de Janeiro, em 29 de junho de 1914, ocorre o primeiro *Jornal falado*, espetáculo exibido no Teatro Fênix. A imprensa transforma-se em um grande espetáculo: o jornalista metamorfoseia-se em ator, que encena para a plateia as notícias em destaque.

No *script* do espetáculo estavam incluídos o folhetim parlamentar (Batista Rego), o humor (Bastos Tigre), o noticiário policial (Viriato Correa), a crônica teatral (Oscar Guanabarino), a crônica elegante (Paulo Gardênia) e a literatura (João do Rio).

Essa composição revela o lugar de destaque ocupado pelo humor na modernidade. Era um tema que pertencia à ordem do dia, assim como a literatura, o teatro, a moda, a política e os assuntos policiais. O espetáculo dos jornais falados era patrocinado geralmente pelas revistas semanais ilustradas. A *Ilustração Brasileira* anuncia o evento com grande destaque, publicando as fotos dos participantes na primeira página, a título de manchete. A foto de Kalixto é destacada dentre as demais, revelando a importância dos caricaturistas no evento. A esses era atribuída a função de ilustrar todas as palestras. A visualidade torna-se – a cada dia – elemento indispensável à cultura do cotidiano urbano.

Os caricaturistas são sintomaticamente denominados "ases da imprensa". Raul Pederneiras, que, além de caricaturista, era hábil nos duelos verbais, identifica-se como um verdadeiro "malabarista das palavras". Velocidade, agilidade e condensação se apresentam como valores da cultura da modernidade. Daí a importância atribuída aos intelectuais humoristas, cuja produção passa a identificar-se com esses valores. A nossa primeira agência publicitária foi fundada por Bastos Tigre, em 1913. Desde o início do século XX, Kalixto e Raul Pederneiras já vinham fazendo caricaturas publicitárias. Extremamente criativas, com frequência recorrendo ao duplo sentido, essas imagens são densas de significados.

Uma das marcas características da produção do grupo é a sua irrecusável comunicabilidade. Chama atenção o alto potencial informativo das revistas de humor. Verdadeiras formadoras da opinião pública, elas transmitem o seu recado de forma ágil, leve e sintética. Dirigem-se aos leitores apressados e cada vez mais carentes de informação. Trata-se de uma linguagem rápida, capaz de mover-se de acordo com o ritmo dos acontecimentos que se sucedem de forma cada vez mais rápida.

Vale notar que essa percepção não escapava a alguns caricaturistas, como é o caso de Raul Pederneiras. Em trovinha escrita na revista *O Malho*, em setembro de 1902, ele registra com aguda sensibilidade a conexão entre caricatura e modernidade. Percebe a linguagem *sui generis* da caricatura, enfatizando a sua potencialidade de comunicação em relação à escrita:

> O que as palavras exprimir não podem
> O que as pessoas à língua e a lei veda
> Pode o lápis dizê-lo impunemente
> No papel branco saracoteando [...]

No início do século XX, o humor inaugura uma nova linguagem seguindo a dinâmica da época. Hoje, a cultura do descartável e do virtual nos é de tal forma familiar que fica difícil avaliar o impacto exercido na época. Época essa em que o tempo estava deixando de ser concebido como algo eterno, associado que estava à valorização do sublime, da lentidão, do devaneio e da contemplação (Sussekind, 1987). Retomando a crônica de Machado de Assis: Da brisa suave passava-se ao tempo furacão, apostando corrida com a eletricidade...

Nesse contexto, tão profundamente marcado pela mudança das percepções sociais, vai ser expressiva a contribuição das revistas semanais ilustradas. Mediando o debate cotidiano, elas ajudaram a forjar novos entendimentos da brasilidade. Através das caricaturas, revelava-se, paulatinamente, uma outra face do Brasil e dos brasileiros.[8] É interessante acompanhar a mudança dessa imagem da nacionalidade através dos tempos.

No Império, a nacionalidade era representada pelo índio forte e vigoroso das caricaturas de Angelo Agostini na *Revista Illustrada*. No início do século XX, essa imagem idealizada não se sustenta mais. No seu lugar aparece o povo das ruas: o português da venda, a mulata sensual, o malandro, o capoeira, o Zé-povo e também o Jeca Tatu. As gafieiras, os quiosques, mafuás, as praças e esquinas e os becos figuram como o cenário predileto enfocado pelas caricaturas de Raul Pederneiras e de Kalixto. Mas tipos inesquecíveis seriam também as melindrosas e os almofadinhas de J. Carlos. A partir das revistas humorísticas vemos configurarem esses diferentes retratos do Brasil. Inspirados diretamente no cotidiano e nas práticas urbanas, esses retratos mostram-se, particularmente, capazes de expressar as ambiguidades da nacionalidade e do moderno.

Um momento especialmente oportuno é o ano de 1922, momento em que se comemorava o centenário da independência brasileira. Na caricatura "Os donos da terra", publicada pela revista *D. Quixote* em 27/9/1922 (ver caderno de fotos), Raul Pederneiras mostra a República – representada por uma mulher ricamente trajada à moda europeia –, que busca impedir a entrada de um índio para os festejos da independência. Dirigindo-se ao Protocolo, senhor em traje de gala, o índio o interroga: "Então, como é isto, seu Protocolo? Nós, os verdadeiros donos da terra, não entramos na festa?" Ao que o Protocolo retruca: "De acordo com a dona Pragmática, vocês serão expostos como tipos... exóticos."

A exclusão social aparece fortemente vinculada à imagem do regime republicano, que não reconheceria a cidadania dos próprios "donos da terra".

É importante retomarmos aqui uma ideia: a necessidade de repensar as diferentes expressões do moderno. A experiência do Rio de Janeiro traduz esse caminho, possibilitando apontar outros espaços de instauração do moderno. Desvinculado da ideia de movimento formal e organizado e vanguardeiro, a cultura modernista também pode ser pensada a partir das sociabilidades e dos espaços cotidianos, expressos através das revistas humorísticas, dos cafés literários e dos salões.[9]

Mais próximos das camadas populares, os intelectuais boêmios buscam construir pontes, mesmo que precárias, entre a denominada "República das letras" e as "repúblicas atomizadas", compreendendo-se por essas as festas populares (carnaval e festa da Penha), a Pequena África no bairro da Saúde, o cortiço de Botafogo e as colônias de imigrantes.[10] Um exemplo dessa convivência pode ser verificado nos encontros habituais entre os intelectuais letrados – como Emílio de Menezes, Bastos Tigre, Prudente de Morais Neto, Sérgio Buarque – e os músicos das camadas populares, como Pixinguinha, Donga e Heitor dos Prazeres. Eles costumavam encontrar-se nas repúblicas e bares da Lapa, onde frequentemente conversavam sobre música e literatura (Vianna, 1995).

A ideia do modernismo carioca associada ao domínio do informal e do espontâneo aparece claramente expressa num trecho do discurso do crítico de artes Gonzaga Duque, proferido na sessão de Belas-Artes da Exposição Nacional de 1908. Observava ele que "a arte de um povo não resulta da vontade de um grupo nem da iniciativa de uma escola".

É na dinâmica do cotidiano, portanto, que começam a despontar expressões do moderno representadas por personagens as mais variadas que transitam por distintos mundos sociais. Nomes como os da maestrina Chiquinha Gonzaga, do músico popular Sinhô e dos cronistas João do Rio e

O MODERNISMO E A QUESTÃO NACIONAL

Lima Barreto são referências obrigatórias nesse elenco do moderno. O que essas figuras tiveram em comum foi a tarefa – mesmo que não consciente necessariamente – de unir o erudito ao popular, tornando esses domínios receptivos à intercomunicação. A partir daí se esboçam as bases de uma identidade coletiva veiculada através de expressões da cultura popular.[11]

No Rio de Janeiro, particularmente, é de fundamental importância considerar os espaços informais da cultura na constituição de sociabilidades que, em muito, contribuíram para a dinâmica modernista. As ruas, os largos, as praças, os cafés literários e principalmente as festas populares propiciaram o encontro de diferentes percepções, valores e concepções sociais. E é a partir desses espaços que deve ser compreendida a cultura urbana modernista. No Rio de Janeiro, a ideia de organizar um movimento para discutir de forma sistemática a questão da identidade cultural brasileira não encontrou disponibilidade nem adeptos realmente imbuídos destes ideais.

A análise do modernismo no Rio de Janeiro reforça, portanto, a importância de se considerar mais cuidadosamente a ambiência histórica e o solo das tradições socioculturais que lhe deu origem. Procedimento esse que nos leva a um redimensionamento do tema, questionando-se, sobretudo, o paradigma de 1922, instituído, durante longo tempo, pela historiografia literária.

Convém deixar claro que não se trata de inverter o polo da questão, ou seja, deslocar a centralidade da experiência modernista de São Paulo para o Rio de Janeiro. A ideia é problematizar o debate em torno do tema.[12] O que está em questão não é apenas o eixo Rio-São Paulo, mas o conjunto da nacionalidade. Existe uma fértil pesquisa historiográfica a ser desenvolvida nesse terreno, na qual despontam as mais variadas expressões do moderno.

A instauração do modernismo data, portanto, de um longo processo feito de avanços e recuos, lampejos inovadores e gestos de contenção, ocasionando polêmicas incessantes. Encontramos na nossa produção literária e artística – incluindo-se aí as caricaturas – esses sinais de modernidade, já presentes desde a virada do século XIX para o XX. Nesse processo é irrecusável o papel desempenhado pelos intelectuais paulistas na década de 1920.

O movimento modernista paulista

No pós-guerra modifica-se radicalmente a maneira de se pensar o Brasil. A visão da nacionalidade e da arte como força primitiva, espontânea, indomável e marcada, particularmente, pela ideia da inferioridade étnica não se sustentava mais. É clara a tentativa de se buscar organizar a nacionalidade a partir do Estado. Exemplo desse empenho são as ideias contidas nas obras de Alberto Torres, *O problema nacional brasileiro* (1914), e de Olavo Bilac, *A defesa nacional*.

Também é visível o esforço dos intelectuais no sentido de definir e sistematizar a ideia da identidade nacional, como propõe a *Revista do Brasil* (1917). Essa onda de nacionalismo era reflexo do contexto internacional que anunciava o declínio da cultura europeia e a aurora do novo mundo, representado pela América.

Para um mundo em crise, o Brasil e o restante da América passaram a simbolizar a fonte inspiradora de toda uma cultura. A partir daí tornam-se ultrapassados os parâmetros científicos europeus, calcados na ideia de uma suposta evolução étnica. Não há mais um padrão universal de desenvolvimento, mas singularidades e expressões culturais únicas, dignas de serem conhecidas e analisadas.

Essa percepção implica um deslocamento de perspectiva: a Europa deixa de ser o centro e o modelo civilizatório do mundo. Desponta uma atitude de disponibilidade e crescente interesse pelo conhecimento das demais culturas, vistas como fonte e expressão do "novo". Artistas e intelectuais europeus viajam ao Brasil para buscar inspiração no nosso folclore, na literatura e na música popular. Caso do pintor italiano Gustavo D'Allara, de Paul Claudel (embaixador da França), do músico Darius Milhaud e, notadamente, de Blaise Cendrars.

A presença de Cendrars, suíço radicado na França, funcionou como um poderoso estímulo para a formação das "caravanas modernistas". Reunindo intelectuais e artistas como Mário de Andrade, Oswald de Andrade, Manuel Bandeira e Tarsila do Amaral, essas caravanas propunham-se a viajar pelo interior do Brasil com o objetivo de conhecê-lo mais profundamente.

Na obra de Mário de Andrade, esse deslocamento para outras regiões configurou-se como verdadeira viagem etnográfica, permitindo-lhe realizar um inventário da cultura popular. Em crônicas publicadas no *Diário Nacional* (1927/29), Mário de Andrade registra as suas impressões de viagem com o título "O turista aprendiz", sendo essas crônicas posteriormente publicadas em livro com o mesmo nome. As caravanas permitiram aos intelectuais elaborar um verdadeiro aprendizado da modernidade, mediado pela figura de Blaise Cendrars. Esse era apelidado por Oswald de Andrade de "Blaise du Blaisil". Tal paródia era expressiva; denotava a disposição dos nossos intelectuais para integrarem outros saberes, desde que mediados pela brasilidade.

Foi convidado por Paulo Prado – um dos mecenas e organizadores da Semana de Arte Moderna de São Paulo – que Cendrars decidira empreender a sua jornada pelo interior do país. Ele vai funcionar, portanto, como uma espécie de elo entre os nossos intelectuais e o pensamento das vanguardas europeias relativo às artes plásticas, literatura e poesia.

De certa forma, ironizando esse papel que lhe fora atribuído, Blaise Cendrars argumentava: "Depois de Baudelaire, Whitman e os poetas de Paris, os paulistas acabam de descobrir a sua modernidade. E a monopolizavam [...]. Abominavam a Europa mas não conseguiam viver sem o modelo de sua poesia. Queriam estar por dentro, a prova é que tinham me convidado..." (Cendrars, 1976). O depoimento é extremamente expressivo, mostrando como era difícil e ambígua a integração com o moderno. Como unir tradição e modernidade? Regional e universal? Popular e erudito? Mais ainda: como elaborar um pensar próprio que não fosse uma mera caricatura e imitação do moderno europeu? Essas são as questões com as quais se defrontam os modernistas num primeiro momento da sua reflexão, conforme veremos mais adiante.

Ao analisarmos o pensamento modernista brasileiro, é necessário considerar uma questão de fundamental importância: a teoria da importação das ideias. Durante muito tempo, a historiografia interpretou a influência das vanguardas intelectuais sobre a nossa produção intelectual como corpo estranho e sem conexão com o nosso solo de ideias. Prevalecia, então, a visão do mimetismo cultural, espécie de sombra refletindo a luz irradiadora de um centro. Em grande parte, acabava-se interpretando o modernismo como uma espécie de movimento tupiniquim, mero mimetismo em relação às vanguardas artístico-culturais europeias.

Essa perspectiva de análise não considerava a releitura que os nossos intelectuais estavam fazendo em relação ao acervo das tradições e valores europeus. É necessário considerar que há vários fatores em jogo no processo de atualização cultural; ele não é simplesmente impulsionado pelo espírito imitativo. Ocorre sempre uma leitura seletiva em que vão ser privilegiados determinados aspectos em detrimento de outros. Tais aspectos, por sua vez, referem-se a um contexto político-cultural em que estão inseridos os intelectuais. Cabe, então, indagar: como é que esses intelectuais vão processar as informações que estavam assimilando do moderno contexto europeu? Como vão integrá-las e atualizá-las? Como, enfim, conseguem construir o diálogo entre tradição e modernidade, passado e presente, nacional e universal?

A resposta a essas distintas questões vai gerar os diferentes *retratos do Brasil*. Esses retratos revelam o caráter profundamente heterogêneo do modernismo paulista, capaz de produzir as visões mais distintas sobre a nacionalidade. É preciso deixar clara essa ideia: o movimento modernista paulista não é um conjunto homogêneo, mas abriga visões bem distintas.

Num primeiro momento – que vai até 1924 –, o que estava em questão para os intelectuais do movimento era a atualização da nossa cultura. No Manifesto Pau-Brasil, publicado no *Correio da Manhã* em 18 mar. 1924, Oswald de Andrade expressa muito claramente essa ideia ao enfatizar a necessidade de "acertar o relógio império da literatura nacional". Nesse ponto reinava o consenso entre os intelectuais. Todos concordavam quanto à urgência de se atualizar a nossa cultura. Mas, a partir de 1924, impõe-se uma outra questão: a pesquisa da brasilidade, o que significa investir esforços na compreensão da especificidade da cultura brasileira.

O ingresso do país na modernidade deixa de ser pensado como algo imediato, uma operação mecânica. Torna-se necessário, então, discutir as mediações que irão assegurar essa passagem. A busca desse entendimento implica, portanto, uma reflexão profunda sobre o sentido do nosso próprio passado (Moraes, 1988). E é aí precisamente que surgem as divergências entre os modernistas. Como é pensada a brasilidade? E o nosso passado? Como fazer desses elementos uma passagem para a modernidade?

É a partir da resposta a essas indagações que se constroem as distintas visões ideológicas da nacionalidade. E é com base nessas visões que se esboçam alguns acontecimentos marcantes da nossa história político-cultural, como a Revolução de 1930, a revolução constitucionalista de 1932, o movimento comunista de 1935, a instauração do Estado Novo (1937-1945) e o período de redemocratização de 1945.

O grupo dos verde-amarelos – composto de Cassiano Ricardo, Plínio Salgado, Menotti Del Picchia, Candido Motta Filho – representa a vertente conservadora do modernismo paulista. Para esses intelectuais, a busca da brasilidade passa a ser concebida como um "retorno ao passado". Compreende-se o passado como o reduto das nossas tradições mais puras e verdadeiras. Os verde-amarelos buscam explicar a nacionalidade recorrendo ao simbolismo do Curupira, figura inspirada nas lendas do nosso folclore. Tendo os pés voltados para trás, o Curupira efetuaria o seu deslocamento no tempo, sempre marcado pela ideia de um eterno retorno. A compreensão da brasilidade só se dá a partir desse retorno às pegadas do passado, considerado esse a chave explicadora da nacionalidade.

O livro de Cassiano Ricardo, *Martim Cererê*, escrito em 1926, mostra bem essa visão do Brasil. Em forma de poema, o autor narra a história de um herói chamado Cererê. Esse herói é corporificado na figura de um bandeirante, um desbravador dos sertões que sai em viagem pelo Brasil. No seu roteiro, parte de São Paulo com a missão de explorar as outras regiões do país, retornando, em seguida, para o ponto de origem. O trajeto do herói é sempre o mesmo: São Paulo-Brasil-São Paulo. Há um ponto predeterminado de partida e de chegada.

O bandeirante – símbolo da brasilidade – não se aventura por novos caminhos porque a situação já está predeterminada. Apresenta-se como personagem bem-comportado, sério, grandiloquente, patrioteiro. Seu trajeto pela história do Brasil pode ser comparado ao desenrolar de uma epopeia, em que se louvam os feitos do herói e sua grandiosidade.

A época do movimento das "Entradas e Bandeiras" – que ocorreu no século XVI – é presentificada como essência, capaz de assegurar o sentido. Dessa forma, o desempenho do herói se dá nos domínios da repetição; o seu papel e o da história ocorrem num tempo idealizado. O passado é concebido como uma espécie de Eldorado; o mito Tupi – associado à pureza, espontaneidade e originalidade – aparece, então, como um dos elementos fundadores da nacionalidade.

Essa perspectiva implica a adoção de um etnocentrismo extremado, que leva o grupo a defender as fronteiras nacionais contra o que denominava as "invasões alienígenas". Baseado nessas ideias o grupo reforça o nacionalismo militarista de Olavo Bilac, defendendo-se a figura do "poeta-soldado". Emerge daí a ideia do intelectual engajado que vai se afirmar durante o regime autoritário do Estado Novo (1937-1945).

No Manifesto do Nhengaçu Verde Amarelo, publicado no *Correio Paulistano* em 17/5/1929, o grupo defende as fronteiras nacionais contra as influências culturais estrangeiras: "Aceitamos todas as instituições conservadoras, pois é dentro delas mesmo que faremos a inevitável renovação do Brasil, como a fez através de quatro séculos a alma da nossa gente, através de todas as expressões históricas."

Essa forma de conceber a brasilidade teve claro desdobramento político. Plínio Salgado foi líder do movimento integralista na década de 1930, enquanto Cassiano Ricardo assumiu postos-chave no regime do Estado Novo (1937-1945), apresentando-se como verdadeiro ideólogo do Estado.[13]

Para o grupo verde-amarelo, a compreensão da brasilidade modernista devia se dar através de uma categoria: a geografia. Parte-se do pressuposto de que é a geografia que faz a história, alterando o seu curso de maneira decisiva. Inspirando-se na tradicional teoria dos dois Brasis – o legal (litoral) e o real (interior) –, os verde-amarelos identificam o interior com a brasilidade e a autenticidade em contraposição ao litoral, associado à ideia de cosmopolitismo, fachada e artifício. No seu conjunto, a obra de Cassiano Ricardo – desde o modernismo ao Estado Novo – sintetiza bem essa visão.

No poema "Canção geográfica", publicado nas páginas de *Martim Cererê*, fica nítido o contraste que se pretende estabelecer entre o interior (autêntico) e o litoral (imaginário, alienígena). Diz o bandeirante:

> O que procuro é terra firme
> Pois nasci junto da serra
> De costas voltadas para o mar [...]
> A estar chorando de saudade portuguesa
> Prefiro varar o sertão
> Que é o meu destino singular.

E, finalizando:

> Minha esposa é terra firme
> As sereias estão no mar.

As metáforas da sereia e da esposa reforçam sentimentos opostos: devaneio e pragmatismo. O primeiro é atribuído ao habitante do litoral, que tenderia a aderir ao cosmopolitismo, perdendo o contato com o verdadeiro espírito da nacionalidade. A esposa, terra firme, remete ao pragmatismo e ao espírito empreendedor. Esse seria atributo do povo paulista, considerado o verdadeiro construtor da nacionalidade brasileira. Trata-se, portanto, de uma visão da brasilidade modernista profundamente calcada na ideologia regionalista. A parte é compreendida como princípio explicativo que condensa o conjunto.

No Manifesto Pau-Brasil, publicado por Oswald de Andrade no *Correio da Manhã* em 18 mar. 1924, constrói-se uma outra percepção da brasilidade. É nítido o esforço de criar uma percepção baseada no princípio da síntese cultural, capaz de unir o "lado doutor" da nossa cultura com as tradições populares. É necessário "unir a Floresta e a escola, o Museu Nacional, a cozinha, o minério e a dança", proclama Oswald de Andrade.

A questão da atualização cultural impõe-se, nesse momento, como tarefa da geração intelectual. Era preciso encontrar um ritmo e uma temporalidade próprias para a nacionalidade: "Contra as histórias do homem que começam no Cabo Finisterra. O mundo não datado. Não rubricado. Sem Napoleão. Sem César." O Manifesto Pau-Brasil apresenta-se como um painel de fragmentos em que se contrapõe a visão oficial da história e da arte à visão bem-humorada e parodística do colonizado.

Já no Manifesto Antropófago, publicado na *Revista de Antropofagia* em maio de 1928, Oswald de Andrade amplia e aprofunda a sua reflexão sobre a brasilidade. Passa a defender, então, a ideia da aglutinação e da integração das culturas. Essa absorção de influências deve, no entanto, se dar através da devoração crítica das influências culturais. As ideias das vanguardas artísticas europeias – propagadas pelo futurismo, dadaísmo e cubismo – devem ser integradas como dimensão constitutiva da nacionalidade. Mas, antes, deve-se proceder a uma reelaboração crítica, visando a adequar tais valores à nossa realidade.

Surge daí a metáfora da antropofagia. A antropofagia é o caminho que singulariza a nacionalidade brasileira. No Manifesto ela aparece como uma verdadeira bandeira de luta: "Só a antropofagia nos une. Socialmente. Economicamente. Filosoficamente." Nesses termos, propõe-se a apropriação da cultura europeia pelo "canibalismo cultural". Reedita-se a ideia do antropófago – herdada da cultura indígena –, que come a carne do inimigo no intuito de absorver as suas qualidades.

O grupo dramatiza essa ideia, realizando uma série de jantares. No cardápio, anunciam-se os personagens da cultura erudita e popular que seriam deglutidos, ou seja, integrados ao nosso acervo cultural. No primeiro almoço do grupo antropofágico, realizado no Mappin Stores, o palhaço Piolim é o cardápio principal. Já no programa do jantar literário – realizado na casa de Paulo Prado – constam do elegante cardápio os seguintes itens, que parodiam a relação do erudito e do popular:

> O bandeirante Pau lo Prato chorará sobre a trasteza do pó lhytico no Brasil. A gentil pintora caipiruska Tarsilowska do Amaral executará no alaúde a mazurka do Vira Bolos em o hino Nacional do gotschalk (*Memória paulistana*, 1975).

Essas paródias humorísticas têm um significado histórico preciso. Num contexto em que se buscava definir a ideia de brasilidade, era importante destacar as influências culturais desejáveis, no intuito de proceder a sua integração. Os "jantares antropofágicos" – recorrendo a um forte tom de irreverência – realizam essa operação ao apontar uma série de referências culturais a serem integradas. Referências essas, as mais distintas e variadas, passando das tradições eruditas às populares, de Paulo Prado, Tarsila do Amaral, Villa-Lobos ao palhaço Piolim; da tristeza e do lirismo ao riso e à comicidade.

A expressão plástica da antropofagia presentifica-se no quadro de Tarsila do Amaral intitulado *Abaporu*. A palavra "abaporu" é indígena e significa homem (*aba*) e que come (*poru*). O homem que come ou o "comedor de culturas". Mas agora, meados da década de 1920, não se "comia" mais indistintamente. Era imperioso o princípio de se proceder a cuidadosas escolhas. Integrar influências, sim, mas de forma reflexiva e criteriosa. A perspectiva da adequação constitui-se em referencial obrigatório comandando a inteligibilidade das escolhas.

No Manifesto, Oswald de Andrade faz uma leitura da nossa cultura que, baseada em fontes primitivas, traduz uma matriz anarquizante e contestadora. Toma-se o riso e, particularmente, a utopia como forma de constituição e chave de explicação da nacionalidade. Essa crença na utopia como força capaz de impulsionar o processo da transformação social explica a filiação de Oswald de Andrade ao Partido Comunista.

Uma outra vertente expressiva e extremamente fecunda da brasilidade modernista pode ser encontrada nas ideias de Mário de Andrade. Construindo a ideia de nacionalidade, ele vai priorizar a integração dinâmica entre o passado e o presente. No "Prefácio interessantíssimo" da *Paulicea desvairada* (1922), o autor define o passado como "lição para meditar não para reproduzir" (Schwartz, 1995).

Para Mário de Andrade, as tradições em si não teriam valor, a não ser quando capazes de estabelecer uma relação dinâmica com o tempo presente. Na sua acepção, portanto, as diferentes manifestações da nossa cultura e folclore só deveriam constituir-se em interesse de investigação quando presentificadas nas questões atuais. Mário, sobretudo a partir de 1924, defenderia a urgência de se criar uma arte brasileira, entendendo-a como condição de o Brasil poder apresentar-se e ser reconhecido como país civilizado. Ser moderno significava, então, comparecer ao cenário internacional, mas adotando a mediação do nacional (Moraes, 1988). Na sua *Pequena história da música*, o autor é taxativo: "A pesquisa do caráter nacional só é justificável nos países novos, que nem o nosso, ainda não possuindo na tradição de séculos, de feitos, de heróis, uma constância psicológica inata..."

Essa visão pressupõe uma concepção da brasilidade e um retrato do Brasil marcado pela dinamicidade e pela pluralidade espaço-temporal. Em *Macunaíma, o herói sem nenhum caráter* constrói-se a imagem de um Brasil móvel, de um Brasil que é simultânea e sucessivamente negro, índio e branco.

Essa obra contrasta nitidamente com o *Martim Cererê*, de Cassiano Ricardo. O livro também narra a trajetória de um herói pelo Brasil. Mas é nítida a diferença de perfil que se opera entre o Macunaíma e o Cererê. Macunaíma representa um aventureiro que viajava por todo o Brasil, sem ter ponto de partida nem de chegada previsíveis. Era um personagem que buscava fazer da vida uma descoberta constante, tanto marcada pelos erros e acertos, como pelos logros e vitórias.

Sua proposta era a de conhecer cada palmo do Brasil. Para levar a efeito tal proposta não se empenhava em qualquer tipo de compromisso ou de missão. Era esse o espírito que impulsionava a trajetória de Macunaíma, o "herói sem nenhum caráter". O personagem se move, com desenvoltura, entre o passado e o presente, a floresta e a cidade, a terra e o céu, o tempo e o espaço. É um herói sem caráter, explica Mário – em prefácio inédito à primeira edição da obra –, porque "ainda não possui nem civilização própria nem consciência tradicional". Mais adiante, comentava:

> E com a palavra caráter não determino apenas uma realidade moral, não, em vez entendo a realidade psíquica permanente, se manifestando por tudo, nos costumes, na ação exterior, no sentimento, na língua da História da andadura, tanto no bem como no mal. [...] O brasileiro está que nem um rapaz de vinte anos: a gente mais ou menos pode perceber tendências gerais, mas ainda não é tempo de afirmar coisa nenhuma (citado por Holanda, 1978).

No pensamento de Mário de Andrade há uma outra categoria de fundamental importância para a compreensão da temática da brasilidade: a "teoria da desgeografização". O autor a compreende como processo através do qual se descobre – além das diferenças regionais que comporta uma nação – uma unidade subjacente relativa à sua identidade. Desgeografizar o país significava superar as diferenças regionais, tentando uma apreensão conjunta da nacionalidade (Moraes, 1983).

Em *Macunaíma* há uma passagem muito expressiva a esse respeito. Mário de Andrade faz seu personagem sobrevoar o mapa do Brasil nas asas de um "tuiuiú-aeroplano", uma mistura de pássaro e de avião. Ele vislumbra o país lá do alto: rios, florestas, mares e montanhas. Era essa a ideia defendida por Mário de Andrade: uma visão integrada da nacionalidade. O autor criticava veementemente, portanto, a tradição regionalista que acabava comprometendo uma percepção adequada da nacionalidade. Argumentava que era preciso analisar as regiões sempre como componentes contribuindo para o enriquecimento do conjunto. Em *Macunaíma* configura-se o esforço de uma definição da arte nacional. Como assinala

Telê Ancona Lopez (1978), a obra visaria a marcar a natureza distinta em relação à arte europeia, aproximando-se da arte dos povos das denominadas "civilizações da luz e do calor". Valoriza-se a ideia da tropicalidade, de uma forma de pensar, de sentir e de criar específica, alertando-se para a nossa identidade e, consequentemente, para nossas contradições (Lopez, 1978:38).

Para dar conta dessa dinâmica, a linguagem era considerada elemento de fundamental importância. Mário de Andrade insiste nessa questão: a língua deve ser flexível, ágil, sintética e expressiva. E nisso o Brasil não deixava a desejar. No "Prefácio interessantíssimo" (1922), o autor destacava a originalidade da nossa língua:

> A língua brasileira é das mais ricas e sonoras
> E possui o admirabilíssimo "ão".

Através de *Macunaíma*, Mário satirizava a nossa dualidade linguística. Considerava existir um "português escrito" que era solene, obedecendo à risca a "língua de Camões", e o "brasileiro falado", que expressava a nossa criatividade, inventividade e irreverência. Na "carta pras icamiabas", Mário de Andrade declarava ter misturado propositalmente frases de Rui Barbosa, de Mário Barreto e dos cronistas portugueses coloniais (Neves, 1998).

Para o autor, a figura de Macunaíma corporificava ironicamente a nossa dualidade linguística. Quando falava, o herói não poupava gírias, salamaleques e palavrões. Mas, ao escrever – como na carta pras icamiabas –, assumia ares de verdadeiro bacharel. Vasculhava os dicionários atrás de adjetivos e verbos que traduzissem o "bom falar lusitano". Macunaíma é um personagem ambíguo. Mente, inventa, trapaceia e tem, sobretudo, uma imensa preguiça. Transita pelos mais diferentes espaços modernos e tradicionais, urbanos e rurais, relaciona-se com todo tipo de gente, conhece as mandingas e as máquinas, é vencedor e vencido.

Através de sua obra, Mário de Andrade revelava uma visão do Brasil em que se reconhecia como parte atuante. Em 1926, em *Tempo de Maria*, confidenciava: "Macunaíma, Maria, era como eu Brasileiro" (citado por Holanda, 1978, p. 23).

A ideia de sentir-se brasileiro não é monolítica, traduzindo sempre pertencimentos sociais, inserções, experiências, trajetórias, histórias de vida e individualidades. Na história da cultura há participações e memórias a serem redimensionadas e o modernismo brasileiro mostra a necessidade desse movimento de reavaliação crítica.[14]

Conclusões

Para finalizar, seria importante retomar aqui algumas ideias que foram desenvolvidas ao longo do texto. Afinal de contas, qual o vínculo que poderia unir os intelectuais da geração de 1870, os intelectuais caricaturistas no Rio de Janeiro da virada do século XIX para o XX e os paulistas na década de 1920?

Apesar das profundas diferenças de aparatos conceituais e de abordagens e formas de expressão, todos esses intelectuais estavam mobilizados para uma questão em comum: entender a brasilidade, sobretudo entendê-la num contexto de mudanças. Contexto esse marcado pelo ingresso do país nos "tempos modernos", fato que se verificou historicamente na virada do século XIX e nas primeiras décadas do século XX.

A instauração do moderno, a entrada do Brasil no concerto internacional obrigaram a uma autorreflexão por parte da intelectualidade. Foi necessário lançar um olhar retrospectivo sobre a nossa história e sobre as nossas raízes socioculturais, no intuito de poder construir a ideia de brasilidade. Impunha-se efetuar não apenas uma tarefa imediata visando à atualização da nossa cultura. Em meados da década de 1920, a questão era mais complexa: a compreensão do nacional, entendendo-o como elemento de mediação para o diálogo com as vanguardas artístico-intelectuais. Buscava-se, assim, firmar uma experiência ímpar e original para, através dela, o país apresentar-se no concerto das nações consideradas civilizadas. Reconhecer a nossa identidade multifacetada foi, portanto, uma problemática comum às distintas gerações intelectuais. A busca da brasilidade esboça uma longa trajetória mobilizando e fazendo dialogar entre si os intelectuais da geração de 1870, os do início do século XX e os da década de 1920.

Em meados do século XIX era através da lente das teorias do evolucionismo positivista que se focalizava o povo brasileiro, como o fez Sílvio Romero ao localizar a África em nossas cozinhas, a América em nossas selvas e a Europa em nossos salões. Se esses eram vistos como espaços culturais segmentados, já se esboçava a ideia de um conjunto cultural diversificado. Esforçava-se para que os elos fracos da corrente – negro e índio – fossem absorvidos (teoria do branqueamento) antes que desaparecessem. Imperava, então, a imagem idealizada de um Brasil branco.

No início do século XX é outra a cara do Brasil apresentada pelas caricaturas das revistas humorísticas do Rio de Janeiro. Não mais a do índio europeizado de Angelo Agostini, mas o povo das ruas. Este aparece corporificado nas figuras as mais distintas, como o português da venda, a mulata, o imigrante, o malandro, o guarda-noturno, a melindrosa, o negro mandingueiro. Essa visão da brasilidade plural também está presente na obra dos intelectuais e artistas paulistas, notadamente em Mário de Andrade, Oswald Andrade e Tarsila do Amaral. Emerge aí o Brasil Macunaíma, o Brasil antropofágico e o Brasil Abaporu. Mas esse Brasil plural também assumiu as feições idealizadas de um Martim Cererê, que exaltava o Brasil grande, impávido colosso. Essa versão verde-amarela da nacionalidade, base do regime autoritário do Estado Novo, seria a versão vitoriosa da memória nacional.

Essas ideias mostram o caráter complexo que revestiu o nosso modernismo, reforçando a pluralidade da experiência no tempo e no espaço. Recife, Rio de Janeiro, São Paulo; séculos XIX e XX. A visão do modernismo, quando associada ao paradigma da Semana de Arte moderna – ocorrida em São Paulo, em fevereiro de 1922 –, compromete esse diálogo vivo que se estabelece entre as tradições do passado e as do presente, entre texto e contexto. Esse diálogo das raízes e rupturas permite vislumbrar – a par das diferenças – Sílvio Romero dialogando com Mário de Andrade, Graça Aranha com Oswald de Andrade, Emílio de Menezes com Oswald, Cassiano Ricardo com Euclides da Cunha.

As vertentes analítica, intuitiva e satírico-humorística foram diferentes chaves, usadas em diferentes contextos e por intelectuais de diferentes filiações, para abrir uma mesma porta: a da brasilidade, assegurando-se, assim, o acesso do país aos tempos modernos.

Notas

1. A discussão sobre os conceitos de moderno, modernidade e modernismo e a crítica ao paradigma de 1922 foram desenvolvidos por mim em História e modernismo (2010)
2. Sobre a "geração de 1870", consultar Ventura (1991).
3. A influência da obra de Graça Aranha sobre a brasilidade modernista é objeto de análise de Moraes (1979).
4. A tradição geográfico-espacial como uma das vertentes expressivas no pensamento político brasileiro foi temática desenvolvida por mim (Velloso, 1988 e 1993).
5. Sobre o tema, consultar o dossiê temático Velloso, Monica Pimenta; Guimarães, Valéria; e Figueiredo, Aldrin Moura de (orgs.). "Revistas Modernistas: circulações, representações e a questão transnacional." In *Territórios e fronteiras* (UFMT), v. 9, n. 2, dezembro de 2016. Ver também Oliveira, Claudia; Velloso, Monica Pimenta; e Lins, Vera. *O moderno em revista:* representações do Rio de Janeiro de 1830 e 1930. Rio de Janeiro, Garamond/Faperj, 2010.
6. A trajetória deste grupo foi rediscutida, na perspectiva da história das sensibilidades: Velloso, Monica Pimenta. "Sensibilidades finisseculares, intelectuais e cultura boêmia". In Negreiros; Carmen e Gens, Rosa. *Belle Époque:* crítica, arte e cultura. São Paulo: Editora Intermeios, 2016.
7. A atuação mediadora da primeira geração de intelectuais boêmios (1860/80) com particular ênfase na trajetória de Paula Ney foi discutida em Velloso, Monica Pimenta. "Um folhetinista oral: representações e dramatizações da vida intelectual na virada do século XIX". In Lopes; Velloso M. P.; Pesavento, Sandra J. (orgs.). *História e linguagem, texto, imagem, oralidade e representações.* Rio de Janeiro: edição Casa de Rui Barbosa/7 Letras, 2006.
8. O impacto destas publicações foi analisado em Velloso, Monica Pimenta. "Obra em movimento: as revistas semanais ilustradas". In Oliveira, Claudia; Velloso, Monica Pimenta; Lins, Vera. *Op. cit.*
9. Essa temática já foi desenvolvida por mim em *Modernismo no Rio de Janeiro.* Rio de Janeiro: FGV, 1996.
10. A temática das repúblicas atomizadas foi originalmente desenvolvida por Carvalho (1987).
11. Essa questão foi desenvolvida por mim em *Que cara tem o Brasil?* Maneiras de pensar e sentir a nacionalidade brasileira. Rio de Janeiro: Ediouro, 2000.

12. O tema foi objeto de discussão coletiva envolvendo pesquisadores brasileiros e franceses em Velloso, Monica Pimenta (org.). Introdução. In "Dossier Thématique Brésil: questionnaires sur le modernisme. Artelogie, recherches sur les arts, patrimoine et la littérature de l'Amérique Latine". *Arteologie*. Paris: EHESS/CNRS, mar. 2011)
13. A relação entre a ideologia do grupo verde-amarelo e a do regime do Estado Novo através da produção intelectual de Cassiano Ricardo foi analisada por mim, constituindo-se em tema de dissertação de mestrado (1983).
14. A atuação mediadora do crítico de arte e ensaísta Sérgio Milliet no contexto internacional da cultura modernista é analisada por Velloso, Monica Pimenta. Revistas e redes literárias; intertextualidades na *Lumière*. In Velloso, Monica Pimenta; Guimarães, Valéria; Figueiredo, Aldrin Moura (orgs.). *Op. cit.*

Bibliografia

Bandeira, Manuel. 1957. *Itinerário de Pasárgada*. Rio de Janeiro: José Olympio.
―――. 1937. *Crônicas da província do Brasil*. Rio de Janeiro: Civilização Brasileira.
Barbosa, Francisco de Assis. 1959. *A vida de Lima Barreto*. Rio de Janeiro: José Olympio.
Baudelaire, Charles. 1991. "Perda de auréola". In *O Spleen de Paris*: pequenos poemas em prosa. Lisboa: Relógio D'Água.
Belluzo, Ana Maria de Moraes. 1991. *Voltolino e as raízes do modernismo*. São Paulo: Marco Zero.
Carvalho, José Murilo de. 1987. *Os bestializados*: o Rio de Janeiro e a República que não foi. São Paulo: Companhia das Letras.
―――. 1999. "Brasil 1870-1914: a força da tradição". In *Pontos e bordados*: escritos de história política. Belo Horizonte: UFMG.
―――. "O Rio de Janeiro e a República". 1984-1985. *Revista Brasileira de História* – cultura e cidades. São Paulo: Marco Zero, 5 (8/9), set.
Cendras, Blaise. 1976. *Etc... etc... 100% brasileiro...* São Paulo: Perspectiva.
Duque, Gonzaga. 1919. *Os contemporâneos, pintores e escultores*. Rio de Janeiro: Benedito de Sousa.
Fabris, Anateresa. 1994. "Modernidade e vanguarda: o caso brasileiro". In *Modernidade e modernismo no Rio de Janeiro*. São Paulo: Mercado das Letras.

Gomes, Angela de Castro. 1999. *Essa gente do Rio...* Modernismo e nacionalismo. Rio de Janeiro: FGV.

Hardman, Francisco Food. 1992. "Antigos modernistas." In *Tempo e história*. São Paulo: Companhia das Letras.

Holanda, Heloisa Buarque de. 1978. *Macunaíma*: da literatura ao cinema. Rio de Janeiro: José Olympio.

Karl, Frederick. 1988. "Tornando-se moderno: uma visão de conjunto." In *idem. O moderno e o modernismo, a soberania do artista, 1885-1925*. Rio de janeiro: Imago.

Le Goff, Jacques. 1984. "Antigo e moderno." In *Enciclopédia Einaudi*, v. 1 (memória e história). Lisboa: Casa da Moeda.

Lopez, Telê Porto Ancona. 1978. "Introdução." In Andrade, Mário de. *Macunaíma, o herói sem nenhum caráter*. Rio de Janeiro/São Paulo: Livros técnicos e científicos/Secretaria da Cultura, Ciência e Tecnologia.

Machado, A. L. 1973. *Estrutura social da República das Letras*: sociologia da vida intelectual brasileira: 1870-1930. São Paulo: Edusp/Grijalbo.

Martins, Wilson. 1978. *História da inteligência brasileira*. São Paulo: Cultrix.

Mattos, Cláudia Neiva de. 1994. *A poesia popular na República das Letras*. Rio de Janeiro: UFRJ/Funarte.

McFarlane, James. 1989. "O espírito do modernismo." In Bradbury, Malcom. *Modernismo*: guia geral. São Paulo: Companhia das Letras.

Memória Paulistana. 1975. São Paulo, Museu da Imagem e do Som da Secretaria de Cultura, Esportes e Turismo.

Menezes, Emílio de. 1980. *Obra reunida*. Rio de Janeiro: Secretaria de Cultura e Esportes.

Moraes, Eduardo Jardim de. 1979. *A brasilidade modernista na dimensão filosófica*. Rio de Janeiro: Graal.

_____ .1988. "Modernismo revisitado". *Estudos Históricos*, Rio de Janeiro, v. 1, n. 2.

_____ .1983. *A constituição da ideia de modernidade no modernismo brasileiro*. Tese de doutorado em Filosofia no Instituto de Filosofia e Ciências Sociais da UFRJ, Rio de Janeiro.

Negreiros, Carmen; Gens, Rosa. 2016. *Belle Époque*: crítica, arte e cultura. São Paulo: Editora Intermeios.

Neves, Margarida de Sousa. 1998. "Da maloca do Tietê ao império do mato virgem. Mário de Andrade: roteiros e descobrimentos." In Chalhoub, Sidney; Pereira,

Leonardo Affonso de M. (orgs.). *História contada*: capítulos de história social da literatura no Brasil. Rio de Janeiro: Nova Fronteira.
Patrocínio Filho, José do. 1993. "O cronista da casa silenciosa." In Barbosa, Orestes. *Bambambã*. Rio de Janeiro: Secretaria Municipal de Cultura.
Perrot, Michelle. 1991. "À margem: solteiros e solitários". In idem. *História da vida privada*: da Revolução Francesa à I Guerra Mundial. São Paulo: Companhia das Letras.
Schwartz, Jorge. 1995. "Brasilidade." In *Vanguardas latino-americanas*. São Paulo: Edusp.
Sevcenko, Nicolau. 1983. *Literatura como missão*: tensões e criação cultural na Primeira República. São Paulo: Brasiliense.
Severiano, Jairo; Mello, Zuza Homem de. 1997. *A canção no tempo*: 85 anos de músicas brasileiras. São Paulo: 34. v. 1 – 1901-1957.
Silva, Marco Antônio da. 1990. *Caricata República*. São Paulo: Marco Zero.
Santiago, Silviano. 1989. "A permanência do discurso da tradição no modernismo." In idem. *Nas malhas da letra*. São Paulo: Companhia das Letras.
Sussekind, Flora. 1987. *Cinematógrafo das letras*: literatura, técnica e modernização do Brasil. São Paulo: Companhia das letras.
_____.1988. "O figurino e a forja." In *Sobre o pré-modernismo*. Rio de Janeiro: Fundação Casa de Rui Barbosa.
Vasconcelos, Ary. 1977. *Panorama da música popular brasileira na Belle Époque carioca*. Rio de Janeiro: Santana.
Velloso, Monica Pimenta. 2010. *História e modernismo*. Belo Horizonte: Autêntica.
_____.1996. *Modernismo no Rio de Janeiro*. Rio de Janeiro: FGV.
_____.1993 "A brasilidade verde-amarela; nacionalismo e regionalismo paulista." *Estudos históricos*, Rio de Janeiro, v. 6, n. 11.
_____.1988. "A literatura como espelho da nação." *Estudos Históricos*. Rio de Janeiro, v. 1, n. 2.
_____.1983. *O mito da originalidade brasileira*: a trajetória intelectual de Cassiano Ricardo – do modernismo ao Estado Novo. Dissertação de mestrado. PUC, Rio de Janeiro.
Ventura, Roberto. 1991. *Estilo tropical*: história cultural e polêmica literária no Brasil. São Paulo: Companhia das Letras.
Vianna Jr., Hermano. 1995. *O mistério do samba*. Rio de Janeiro: Zahar.

11. A crise dos anos 1920 e a Revolução de 1930

*Marieta de Moraes Ferreira**
*Surama Conde Sá Pinto***

Introdução

Na década de 1920, a sociedade brasileira viveu um período de grande efervescência e profundas transformações. Mergulhado numa crise cujos sintomas se manifestaram nos mais variados planos, o país experimentou uma fase de transição cujas rupturas mais drásticas se concretizariam a partir do movimento que ficaria conhecido como revolução de 1930.

O ano de 1922, em especial, aglutinou uma sucessão de eventos que mudaram de forma significativa o panorama político e cultural brasileiro. A Semana de Arte Moderna, a criação do Partido Comunista, o movimento tenentista, a criação do Centro Dom Vital, a comemoração do centenário da Independência e a própria sucessão presidencial de 1922 foram indicadores importantes dos novos ventos que sopravam, colocando em questão os padrões culturais e políticos da Primeira República.

Do ponto de vista econômico, a década de 1920 foi marcada por altos e baixos. Se nos primeiros anos o declínio dos preços internacionais do café gerou efeitos graves sobre o conjunto da economia brasileira, como a alta da inflação e uma crise fiscal sem precedentes, por outro também

---

* Professora Titular do Instituto de História da Universidade Federal do Rio de Janeiro e pesquisadora da Fundação Getulio Vargas.
** Professora Associada do curso de graduação em História do Instituto Multidisciplinar da Universidade Federal Rural do Rio de Janeiro.

se verificou uma significativa expansão do setor cafeeiro e das atividades a ele vinculadas. Passados os primeiros momentos de dificuldades, o país conheceu um processo de crescimento expressivo que se manteve até a Grande Depressão, em 1929.[1] A diversificação da agricultura, um maior desenvolvimento das atividades industriais, a expansão de empresas já existentes e o surgimento de novos estabelecimentos ligados à indústria de base foram importantes sinais do processo de complexificação pelo qual passava a economia brasileira.

Junto a essas mudanças observadas no quadro econômico processava-se a ampliação dos setores urbanos com o crescimento das camadas médias, da classe trabalhadora e a diversificação de interesses no interior das próprias elites econômicas. Em seu conjunto essas transformações funcionariam como elementos de estímulo a alterações no quadro político vigente, colocando em questionamento as bases do sistema oligárquico da Primeira República. Para se entender esse movimento em curso é preciso remontar aos fundamentos desse sistema.

Os fundamentos do sistema político na Primeira República

Um alto grau de instabilidade marcou os primeiros anos do regime instituído em 1889. Se a defesa do federalismo era algo que unia grupos dominantes e representantes das principais províncias, outras questões relativas ao formato a ser dado ao novo regime político provocavam inúmeras divergências.[2]

A primeira Constituição republicana do país, inspirada no modelo norte-americano, viria consagrar como forma de governo a República Liberal Federativa, garantindo ampla autonomia para os estados e instituindo um regime formalmente representativo democrático.[3] Nem a Carta de 1891, contudo, nem as alternativas buscadas nos anos seguintes foram capazes de dar forma a um sistema político que respondesse a três problemas fundamentais: o da geração de atores políticos, o das relações entre os poderes Executivo e Legislativo e o da interação entre poder central e poderes regionais.

Algumas iniciativas foram feitas no sentido de equacionar essas questões. A criação do pacto político conhecido como política dos governadores ou política dos estados, como preferia denominá-lo Campos Sales, seu idealizador, em 1898, foi a que ganhou maior destaque. De acordo com o cientista político Renato Lessa, "com Campos Sales a República encontraria [sic] sua rotina" (Lessa, 1987).

A política dos governadores teve basicamente três objetivos: confinar as disputas políticas no âmbito de cada estado, impedindo que conflitos intraoligárquicos transcendessem as fronteiras regionais, provocando instabilidade política no plano nacional; chegar a um acordo básico entre a União e os estados; e pôr fim às hostilidades existentes entre Executivo e Legislativo, através do controle da escolha de deputados e senadores.

A inovação política introduzida para efetivá-la foi a reforma do Regimento Interno da Câmara no tocante à constituição da Comissão de Verificação de Poderes. Anteriormente, cabia ao parlamentar mais idoso entre os presumidamente eleitos para a nova legislatura nomear cinco deputados para formar a comissão encarregada de decidir sobre a legitimidade dos mandatos dos demais congressistas. Com o novo critério, o encarregado de nortear a Comissão de Verificação passou a ser o mesmo da legislatura anterior. Paralelamente, se procedeu a uma definição mais precisa dos diplomas: pelo novo texto, o diploma passou a ser a ata geral da apuração da eleição, assinada pela maioria da Câmara Municipal, encarregada por lei de coordenar a apuração eleitoral. Com essas mudanças, as eleições passaram a ser decididas antes que a Câmara deliberasse a respeito, tendo o Legislativo federal se transformado numa espécie de expressão da vontade política dos chefes estaduais.

A historiografia produzida sobre o sistema político da Primeira República tradicionalmente enfatiza a força da aliança entre Minas Gerais e São Paulo, detentores das maiores bancadas no Congresso no período,[4] como importante elemento fiador desse pacto (Castro, 1932; Bello, 1969; Fausto, 1970; Wirth, 1975; Love, 1975; Martins Filho, 1981; Kugelmas, 1986; Iglésias, 1993).[5] Recentemente, contudo, alguns autores têm inovado ao chamar a atenção para o caráter instável da aproximação entre paulistas e mineiros, ao mesmo tempo que relativizam a ideia da eficácia da política dos governadores no que diz respeito à neutralização dos conflitos. A historiadora francesa Armelle Enders ressaltou, em sua análise sobre o federalismo brasileiro no período, a inexistência de uma solidez na aliança Minas-São Paulo até 1920, uma vez que o Rio Grande do Sul, em algumas conjunturas importantes, apresentou-se como um parceiro preferencial para os mineiros (Enders, 1993). Radicalizando essa orientação, em seu livro que revê a chamada *política do café com leite*, Cláudia Viscardi mostrou que a aliança entre Minas e São Paulo foi eivada de conflitos e o pacto instituído a partir de 1898 não eliminou o grau de incerteza do sistema político vigente, na medida em que deixou de regular o principal elemento disfuncional do regime republicano: o fundamento de sua própria renovação. Além disso, o principal mecanismo acionado para efetivá-lo (a mudança no regimento interno da Câmara no tocante à Comissão de Verificação de Poderes) teve breve duração.[6] Assim, a cada quatro anos abria-se na política brasileira uma nova conjuntura que mesclava, em maior ou menor grau, instabilidade e imprevisibilidade. De acordo com Viscardi, a estabilidade do regime esteve garantida pela instabilidade das alianças entre os estados politicamente mais importantes da federação, impedindo que a hegemonia de uns fosse perpetuada e a exclusão de outros fosse definitiva. Tal instabilidade, porém, não eliminou rupturas internas (Viscardi, 2001, p. 33).

Por outro lado, apesar do revisionismo introduzido nos debates sobre o federalismo brasileiro no período e do questionamento da ideia de congelamento dos conflitos, tendência crescente nos novos trabalhos produzidos, conforme destacam Ferreira e Pinto em balanço realizado sobre as contribuições da historiografia mais recente (Ferreira; Pinto, 2013), essas autoras não chegam a discordar que, na prática, com a política dos governadores, o governo federal passou a sustentar os grupos dominantes nos estados, enquanto estes, em troca, apoiavam a política do presidente da República votando no Congresso com o governo. Esse tipo de acordo se repetia entre governadores e as lideranças locais, os coronéis, que controlavam a massa de eleitores, dadas as características da sociedade brasileira no período (predominantemente rural), dando forma ao fenômeno conhecido como coronelismo.

Os fundamentos para a compreensão do coronelismo foram lançados no clássico *Coronelismo, enxada e voto* (Leal, 1948). A grande inovação da obra é a proposta de rompimento com teses consagradas que apresentavam a sociedade brasileira a partir de modelos dicotômicos que opunham ordem privada a ordem pública, da qual o trabalho de Nestor Duarte é o melhor exemplo (Duarte, 1939). Definindo o coronelismo como "o resultado da superposição de formas desenvolvidas do regime representativo a uma estrutura econômica e social inadequada", para Victor Nunes Leal o fenômeno era fruto de um fato político e uma conjuntura econômica (Leal, 1948, p. 20). O fato político apontado como desencadeador do coronelismo foi o federalismo implantado no país pela Carta de 1891, que concedeu ampla margem de autonomia aos estados, em detrimento dos municípios, e criou um novo ator político – os governadores –, que passaram a ser eleitos a partir das máquinas estaduais. Já o fato econômico responsável pela manifestação do fenômeno foi a crise dos fazendeiros, que acarretou o enfraquecimento político do poder dos coronéis ante os seus dependentes e rivais. A manutenção desse poder passava a exigir então a presença do Estado, que expandia sua influência na medida em que diminuía a dos donos de terras. Numa espécie de barganha, cuja moeda era o voto, o poder público alimentava o poder local com uma autonomia extralegal em troca do voto do eleitorado rural, que, embora incorporado ao processo político com a supressão do critério censitário, permanecia dependente social e economicamente dos proprietários rurais. Desse compromisso fundamental, que ligava chefes locais a governadores de estado e estes ao presidente da República, resultariam características secundárias do fenômeno coronelista como o mandonismo, o filhotismo, o falseamento do voto e a desorganização dos serviços locais.[7]

Esse esquema de funcionamento da engrenagem política não eliminou os conflitos intraoligárquicos, embora tenha garantido uma permanência mais duradoura das situações no poder, desde que atuassem em consonância com a situação federal. Por outro lado, tais práticas acabaram dando forma a um federalismo desigual marcado pela ascendência de Minas Gerais, São Paulo e Rio Grande do Sul sobre as demais unidades da federação. Assim, no condomínio oligárquico em que se transformou a política brasileira, havia oligarquias de primeira e segunda grandezas, além dos chamados estados satélites.

Como resultado concreto desse modelo vigente durante grande parte da Primeira República, e mesmo com a presença de chapas dissidentes, as sucessões presidenciais foram marcadas por disputas controladas, sendo o candidato da situação aquele que *a priori* tinha garantida sua eleição, salvo alguns momentos excepcionais, conforme ocorrido na disputa presidencial de 1909-1910, que deu origem à Campanha Civilista (Borges, 2011).

Em inícios da década de 1920, contudo, esse sistema apresentaria sinais de esgotamento com a eclosão de graves conflitos no interior das oligarquias. As práticas de controle das dissidências começaram a se mostrar menos eficazes.

A cisão intraoligárquica e a Reação Republicana

As disputas em torno da sucessão presidencial de 1922, que abririam espaço para a formação da Reação Republicana, podem ser tomadas como indicadores do esgotamento do modelo político vigente na Primeira República.

Iniciadas as articulações em torno da candidatura à sucessão de Epitácio Pessoa, os grupos dominantes de Minas e São Paulo fecharam em torno dos nomes de Artur Bernardes e Urbano Santos.

O lançamento oficial dessa chapa gerou, no entanto, discordâncias importantes no seio das oligarquias regionais. Diferentemente das disputas eleitorais anteriores, em que o consenso em torno de um nome se fazia com relativa facilidade, nesse momento vozes dissonantes emergiram para contestar a candidatura oficial.

Inconformados com a imposição do candidato situacionista, as oligarquias dos estados de segunda grandeza, representados pelo Rio de Janeiro, Pernambuco, Bahia e Rio Grande do Sul, articularam um movimento que ficaria conhecido como Reação Republicana, lançando as candidaturas de Nilo Peçanha e J. J. Seabra à presidência e vice-presidência da República em convenção realizada em 24 de junho de 1921.

Na historiografia produzida sobre o movimento, a Reação Republicana tem sido objeto de diferentes interpretações. Os cronistas da época atribuíram a cisão à disputa pela indicação do candidato à vice-presidência da República na chapa oficial (Castro, 1932). Segundo eles, o motor da crise teria sido a impossibilidade de acordo entre Bahia, Pernambuco e, secundariamente, Rio de Janeiro, que pleiteavam a indicação do vice-presidente e se viram frustrados diante da escolha de um representante do Maranhão. Dessa perspectiva, o conflito não espelharia contradições mais profundas, seria antes o resultado de uma disputa eleitoral mais localizada.

A CRISE DOS ANOS 1920 E A REVOLUÇÃO DE 1930

Na década de 1980, ao analisar a problemática econômico-financeira da Primeira República, Boris Fausto relacionou a cisão a divergências mais profundas (Fausto, 1982). De acordo com ele, o movimento revelaria a intensificação das dissidências interoligárquicas provocadas por aqueles setores que não estavam diretamente ligados à cafeicultura e se mostravam insatisfeitos com a política de desvalorização cambial e de endividamento externo destinada a garantir a terceira operação de valorização do café em curso. O conflito refletiria assim, basicamente, o enfrentamento de interesses opostos no terreno econômico, diretamente ligados à terceira política de valorização do café.

Ainda naquela década, uma terceira proposta de interpretação foi apresentada pelo brasilianista Michael Conniff, que identificou a Reação Republicana como o primeiro ensaio de populismo no país, ao enfatizar o papel das camadas urbanas cariocas e suas articulações com Nilo Peçanha, visto como um precursor das lideranças populistas (Conniff, 1981).

A década de 1990 foi marcada pela revisão dessas vertentes. Os novos trabalhos passaram a valorizar elementos de natureza política como principais fatores explicativos para a cisão (Ferreira, 1993). A insatisfação dos estados de segunda grandeza com as distorções do federalismo é alçada, assim, ao centro da explicação histórica. A Reação Republicana é interpretada não como uma proposta de ruptura com o modelo oligárquico em vigor, mas como uma tentativa de construção de um eixo alternativo de poder que ampliasse a participação das chamadas oligarquias de segunda grandeza no jogo do federalismo brasileiro do período.

Essa nova linha de interpretação tem como base de sustentação a própria plataforma do movimento, que incluía a crítica ao imperialismo dos grandes estados, sobretudo no que dizia respeito aos processos de escolha do candidato à Presidência e à influência exercida na constituição das bancadas dos estados mais fracos, a defesa da regeneração dos costumes políticos, da diversificação da agricultura, do desenvolvimento da produção de alimentos, além da conversibilidade da moeda e a adoção dos orçamentos equilibrados no plano financeiro.

Apesar de essas propostas estarem voltadas para os interesses dos grupos oligárquicos dissidentes, a Reação Republicana também estava interessada em mobilizar as massas urbanas.

Para atender a esse objetivo, a campanha se revestiu de um apelo popular, pregando a urgência "de arrancar a República das mãos de alguns para as mãos de todos". Nesse sentido, Nilo Peçanha declarava:

> O mundo não pode ser mais o domínio egoístico dos ricos, e [...] só teremos paz de verdade, e uma paz de justiça, quando nas nossas propriedades [...] e nas nossas consciências, sobretudo, forem tão legítimos os direitos do trabalho como os do capital. Não é mais possível a nenhum governo brasileiro deixar de respeitar, dentro da ordem, a liberdade, a liberdade operária, o pensamento operário.[8]

O destaque dado à questão da relação capital-trabalho estava ligado à intensa agitação operária que marcou os últimos anos da década de 1910 e colocou em evidência o debate acerca da questão social. Peçanha advogava igualmente a extensão da instrução pública para acabar com o analfabetismo e como alternativa para ampliar a participação política dos segmentos desprivilegiados. A despeito desse discurso progressista, nenhuma proposta concreta que propiciasse uma maior democratização foi, entretanto, apresentada. O voto secreto, por exemplo, já reivindicado por expressivos segmentos urbanos, não era objeto de discussão.

Ainda que com uma plataforma tão limitada em termos de propostas concretas para os interesses das populações urbanas, Nilo conseguiu obter uma considerável penetração nesse contingente eleitoral, em especial no Distrito Federal. No interior fluminense, contudo, o candidato dissidente enfrentaria maiores resistências.

A penetração do nome de Nilo Peçanha nas camadas urbanas do Distrito Federal pode ser explicada não só em função de suas características pessoais, pois era um excelente orador, com grande capacidade de comunicação, mas também pelas próprias características e anseios dos grupos urbanos. Numa sociedade em que esses segmentos se achavam marginalizados da participação política, o simples fato de o discurso niilista considerá-los como interlocutores dignos de atenção já era em si uma iniciativa mobilizadora.

Enquanto no Distrito Federal e em outras capitais do país Nilo apresentava um discurso mais progressista, no seu estado natal, onde residiam suas principais bases, seu papel era o do oligarca típico, que promovia perseguições políticas, fraudava eleições,[9] enfim, lançava mão de todas as práticas características do coronelismo (Ferreira, 1994; Pinto, 1998).

A despeito das diferentes práticas adotadas visando a ampliar as possibilidades de vitória da chapa da Reação Republicana, o desenrolar da campanha sucessória e a aproximação do pleito evidenciavam os limites dessas estratégias. A cooptação dos elementos dissidentes não era fácil de ser efetivada, e muitas adesões esperadas não se concretizaram. As práticas políticas vigentes na Primeira República, baseadas no compromisso coronelista, implicavam uma postura de reciprocidade em que cada parte tinha algo a oferecer. No caso da Reação Republicana, poucos eram os trunfos que podiam ser usados para obter o apoio eleitoral dos oligarcas e coronéis do interior, já que a máquina federal não podia ser usada na distribuição de privilégios e favores. Por outro lado, a campanha eleitoral, por mais sucesso que obtivesse, não era capaz de definir o pleito. Ainda que sem abrir mão dessas iniciativas, tornava-se fundamental contar com alternativas mais eficazes: era preciso encontrar um novo parceiro político capaz de antepor-se às oligarquias dominantes. Os militares eram o segmento ideal.

Os conflitos entre os militares e o governo federal já haviam marcado vários momentos da política republicana. A posse de Epitácio Pessoa e a posterior escolha de civis para ocupar as pastas militares durante seu governo só fizeram acirrar as dificuldades (Carvalho, 1982). O retorno de Hermes da Fonseca da Europa, em novembro de 1920, recrudesceu os antagonismos, e sua eleição para presidente do Clube Militar, em 1921, abriu novas articulações em torno de seu nome, que chegou a ser cogitado para a sucessão presidencial. A não concretização de sua candidatura veio aumentar ainda mais a insatisfação dos militares, o que os tornava aliados em potencial das oligarquias dissidentes. De fato, desde o lançamento do manifesto da Reação Republicana no Rio de Janeiro, ficaram claras as preocupações de obter uma aproximação com os militares através da crítica à posição secundária que lhes vinha sendo atribuída pelo governo federal. Também nos estados a campanha eleitoral procurou a adesão e a simpatia dos elementos militares distribuídos pelas várias regiões.

O arquivo de Nilo Peçanha traz informações significativas acerca de suas ligações com os militares ao longo de todo o segundo semestre de 1921. São inúmeras as cartas de militares provenientes de diferentes estados do país declarando apoio a Peçanha e relatando iniciativas para a criação de comitês eleitorais. A imprensa niilista também fazia questão de enfatizar o apoio dos militares ao candidato oposicionista, como o demonstra a notícia publicada em novembro de 1921 pelo jornal O *Imparcial*: "Nilo Peçanha desce de bordo do *Iris* nos braços de um general e de um almirante – O Exército e a Armada se confraternizam com o povo para glorificar o grande líder democrático."[10]

O ponto culminante desse processo de aproximação se deu com o episódio das chamadas "cartas falsas", supostamente enviadas por Bernardes a Raul Soares, contendo referências desrespeitosas aos militares. A publicação desses documentos pela folha *Correio da Manhã* visava claramente a incompatibilizar o candidato situacionista com os militares e envolvê-los definitivamente na causa dissidente.

A despeito do clima de intensa agitação política que marcou os primeiros meses de 1922, as eleições presidenciais realizaram-se na data prevista, em 1º de março. Os resultados eleitorais, controlados pela máquina oficial, deram a vitória a Bernardes, com 466 mil votos, contra 317 mil de Nilo Peçanha (Carone, 1971, p. 345). Mais uma vez o esquema eleitoral vigente na Primeira República funcionou para garantir a posição do candidato oficial. Diferentemente dos pleitos anteriores, porém, não houve uma aceitação dos resultados eleitorais pela oposição. A Reação Republicana não reconheceu a derrota e, além de reivindicar a criação de um Tribunal de Honra que arbitrasse o processo eleitoral, desencadeou uma campanha visando, de um lado, a manter a mobilização popular e, de outro, a aprofundar o processo de acirramento dos ânimos militares.

Ao longo de todo o primeiro semestre de 1922, e em especial depois das eleições, a imprensa pró-Nilo assumiu uma postura panfletária, denunciando diariamente as punições e transferências sofridas pelos tenentes antibernardistas. Além de denunciar as perseguições feitas pelos bernardistas aos militares, as lideranças da Reação Republicana radicalizavam suas posições, abrindo espaço para a possibilidade de intervenção armada na decisão do conflito político. A esse respeito, J. J. Seabra declarava: "Se não for aceita essa solução patriótica e honrosa do Tribunal de Arbitramento, teremos a luta e a sangueira."[11] Nesse clima de intensa agitação política, os militares começaram a passar do protesto à rebeldia e a intervir, de fato, em disputas políticas locais em favor de seus aliados civis, como aconteceu no Maranhão. Paralelamente, começavam a aparecer os primeiros sinais de tentativas de levantes no Distrito Federal e em Niterói.

As lideranças políticas de Minas e São Paulo não se deixaram, entretanto, intimidar diante das declarações alarmistas dos militares sobre a ameaça de revolta das tropas, e nem mesmo a ideia do Tribunal de Honra nem a proposta conciliadora de Epitácio Pessoa foram consideradas. Às advertências militares, segundo *O Estado*, Raul Soares teria respondido: "Se as classes armadas se acham no direito de fazer a revolução, nós nos achamos no dever de debelá-la." Carlos de Campos, líder da bancada paulista na Câmara Federal, assumia posição semelhante ao declarar: "Não cogitamos de acordo, nem é possível aceitá-lo. A atitude de São Paulo é definida e definitiva."[12]

Em conformidade com essa orientação, ao ser realizada em maio de 1922 a eleição para a mesa da Câmara Federal e para as diversas comissões parlamentares, foram excluídos todos os deputados dissidentes. A disposição clara das forças bernardistas de não fazer nenhum tipo de negociação conduziu a uma radicalização maior das correntes oposicionistas. Com o afastamento de seus partidários de todas as comissões da Câmara e dos trabalhos de reconhecimento eleitoral, Nilo Peçanha e J. J. Seabra lançaram um manifesto que declarava: "A dissidência retira-se do Congresso e só a este caberá a responsabilidade do que acontecer de hoje em diante."[13] Totalmente marginalizadas no cenário político nacional e sem nenhuma possibilidade de acordo, as forças dissidentes não tinham outra alternativa senão o aprofundamento das relações com os militares.

Do exposto, pode-se dizer que a Reação Republicana não foi resultado direto das divergências em torno da terceira política de valorização do café, nem da disputa pela vice-presidência da República, tampouco da insatisfação das camadas urbanas cariocas.

A Reação Republicana resultou da insatisfação das oligarquias de segunda grandeza ante a ascendência de Minas e São Paulo no jogo político do federalismo brasileiro. A resistência dos estados do Rio de Janeiro, Bahia, Pernambuco, Rio Grande do Sul e do Distrito Federal não era um fenômeno novo, pois em várias ocasiões pôde-se detectar uma busca de articulação entre essas oligarquias estaduais com o objetivo de aumentar seu poder de negociação ante os estados de Minas e São Paulo. O movimento de 1922 foi um momento expressivo dessa luta. Não devem ser esquecidas, entretanto, as formas de articulação buscadas pelos integrantes da Reação Republicana com os setores urbanos, em especial do Distrito Federal, e com os militares.

O movimento tenentista

As possibilidades de subversão da ordem e de intervenção militar tornavam-se por sua vez cada vez mais concretas. Ainda em meados de maio de 1922, Dantas Barreto, já suspeitando da crise que iria eclodir em Pernambuco, telegrafou a Nilo Peçanha, declarando: "Tribunal de Honra ou revolução." A rebelião eclodiu finalmente em 5 de julho e contou com a participação das guarnições de Campo Grande, Niterói e Distrito Federal.

Esse levante militar, que ficou conhecido como *Os Dezoito do Forte de Copacabana*, é considerado "a estreia dos tenentes no cenário nacional" (Prestes, 1997, p. 70).

A tentativa de revolta, no entanto, fracassou desde o começo, sendo logo sufocada pelas forças federais. O movimento não obteve a adesão de segmentos militares expressivos, e as oligarquias dissidentes, que tanto haviam contribuído para acirrar os ânimos militares, não se dispuseram a um engajamento mais efetivo. Epitácio Pessoa pediu imediatamente a decretação do estado de sítio no estado do Rio e no Distrito Federal, e grande número de deputados dissidentes do Rio Grande do Sul, Bahia e Pernambuco votaram a favor da medida, demonstrando um recuo das oligarquias e a desarticulação completa da Reação Republicana. Nos meses seguintes, a repressão desencadeada pelo governo fortalecido de Epitácio Pessoa determinou inúmeras prisões e instaurou vários processos.

O tenentismo recebeu esta denominação uma vez que teve como principais figuras não a cúpula das forças armadas, mas oficiais de nível intermediário do Exército – os tenentes e os capitães. O alto-comando militar do Exército manteve-se alheio a uma ruptura pelas armas, assim como a Marinha. O movimento, que tomou proporções nacionais, empolgou amplos setores da sociedade da época, desde segmentos oligárquicos dissidentes aos setores urbanos (camadas médias e a classe operária das cidades).

A CRISE DOS ANOS 1920 E A REVOLUÇÃO DE 1930

O grande mal a ser combatido eram as oligarquias, já que, segundo os tenentes, elas haviam transformado o país em "vinte feudos" cujos senhores eram escolhidos pela política dominante. Embora na época não chegassem a formular um programa antiliberal, e não obstante suas profundas contradições e seu vago nacionalismo, os tenentes identificavam-se com a defesa de propostas como a reforma da Constituição, a limitação da autonomia local, a moralização dos costumes políticos e a unificação da justiça e do ensino, assim como do regime eleitoral e do fisco (Prestes, 1997, p. 97).

Meses após ter sido debelado o primeiro levante, em novembro de 1922, Artur Bernardes tomou posse. Visando garantir a estabilidade de seu governo, o presidente decretou o estado de sítio no Rio de Janeiro, aprofundando o movimento de repressão.

A Reação Republicana já estava completamente diluída naquele momento, e as oligarquias dissidentes tentavam se rearticular com a situação dominante de forma a evitar as intervenções federais. Se a posição do Rio Grande do Sul garantiu o controle do estado para o Partido Republicano Rio-grandense (PRR) de Borges de Medeiros, Bahia, Pernambuco e Rio de Janeiro sofreram alterações significativas nas suas políticas internas, com a troca dos grupos dominantes. Especialmente no estado do Rio, esse processo de revezamento de grupos no controle do estado assumiria um caráter radical (Ferreira, 1989).

Dois anos depois do chamado Levante dos Dezoito do Forte, eclodiria o chamado 5 de Julho em São Paulo. Em 1924, contudo, a articulação dos militares foi mais bem preparada. O movimento tinha como objetivo a derrubada do governo de Artur Bernardes, visto pelos tenentes como ícone das oligarquias dominantes.

A ação do grupo foi iniciada com a tomada de alguns quartéis. Apesar dos tenentes conseguirem se instalar na capital paulista, com a ação repressiva do governo, que não distinguia rebeldes de civis, os tenentes resolveram abandoná-la, deslocando-se para o interior de São Paulo, onde também eclodiam revoltas. Fixando-se em seguida no oeste do Paraná, as tropas vindas de São Paulo enfrentaram os legalistas à espera dos "tenentes" provenientes do Rio Grande do Sul, onde as revoltas tiveram à frente figuras como João Alberto e Luís Carlos Prestes e contaram com a oposição gaúcha do PRR. Em abril de 1925 as duas forças se juntaram, dando origem à Coluna Miguel Costa-Prestes.

Momento culminante das revoltas tenentistas e episódio mais importante da saga dos tenentes, a coluna, organizada sem que um plano tivesse sido previamente traçado, com aproximadamente 1.500 homens, percorreu cerca de 25 mil quilômetros, atravessando 13 estados brasileiros, propagando a revolução e o levante da população contra as oligarquias, até que seus remanescentes se dirigiram para a Bolívia e para o Paraguai.

Com o fim da Coluna Miguel Costa-Prestes, estava eliminado o último foco de contestação do regime.

Na produção historiográfica sobre o movimento tenentista, três correntes se delineiam. A primeira, a mais tradicional e amplamente difundida, explica o tenentismo como um movimento que, a partir de suas origens sociais nas camadas médias urbanas, por vezes chamada de pequena burguesia, representaria os anseios desses setores por uma maior participação na vida nacional e nas instituições políticas (Santa Rosa, 1933).[14] A segunda corrente, formulada a partir de trabalhos produzidos nas décadas de 1960 e 1970, tenta contestar a absolutização da origem social na definição do conteúdo do tenentismo privilegiando aspectos organizacionais do movimento, ou seja, entende esse movimento como produto da instituição militar (Carvalho, 1977; Drummond, 1985, 1986). Dessa perspectiva, o tenentismo seria um movimento cujo objetivo maior era a defesa dos interesses da corporação. Drummond chega a defender que o tenentismo era uma corrente política dentro do Exército, que falava para o Exército e mobilizava oficiais de patentes inferiores. Suas conexões com os setores civis teriam sido, assim, limitadas e pouco sistemáticas. Finalmente a terceira corrente, criticando as vertentes anteriores, defende uma análise mais global, levando-se em conta tanto a situação institucional dos tenentes como membros do aparelho militar quanto a sua composição social como membros das camadas médias (Fausto, 1970; Forjaz, 1977).

Dentro dos debates em torno da temática, merece ser mencionado também o trabalho de Anita Prestes, que interpreta o tenentismo como um movimento político-social e a Coluna Prestes como um movimento da mesma natureza que se transformou numa organização militar com características populares (Prestes, 1997, p. 394).

A despeito das diferenças entre as correntes enunciadas sobre o tenentismo, os autores identificados com cada uma delas concordam quanto ao importante papel representado pelo movimento no processo de erosão do sistema político vigente.

Passados os momentos mais agudos da crise, a recomposição do pacto oligárquico parecia completa, reinaugurando um novo momento de estabilidade. Essa possibilidade, entretanto, se mostrou pouco duradoura, e no fim da década uma nova cisão intraoligárquica se manifestaria fortemente, fazendo eclodir a Revolução de 1930.

A eleição, em março de 1926, de Washington Luís, governador de São Paulo apresentado como candidato único, ocorreu sem maiores problemas, indicando que o pacto entre as oligarquias estava temporariamente recomposto.

A Aliança Liberal e a Revolução de 1930

> "Assim como não veio substituir homens, a revolução não veio também substituir partidos. O seu programa é substituir princípios e normas para evitar o regresso à política dos antigos donos da República dos senhores absolutos do regime."[15]

O governo Washington Luís decorreu em clima de relativa estabilidade. Os confrontos que marcaram os primeiros anos da década de 1920 pareciam estar contornados. Em 1929, iniciou-se um novo processo de sucessão presidencial. Tudo indicava que as regras que norteavam o funcionamento da política até então seriam mais uma vez cumpridas: as forças da situação, por meio do presidente da República, indicariam um candidato oficial, que deveria ser apoiado por todos os grupos dominantes nos estados.

Dessa vez, contudo, a cisão se processaria no cerne do próprio grupo dominante. Washington Luís, resolvido a fazer seu sucessor, indicou o paulista Júlio Prestes, então presidente do estado, como candidato oficial. Com isso, rompia-se o acordo tácito com Minas, que esperava ocupar a Presidência da República.

A divergência entre Minas e São Paulo abriu espaço para que outras disputas e pretensões, sufocadas num passado não muito distante, pudessem ressurgir. Nesse contexto, em julho de 1929, contando com o apoio mineiro, foi lançada a candidatura de Getúlio Vargas, ex-ministro da Fazenda de Washington Luís e então governador do Rio Grande do Sul, tendo como vice na chapa dissidente o governador da Paraíba, João Pessoa. Estava formada a Aliança Liberal, uma coligação de forças políticas e partidárias pró-Vargas. Sua base de sustentação era o situacionismo de Minas Gerais, Rio Grande do Sul e Paraíba, e mais alguns grupos de oposição ao governo federal de vários estados, tais como o Partido Democrático (PD),[16] criado em 1926 em São Paulo, e facções civis e militares descontentes. Com uma composição cuja característica mais pronunciada era a heterogeneidade, a Aliança Liberal explicitava as dissidências existentes no interior das próprias oligarquias estaduais.

Sob o lema "Representação e Justiça", sua plataforma estava voltada fundamentalmente para a regeneração política, o que implicava na luta pela reforma eleitoral, com a criação de uma justiça eleitoral, na defesa do voto secreto, da moralização dos costumes políticos e das liberdades individuais. Ao propugnarem pelo liberalismo, as oposições pretendiam tornar o sistema político mais representativo no nível da classe dominante, integrando à mesma as frações da elite não representadas na estrutura de poder, além dos segmentos médios urbanos que se desenvolveram em função da expansão econômica (Vizentini, 1983, p. 74). O programa propunha, além das já mencionadas reformas políticas, a anistia para os revoltosos dos anos 1920 e medidas de proteção ao trabalho, como a aplicação da lei de férias e a regulamentação do trabalho de menores e da mulher.

A acirrada disputa eleitoral foi agravada pela profunda crise econômica mundial provocada pela quebra, em outubro de 1929, da bolsa de Nova York. No fim desse ano já havia centenas de fábricas falidas no Rio de Janeiro e em São Paulo, e mais de um milhão de desempregados em todo o país. A crise atingiu também as atividades agrícolas, especialmente a cafeicultura paulista, produzindo uma violenta queda dos preços do café e liquidando o programa de estabilização do governo que vinha sendo implementado.

As eleições se realizaram em março de 1930 e a vitória coube a Júlio Prestes, que recebeu cerca de um milhão de votos, contra 737 mil dados a Getúlio Vargas. Passadas as eleições, setores da Aliança Liberal, inconformados com a derrota, buscaram uma aproximação com lideranças do movimento tenentista que, embora derrotadas, continuavam sendo uma força importante por sua experiência militar e prestígio.

A CRISE DOS ANOS 1920 E A REVOLUÇÃO DE 1930

A articulação entre esses segmentos (os setores oligárquicos dissidentes e os tenentes) avançava lentamente, principalmente porque a mais importante liderança tenentista – Luís Carlos Prestes –, em maio de 1930, lançara no exílio um manifesto no qual condenava o apoio às oligarquias.

Ao fazer uma avaliação do momento político brasileiro, Prestes declarou:

> A última campanha política acaba de encerrar-se. Mais uma farsa eleitoral metódica e cuidadosamente preparada pelos politiqueiros foi levada a efeito com o concurso ingênuo de muitos [...] ainda não convencidos da inutilidade de tais esforços. [...]
>
> A revolução brasileira não pode ser feita com o programa anódino da Aliança Liberal. Uma simples mudança de homens, um voto secreto, promessas de liberdade eleitoral, de honestidade administrativa, de respeito à Constituição e moeda estável nada resolvem, nem podem interessar à grande maioria da nossa população, sem o apoio da qual qualquer revolução que se faça terá o caráter de uma simples luta entre as oligarquias dominantes.[17]

A posição de Prestes, que já se manifestava influenciado pelo comunismo (tendência que se acentuaria nos anos seguintes através de leituras e contatos com líderes comunistas latino-americanos), encontrou fortes resistências de outras lideranças tenentistas.[18] Respondendo ao antigo líder da coluna, em carta aberta, Juarez Távora afirmaria:

> Discordo do último manifesto do general Luís Carlos Prestes. Não julgo viáveis os meios de que se pretende lançar mão para executar o movimento, nem aceito a solução social e política que preconiza para resolver, depois dele, o problema brasileiro. Temos tido todos nós que hoje palmilhamos o caminho da revolução um mesmo ponto de partida: a descrença na eficiência dos processos legais para a solução da crise que asfixia a nacionalidade [...] Nós os da velha guarda revolucionária acreditamos que o mal não reside apenas nas deficiências dos homens – mas, sobretudo, na prática [...] defeituosa de uma Constituição divorciada das realidades da vida nacional [...] O remédio contra esta diátese política não pode consistir na simples substituição dos homens [...] Impõe-se, portanto, como base de nosso saneamento político, a eliminação desta atmosfera de corrupção que nos envolve [...]

> Estou firmemente convencido da prática defeituosa de uma Constituição política inadequada às nossas tendências, nossa cultura e nossas realidades [...] Nós revolucionários não cremos que uma tal reforma possa processar-se por uma pacífica evolução legal [...][19]

Se no interior do movimento tenentista havia divergências quanto ao melhor caminho a ser seguido, a ideia da revolução também provocava reticências entre os setores civis da Aliança Liberal. A carta de Osvaldo Aranha a Borges de Medeiros exemplifica essa posição:

> Felizmente a hora da confusão passou e a nossa marcha, bem orientada e coesa, caminha sem desertores e vacilações para um porto seguro [...] Houve um pouco de relutância e de alvoroço [...] já agora, não há mais lugar senão no quinhão que nos cabe, de responsabilidade e sacrifício dentro da família republicana.[20]

Um acontecimento inesperado deu força à conspiração revolucionária. Em 26 de julho de 1930, o candidato a vice da Aliança Liberal, João Pessoa, foi assassinado em Recife. Embora as razões do crime tenham sido passionais, e não políticas, ele foi transformado em mártir do movimento que se articulava. Nos meses seguintes, a conspiração recrudesceu com a adesão de importantes quadros do Exército. Em carta a Borges de Medeiros, Getúlio Vargas comentava sobre o agravamento da situação política:

> Como já deve ser de seu conhecimento, o assassínio do presidente [da Paraíba] João Pessoa causou funda impressão em todo o país. Nesta capital, o povo manifestou-se energicamente em concorridos comícios de protestos [...] Não devo, porém, ocultar-lhe que há aqui acentuada tendência revolucionária, principalmente entre os dirigentes do Partido Libertador e alguns prezados amigos nossos [...] O atual momento político é bastante delicado. De uma parte, dizem os libertadores que ou o governo (gaúcho) faz a revolução ou eles rompem conosco, quebrando a frente única. De outra, são os nossos companheiros que, mais exaltados, se manifestam francamente em favor do movimento armado.[21]

A CRISE DOS ANOS 1920 E A REVOLUÇÃO DE 1930

Se nesse momento Vargas ainda demonstrava temores quanto ao curso dos acontecimentos, nos meses seguintes o papel das jovens lideranças gaúchas e mineiras foi decisivo para o aprofundamento da opção da luta armada.

Era clara no interior da Aliança Liberal uma diferenciação mais explicável em termos de geração do que ideologia. Lado a lado, no movimento estavam quadros tradicionais e jovens que haviam iniciado a carreira política à sombra de velhos oligarcas da Primeira República. No Rio Grande do Sul esta força jovem, conhecida como "geração de 1907" (ano relativo ao término de sua formação universitária), era representada por Vargas, Flores da Cunha, Osvaldo Aranha, Lindolfo Collor, João Neves, Maurício Cardoso e Paim Filho; já em Minas, Virgílio de Mello Franco e Francisco Campos, ambos descendentes de famílias tradicionais da região, eram seus principais representantes. Esses políticos mais jovens, alguns dos quais se haviam destacado na luta contra o tenentismo, estavam dispostos a seguir o caminho dos tenentes. O documento de Osvaldo Aranha a Vargas confirma essa afirmação:

> Nada se pode esperar das leis, que não são praticadas, nem dos homens, que são seus violadores. Onde a lei não é cumprida, o governo assenta no arbítrio e na força [...] As soluções pacíficas, preconizadas como melhores e mais simpáticas, tornam-se inúteis, quiméricas [...] Não há duas situações para uma só realidade, como não há duas soluções verdadeiras para uma mesma hipótese. Assim, ou concordamos com a situação de anarquia moral e de miséria material que domina a República, ou, animados de espírito de sacrifício, de altruísmo cívico, dentro de nossa missão social, resolvemos procurar os meios de corrigir essa situação...[22]

A conspiração acabou estourando em Minas Gerais e no Rio Grande do Sul no dia 3 de outubro de 1930. Em seguida, ela se alastrou para vários estados do Nordeste. Em todos esses locais, depois de algumas resistências, a situação pendeu para os revolucionários. Em 24 de outubro, os generais Tasso Fragoso, Mena Barreto e Leite de Castro e o almirante Isaías Noronha depuseram o então presidente Washington Luís, no Rio de Janeiro, e constituíram uma Junta Provisória de Governo. Essa junta tentou permanecer no poder, mas a pressão das forças revolucionárias vindas do Sul e das manifestações populares obrigaram-na a entregar o governo do país a Getúlio Vargas, empossado na Presidência da República em novembro de 1930.

A chegada de Vargas ao poder deu início a uma nova fase da história política brasileira.

O golpe de outubro de 1930, que deslocou as tradicionais oligarquias do epicentro do poder, embora não as tenha eliminado da política brasileira, tem sido tratado na historiografia a partir de diferentes vertentes explicativas.

Uma primeira linha de interpretação vê o movimento de 1930 como uma revolução de classes médias (Santa Rosa, 1933). De acordo com os autores identificados com essa corrente, a Primeira República teria sido marcada pela existência de um antagonismo entre uma pequena burguesia, formada pelos setores médios urbanos, e uma burguesia nacional, representada por industriais, grandes comerciantes e fazendeiros de café. O conflito entre esses dois segmentos teria evoluído para a revolução graças à cisão das oligarquias dominantes processada em torno da sucessão presidencial de 1929 e ao fato de as classes médias terem encontrado expressão política no movimento tenentista. Os pressupostos básicos dessa vertente são o papel central desempenhado no movimento pelas classes médias, que no pós-30 teriam ascendido ao poder embora em caráter não exclusivo, e a existência de uma forte identidade entre esses setores e o movimento tenentista.[23]

Outra linha de interpretação, que ganhou destaque na década de 1960 entre os setores da esquerda brasileira, sustenta que a Revolução de 1930 expressaria a ascensão da burguesia industrial à dominação política (Sodré, 1962). Partindo do pressuposto da existência na sociedade brasileira de uma contradição entre o setor agrário-exportador (representado pelo latifúndio e visto como associado ao imperialismo) e os interesses voltados para o mercado interno (representados pela burguesia nacional), a Revolução de 1930 seria o resultado de uma brecha na classe dominante que, ao cindir-se, permitiu a composição de uma de suas frações (a burguesia industrial) com setores médios urbanos e sua ascensão ao aparelho do Estado.

Os anos 1970 são marcados pela revisão dessas vertentes explicativas (Weffort, 1968; Fausto, 1970). Ao erigirem um novo modelo de inteligibilidade do movimento de 1930, autores como Boris Fausto expuseram a fragilidade das interpretações anteriores.

A CRISE DOS ANOS 1920 E A REVOLUÇÃO DE 1930

Com a publicação, em 1970, do livro *A Revolução de 1930: historiografia e história*, Fausto, através de uma análise historiográfica, aprofundou as críticas tanto às concepções que interpretam os conflitos da Primeira República como fruto das contradições antagônicas entre o setor agrário-exportador e setores urbano-industriais e a Revolução de 1930 como o resultado final desse embate quanto à que concebe o movimento como uma revolução das classes médias.

No que diz respeito à primeira concepção, tomando como base as características da indústria nacional no período, o comportamento da burguesia industrial do Rio de Janeiro e de São Paulo, o programa e a composição do Partido Democrático e a plataforma da Aliança Liberal, que era despida de qualquer proposta industrialista, o autor mostra que a burguesia industrial não oferecia qualquer programa voltado para o desenvolvimento da industrialização como alternativa a um sistema cujo eixo básico eram os interesses cafeeiros.[24] Já no tocante à segunda vertente, os principais argumentos utilizados por Fausto para contestá-la relacionam-se às características ideológicas do tenentismo nos anos 1920, nas quais o elitismo e a centralização apareceriam como traços fortes, à heterogeneidade da origem social dos tenentes e às características dos próprios setores médios no período, vistos pelo autor como uma força subordinada, cujo inconformismo se adaptava às cisões da classe dominante.

Propondo uma interpretação alternativa, Fausto problematiza a ideia de que em 1930 houve uma revolução, mas não chega a romper com essa caracterização do movimento de 1930. Conforme defende, o episódio deve ser compreendido como o resultado de conflitos intraoligárquicos fortalecidos por movimentos militares dissidentes, que tinham como objetivo golpear a hegemonia da burguesia cafeeira. Contudo, em virtude da incapacidade das demais frações de classe para assumir o poder de maneira exclusiva, e com o colapso político da burguesia do café, abriu-se um vazio de poder. A resposta para essa situação foi o *Estado de compromisso*.

Para se entender o significado do *Estado de compromisso* é preciso remontar à própria composição da Aliança Liberal.

Os vitoriosos de 1930 formavam um grupo bastante heterogêneo, tanto do ponto de vista social como do ponto de vista político. Se o combate às oligarquias tradicionais era o que se poderia chamar de um objetivo em comum, o mesmo não se pode dizer em relação às expectativas dos diferentes atores envolvidos no movimento. Assim, enquanto os setores oligarcas dissidentes mais tradicionais desejavam um maior atendimento à sua área e maior soma de poder, com um mínimo de transformações, os quadros civis mais jovens almejavam a reforma do sistema político, os tenentes defendiam a centralização do poder e a introdução de reformas sociais, e o setores vinculados ao Partido Democrático tinham como meta o controle do governo paulista, além da efetiva adoção de princípios liberais. Como nenhuma classe ou fração de classe ascende em caráter exclusivo ao Estado, o que se observa no pós-30 é um reajuste nas relações internas dos setores dominantes. O *Estado de compromisso*, nesse sentido, nada mais é do que um Estado que se abre a todas as pressões sem se subordinar necessariamente a nenhuma delas. Suas principais características são uma maior centralização, com a subordinação das oligarquias ao poder central, a ampliação do intervencionismo, que deixa de ser restrito à área do café, além do estabelecimento de certa racionalização na utilização de algumas fontes fundamentais de riqueza pelo capitalismo internacional (Fausto, 1970, pp. 109-110).

Do ponto de vista ideológico, o que se verifica é um progressivo abandono das fórmulas liberais pelos quadros dirigentes, apesar do formato dado à Constituição de 1934, e uma aproximação com matrizes de pensamento autoritárias, como o fascismo.

Num contraponto a essa contribuição de Boris Fausto, consagrada na historiografia, em inícios dos anos 1980 uma nova abordagem foi desenhada nos debates em torno da Revolução de 1930, em cujo cerne está a desqualificação de 1930 enquanto marco revolucionário e a ideia de que esse episódio representaria um golpe preventivo da burguesia contra o movimento operário, visto como uma séria ameaça à dominação burguesa (De Decca, 1981; Tronca, 1982).[25]

De acordo com os autores identificados com essa vertente, em vez de 1930, o verdadeiro momento revolucionário teria sido 1928, quando no plano institucional ter-se-ia explicitado a luta de classes no país através da criação do Bloco Operário Camponês (BOC) pelo Partido Comunista (PCB). A fundação do Centro das Indústrias do Estado de São Paulo, no mesmo ano, teria representado a resposta das classes dominantes à mobilização operária, enrijecendo-se a postura patronal repressiva, cujos desdobramentos, em nível ideológico, resultaram na "conotação" do golpe enquanto instrumento da produção discursiva vitoriosa, destinada a apagar a memória da verdadeira luta de classes.

As principais críticas que têm sido endereçadas a essa interpretação dizem respeito à problemática comprovação empírica dos argumentos sustentados por esses autores.[26]

Vale ainda destacar, embora não erigida exatamente sob a forma de uma tese, Aspásia Camargo caracterizou o evento como uma Revolução das elites. Para esta autora, o episódio de 1930 representou a renovação do pacto agrário, o qual conferiria maior poder ao Estado Nacional, em troca da ampliação de benesses políticas obtidas pelas antigas oligarquias. Nesse processo, velhas oligarquias foram sendo substituídas por novas, fazendo com que setores mais dinâmicos, extraoligárquicos, tivessem emergência condicionada ao controle desses grupos (Camargo, 1983). Essa orientação é seguida por Viscardi (Viscardi, 2001: p. 358).

A despeito da polêmica instalada, ainda nos anos 1980, embora não cheguem a propor um modelo alternativo, alguns autores chamaram a atenção para as vantagens e os perigos implicados na tendência existente, tanto na sociologia quanto na história, de conceber o movimento de 1930 como um marco da história contemporânea em virtude da condensação de fenômenos nele observados (Martins, 1980). Conforme ressaltam, entre as principais vantagens desse procedimento está a economia de meios proporcionada. Ou seja, a Revolução de 1930 se transforma numa espécie de evento matriz, que serve de catalisador para se captar a cultura política, o comportamento, as aspirações e demandas dos diferentes segmentos integrantes do sistema político brasileiro. Em compensação, entre os inconvenientes estão a perigosa tendência de se transferir para o acontecimento uma dimensão que não é intrínseca à sua e sobretudo induzir à conversão do que pode ser apenas uma simultaneidade de fenômenos em nexos fortes entre eles (Martins, 1980, p. 671).

Passadas mais de três décadas desse debate, não contamos ainda com contribuições que apresentem alternativas, de fato, a essas abordagens mencionadas.

O resultado da Revolução de 1930, mais do que as propostas do movimento em si, é que transformou 1930 em um marco histórico importante.

Notas

1. Para um aprofundamento da discussão sobre a crise econômica brasileira em 1922, ver Fritsch (1993).
2. Para uma análise dos diferentes projetos de república em disputa no período, ver Carvalho (1987, cap. II).
3. Apesar da supressão do critério censitário, ao excluir menores de 21 anos, mulheres, analfabetos, praças de pré e frades, a Constituição de 1891 deixou como margem para a qualificação enquanto eleitores um índice bastante reduzido da população brasileira, que girou no período entre 1,4% e 3,4%. Ver Carvalho (2001, p. 72).
4. Na Primeira República, a bancada mineira, composta de 37 deputados, era a maior do Congresso. Em segundo lugar vinha a paulista, com 22 parlamentares, igualando-se à da Bahia. Rio Grande do Sul, Pernambuco e Rio de Janeiro (estes dois últimos apresentavam o mesmo número de representantes) tinham respectivamente 16 e 17 deputados.
5. Para uma análise da produção historiográfica sobre a Primeira República, ver Ferreira; Gomes (1989). Ver também Ferreira; Pinto (2013).
6. Em seu livro, inicialmente apresentado como tese de doutorado à Universidade Federal do Rio de Janeiro, Viscardi questiona ainda a tese da existência de um consenso político mineiro interno como suporte para a projeção do estado na esfera nacional e a hegemonia exclusiva dos interesses cafeeiros no controle do Estado republicano.
7. Diferente de Victor Nunes, Maria Isaura Pereira de Queiroz e Eul-Soo Pang, nas décadas de 1960 e 1970, identificaram o coronelismo com mandonismo, dilatando o conceito e comprometendo sua precisão histórica. Maria Isaura ampliaria inclusive a caracterização do fenômeno ao incorporar manifestações urbanas. Ver Queiroz (1975); Pang (1979). Para críticas ao modelo coronelista de Victor Nunes e uma resposta às mesmas, ver Cammack (1979); Carvalho (1997).
8. Peçanha, Nilo. *Política, economia e finanças*. Campanha presidencial de 1921-1922, p. 45.
9. Para uma análise clássica das fraudes eleitorais na Primeira República, ver Telarolli (1982). Sobre as eleições, os partidos e a competição política no período, ver Pinto (1998, 2016), e Ricci; Zulini (2016).
10. *O Imparcial*, 6 nov. 1921.
11. *O Estado*, 27 abr. 1922.
12. *Idem*, 6 mai. 1922.
13. *Ibidem*.

14. Nelson Werneck Sodré é caudatário desse tipo de interpretação.
15. Entrevista de Osvaldo Aranha ao *Correio do Povo*, edição de 14 jun. 1931.
16. O Partido Democrático (PD) se diferenciava do Partido Republicano Paulista (PRP) pelo seu liberalismo, repudiado na prática pelo PRP e pela maior juventude relativa de seus integrantes. Defensor de reformas políticas, da "vocação agrária do país" e sem defender uma política industrialista, em suas linhas militavam tanto setores da burguesia urbana e profissionais liberais quanto representantes das oligarquias cafeeiras descontentes com seus representantes políticos. Ver Forjaz (1978).
17. Manifesto de Luís Carlos Prestes dirigido à Nação Brasileira em 30 mai. 1930. Arquivo Getúlio Vargas, GV, 30 mai. 1930.
18. Apesar da aproximação com o comunismo, Prestes enfrentaria sérias resistências para ingressar no Partido Comunista Brasileiro (PCB), que condenava o que chamavam de conteúdo personalista de sua postura política. Seu ingresso no Partido se daria apenas em 1934.
19. Carta Aberta de Juarez Távora de 31 mai. 1930. Arquivo Pedro Ernesto Batista, PEB, 30/5/31.
20. Carta de Osvaldo Aranha a Borges de Medeiros, provavelmente de junho de 1930. Arquivo Osvaldo Aranha, 30/6/00.
21. Carta de Getúlio Vargas a Borges de Medeiros em 29 jul. 1930. Arquivo Getúlio Vargas, GV, 30 jul. 1929.
22. Carta de Osvaldo Aranha a Vargas.
23. Guerreiro Ramos e Hélio Jaguaribe são alguns dos autores caudatários dessa interpretação. Para Ramos, a Revolução de 1930 seria a continuidade dos movimentos militares da década de 1920 e da Campanha Civilista. O movimento teria, assim, encerrado o ciclo da constitucionalização efetiva do Estado, abrindo um ciclo de lutas políticas pela estruturação ideológica das classes sociais no Brasil.
24. Em 1972, como um aprofundamento de seus trabalhos anteriores, o mesmo autor publicou *Pequenos ensaios de história da República*. A intenção desses textos foi apresentar as linhas gerais da formação social brasileira e seu sistema político durante a Primeira República. Uma das ideias centrais do autor é que a concentração das atividades econômicas em áreas geográficas definidas propiciou a formação no país de uma estrutura regional de classes. As oposições entre os diferentes grupos regionais no interior da classe dominante ganharam mais importância do que as divisões setoriais (burguesia agrária, comercial e industrial).

Com essa afirmação, Fausto não só aprofundou as críticas às interpretações dualistas (contradições entre oligarquias agrárias e setores urbano-industriais), como ofereceu novas contribuições no sentido de melhor explicitar o papel da oligarquia cafeeira.
25. Maria Helena Capelato, em sua análise sobre o movimento de 1932, é caudatária desse tipo de interpretação.
26. Ver Prestes (1997).

Bibliografia

Backes, Ana Luísa. 2006. *Fundamentos da ordem republicana:* repensando o Pacto de Campos Sales. Brasília: Câmara dos Deputados/ Coordenação de publicações.
Bello, José Maria. 1969. *História da República.* São Paulo: Companhia Editora Nacional.
Borges, Vera Lúcia Borgea. 2011. *A batalha eleitoral de 1910.* Rio de Janeiro: Apicuri/Faperj.
Camargo, Aspásia. 1983. "A revolução das elites: conflitos regionais e centralização política". In Guimarães, Manoel L. S. (org.). *A revolução de 30,* Seminário Internacional. Brasília: UnB.
Cammack, Paul. 1979. "O coronelismo e o compromisso coronelista: uma crítica". *Cadernos do Departamento de Ciência Política.* Belo Horizonte, n. 5, mar.
Capelato, Maria Helena. 1982. *O movimento de 1932.* São Paulo: Brasiliense.
Carone, Edgar. 1971. *A República Velha (evolução política).* São Paulo: Difel.
Carvalho, José Murilo de. 1982. "As forças armadas na Primeira República: o poder desestabilizador". In Fausto, Boris (dir.). *O Brasil Republicano,* v. 2: Sociedade e instituições (1889-1930). São Paulo: Difel. (Coleção História Geral da Civilização Brasileira, t. III).
_____.1997. "Mandonismo, coronelismo, clientelismo: uma discussão conceitual". In *Dados* – Revista de Ciências Sociais, Rio de Janeiro, v. 40, n. 2.
_____.1987. *Os bestializados*: O Rio de Janeiro e a República que não foi. São Paulo: Companhia das Letras.
_____.2001. "Os três povos da República". In Carvalho, Maria Alice Resende de (org.). *A República no Catete.* Rio de Janeiro: Museu da República.
Castro, Sertório de. 1932. A República que a revolução destruiu. Rio de Janeiro: s/ed.

Conniff, Michael. 1981. *Urban politics in Brazil*: the *Rise of Populism (1925-1945)*. Pittsburgh: University of Pittsburgh Press.

De Decca, Edgard S. 1981. *1930:* o silêncio dos vencidos. São Paulo: Brasiliense.

Drummond, José Augusto. 1985. *A Coluna Prestes*: rebeldes errantes. São Paulo: Brasiliense.

_____.1986. O *movimento tenentista*: intervenção militar e conflito hierárquico (1922-1935). Rio de Janeiro: Graal.

Duarte, Nestor. 1939. *A ordem privada e a organização política nacional.* São Paulo: Companhia Editora Nacional (Brasiliana, 172).

Enders, Armelle. 1993. *Pouvoirs et Fédéralisme au Brésil:* 1889-1930. Paris: Université-Sorbonne (Paris IV) – Institut d'histoire.

Fausto, Boris. 1970. *A Revolução de 1930*: historiografia e história. São Paulo: Brasiliense.

_____.1972. *Pequenos ensaios de história da República*. 1889-1945. São Paulo: Cebrap.

_____.1982. "Expansão do café e política cafeeira." In _____ (dir.). *O Brasil Republicano,* v. 1: estrutura de poder e economia (1889-1930). São Paulo: Difel. (Coleção História Geral da Civilização Brasileira, t. III.)

_____.1990. "Estado e burguesia agro-exportadora na Primeira República: uma revisão historiográfica". São Paulo, *Novos Estudos Cebrap,* n. 27.

Ferreira, Marieta de Moraes; Gomes, Ângela de Castro. 1989. "Primeira República: um balanço historiográfico". *Revista estudos históricos.* Rio de Janeiro, v. 2, n. 4.

Ferreira, Marieta de Moraes (coord.). 1989. *A República na Velha Província.* Rio de Janeiro: Rio Fundo.

_____. 1993. "A reação republicana e a crise política dos anos vinte". *Revista estudos históricos.* Rio de Janeiro, v. 6, n. 11.

_____. 1994. *Em busca da idade do ouro*: as elites políticas fluminenses na Primeira República (1889-1930). Rio de Janeiro: UFRJ.

Ferreira, Marieta de Moraes; Pinto, Surama Conde Sá. 2013. "Le Système Politique sous la Première République: un Bilan des Principales Générations Historiographiques". In Rolland, Denis; Santos, Marie-José Ferreira; Rodrigues, Simele. *Le Brésil:* Territoire d'Histoire. Historiographie du Brésil Contemporain. Paris: L'Harmattan.

Forjaz, Maria Cecília Spina. 1977. *Tenentismo e política (tenentismo e camadas médias urbanas na crise da Primeira República).* Rio de Janeiro: Paz e Terra.

_____. 1978. *Tenentismo e Aliança Liberal (1927-1930)*. São Paulo: Pólis.
Fritsch, Winston. 1993. "1922: A crise econômica". *Revista estudos históricos*, Rio de Janeiro, v. 6, n. 11.
Iglésias, Francisco. 1993. *Trajetória política do Brasil (1500-1964)*. São Paulo: Companhia das Letras.
Jaguaribe, Hélio. 1962. *Desenvolvimento econômico e desenvolvimento político*. Rio de Janeiro: Fundo de Cultura.
Kugelmas, Eduardo. 1986. *Difícil hegemonia*: um estudo sobre São Paulo na Primeira República. Tese de doutorado – USP, São Paulo.
Leal, Vítor Nunes. 1948. *Coronelismo, enxada e voto*. São Paulo: Alfa-Ômega.
Lessa, Renato. 1987. *A invenção republicana*. São Paulo: Vértice.
Magalhães, Maria Carmem Côrtes. 1986. *O mecanismo das "Comissões Verificadoras de Poderes" (estabilidade e dominação política (1894-1930)*. Dissertação de mestrado. Instituto de Ciências Humanas / Departamento de História. UnB, Brasília.
Martins, Luciano. 1980. "A revolução de trinta e seu significado político". In *A Revolução de 30: Seminário Internacional*. Brasília: UnB.
Martins Filho, Amilcar. 1981. *A economia política do café com leite (1900-1930)*. Belo Horizonte: UFMG/Proed.
Pang, Eul-Soo. 1979. *Coronelismo e oligarquias, 1889-1943*: a Bahia na Primeira República. Rio de Janeiro: Civilização Brasileira.
Pinto, Surama Conde Sá. 1998. *A correspondência de Nilo Peçanha e a dinâmica política na Primeira República*. Rio de Janeiro: Arquivo Público do Estado do Rio de Janeiro.
_____. 2016. A experiência político-partidária do Distrito Federal na Primeira República. In Viscardi, Cláudia M. R.; Alencar, José Almino (orgs.). *A República revisitada*. Construção e consolidação do projeto republicano brasileiro. Porto Alegre: EdiPUCRS.
Prestes, Anita. 1997. *A Coluna Prestes*. Rio de Janeiro: Paz e Terra.
Queiroz, Maria Isaura Pereira de. 1975. "O coronelismo numa interpretação sociológica." In Fausto, Boris (dir.). *O Brasil Republicano*, v.1 – Estrutura de poder e economia (1889-1930). São Paulo: Difel. (Coleção História Geral da Civilização Brasileira, t. III.)
Ramos, Guerreiro. 1961. *A crise de poder no Brasil*. Rio de Janeiro: Zahar.
Ricci, Paolo; Zulini, Jaqueline. 2014. Partidos, competição política e fraude eleitoral: a tônica das eleições na Primeira República. In *Dados – Revista de Ciências Sociais*, v. 57, n. 2, pp. 443-479.

Santa Rosa, Virgínio. 1993. *O sentido do tenentismo*. Rio de Janeiro: Schmidt.
Santos, Wanderley Guilherme. 2013. O Sistema Oligárquico Representativo da Primeira República. In *Dados – Revista de Ciências Sociais*, v. 56, n. 1, 2013, pp. 9-37.
Sodré, Nelson Werneck. 1962. *Formação histórica do Brasil*. São Paulo: Brasiliense.
Telarolli, Rodolpho. 1982. *Eleições e fraudes eleitorais na República Velha*. São Paulo: Brasiliense.
Tronca, Ítalo. 1982. *A Revolução de trinta*: a dominação oculta. São Paulo: Brasiliense.
Viscardi, Cláudia Maria Ribeiro. 2001. *O teatro das oligarquias*: uma revisão da política do café com leite. Belo Horizonte: C/Arte.
_____ ;Alencar, José Almino (orgs.). 2016. *A República revisitada*: construção e consolidação do projeto republicano brasileiro. Porto Alegre: EdiPUCRS.
Vizentini, Paulo G. Fagundes. 1983. *Os liberais e a crise da República Velha*. São Paulo: Brasiliense.
Weffort, Francisco. 1968. *Classes populares e política*. São Paulo: Faculdade de Filosofia, Ciências e Letras da USP.
Wirth, John. 1975. *O fiel da balança*: Minas Gerais na federação brasileira. Rio de Janeiro: Paz e Terra.

Fontes Primárias

Arquivos Privados:
Nilo Peçanha – Museu da República
Getúlio Vargas – CPDOC-FGV
Pedro Ernesto – CPDOC-FGV
Osvaldo Aranha – CPDOC-FGV

Imprensa

O Imparcial (1921)
O Estado (1922)
O Correio do Povo (1931)

Bibliografia geral

AARÃO REIS, Daniel. *Luís Carlos Prestes*. Um revolucionário entre dois mundos. São Paulo: Companhia das Letras, 2014.

ABDALA JR., Benjamin; ALEXANDRE, Isabel M. M. (orgs.). *Canudos*: palavra de Deus, sonho da terra. São Paulo: Senac/Boitempo, 1997.

ABREU, Alzira Alves de et al. *Dicionário Histórico-biográfico Brasileiro pós-1930*. Edição revista e ampliada. Rio de Janeiro: CPDOC-FGV, 2001. 5 v.

ABREU, Marcelo de Paiva (org.). *A ordem no progresso*: cem anos de política econômica republicana, 1889-1989. Rio de Janeiro: Campus, 1900.

ABREU, Maurício de A. *Evolução urbana do Rio de Janeiro*. Rio de Janeiro: Iplan-Rio/Zahar, 1987.

ALBUQUERQUE, Marli Brito; BENCHIMOL, Jaime Larry; PIRES, Fernando Antonio; SANTOS, Ricardo Augusto dos; THIELEN, Eduardo Vilela; WELTMAN, Wanda Latmann. *A ciência a caminho da roça*: imagens das expedições científicas do Instituto Oswaldo Cruz ao interior do Brasil entre 1911 e 1913. Rio de Janeiro: Fiocruz/Casa de Oswaldo Cruz, 1991.

ALMEIDA, Marta de. *República dos invisíveis*: Emílio Ribas, microbiologia e saúde pública em São Paulo, 1898-1917. Bragança Paulista, Editora Universitária São Francisco, 2003.

ALSINA JÚNIOR, João Paulo Soares. *Rio-Branco*: grande estratégia e o poder naval. Rio de Janeiro: FGV, 2015.

ASSUNÇÃO, Moacir. *São Paulo deve ser destruída*: a história do bombardeio à capital na revolta de 1924. Rio de Janeiro: Record, 2015.

BARBOSA, Francisco de Assis. *A vida de Lima Barreto*. Rio de Janeiro: José Olympio, 1959.

BARRETO, Paulo (João do Rio). *A alma encantadora das ruas*. São Paulo: Companhia das Letras, 1997.

BARROS, Orlando de. *Corações de chocolate*. A história da companhia negra de revistas (1926-27). Rio de Janeiro, Livre Expressão, 2005.

BARTELT, Dawid Danilo. *Sertão, República e Nação*. São Paulo: Edusp, 2009.

BATALHA, Cláudio. "Identidade da classe operária no Brasil (1880-1920): atipicidade ou legitimidade?" *Revista Brasileira de História*, set. 1991-ago. 1992. 12 (23/24).

_____. *O movimento operário na Primeira República*. Rio de Janeiro: Zahar, 2000.

BENCHIMOL, Jaime L. (coord.). *Manguinhos do sonho à vida*: a ciência na *Belle Époque*. Rio de Janeiro: Fundação Oswaldo Cruz, 1990.

_____ (coord.). *Febre amarela*: a doença e a vacina, uma história inacabada. Rio de Janeiro: Fiocruz, 2001.

_____. *Pereira Passos*: um Haussmann tropical. Rio de Janeiro: Secretaria Municipal de Cultura, Turismo e Esportes – Divisão de Editoração, 1992. (Biblioteca Cultural, v. 11.)

_____. *Dos micróbios aos mosquitos*: febre amarela e a revolução pasteuriana no Brasil. Rio de Janeiro: Fiocruz/UFRJ, 1999.

_____. Sá, Magali Romero (ed.). *Adolpho Lutz*. Obra completa. Rio de Janeiro: Fiocruz, 2004-2006, 3 v.

BENÍCIO, Manuel. *O rei dos jagunços*. Crônica histórica e de costumes sertanejos sobre os acontecimentos de Canudos. (1899). Rio de Janeiro: FGV, 1977.

BILHÃO, Isabel. *Rivalidades e solidariedades no movimento operário*: Porto Alegre 1906-1911. Porto Alegre: EdiPUCRS, 1999.

BIONDI, Luigi. *Classe e nação*: trabalhadores e socialistas italianos em São Paulo, 1890-1920. Campinas: Unicamp, 2011.

BORGES, Vavy Pacheco. *Tenentismo e revolução brasileira*. São Paulo: Brasiliense, 1992.

BORGES, Vera Lúcia Borgea. *A batalha eleitoral de 1910*. Rio de Janeiro: Apicuri/Faperj, 2011.

BOSI, Alfredo. *Dialética da colonização*. São Paulo: Companhia das Letras, 1992.

BRENNA, Giovanna Rosso del (org.). *O Rio de Janeiro de Pereira Passos*: uma cidade em questão II. Rio de Janeiro: Index, 1985.

BUENO, Clodoaldo. *A República e sua política exterior (1889 a 1902)*. São Paulo: Unesp/; Brasília: Funag, 1995.

_____. *Política externa da Primeira República*; os anos de apogeu – de 1902 a 1918. São Paulo: Paz e Terra, 2003.

CALDEIRA, Jorge. *Mauá, empresário do Império*. São Paulo: Companhia das Letras, 1995.

CAMARGO, Aspásia. "A revolução das elites: conflitos regionais e centralização política". In GUIMARÃES, Manoel L. S. (org.). *A revolução de 30*. Seminário Internacional. Brasília: UnB, 1983.

CAMPOS, Augusto de (org.). *Pagu*. Vida-obra. São Paulo: Companhia das Letras, 2014.

CAMPOS, Cristina Hebling. *O sonhar libertário*: movimento operário nos anos de 1917 a 1921. Campinas: Pontes/Unicamp, 1988.

CANDIDO, Antonio. *Os parceiros do Rio Bonito*. Rio de Janeiro: José Olympio, 1964.

CANO, Wilson. *Raízes da concentração industrial em São Paulo*. São Paulo: T. A. Queiroz, 1983.

CAPELATO, Maria Helena Rolim. *Os arautos do liberalismo*. Imprensa paulista 1920-1945. São Paulo: Brasiliense, 1989.

CARDOSO, Fernando H. "Dos governos militares a Prudente-Campos Sales". In FAUSTO, Boris (dir.). *O Brasil Republicano*, v. 1: estruturas de poder e economia (1889-1930). São Paulo: Difel, 1975. (Coleção História Geral da Civilização Brasileira, t. III.)

CARONE, Edgar. *A Primeira República (1889-1930)*. Texto e contexto. São Paulo: Difel, 1969.

_____. *A República Velha (evolução política)*. São Paulo: Difel, 1971.

_____. *A República Velha*: instituições e classes sociais. São Paulo: Difel, 1978.

_____ (org.). *Movimento operário no Brasil (1877-1944)*. São Paulo/Rio de Janeiro: Difel, 1979.

_____ (org.). *O PCB (1922-1943)*. São Paulo: Difel, 1982, v. 1.

_____. *Classes sociais e movimento operário*. São Paulo: Ática, 1989.

_____. *O tenentismo*: acontecimentos – personagens – programas. Rio de Janeiro: Difel, 1975.

CARVALHO, Maria Alice Resende de (org.). *República no Catete*. Rio de Janeiro: Museu da República, 2001.

CARVALHO, José Murilo de. "As forças armadas na Primeira República: o poder desestabilizador". In FAUSTO, Boris (dir.). *O Brasil Republicano*, v. 2: sociedade e instituições (1889-1930). São Paulo: Difel, 1982. (Coleção História Geral da Civilização Brasileira, t. III.)

_____. *Os bestializados*: o Rio de Janeiro e a República que não foi. São Paulo: Companhia das Letras, 1987.

_____. *A formação das almas*: o imaginário da República no Brasil. São Paulo: Companhia das Letras, 1990.

_____. *A construção da ordem*. Teatro de sombras. Rio de Janeiro: UFRJ/Relume Dumará, 1996.

_____. *Cidadania no Brasil*: o longo caminho. Rio de Janeiro: Civilização Brasileira, 2001.

_____. *O pecado original da República*. Debates, personagens e eventos para compreender o Brasil. Rio de Janeiro: Bazar do Tempo, 2017.

CARVALHO, Lia de Aquino. *Contribuição ao estudo das habitações populares*: Rio de Janeiro 1886-1906. Rio de Janeiro: Secretaria Municipal de Cultura, Departamento Geral de Documentação e Informação Cultural, 1986 (Biblioteca Cultural, v. 1).

CASTELLUCCI, Aldrin Armstrong Silva. *Trabalhadores e política no Brasil*: do aprendizado no Império aos sucessos da Primeira República. Salvador: Eduneb, 2015.

CASTRO, Celso. *A proclamação da República*. Rio de Janeiro: Zahar, 2000.

_____. *Os militares e a República*. Um estudo sobre cultura e ação política. Rio de Janeiro: Zahar, 1995.

CASTRO, Ruy. *Carmen*: uma biografia. São Paulo, Companhia das Letras, 2005.

CERVO, Amado L.; BUENO, Clodoaldo. *História da política exterior do Brasil*. 3 ed. Brasília: Editora UnB, 2010.

CHALHOUB, Sidney. *Trabalho, lar e botequim*. O cotidiano dos trabalhadores do Rio de Janeiro na *Belle Époque*. Campinas: Unicamp 2001.

_____; PEREIRA, Leonardo Affonso de M. *A História contada*: capítulos de história social da literatura no Brasil. Rio de Janeiro: Nova Fronteira, 1998.

_____. *Cidade febril*. São Paulo: Companhia das Letras, 1996.

CHILCOTE, Ronald. *Partido Comunista Brasileiro*. Conflito e integração, 1922-1972. Rio de Janeiro: Graal, 1982.

COHEN, Ilka Stern. *Bombas sobre São Paulo*. A Revolução de 1924. São Paulo: Unesp, 2007.

COSTA, Emília V. *Da Monarquia à República*: momentos decisivos. São Paulo: Brasiliense, 1985.

COSTA, Jurandir Freire. *Ordem médica e norma familiar*. Rio de Janeiro: Graal, 1979.

CRUZ, Heloísa de Faria. *Trabalhadores em serviços*: dominação e resistência (São Paulo – 1900/1920). São Paulo: Marco Zero/CNPq, 1990.

CUKIERMAN, Henrique Luiz. *Yes, nós temos Pasteur*. Manguinhos, Oswaldo Cruz e a história da ciência no Brasil. Rio de Janeiro: Relume Dumará/Faperj, 2007.

CUNHA, Euclides da. *Os sertões*: campanha de Canudos. São Paulo: Círculo do Livro, 1975 (1ª ed. 1902).

CUNHA, Maria Clementina Pereira da. *Ecos da folia*: uma história social do carnaval carioca entre 1880 e 1920. São Paulo: Companhia das Letras, 2001.

DANTAS, Ibarê. *O tenentismo em Sergipe*: da revolta de 1924 à revolta de 1930. Aracaju: J. Andrade, 1999.

DARÓZ, Carlos. *O Brasil na Primeira Guerra Mundial*. A longa travessia. São Paulo: Contexto, 2016.

DE DECCA, Edgard S. *1930: o silêncio dos vencidos*. São Paulo: Brasiliense, 1981.

DEAN, Warren. "A industrialização durante a República Velha." In FAUSTO, Boris (dir.). *O Brasil Republicano*, v. 1: estruturas de poder e economia (1889-1930). São Paulo: Bertrand Brasil, 1989 (Coleção História Geral da Civilização Brasileira, t. III).

DELLA CAVA, Ralph. 1976. *Milagre em Joaseiro*. São Paulo: Paz e Terra, 1976.

DE LUCA, Tânia Regina. *O sonho do futuro assegurado*: o mutualismo em São Paulo. São Paulo: Contexto, 1990.

DERENGOSKI, Paulo R. *Os rebeldes do Contestado*. Porto Alegre: Tchê, 1987.

DESROCHE, Henri (org.). *Dicionário de messianismos e milenarismos*. São Bernardo do Campo: Universidade Metodista de São Paulo, 2000.

DIACON, Todd A. *Rondon*. São Paulo: Companhia das Letras, 2006.

DIAS, Maria Odila Leite. *Quotidiano e poder em São Paulo no século XIX*. São Paulo: Brasiliense, 1984.

DRUMMOND, José Augusto. *A Coluna Prestes*: rebeldes errantes. São Paulo: Brasiliense, 1985. (Coleção Tudo é História, 103).

_____. *O movimento tenentista*: intervenção militar e conflito hierárquico (1922-1935). Rio de Janeiro: Graal, 1986.

DUARTE, Regina Horta. *A imagem rebelde*: a trajetória libertária de Avelino Fóscolo. Campinas: Pontes/Unicamp, 1991.

DULLES, John W. F. *Anarquistas e comunistas no Brasil (1900-1935)*. Rio de Janeiro: Nova Fronteira, 1977.

DUTRA, Eliana de Freitas. *Caminhos operários nas Minas Gerais*: um estudo das práticas operárias em Juiz de Fora e Belo Horizonte na Primeira República. São Paulo/Belo Horizonte: Hucitec/UFMG, 1988.

EDMUNDO, Luís. *O Rio de Janeiro do meu tempo*. Rio de Janeiro: Imprensa Nacional, 1938, 3 v.

FACÓ, Rui. *Cangaceiros e fanáticos*. Gêneses e lutas. Rio de Janeiro: Civilização Brasileira, 1965.

FAUSTO, Boris. *A Revolução de 1930*. História e historiografia. 16ª ed. São Paulo: Brasiliense, 1997.

_____. *Getúlio Vargas*. São Paulo, Companhia das Letras, 2006.

_____. *O crime do restaurante chinês*. Carnaval, futebol e justiça na São Paulo dos anos 30. São Paulo, Companhia das Letras, 2009.

_____. *Trabalho urbano e conflito social (1890-1920)*. 2ª ed. São Paulo: Companhia das Letras, 2016.

_____. "Expansão do café e política cafeeira". In _____ (dir.). *O Brasil Republicano*, v. 1: Estrutura de poder e economia (1889-1930). São Paulo: Difel, 1982 (Coleção História Geral da Civilização Brasileira, t. III.).

FERREIRA, Jorge (org.). *O Rio de Janeiro nos jornais*. Ideologias, culturas políticas e conflitos sociais (1889-1930). Rio de Janeiro: 7 Letras/Faperj, 2017.

FERREIRA, Maria Nazareth. *A imprensa operária no Brasil, 1880-1920*. Petrópolis: Vozes, 1978.

FERREIRA, Marieta de Moraes (coord.). *A República na velha província*. Rio de Janeiro: Rio Fundo, 1989.

_____. "A Reação Republicana e a crise política dos anos vinte". *Revista Estudos Históricos*. Rio de Janeiro, 1993, v. 6, n. 11.

_____. *Em busca da Idade do Ouro*: as elites políticas fluminenses na Primeira República (1889-1930). Rio de Janeiro: UFRJ, 1994.

_____; PINTO, Surama Conde S. "Estado e oligarquias na Primeira República: um balanço das principais tendências historiográficas". *Tempo*. Revista do Departamento de História da UFF, v. 23, n. 3, 2017.

FERREZ, Marc. *O álbum da Avenida Central*: um documento fotográfico da construção da avenida Rio Branco, Rio de Janeiro, 1903-6. Introdução de Gilberto Ferrez e estudo de Paulo F. Santos. São Paulo: Ex-Libris /João Fortes Engenharia, 1983.

FLORES, Elio Chaves. *Juca Tigre e o Caudilhismo Maragato*: poder, tempo e memória. Porto Alegre, Martins Livreiro, 1995.

_____. *No tempo das degolas*: revoluções imperfeitas. Porto Alegre: Martins Livreiro, 1996.

FOOT, Francisco; LEONARDI, Victor. *História da indústria e do trabalho no Brasil (das origens aos anos 20)*. São Paulo: Global, 1982.

FORJAZ, Maria Cecília Spina. *Tenentismo e Aliança Liberal (1927-1930)*. São Paulo: Pólis, 1978.

_____. *Tenentismo e política (tenentismo e camadas médias urbanas na crise da Primeira República)*. Rio de Janeiro: Paz e Terra, 1977.

FREIRE, Américo. *Sinais trocados*. O Rio de Janeiro e a República brasileira. Rio de Janeiro: 7 Letras/CNPq, 2012.

FRENCH, John D. *O ABC dos operários*: conflitos e alianças de classe em São Paulo, 1900-1950. São Paulo/São Caetano do Sul: Hucitec/Prefeitura de São Caetano do Sul, 1995.

FRITSCH, Winston. "1922: A crise econômica". *Estudos Históricos*. Rio de Janeiro, 1993, v. 6, n. 11.

FURTADO, Celso. *Formação econômica do Brasil*. São Paulo: Nacional, 1980.

GALLO, Ivone Cecília D'Avila. *O Contestado*: o sonho do milênio igualitário. Campinas: Unicamp, 1999.

GALVÃO, Walnice N. *No calor da hora*: a guerra de Canudos nos jornais da 4ª Expedição. São Paulo: Ática, 1977.

_____. *Edição crítica de Os sertões*. São Paulo: Brasiliense, 1985.

_____ (org.) *Diário de uma expedição*. Euclides da Cunha. São Paulo: Companhia das Letras, 2000. (Coleção Retratos do Brasil).

_____. *O império de Belo Monte*: vida e morte de Canudos. São Paulo: Fundação Perseu Abramo, 2001.

GARCIA, Eugênio Vargas. *O Brasil e a Liga das Nações (1919-1926)*. Porto Alegre: Editora da UFRGS; Brasília: Funag, 2000.

_____. *Entre América e Europa*: a política externa brasileira na década de 1920. BRASÍLIA: Editora da UnB/Funag, 2006.

GITAHY, Maria Lucia Caira. *Ventos do mar*: trabalhadores do porto, movimento operário e cultura urbana em Santos, 1889-1914. São Paulo/Santos: Unesp/Prefeitura Municipal de Santos, 1992.

GÓES, Maria Conceição Pinto de. *A formação da classe trabalhadora*: movimento anarquista no Rio de Janeiro, 1888-1911. Rio de Janeiro: Zahar/Fundação José Bonifácio, 1988.

GOMES, Angela de Castro. *A invenção do trabalhismo*. 3ª ed. São Paulo: FGV, 2005.

_____. *Essa gente do Rio...* Modernismo e nacionalismo. Rio de Janeiro: FGV, 1999.

_____. *Burguesia e trabalho:* política e legislação social no Brasil (1917-1937). 2ª ed. Rio de Janeiro: 7 Letras, 2014.

_____; PANDOLFI, Dulce Chaves; ALBERTI, Verena (orgs.). *A República no Brasil*. Rio de Janeiro: Nova Fronteira/FGV, 2002.

GONÇALVES, Adelaide; SILVA, Jorge E. (orgs.). *A imprensa libertária do Ceará (1908-1922)*. São Paulo: Imaginário, 2000.

GONÇALVES, Marcos Augusto. *1922*. A semana que não terminou. São Paulo: Companhia das Letras, 2012.
GRAHAM, Richard. *Clientelismo e política no Brasil do século XIX*. Rio de Janeiro: UFRJ, 1997.
HARDMAN, Franciso Foot. *Nem pátria, nem patrão!* Vida operária e cultura anarquista no Brasil. São Paulo: Brasiliense, 1983.
_____. *Trem fantasma*: a modernidade na selva. São Paulo: Companhia das Letras, 1988.
HECKER, Alexandre. *Um socialismo possível*: a atuação de Antonio Piccarolo em São Paulo. São Paulo: T. A. Queiroz, 1988.
HEIZER, Alda; VIDEIRA, Antonio Augusto Passos (orgs.). *Ciência, civilização e império nos trópicos*. Rio de Janeiro: Access, 2001.
HERMANN, Jacqueline. "Canudos destruído em nome da República". *Tempo, Revista de História da UFF*. Rio de Janeiro: Relume Dumará, 1997, n. 3, v. 2.
_____. Canudos: uma avaliação historiográfica. Rio de Janeiro: *Revista do Instituto Histórico e Geográfico Brasileiro*, 159 (398), jan-mar, 1998.
HOCHMAN, Gilberto. *A era do saneamento*: as bases da política de saúde pública no Brasil. 3ª ed. São Paulo: Hucitec, 2012.
HOLANDA, Sérgio Buarque de. Do Império à República. In HOLANDA, Sérgio B. (dir.). *O Brasil monárquico*, v. 5: Do império à república. São Paulo. Difel, 1985. (Coleção História Geral da Civilização Brasileira, t. II.)
HOORNAERT, Eduardo et al. *História da Igreja no Brasil*. Petrópolis: Vozes, 1979.
JANOTTI, Maria de Lourdes M. *Os subversivos da República*. São Paulo: Brasiliense, 1986.
_____. *Sociedade e política na Primeira República*. São Paulo: Atual, 1999.
KARSBURG, Alexandre. *O eremita das Américas:* a odisseia de um peregrino italiano no século XIX. Santa Maria: Editora da UFSM, 2014.
KHOURY, Yara Aun. *As greves de 1917 em São Paulo e o processo de organização proletária*. São Paulo: Cortez, 1981.
KOWARICK, Lúcio (org.). *As lutas sociais e a cidade* — São Paulo: passado e presente. Rio de Janeiro: Paz e Terra, 1988.
LAMARÃO, Sérgio Tadeu de Niemeyer. *Dos trapiches ao porto*. Rio de Janeiro: Secretaria Municipal de Cultura, Turismo e Esportes-Departamento Geral de Documentação e Informação Cultural-Divisão de Editoração, 1991. (Biblioteca Carioca).
LAMOUNIER, Bolívar. 1971. "Formação de um pensamento político autoritário na Primeira República: uma interpretação". In FAUSTO, Boris (dir.). *O Brasil*

Republicano, v. 2: Sociedade e instituições (1889-1930). São Paulo: Difel, 1971. (Coleção História Geral da Civilização Brasileira, t. III.)

LEAL, Victor Nunes. *Coronelismo, enxada e voto*: o município e o regime representativo no Brasil. São Paulo: Alfa-Ômega, 1978.

LEITE, Dante M. *O caráter nacional brasileiro*. São Paulo: Pioneira, 1983.

LESSA, Renato. *A invenção republicana*: Campos Sales, as bases e a decadência da Primeira República. Rio de Janeiro: Topbooks, 1999.

LEVINE, Robert. *O sertão prometido*: o massacre de Canudos. São Paulo: Edusp, 1995.

LOBO, Eulália Maria Lahmeyer. *História do Rio de Janeiro (do capital comercial ao capital industrial e financeiro)*. Rio de Janeiro: Ibmec, 1978, 2 v.

_____ (org.) *Rio de Janeiro operário*. Rio de Janeiro: Access, 1982.

LONER, Ana Beatriz. *Construção de classe*: operários de Pelotas e Rio Grande (1880-1930). Pelotas: Universidade Federal de Pelotas /Unitrabalho, 2001.

LOPREATO, Christina Roquette. *O espírito da revolta*: a greve geral anarquista de 1917. São Paulo: Annablume/Fapesp, 2000.

LOVE, Joseph L. *O regionalismo gaúcho e as origens da Revolução de 1930*. São Paulo: Perspectiva, 1975.

_____. "O Rio Grande do Sul como fator de instabilidade política na República Velha". In FAUSTO, Boris (dir.). *O Brasil Republicano*, v. 1: Estrutura de poder e economia (1889-1930). São Paulo: Difel, 1985. (Coleção História Geral da Civilização Brasileira, t. III.)

_____. *A locomotiva*: São Paulo na federação brasileira (1889-1937). Rio de Janeiro: Paz e Terra, 1982.

LUSTOSA, Isabel. *História de presidentes*: a República no Catete. Rio de Janeiro/ Petrópolis: Fundação Casa de Rui Barbosa/Vozes, 1989.

_____. *Brasil pelo método confuso* – humor e boemia em Mendes Fradique. Rio de Janeiro: Bertrand Brasil, 1993.

_____. *Nássara, o perfeito fazedor de artes*. Rio de Janeiro: Relume Dumará/ Rio Arte, 1999, Coleção Perfis do Rio.

LUZ, Nícia V. *A luta pela industrialização do Brasil*. São Paulo: Difel, 1961.

MCCANN, Frank D. *Soldados da Pátria:* história do exército brasileiro, 1889-1937. São Paulo: Companhia da Letras, 2007.

MAC CORD, Marcelo. *Artífices da cidadania*: mutualismo, educação e trabalho no Recife oitocentista. Campinas: Unicamp, 2012.

MACHADO, Paulo Pinheiro; ESPIG, Márcia Janete. *A Guerra Santa revisitada*. Novos estudos sobre o movimento do Contestado. Florianópolis: UFSC, 2008.

MACHADO, Roberto et al. *Danação da norma*: medicina social e constituição da psiquiatria no Brasil. Rio de Janeiro: Graal, 1978.
MACIEL, Osvaldo Batista Acioly. *Trabalhadores, identidade de classe e socialismo*: os gráficos de Maceió (1895-1905). Maceió: Edufal, 2009.
MAGALHÃES, Felipe. *Ganhou, leva!* O jogo do bicho no Rio de Janeiro (1890-1960). Rio de Janeiro. FGV/Faperj, 2011.
MAGNANI, Silvia Ingrid Lang. *O movimento anarquista em São Paulo (1906-1917)*. São Paulo: Brasiliense, 1982.
MAIA, Andréa Casa Nova (org.). *O mundo do trabalho nas páginas das revistas ilustradas*. Rio de Janeiro, 7 Letras/Faperj, 2015.
MALFATTI, Selvino Antonio. *Chimangos e maragatos no governo de Borges de Medeiros*. Porto Alegre: Pallotti, 1988.
MARAM, Sheldon Leslie. *Anarquistas, imigrantes e o movimento operário brasileiro, 1890-1920*. Rio de Janeiro: Paz e Terra, 1979.
MARTINS FILHO, Amílcar Vianna. *A economia política do café com leite (1900-1930)*. Belo Horizonte: UFMG/Proed, 1982.
MARTINS, José de Souza. *O cativeiro da terra*. São Paulo: Hucitec, 1986.
MARTINS, Wilson. *História da inteligência brasileira*. São Paulo: Cultrix, 1978.
MELLO, Maria Tereza Chaves. *A república consentida*. Cultura democrática e científica no final do Império. Rio de Janeiro: FGV/Edur, 2017.
MICELLI, Sergio. *A elite eclesiástica brasileira*. Rio de Janeiro: Bertrand Brasil, 1988.
MONIZ, Edmundo. *A guerra social de Canudos*. Rio de Janeiro: Civilização Brasileira, 1978.
MONTEIRO, Duglas Teixeira. "Um confronto entre Juazeiro, Canudos e Contestado". In FAUSTO, Boris (dir.). *O Brasil Republicano*, v. 2: Sociedade e instituições (1889-1930). São Paulo: Difel, 1985. (Coleção História Geral da Civilização Brasileira, t. III.)
_____. *Errantes do novo século*: um estudo sobre o surto milenarista do Contestado. São Paulo: Duas Cidades, 1974.
MONTEIRO, Marcelo. *U-903*. A entrada do Brasil na Primeira Guerra Mundial. Porto Alegre: BesouroBox, 2014.
MORAES FILHO, Evaristo de. *O problema do sindicato único no Brasil*: seus fundamentos sociológicos. São Paulo: Alfa-Ômega, 1978.
MOTTA, Rodrigo Patto Sá. *Em guarda contra o perigo vermelho*: o anticomunismo no Brasil (1917-1964). São Paulo: Perspectiva/Fapesp, 2002.

MOURA, Roberto. *Tia Ciata e a pequena África no Rio de Janeiro*. Rio de Janeiro: Funarte, 1983.

MOURA, Sérgio L. de; ALMEIDA, José Maria Gouvêa de. "A Igreja na Primeira República". In FAUSTO, Boris (dir.). *O Brasil Republicano*, v. 2: Sociedade e instituições (1889-1930). São Paulo: Difel, 1985. (Coleção História Geral da Civilização Brasileira, t. III).

MOUREL, Edgar. *A revolta da chibata*. 5ª ed. Rio de Janeiro: Paz e Terra, 2009.

MUSEU NACIONAL DE BELAS-ARTES. *Registro fotográfico de Marc Ferrez da construção da Av. Rio Branco, 1903-1906*. Texto de Paulo Santos e Gilberto Ferrez et al. Rio de Janeiro: Museu Nacional de Belas-Artes, 1982.

NASCIMENTO, Álvaro Pereira do. *Cidadania, cor e disciplina na Revolta dos Marinheiros*. Rio de Janeiro: Mauad X/Faperj, 2008.

NEEDELL, Jeffrey D. *Belle Époque tropical*. São Paulo: Companhia das Letras, 1993.

NEGREIROS, CARMEN; GENS, Rosa. *Belle Époque:* crítica, arte e cultura. São Paulo: Editora Intermeios, 2016.

NETO, Lira. *Padre Cícero*. Poder, fé e guerra no sertão. São Paulo: Companhia das Letras, 2009.

_____. *Getúlio*. Dos anos de formação à conquista do poder (1882-1930). São Paulo: Companhia das Letras, 2012.

NEVES, Frederico de Castro. *A multidão e a história*. Saques e outras ações de massas no Ceará. Rio de Janeiro: Relume Dumará, 2000.

NEVES, Margarida de Souza; HEIZER, Alda. *A ordem é o progresso*: o Brasil entre 1870 e 1910. São Paulo: Atual, 1998.

NOBRE, Edianne. *Incêndios da alma*. A beata Maria de Araújo e o milagre de Juazeiro. Brasil, século XIX. Rio de Janeiro: Editora Multifoco, 2016.

NOGUEIRA, Ataliba. *Antônio Conselheiro e Canudos*. São Paulo: Companhia Editora Nacional. 1978. (Coleção Brasiliana, v. 355.)

NOGUEIRA, Marco Aurélio. *As desventuras do liberalismo*: Joaquim Nabuco, a Monarquia e a República. Rio de Janeiro: Paz e Terra, 1984.

OLIVEIRA, Luís Eduardo. *Os trabalhadores e a cidade*. A formação do proletariado de Juiz de Fora e suas lutas por direitos (1877-1920). Rio de Janeiro: FGV, 2010.

OLIVEIRA, Lúcia Lippi de. *A questão nacional na Primeira República*. São Paulo: Brasiliense, 1990.

PANG, Eul-Soo. *Coronelismo e oligarquias 1889-1943*: a Bahia na Primeira República. Rio de Janeiro: Civilização Brasileira, 1979.

PEIXOTO, Maria do Rosário da Cunha. *O trem da história*: a aliança PCB/CSCB/O Paiz, Rio de Janeiro, 1923/1924. São Paulo: Marco Zero/CNPq, 1990.

PENA, Maria Valéria Junho. *Mulheres e trabalhadoras*: presença feminina na constituição do sistema fabril. Rio de Janeiro: Paz e Terra, 1981.

PEREIRA, Astrojildo. *A formação do PCB*. Rio de Janeiro: Vitória, 1962.

PEREIRA, João Baptista Borges; QUEIROZ, Renato da Silva (orgs.). *Messianismo e milenarismo no Brasil*. São Paulo: Edusp, 2015.

PEREIRA, Leonardo Affonso de Miranda. *As barricadas da saúde*. São Paulo: Fundação Perseu Abramo, 2002.

_____ . *Footballmania*: uma história social do futebol no Rio de Janeiro, 1902--1938. Rio de Janeiro: Nova Fronteira, 2000.

PETERSEN, Sílvia Regina Ferraz; LUCAS, Maria Elizabeth (orgs.). *Antologia do movimento operário gaúcho, 1870-1937*. Porto Alegre: UFRGS/Tchê!, 1992.

_____ . *"Que a União Operária seja nossa pátria!"* História das lutas dos operários gaúchos para construir suas organizações. Santa Maria/Porto Alegre: UFSM/UFRGS, 2001.

PETRONE, Maria Thereza S. *O imigrante e a pequena propriedade*. São Paulo: Brasiliense, 1984.

PINHEIRO, Paulo Sérgio; HALL, Michael M. (orgs.). *A classe operária no Brasil 1889-1930: documentos*, v. 1: o Movimento Operário. São Paulo: Alfa-Ômega, 1979.

_____ (orgs.). *A classe operária no Brasil 1889-1930: documentos*, v. 2: condições de vida e de trabalho, relações com os empresários e o Estado. São Paulo: Alfa-Ômega, 1981.

PINHEIRO, Paulo Sérgio. *Política e trabalho no Brasil (dos anos vinte a 1930)*. Rio de Janeiro: Paz e Terra, 1977.

_____ . *Estratégia da ilusão*. A revolução mundial e o Brasil. 1922-1935. São Paulo: Companhia das Letras, 1991.

PINTO, Surama Conde Sá. *A correspondência de Nilo Peçanha e a dinâmica política na Primeira República*. Rio de Janeiro: Arquivo Público do Estado do Rio de Janeiro, 1998.

_____ . *Só para iniciados...* O jogo político na antiga capital federal. Rio de Janeiro: Mauad/Faperj, 2011.

PINTO, Celi Regina J. *Positivismo*: um projeto político alternativo (RS: 1889-1930). Porto Alegre: L&PM Editores, 1986.

PRADO JR., Caio. *História econômica do Brasil*. São Paulo: Brasiliense, 1990.

PRADO, Paulo. *Retrato do Brasil*: ensaio sobre a tristeza brasileira. São Paulo: Companhia das Letras, 1997.
PRESTES, Anita L. *Os militares e a Reação Republicana*. As origens do tenentismo. Petrópolis: Vozes, 1993.
_____. *Uma epopeia brasileira*: a Coluna Prestes. São Paulo: Moderna, 1995.
_____. *A Coluna Prestes*. Rio de Janeiro: Paz e Terra, 1997.
_____. *Luiz Carlos Prestes*. Um comunista brasileiro. São Paulo, Boitempo, 2015.
QUEIROZ, Maria Isaura Pereira de. "O coronelismo numa interpretação sociológica". In FAUSTO, Boris (dir.). *O Brasil Republicano*, v. 1: estrutura de poder e economia (1889-1930). São Paulo: Difel, 1975 (Coleção História Geral da Civilização Brasileira, t. III.).
_____. *O messianismo no Brasil e no mundo*. 2ª ed. revista e aumentada. São Paulo: Alfa-Ômega, 1976.
QUEIROZ, Maurício Vinhas de. *Messianismo e conflito social*. A guerra sertaneja do Contestado: 1912-1916. São Paulo: Ática, 1981.
QUEIROZ, Suely Robles Reis de. *Os radicais da República*. São Paulo: Brasiliense, 1986.
RAGO, Margareth. *Do cabaré ao lar*: a utopia da cidade disciplinar: Brasil – 1890/1930, 4ª ed. Rio de Janeiro: Paz e Terra, 1985.
REIS, José de Oliveira. *O Rio de Janeiro e seus prefeitos*: evolução urbanística da cidade. Rio de Janeiro: Prefeitura da Cidade do Rio de Janeiro, 1977.
REZENDE, Antônio Paulo de Morais. *Uma trama revolucionária*: do tenentismo à revolução de 30. São Paulo: Atual, 1990.
RIBEIRO, Gladys Sabina. *O Rio de Janeiro dos fados, minhotos e alfacinhas* – o antilusitanismo na Primeira República. Niterói: Eduff, 2017.
RIBEIRO, Maria Alice Rosa. *Condições de trabalho na indústria têxtil paulista, 1870-1930*. São Paulo/Campinas: Hucitec/Unicamp, 1988.
RICCI, Paolo; ZULINI, Jaqueline. "Partidos, competição política e fraude eleitoral: a tônica das eleições na Primeira República". In *Dados* – Revista de Ciências Sociais, v. 57, n. 2, 2014.
ROCHA, Oswaldo Porto. *A era das demolições*: cidade do Rio de Janeiro: 1870--1920. Rio de Janeiro: Secretaria Municipal de Cultura-Departamento Geral de Documentação e Informação Cultural, 1986 (Biblioteca Cultural, v. 1.).
RODRIGUES, João Carlos. *João do Rio*: vida, paixão e obra. Rio de Janeiro: Civilização Brasileira, 2010.
RODRIGUES, José Albertino. *Sindicato e desenvolvimento no Brasil*. São Paulo: Difel, 1968.

RODRIGUES, Leôncio Martins. *Conflito industrial e sindicalismo no Brasil*. São Paulo: Difel, 1966.

SÁ, Magali Romero; KURY, Lorelai. *Rondon*: inventários do Brasil – 1900-1930. Rio de Janeiro: Andrea Jakobsson Estúdio, 2017.

SALIBA. Elias, Thomé. *Raízes do riso*: a representação humorística na história brasileira da *Belle Époque* aos primeiros tempos do rádio. São Paulo: Companhia das Letras, 2002.

SALLES, Iraci G. *Trabalho, progresso e a sociedade civilizada*. São Paulo/Brasília: Hucitec/ INL – Fundação Nacional Pró-memória, 1986.

SAMPAIO NETO, José Augusto V. et al. *Canudos*: subsídios para sua reavaliação histórica. Rio de Janeiro: Fundação Casa de Rui Barbosa, 1986.

SANTA ROSA, Virgílio. *O sentido do tenentismo*. São Paulo: Alfa-Ômega, 1976.

SANTIAGO, Silviano (org.). *Intérpretes do Brasil*. Rio de Janeiro: Nova Aguilar, 2000, 3 v.

SANTOS, Wanderley Guilherme. O sistema oligárquico representativo da Primeira República. In *Dados – Revista de Ciências Sociais*, v. 56, n. 1, 2013.

SANTOS, Eloína Monteiro dos. *A rebelião de 1924 em Manaus*. Suframa: Gráfica Lorena, 1990.

SCHMIDT, Benito Bisso. *Um socialista no Rio Grande do Sul*: Antônio Guedes Coutinho (1868-1945). Porto Alegre: UFRGS, 2000.

SCHWARCZ, Lilia Moritz. *O espetáculo das raças*: cientistas, instituições e questão racial no Brasil – 1870/1930. São Paulo: Companhia das Letras, 1993.

_____; STARLING, Heloisa M. *Brasil*: uma biografia. São Paulo: Cia das Letras, 2015.

_____ (Coord.) *A abertura para o mundo, 1889-1930*. Rio de Janeiro: Fundación MAPFRE/Objetiva, 2012, v. 3 (História do Brasil Nação: 1808-2010, Direção de Lilia Moritz Schwarcz).

SEGATTO, José Antonio. *A formação da classe operária no Brasil*. Porto Alegre: Mercado Aberto, 1987.

SEVCENKO, Nicolau. *Literatura como missão*: tensões e criação cultural na Primeira República. São Paulo: Brasiliense, 1985.

_____. *Orfeu extático na metrópole*: São Paulo, sociedade e cultura nos frementes anos 20. São Paulo: Companhia das Letras, 1992.

_____. *A Revolta da Vacina*. São Paulo: Scipione, 1993.

_____. "O prelúdio republicano, astúcias da ordem e ilusões do progresso". In SEVCENKO, Nicolau (org.). *História da vida privada no Brasil*, v. 3: da *Belle Époque* à era do rádio. São Paulo: Companhia das Letras, 1998.

SHLUGER, Ephim; DANOWSKI, Miriam (eds.). *Cidades em transformação*. Rio de Janeiro: Edições de Janeiro, 2014.

SILVA, Eduardo. *As queixas do povo*. Rio de Janeiro: Paz e Terra, 1988.

SILVA, Fernando Teixeira da. *Operários sem patrões*: os trabalhadores da cidade de Santos no entreguerras. Campinas: Unicamp, 2003.

SILVA, Hélio. *1931*: os tenentes no poder. Rio de Janeiro: Civilização Brasileira, 1966.

_____. *1889*: a República não esperou o amanhecer. Rio de Janeiro: Civilização Brasileira, 1972.

SILVA, Sérgio. *Expansão cafeeira e origens da indústria no Brasil*. São Paulo: Alfa-Ômega, 1985.

SIMÃO, Azis. *Sindicato e Estado*: suas relações na formação do proletariado de São Paulo. São Paulo: USP, 1966.

SINGER, Paul. "O Brasil no contexto do capitalismo internacional: 1889-1930". In FAUSTO, Boris (dir.). *O Brasil Republicano*, v. 1: Estrutura de poder e economia (1889-1930). São Paulo: Bertrand Brasil, 1989 (Coleção História Geral da Civilização Brasileira, t. III.).

SOARES, Gil. *O tenentismo em Natal*. Mossoró: Esam/Fundação Guimarães Duque, 1989.

SODRÉ, Nelson Werneck. *Formação histórica do Brasil*. São Paulo: Brasiliense, 1962.

SOIHET, Rachel. *A subversão pelo riso*: estudos sobre o carnaval carioca da "Belle Époque" ao tempo de Vargas. Rio de Janeiro: FGV, 1998.

SOUZA, Maria do Carmo C. "O processo político-partidário na Primeira República". In MOTA, Carlos Guilherme (org.). *Brasil em perspectiva*. São Paulo: Difel, 1978.

SOUZA, Vanderlei S. *Em busca do Brasil:* Edgard Roquette-Pinto e o retrato antropológico brasileiro (1904-1935). Rio de Janeiro: FGV/Fiocruz, 2017.

STEIN, Stanley. *Vassouras*: um município brasileiro do café, 1850-1900. Rio de Janeiro: Nova Fronteira, 1990.

STOLCKE, Verena. *Cafeicultura*: homens, mulheres e capital (1850-1980). São Paulo: Brasiliense, 1986.

SUSSEKIND, Flora. *Cinematógrafo das letras*: literatura, técnica e modernização do Brasil. São Paulo: Companhia das Letras, 1987.

SUZIGAN, Wilson. *Indústria brasileira*: origem e desenvolvimento. São Paulo: Brasiliense, 1986.

TANNURI, Luiz A. *O encilhamento*. São Paulo/Campinas: Hucitec/Fundação de Desenvolvimento da Unicamp, 1981.

TOLEDO, Edilene. *Travessias revolucionárias*: ideias e militantes sindicalistas em São Paulo e na Itália (1890-1945). Campinas: Editora da Unicamp, 2004.
TOPIK, Steven. *A presença do Estado na economia política do Brasil de 1889 a 1930*. Rio de Janeiro: Record, 1987.
VALENTINI, Delmir José; ESPIG, Márcia Janete; MACHADO, Paulo Pinheiro (orgs.). *Nem fanáticos, nem jagunços:* reflexões sobre o Contestado (1912-2012). Pelotas: Editora da Universidade de Pelotas, 2012.
VASCONCELOS, Ary. *Panorama da música popular brasileira na belle époque carioca*. Rio de Janeiro: Santana, 1977.
VELLOSO, Monica Pimenta. *Modernismo no Rio de Janeiro*. Rio de Janeiro: FGV, 1996.
_____. *Que cara tem o Brasil?* As maneiras de pensar e sentir o nosso país. Rio de Janeiro: Ediouro, 2000.
VENTURA, Roberto. *Estilo tropical*: história cultural e polêmica literária no Brasil. São Paulo: Companhia das Letras, 1991.
VIANNA JR., Hermano. *O mistério do samba*. Rio de Janeiro: Zahar, 1995.
VIANNA, Luiz Werneck. *Liberalismo e sindicato no Brasil*. Rio de Janeiro: Paz e Terra, 1978.
VIOTTI DA COSTA, Emília. *Da Monarquia à República*: momentos decisivos. São Paulo: Unesp, 1999.
VISCARDI, Cláudia M. Ribeiro. *O teatro das oligarquias*: uma revisão da "política do café com leite". Belo Horizonte: C/Arte, 2001.
_____. *Unidos perderemos*: a construção do federalismo republicano brasileiro. Curitiba: CVR, 2017.
_____; JESUS, Ronaldo Pereira de. "A experiência mutualista e a formação da classe trabalhadora no Brasil". In FERREIRA, Jorge; AARÃO REIS, Daniel (orgs.). *As esquerdas no Brasil*, v. 1, A formação das tradições (1889-1945). Rio de Janeiro: Civilização Brasileira, 2007.
_____; ALENCAR, José Almino (orgs.). *A República revisitada*. Construção e consolidação do projeto republicano brasileiro. Porto Alegre: EdiPUCRS, 2016.
VITORINO, Artur José Renda. *Máquina e operários*: mudança técnica e sindicalismo gráfico (São Paulo e Rio de Janeiro, 1858-1912). São Paulo: Annablume/Fapesp, 2000.
WIRTH, John D. *O fiel da balança*: Minas Gerais na Federação Brasileira (1889-1937). Rio de Janeiro: Paz e Terra, 1982.

Filmografia

Cineasta da selva, O
Direção de Aurélio Michilis. Documentário, 1997, 87 min. Warner Home Video.
Com José de Abreu, Denise Fraga, Gilmar de Souza.
Reconstituição da vida de Silvino Santos, cineasta com vasta e extensa obra, sobretudo na região amazônica. Interpretado por José de Abreu, o filme de estreia de Aurélio Michilis transita entre o realismo e a ficção, dando unidade à vasta obra de Silvino. Imagens de seus filmes são aproveitadas, como cenas da floresta, os índios, a indústria da borracha e o comércio da região.

Copacabana
Direção: Carla Camurati. Comédia, 2001, 92 min. Imagens Filmes Distribuidora.
Com Marco Nanini, Laura Cardoso, Myriam Pires, Rogéria, Ida Gomes.
Um fotógrafo, morador de Copacabana, às vésperas de completar 90 anos, faz uma retrospectiva dos momentos mais marcantes de sua vida, desde o nascimento, quando foi abandonado na porta da igreja de Nossa Senhora de Copacabana, até o dia da comemoração de seus 90 anos. Sempre acompanhado dos amigos fiéis, ele relembra eventos históricos e culturais, a exemplo do levante do Forte de Copacabana, do baile comemorativo do retorno dos pracinhas no Hotel Copacabana Palace, do carnaval de rua, entre outras situações que se confundem com a história da sua vida, do bairro e do país.

Coronel Delmiro Gouveia
Direção de Geraldo Sarno. Drama, 1979, 92 min. Globo Vídeo. Com Rubens de Falco, Isabel Ribeiro, Jofre Soares, Sura Berditchevsky, José Dumont.
O filme narra a vida de Delmiro Gouveia, empresário e dono de indústria no Nordeste do país no início do século XX. São enfatizadas sua luta contra o poder econômico, bem como a resistência diante das arbitrariedades e perseguições políticas.

Desejo
Direção de Wolf Maia e Denise Saraceni. Drama, 1990, 270 min. Globo Vídeo.
Com Vera Fischer, Guilherme Fontes, Tarcísio Meira.

Em 1890, Ana de Assis casa-se com o famoso escritor Euclides da Cunha. Anos depois, ela se apaixona por Dilermando de Assis, um aspirante a oficial militar. Ao descobrir o romance, Euclides da Cunha tenta matar o rival, mas, com um tiro certeiro, é morto por ele. Tempos depois, um dos filhos de Euclides, Quidinho, decide vingar a morte do pai, mas novamente Dilermando é mais rápido, sendo obrigado a matá-lo para se defender. Apesar da tragédia, Ana e Dilermando permanecem apaixonados. Todavia, ela acaba por descobrir que Dilermando tornou-se infiel. Baseado no livro *Ana de Assis – história de um trágico amor* (1987), escrito pelo jornalista Jefferson de Andrade.

Fogo morto
Direção de Marcos Faria. Drama, 1976, 88 min. Warner. Com Jofre Soares, Othon Bastos, Rafael Carvalho, Ângela Leal.
Em 1910, no estado da Paraíba, Lula de Holanda, dono de um engenho decadente, expulsa um empregado da fazenda. Sentindo-se injustiçado, ele é consolado por um amigo, que lhe garante a ajuda do cangaceiro Antônio Silvino, prestes a atacar a cidade. Mas a chegada das tropas do tenente Maurício, no entanto, resulta em tragédia. O filme centra a discussão na decadência da economia açucareira e dos engenhos nordestinos. Baseado no romance *Fogo morto*, de José Lins do Rego.

Gabriela
Direção de Bruno Barreto. Romance, 1983, 102 min. Warner. Com Marcello Mastroianni, Sônia Braga, Antônio Cantafora, Ricardo Petraglia, Paulo Goulart, Antônio Pedro, Nélson Xavier, Nicole Puzzi, Nuno Leal Maia.
O filme começa no sertão da Bahia, em 1925, e conta a história de ardente romance de um comerciante de meia-idade e uma jovem sensual na pequena cidade de Ilhéus, provocando alvoroço na tradicional sociedade da cidade. Como pano de fundo, retrata o poder e a influência dos velhos coronéis, os costumes e hábitos da tradicional sociedade oligárquica e o início das mudanças advindas da chegada do progresso à região. Baseado no livro *Gabriela cravo e canela*, de Jorge Amado.

Gaijin – Os caminhos da liberdade
Direção de Tizuka Yamasaki. Drama, 1980, 112 min. Nacional Vídeo. Com Kyoko Tsukamoto, Antonio Fagundes, Jiro Kawasaki, Gianfrancesco Guarnieri, Álvaro Freyre, José Dumont, Louise Cardoso.
O filme retrata a saga de uma família japonesa ao emigrar para o Brasil, em 1908, sobretudo as dificuldades de adaptação a um novo país e promessas não cumpridas. Logo os imigrantes se deparam com trabalho excessivo e péssimas condições de moradia. Os que tinham vindo do Japão na esperança de ganhar dinheiro

encontram-se impossibilitados de retornar ao seu país, tamanhas as dívidas que adquirem na fazenda. As revoltas não tardam a acontecer e as consequências se estendem pelas gerações vindouras.

Guerra de Canudos
Direção de Sérgio Resende. Épico, 1997, 170 min. Columbia Tristar. Com Cláudia Abreu, Paulo Betti, Marieta Severo, Selton Mello, José Wilker, Roberto Bomtempo, José de Abreu.
O filme reconstitui os trágicos acontecimentos ocorridos no arraial de Canudos em fins do século XIX e narra o drama de uma família dividida pela decisão do pai de seguir Antônio Conselheiro.

Guerra dos pelados, A
Direção de Sylvio Back. Drama, 1970, 98 min. CIC Vídeo. Com Átila Iório, Jofre Soares, Stênio Garcia, Dorothée-Marie Bouvier, Emanuel Cavalcanti, Maurício Távora, Otávio Augusto, Zózimo Bulbul, George Karan.
Em Taquaraçu, interior de Santa Catarina, explode um sangrento conflito em 1913, que, depois, se alastra pelo Paraná. Conhecido como a Guerra do Contestado, o movimento surge quando uma companhia ferroviária estrangeira recebe uma concessão para explorar as riquezas da região. O filme de Sylvio Back recupera as lutas das populações rurais por seus direitos, o movimento messiânico que se forma, bem como os massacres perpetrados pelas forças da ordem contra os posseiros.

Lampião, rei do cangaço
Direção de Carlos Coimbra. Aventura, 1962, 110 min. F. J. Lucas/Concorde – cópia recuperada para a Coleção do Cinema Brasileiro da revista *IstoÉ*. Com Leonardo Villar, Glória Menezes, Dionísio Azevedo, Geraldo Del Rey.
História de Virgulino, o Lampião, que comandou um grupo de cangaceiros no Nordeste brasileiro. A vida difícil dos sertanejos, vítimas das arbitrariedades dos poderosos latifundiários, incita os pobres a praticarem "a justiça pelas próprias mãos", surgindo, assim, o cangaço. O filme é uma crítica às injustiças sociais.

Lição de amor
Direção de Eduardo Escorel. Drama, 1976, 81 min. Globo Vídeo. Com Lílian Lemmertz, Rogério Froes, Irene Ravache.
Rica família paulista, na década de 1920, contrata uma governanta alemã. Suas tarefas, no entanto, além de dar aulas aos filhos do casal, incluíam ter relações

sexuais com o filho mais velho, evitando, desse modo, que ele se aventurasse com prostitutas. Filme de grande sensibilidade e beleza. Adaptação de *Amor, verbo intransitivo*, de Mário de Andrade.

Lua de outubro
Direção de Henrique Freitas Lima. Drama, 1998, 99 min. América. Com Marcos Winter, Beatriz Rico, Alberto de Medonza, Elena Lucena, Antônio Fagundes.
Com a vitória dos republicanos (chimangos) sobre os federalistas (maragatos) na Revolução de 1923, o ódio que persiste entre as partes serve como pano de fundo para contar a história da vida do capitão Pedro Arzábal. Cansado da guerra, ele deseja apenas uma parcela de terra para criar gado e viver em paz. Assim, pela sua participação na revolução, D. Marcial López o premiaria com as terras. No entanto, ao se envolver com a filha de D. Marcial, o capitão se depara com problemas inesperados.

Mandarim, O
Direção de Júlio Bressane. Musical, 1995, 100 min. Sagres Rio Filmes. Com Fernando Eiras, Giulia Gam, Renata Sorrah, Costinha, Paschoal Villaboim, Daniela Arantes, Catarina Abdala, Drica Moraes, Noa Bressane, João Rebelo, Sharon Matos, Raphael Rabello, Gal Costa, Gilberto Gil, Chico Buarque, Edu Lobo, Caetano Veloso.
O filme trata da história da música popular brasileira ao longo do século XX através da vida do misterioso e solitário cantor e compositor carioca Mário Reis, tendo como cenário a cidade do Rio de Janeiro. Cantores consagrados, como Chico Buarque e Caetano, interpretam canções clássicas do repertório da MPB.

Noel – Poeta da Vila
Direção de Ricardo Van Steen. Biografia, 2007, 99 min. Pandora Filmes. Com Rafael Raposo, Camila Pitanga e Lidiane Borges.
Filme baseado na vida de Noel Rosa. Jovem estudante de medicina abandona os estudos e frequenta a boemia do Rio de Janeiro nos anos 1920. Ao compor o samba "Com que roupa?", seu talento musical é reconhecido por artistas de sua época.

Policarpo Quaresma
Direção de Paulo Thiago. Comédia, 1998, 123 min. Filmark. Com Paulo José, Giulia Gam, Aracy Balabanian, Chico Diaz, Ilya São Paulo, Cláudio Mamberti, Gláucia Camargos, Jonas Bloch, José Lewgoy.

No fim do século XIX, o major Policarpo Quaresma demonstra extremado patriotismo. Tudo, para ele, deve estar imbuído de amor à Pátria, propondo inclusive que a língua oficial do país seja o tupi-guarani. Mesmo no manicômio sua luta pelo nacionalismo continua. Baseado no livro *O triste fim de Policarpo Quaresma*, de Lima Barreto.

Quatrilho, O
Direção de Fábio Barreto. Romance, 1995, 120 min. Europa/Carat Home Vídeo. Com Glória Pires, Patrícia Pillar, Bruno Campos, Alexandre Paternost, Gianfrancesco Guarnieri, José Lewgoy, Cecil Thiré, Cláudio Mamberti.
História da vida de dois casais de imigrantes que, a partir de tramas amorosas involuntárias, resulta em fim inesperado. Com fotografia e elenco primorosos, o filme reconstitui, com grande beleza, o cotidiano de imigrantes italianos no Rio Grande do Sul.

Revolução de 30
Direção de Sylvio Back. Documentário, 1980, 118 min. Embrafilme.
A partir de uma série de documentários de época, filmes de ficção, fotografias, registros sonoros e depoimentos de historiadores, o filme reconstitui a Revolução de 1930.

São Bernardo
Direção de Leon Hirszman. Drama, 1973, 113 min. Globo Vídeo. Com Othon Bastos, Isabel Ribeiro, Nildo Parente, Vanda Lacerda, Mário Lago e Jofre Soares.
São Bernardo era uma decadente fazenda no interior de Alagoas. Ao adquirir as terras, o filho bastardo do proprietário, Paulo Honório, transforma-a em uma empresa produtiva e rentável. Ele, por sua vez, torna-se um homem influente e temido. Contudo, ao realizar um outro "negócio", casando-se com Madalena, a história toma rumo inesperado. Obcecado pelo desejo de enriquecer, ele não sabe lidar com a própria mulher. O desentendimento entre eles e o ciúme de Paulo conduzem a trama a um desfecho surpreendente. Baseado na obra de Graciliano Ramos.

Sonho sem fim
Direção de Lauro Escorel Filho. Aventura, 1986, 93 min. Globo Vídeo. Com Carlos Alberto Riccelli, Débora Bloch e Imara Reis.
O primeiro longa de Lauro Escorel Filho narra a vida do cineasta gaúcho Eduardo Abelim. Para promover seus filmes, ele fazia acrobacias em automóveis, ministrava aulas sobre ocultismo, entre outras atividades. Chegou, inclusive, a participar da Revolução de 1930 como documentarista.

Velho – A história de Luís Carlos Prestes, O
Direção de Toni Venturi. Documentário, 1997, 105 min. Funarte/Rio Filmes.
Conjugando entrevistas com cenas de época, o documentário relata a vida de Luís Carlos Prestes desde sua infância; o envolvimento nas revoltas dos anos 1920; sua liderança no movimento tenentista; a marcha que recebeu seu nome, "Coluna Prestes"; a insurreição de 1935; as prisões e exílios. Ao longo do filme surge o próprio Prestes relatando e interpretando os acontecimentos.

Vida de Menina
Direção de Helena Solberg. Drama, 2003, 101 min. Riofilme e Europa Filmes.
Com Daniela Escobar, Ludmila Dayer, Dalton Vigh e Ligia Cortez.
Adaptação do livro *Minha vida de menina* (1942). A adolescente Helena Morley testemunha o nascimento da república no Brasil na pacata cidade de Diamantina / MG. Fora dos padrões de beleza e despossuída de atributos sociais, ela se dedica à escrita de um diário no qual expõe as contradições dentro de uma sociedade em constantes mudanças no final do século XIX.

Os autores

CLÁUDIO H. M. BATALHA. Doutor em História pela Universidade de Paris I (Panthéon-Sorbonne). Professor do departamento e do programa de pós--graduação em História da Unicamp. Coordenador do *Dicionário do movimento operário:* Rio de Janeiro do século XIX aos anos 1920, militantes e organizações (São Paulo: Fundação Perseu Abramo, 2009).

ELIO CHAVES FLORES. Doutor em História Social pela UFF e Professor Associado do departamento de História e do programa de pós-graduação em História e do programa de pós-graduação em Direitos Humanos da UFPB. Autor de *República às avessas*: narradores do cômico, cultura política e coisa pública no Brasil contemporâneo (João Pessoa: Editora da UFPB, 2015).

FRANCISCO DORATIOTO. Doutor em História pela UnB. Professor Adjunto do departamento de História e do programa de pós-graduação em História da mesma Universidade. Autor de *Maldita Guerra;* nova história da Guerra do Paraguai (2ª edição. São Paulo: Companhia das Letras, 2012).

JACQUELINE HERMANN. Doutora em História Social pela UFF. Professora Associada do Instituto de História e do programa de pós-graduação em História Social da UFRJ. Autora de *No reino do desejado*. A construção do sebastianismo em Portugal – séculos XVI e XVII (São Paulo: Companhia das Letras, 1998).

JAIME LARRY BENCHIMOL. Doutor em História Social pela UFF. Pesquisador da Casa de Oswaldo Cruz/Fiocruz e professor do programa de pós-graduação em História das Ciências da Saúde. Autor de *Dos micróbios aos mosquitos*. Febre amarela e a revolução pasteuriana no Brasil (Rio de Janeiro: Fiocruz/UFRJ, 1999).

JOSÉ MIGUEL ARIAS NETO. Doutor em História Social pela USP e Professor Associado do curso de graduação em História, do programa de pós-graduação em História Social da UEL e do programa de pós-graduação em História das Regiões da Unicentro. Autor de *O Eldorado:* representações da política em Londrina 1934-1975 (Londrina: UEL, 1998).

MARGARIDA DE SOUZA NEVES. Doutora em História pela Universidade de Madri (Complutense). Professora Associada do departamento de História e do programa de pós-graduação em História da PUC-Rio. Organizadora e coautora de *Cecília Meireles. A poética da educação* (Rio de Janeiro/São Paulo: PUC-Rio/Loyola, 2001).

MARIA EFIGÊNIA LAGE DE RESENDE. Livre-docente em História do Brasil pela UFMG. Professora Titular e Emérita da mesma Universidade. Autora de *Formação da estrutura de dominação em Minas Gerais:* o novo PRM 1889-1906 (Belo Horizonte: UFMG, 1982).

MARIETA DE MORAES FERREIRA. Doutora em História Social pela UFF. Pesquisadora da FGV e Professora Titular do Instituto de História e do programa de pós-graduação em História Social da UFRJ. Coordenadora nacional do mestrado profissional em ensino de História (ProfHistória). Autora de *A História como ofício* (Rio de Janeiro, FGV, 2013).

MÁRIO CLÉBER MARTINS LANNA JÚNIOR. Doutor em História pela UFRJ. Professor Adjunto do departamento de História da PUC-Minas. Coorganizador de *História da Polícia Civil de Minas Gerais:* a instituição ontem e hoje. Belo Horizonte: Fundação João Pinheiro, 2008.

MONICA PIMENTA VELLOSO. Doutora em História Social pela USP. Pesquisadora da Fundação Casa de Rui Barbosa. Autora de *Mário Lago:* boemia e política (3ª edição. Rio de Janeiro, FGV, 2011).

SURAMA CONDE SÁ PINTO. Doutora em História Social pela UFRJ. Professora Associada do curso de graduação em História do IM/UFRRJ e do programa de pós-graduação em História da mesma Universidade. Autora de *Só para iniciados...* o jogo político na antiga capital federal (Rio de Janeiro: Mauad X/Faperj, 2011).

Plano geral da coleção

Volume 1 – O tempo do liberalismo oligárquico: da proclamação da República à Revolução de 1930 – Primeira República (1889-1930)

Os cenários da República. O Brasil na virada do século XIX para o século XX
Profa. Dra. Margarida de Souza Neves (PUC-Rio)

A consolidação da República: rebeliões de ordem e progresso
Prof. Dr. Elio Chaves Flores (UFPB)

O processo político na Primeira República e o liberalismo oligárquico
Profa. Dra. Maria Efigênia Lage de Resende (UFMG)

Religião e política no alvorecer da República: os movimentos de Juazeiro, Canudos e Contestado
Profa. Dra. Jacqueline Hermann (UFRJ)

Formação da classe operária e projetos de identidade coletiva
Prof. Dr. Cláudio H. M. Batalha (Unicamp)

Primeira República: economia cafeeira, urbanização e industrialização
Prof. Dr. José Miguel Arias Neto (UEL)

Reforma urbana e Revolta da Vacina na cidade do Rio de Janeiro
Prof. Dr. Jaime Larry Benchimol (Fiocruz)

Política externa na Primeira República: entre continuidades e mudanças
Prof. Dr. Francisco Doratioto (UnB)

Tenentismo e crises políticas na Primeira República
Prof. Dr. Mário Cléber Martins Lanna Júnior (PUC-Minas)

O Modernismo e a questão nacional
Dra. Monica Pimenta Velloso (FCRB)

A crise dos anos 1920 e a Revolução de 1930
Profa. Dra. Marieta de Moraes Ferreira (UFRJ/CPDOC-FGV) e Profa. Dra. Surama Conde Sá Pinto (UFRRJ)

Volume 2 – O tempo do nacional-estatismo: do início dos anos 1930 ao apogeu do Estado Novo – Segunda República (1930-1945)

Os anos 1930: as incertezas do regime
Profa. Dra. Dulce Chaves Pandolfi (Ibase)

Ação Integralista Brasileira: um movimento fascista no Brasil (1932-1938)
Prof. Dr. Marcos Chor Maio (Fiocruz) e Dr. Roney Cytrynowicz (Editora Narrativa Um)

O PCB, a ANL e as insurreições de novembro de 1935
Profa. Dra. Marly de Almeida G. Vianna (Universo)

O Estado Novo: o que trouxe de novo?
Profa. Dra. Maria Helena Capelato (USP)

Os intelectuais e a política cultural do Estado Novo
Dra. Monica Pimenta Velloso (FCRB)

Estado Novo: debatendo nacionalismo, autoritarismo e populismo
Profa. Dra. Angela de Castro Gomes (UFF/UniRio)

Estado, classe trabalhadora e políticas sociais
Profa. Dra. Maria Celina D'Araujo (PUC-Rio)

A economia política do primeiro governo Vargas (1930-1945): a política econômica em tempos de turbulência
Profa. Dra. Maria Antonieta P. Leopoldi (UFF)

O governo Vargas e a política externa brasileira (1930-1945)
Prof. Dr. Fábio Koifman (UFRRJ)

O povo na rua: manifestações culturais como expressão de cidadania
Profa. Dra. Rachel Soihet (UFF)

Sinais da modernidade na era Vargas: vida literária, cinema e rádio
Profa. Dra. Lúcia Lippi Oliveira (CPDOC-FGV)

Volume 3 – O tempo da experiência democrática: da democratização de 1945 ao golpe civil-militar de 1964 – Terceira República (1945-1964)

A transição democrática de 1945 e o movimento queremista
Prof. Dr. Jorge Ferreira (UFF/UFJF)

Trabalhadores, sindicatos e política (1945-1964)
Prof. Dr. Antonio Luigi Negro (UFBA) e Prof. Dr. Fernando Teixeira da Silva (Unicamp)

Forças Armadas e política, 1945-1964
Prof. Dr. João Roberto Martins Filho (UFSCar)

Partidos políticos e frentes parlamentares: projetos, desafios e conflitos na democracia
Profa. Dra. Lucilia de Almeida Neves Delgado (UFMG/PUC-Minas/UnB)

O nacional-desenvolvimentismo em tempos de Getúlio Vargas (1951-1954)
Prof. Dr. Pedro Cezar Dutra Fonseca (UFRGS) e Prof. Dr. Ivan Colangelo Salomão (UFRGS)

A política externa brasileira do pós-guerra ao golpe de 1964: construindo as bases da diplomacia brasileira contemporânea
Prof. Dr. Felipe P. Loureiro (USP)

O governo Juscelino Kubitschek (1956-1961): estabilidade política e desenvolvimento econômico
Prof. Dr. Marcelo Cedro (PUC-Minas)

PCB: a questão nacional e a democracia
Prof. Dr. José Antonio Segatto (Unesp)

Ligas Camponesas e sindicatos rurais em tempo de revolução
Prof. Dr. Antônio Torres Montenegro (UFPE)

Arte e cultura na República de 1946
Prof. Dr. Marcos Napolitano (USP)

Crises da República: 1954, 1955 e 1961
Prof. Dr. Jorge Ferreira (UFF/UFJF)

O governo Jânio Quadros: entre a política e o personalismo
Prof. Dr. Jefferson José Queler (Ufop)

O governo Goulart e o golpe civil-militar de 1964
Prof. Dr. Jorge Ferreira (UFF/UFJF)

Volume 4 – O tempo do regime autoritário: ditadura militar e redemocratização – Quarta República (1964-1985)

Os dias seguintes ao golpe de 1964 e a construção da ditadura (1964-1968)
Profa. Dra. Maria Celina D'Araujo (PUC-Rio) e Profa. Dra. Mariana Joffily (UFSC)

Esquerdas revolucionárias e luta armada
Profa. Dra. Denise Rollemberg (UFF)

Cultura é política: os anos 1960 e 1970 e sua herança
Prof. Dr. Marcelo Ridenti (Unicamp)

Espionagem, polícia política, censura e propaganda: os pilares básicos da repressão
Prof. Dr. Carlos Fico (UFRJ)

O regime empresarial-militar e a questão agrária no Brasil
Profa. Dra. Leonilde Servolo de Medeiros (UFRRJ)

O "milagre" brasileiro: crescimento acelerado, integração internacional e concentração de renda – 1967-1973
Prof. Dr. Luiz Carlos Delorme Prado (IE-UFRJ) e Prof. Dr. Fábio Sá Earp (IE-UFRJ)

Trabalhadores, sindicatos e política no Brasil: do golpe à redemocratização (1964-1985)
Prof. Dr. Marco Aurélio Santana (UFRJ)

PLANO GERAL DA COLEÇÃO

As relações internacionais do Brasil na era militar (1964-1985)
Prof. Dr. Paulo Roberto de Almeida (Uniceub)

Crise da ditadura militar e o processo de abertura política no Brasil, 1974-1985
Prof. Dr. Francisco Carlos Teixeira da Silva (UFRJ)

A anistia de 1979 e as heranças da ditadura
Profa. Dra. Carla Simone Rodeghero (UFRGS)

Volume 5 – O tempo da Nova República: da transição democrática à crise política de 2016 – Quinta República (1985-2016)

O Brasil e o tempo presente
Profa. Dra. Angélica Müller (UFF) e Profa. Dra. Francine Iegelski (UFF)

O presidente acidental: José Sarney e a transição democrática
Prof. Dr. Jorge Ferreira (UFF/UFJF)

O fim do desenvolvimentismo: o governo Sarney e a transição do modelo econômico brasileiro
Prof. Dr. Luiz Carlos Delorme Prado (UFRJ) e Profa. Dra. Maria Antonieta P. Leopoldi (UFF)

As eleições de 1989 e a democracia brasileira: atores, processos e prognósticos
Prof. Dr. Américo Freire (CPDOC-FGV) e Profa. Dra. Alessandra Carvalho (CAP/UFRJ)

O governo e o impeachment de Fernando Collor de Mello
Prof. Dr. Brasilio Sallum Jr. (USP)

Reestruturação produtiva, neoliberalismo e o mundo do trabalho no Brasil: anos 1990 e 2000
Prof. Dr. José Ricardo Ramalho (UFRJ)

A estabilização e a estabilidade: do Plano Real aos governos FHC (1993-2002)
Profa. Dra. Marly Motta (CPDOC-FGV)

"A gente cultiva a terra e ela cultiva a gente" – uma história do MST
Profa. Dra. Adelaide Gonçalves (UFC)

Arte e cultura no tempo presente
Profa. Dra. Maria Fernanda Garbero (UFRRJ), Prof. Dr. Luiz Sérgio de Oliveira (UFF) e Prof. Dr. Rafael de Luna Freire (UFF)

Pátria amada, não idolatrada: o Brasil no rock dos anos 1980/1990
Dr. Mario Luis Grangeia (MPF)

Realismo, ambição e frustração: o Brasil e sua política internacional (1985-2015)
Prof. Dr. Estevão de Rezende Martins (UnB)

O lulismo e os governos do PT: ascensão e queda
Prof. Dr. Rodrigo Patto Sá Motta (UFMG)

Cidadania no tempo presente
Profa. Dra. Cláudia Viscardi (UFJF) e Prof. Dr. Fernando Perlatto (UFJF)

*O texto deste livro foi composto em Sabon,
desenho tipográfico de Jan Tschichold de 1964
baseado nos estudos de Claude Garamond e
Jacques Sabon no século XVI, em corpo 10,5/14,5.
Para títulos e destaques, foi utilizada a tipografia
Frutiger, desenhada por Adrian Frutiger em 1975.*

*A impressão se deu sobre papel off-white
pelo Sistema Digital Instant Duplex da
Distribuidora Record.*